A SIMULAÇÃO
NO DIREITO CIVIL

LUIZ CARLOS DE ANDRADE JÚNIOR

A SIMULAÇÃO
NO DIREITO CIVIL

A SIMULAÇÃO NO DIREITO CIVIL
© LUIZ CARLOS DE ANDRADE JÚNIOR

Direitos reservados desta edição por
MALHEIROS EDITORES LTDA.
Rua Paes de Araújo, 29, conjunto 171
CEP 04531-940 – São Paulo – SP
Tel.: (11) 3078-7205 – Fax: (11) 3168-5495
URL: www.malheiroseditores.com.br
e-mail: malheiroseditores@terra.com.br

Composição
PC Editorial Ltda.

Capa
Criação: Vânia Lúcia Amato
Arte: PC Editorial Ltda.

Impresso no Brasil
Printed in Brazil
08.2016

Dados Internacionais de Catalogação na Publicação (CIP)

A553s Andrade Júnior, Luiz Carlos de.
    A simulação no direito civil / Luiz Carlos de Andrade Júnior. –
São Paulo : Malheiros, 2016.
    336 p. ; 21 cm.

    Inclui bibliografia.
    ISBN 978-85-392-0349-9

    1. Simulação (Direito civil) - Brasil. 2. Direito civil - Brasil. I. Título.

CDU 347.141(81)
CDD 346.81

Índice para catálogo sistemático:
1. Simulação (Direito civil) : Brasil 347.141(81)
(Bibliotecária responsável: Sabrina Leal Araujo – CRB 10/1507)

APRESENTAÇÃO

Quando iniciou o seu curso de Pós-Graduação *Stricto Sensu*, ou pouco depois, o Dr. LUIZ CARLOS DE ANDRADE JÚNIOR procurou-me para que o orientasse numa dissertação de Mestrado que teria de apresentar no final desse curso, em que se propunha a examinar o tema da simulação no âmbito do Código Civil em vigor, de 2002.

Animara-o, como me disse, a leitura do meu texto sobre o mesmo tema, também para uma dissertação de Mestrado, mas desenvolvida, no âmbito do Código de 1916, sob a orientação do saudoso Professor SÍLVIO RODRIGUES e publicada em livro nos idos de 1980.

Desde então muito se escreveu sobre esse tão complexo quanto inexplorado tema, não tanto no Brasil, após a promulgação do Código Civil em vigor, mas em legislações afins, como a italiana, após o seu Código de 1942, e, em menor medida, em outros Países, na Europa e fora dela, nos anos mais recentes.

Essa lacuna na legislação nacional veio certamente a ser suprida na tese de Doutorado de LUIZ CARLOS DE ANDRADE JÚNIOR.

Já, no primeiro esboço apresentado do projeto daquela dissertação de Mestrado, vendo a capacidade do então candidato, aliada a um *curriculum* escolar invejável, numa das melhores escolas do País – a Faculdade de Direito da Universidade de São Paulo –, disse-lhe que, em vez de se contentar, modestamente, com o título de Mestre, ele tinha credenciais para aspirar ao título de Doutor e que, com as adaptações necessárias, inclusive no aspecto dos créditos exigidos, convertesse o projeto de dissertação num projeto de tese de Doutorado.

E assim o fez, com bastante competência.

A originalidade da reflexão, exigida numa tese, consistiu, neste caso, em tentar desenvolver o estudo da simulação fora do âmbito do negócio jurídico, ou seja, em não comungar com a ideia tradicional e pacífica de que há uma simulação no negócio jurídico – o negócio simulado –, vendo nas diversas hipóteses de simulação, normativamente dispostas no art. 167 do CC, uma *causa simulandi* típica, objetiva, mas subjetivamente alcançada por um complexo comportamento global dos simuladores, que transcende os simples lindes de um negócio jurídico.

No decurso do seu trabalho o autor foi um pesquisador infatigável, recorrendo à melhor e mais atualizada doutrina italiana, sem descurar das obras mais antigas e mais recentes, tanto da doutrina nacional como da estrangeira, em geral. Fez um trabalho sério, profundo e louvável, esquadrinhando o tema, tanto quanto possível, nos seus diversos ângulos – fato que lhe mereceu encômios dos restantes membros da Banca Examinadora, constituída de três civilistas e de um tributarista, todos de primeira grandeza, com a recomendação da publicação da obra, mediante a incorporação das sugestões por ela feitas, após a indispensável crítica.

Pode-se concordar ou não com as ideias desenvolvidas pelo autor, mas o que não se pode é negar o mérito intrínseco da obra, a maneira como o tema foi abordado e desenvolvido, só possível a um cultor apaixonado do Direito, com um excelente preparo intelectual e um admirável fôlego de pesquisador.

Foi tudo isso que me levou a recomendar-lhe que ingressasse na carreira docente da Faculdade à qual deve parte dos atributos a que me referi, devendo creditar-se todo o resto ao esforço próprio – atributos, esses, indispensáveis a um docente numa escola de nível como é, ou deve ser, a Faculdade de Direito da Universidade de São Paulo.

CUSTODIO DA PIEDADE U. MIRANDA

SUMÁRIO

APRESENTAÇÃO – CUSTODIO DA PIEDADE U. MIRANDA 5

PREFÁCIO 13

PRIMEIRA PARTE
O CONCEITO DE SIMULAÇÃO

1. PLANO DA INVESTIGAÇÃO EM TORNO DO CONCEITO DE SIMULAÇÃO

1.1 Qual conceito de simulação investigaremos? 27
1.2 Quais serão os passos desta investigação? 34

2. AS TESES TRADICIONAIS SOBRE O CONCEITO DE SIMULAÇÃO 37

2.1 Simulação como conflito entre vontade e declaração 37
2.2 Simulação como conflito entre declarações 40
2.3 Simulação como defeito funcional 43

3. CRÍTICA ÀS TESES TRADICIONAIS SOBRE O CONCEITO DE SIMULAÇÃO
.... 48

3.1 A vontade de simular 49
3.2 A coerência do comportamento dos simuladores 50
3.3 A "causa simulandi" em sentido estrito 53

4. FUNDAMENTOS DA ELABORAÇÃO DO CONCEITO DE SIMULAÇÃO .. 60

4.1 A superação do "apriorismo conceitual" 62
4.2 A distinção entre negócio simulado e "negócio aparente" 65
4.3 A integridade do negócio simulado 67

5. SIMULAÇÃO COMO CRIAÇÃO DA "ILUSÃO NEGOCIAL" 72

5.1 A "duplex interpretatio" do negócio simulado 73
5.2 A ilusão negocial 78
5.3 A demonstração do conceito de simulação a partir do art. 167 do CC 83

8   A SIMULAÇÃO NO DIREITO CIVIL

6. *A Estrutura do Negócio Simulado* 88

    6.1 *O acordo simulatório* 90

    6.2 *A forma do negócio simulado e a forma do "negócio aparente"* 95

7. *As Modalidades da Simulação* 102

    7.1 *Simulação absoluta e simulação relativa* 102

    7.2 *Simulação inocente e simulação nocente* 107

    7.3 *Simulação total e simulação parcial* 109

8. *As Manifestações Típicas da Simulação* 111

    8.1 *O caráter exemplificativo do rol do § 1º do art. 167 do CC* 112

    8.2 *Simulação subjetiva* 115

    8.3 *Simulação objetiva* 126

    8.4 *Simulação de data* 135

9. *As Fronteiras Sistemáticas da Simulação* 138

    9.1 *Reserva mental* 140

    9.2 *Falsidade* 146

    9.3 *Falsa qualificação* 153

    9.4 *Fraude à lei* 161

    9.5 *Negócio indireto e negócio fiduciário* 169

    9.6 *Abuso de direito* 174

10. *Os Limites da Simulação* 179

    10.1 *Atos formais* 179

    10.2 *Títulos de crédito* 183

    10.3 *Atos não negociais* 187

    10.4 *Negócios unilaterais* 190

    10.5 *O debate sobre a simulação da sociedade (personificada)* . 198

    10.6 *Simulação e desconsideração da personalidade jurídica* ... 204

    10.7 *Deliberações de órgãos da pessoa jurídica* 215

    10.8 *Atos familiares* 217

Segunda Parte
A DISCIPLINA DA SIMULAÇÃO

11. *A Nulidade do Negócio Simulado* 223

    11.1 *A existência do negócio simulado* 225

    11.2 *A nulidade especial prescrita no art. 167 do CC* 231

SUMÁRIO

11.3 Alegabilidade da nulidade do negócio simulado 236
11.4 Desdobramentos da declaração de nulidade do negócio simulado 246
11.5 Nulidade parcial 250
11.6 Prescrição e decadência 250

12. A VALIDADE DO NEGÓCIO DISSIMULADO 257

12.1 A relação entre negócio simulado e negócio dissimulado .. 258
12.2 A extraversão do negócio dissimulado 263
12.3 Os requisitos de substância 266
12.4 Os requisitos de forma 270
12.5 Exame de caso: extraversão de doação de imóvel dissimulada 277

13. OS DIREITOS DE TERCEIROS DE BOA-FÉ 284

13.1 Os pressupostos da proteção aos direitos de terceiros de boa-fé 285
13.2 Os direitos assegurados aos terceiros de boa-fé 292
13.3 Conflitos entre terceiros de boa-fé 295

14. A PROVA DA SIMULAÇÃO 299

14.1 Os meios de prova 299
14.2 O ônus da prova 302
14.3 O que se deve provar? O "thema probandi" 310

REFERÊNCIAS BIBLIOGRÁFICAS 317

AGRADECIMENTOS

Este trabalho não é obra apenas de seu autor. Não fosse pelas valiosas contribuições que diversas pessoas ofertaram no decorrer de sua elaboração, ele jamais teria sido concluído. É, pois, o momento de agradecer aos que, de alguma maneira, colaboraram com o sucesso desta empreitada.

Agradeço aos meus pais, Luiz Carlos e Conceição, por, amorosamente e energicamente, determinarem minha formação pessoal e tornarem possível minha formação acadêmica. Obrigado por existirem em minha vida e por serem a razão de tudo para mim.

Agradeço à minha esposa, Natalia, pelo apoio incondicional e pela inabalável paciência nestes anos em que me tornei ausente e distraído quanto a tudo que não tivesse a ver com este trabalho. Obrigado por ser meu porto seguro, minha fonte de inspiração, minha constante motivação.

Agradeço à Velha, mas Sempre Nova Academia, por me acolher tão ternamente desde a Graduação e me fazer experimentar as benesses e as agruras de ser um dos seus. Obrigado por permitir que eu repousasse sob suas Arcadas e ali colhesse a essência do mais importante fundamento do Direito: a convivência.

Agradeço ao professor Custodio da Piedade Ubaldino Miranda por ter sido meu mentor durante toda a jornada que conduziu à conclusão do meu estudo sobre a simulação. Obrigado pela confiança, pelo amparo, pela orientação precisa e esclarecedora e, sobretudo, por ter-me dado a honra de elaborar, sob a sua orientação, um estudo sobre o tema que, há mais de 30 anos, tem como referência uma obra sua.

Agradeço aos Mestres que contribuíram com a minha formação civilística, bem como com a conclusão e a publicação desta obra: professor João Alberto Schültzer Del Nero, professor Heleno Taveira Tôrres, professor Renan Lotufo, professor Giovanni Ettore Nanni, professor Alcides Tomasetti Júnior, professor José Luiz Gavião de Almeida, professora Daisy Gogliano, professor José Fernando Simão, professor Álvaro Villaça Azevedo, professor Antônio Junqueira de Azevedo (*in* memoriam), professor Rui Geraldo Camargo Viana, professor Carlos Alberto Dabus Maluf, professor Luís Eduardo Schoueri, professor Humberto Ávila e professor Luiz Roberto Domingo.

Agradeço aos amigos Alex Barreto, Claudia Brito Marzagão, Margareth Sugai, Amanda Isaías Naves e Jefferson Ferreira Antunes de Souza, pelo importante estímulo e pelas ideias que me ajudaram a tornar este trabalho mais completo.

Agradeço a todos que me ajudaram a atingir os objetivos representados por este livro, e que, por imperdoável injustiça de minha parte, não tiveram seus nomes expressamente mencionados nestas breves linhas.

Agradeço, enfim, a Deus, por ter querido que tudo fosse como foi.

PREFÁCIO

Escopo

Este livro tem por objeto o estudo do art. 167 do Código Civil de 2002, cuja redação é a seguinte:

Art. 167. É nulo o negócio jurídico simulado, mas subsistirá o que se dissimulou, se válido for na substância e na forma.

§ 1º. Haverá simulação nos negócios jurídicos quando: I – aparentarem conferir ou transmitir direitos a pessoas diversas daquelas às quais realmente se conferem, ou transmitem; II – contiverem declaração, confissão, condição ou cláusula não verdadeira; III – os instrumentos particulares forem antedatados, ou pós-datados.

§ 2º. Ressalvam-se os direitos de terceiros de boa-fé em face dos contraentes do negócio jurídico simulado.

O instituto da simulação tem acompanhado a experiência jurídica há séculos. Os romanos[1] dela trataram, embora de maneira não tão aprofundada como fizeram os glosadores medievais.[2] Uma riquíssima produção doutrinária foi-lhe dedicada a partir de meados do século XIX e, sobretudo, durante todo o século XX.

Já se escreveu bastante sobre a simulação. Ainda assim, muitas incertezas insistem em rodear a matéria. Aliás, diversas questões controversas surgiram após a entrada em vigor do Código Civil de 2002, que trouxe novidades relevantes acerca do instituto. Na vigência do Código Civil de 1916 o negócio simulado reputava-se anulável desde que tives-

---

1. Para uma abordagem compreensiva da simulação no Direito Romano, v.: G. Pugliese, *La Simulazione nei Negozi Giuridici – Studio di Diritto Romano*, Pádua, CEDAM, 1938; N. Dumont-Kisliakoff, *La Simulation en Droit Romain*, Paris, Cujas, 1970.

2. V., a respeito da simulação no âmbito da glosa medieval: F. Mancuso, *La Teorica della Simulazione nell'Esperienza dei Glossatori*, Bolonha, Monduzzi, 2004.

14 A SIMULAÇÃO NO DIREITO CIVIL

se sido concluído com a intenção de prejudicar direitos de terceiros ou afrontar o império da lei. Agora, a novel codificação comina à simulação, sem fazer qualquer menção ao *animus nocendi*, a sanção da nulidade, resguardando a subsistência do negócio dissimulado "se válido for na substância e na forma", bem como a higidez dos direitos de terceiros de boa-fé "em face dos contraentes do negócio jurídico simulado". Em tal contexto, um estudo aprofundado sobre a simulação mostra-se não apenas conveniente, mas necessário.

O que é a simulação? Como se caracteriza a interposição fictícia de pessoa? Pode a constituição de uma pessoa jurídica ser simulada? Quem pode alegar a nulidade do negócio simulado? E o negócio dissimulado, o que é? O que significa dizer que ele pode "subsistir" à declaração de nulidade do negócio simulado? Sob quais condições os direitos de terceiros de boa-fé merecem ser protegidos? Estas e outras desafiadoras questões são enfrentadas neste trabalho.

Poucas monografias brasileiras dedicaram-se ao tema da simulação após 2002. Neste vazio que a doutrina tem deixado, a jurisprudência vai quotidianamente se deparando com as mais variadas e criativas manifestações da simulação. Deveras, a simulação é muitas vezes utilizada com vistas a frustrar direitos de terceiros ou, então, permitir às partes que se esquivem de proibições, ônus e outras imposições legais desagradáveis. Assim, à medida que os negócios privados se tornam mais diversificados e sofisticados – tendência que se acentua na era da "economia digital" –, a simulação assume feições mais complexas. O Judiciário, quando chamado a intervir, vai casuisticamente fixando certas diretrizes com base nas quais a simulação e a constelação de problemas que ela envolve devem ser abordadas. Contudo, a maioria dos precedentes ainda dá mais atenção aos fatos que aos fundamentos técnicos da decisão, o que ocasiona uma desconfortável falta de uniformidade na apreciação de casos semelhantes. Disto resulta, como não poderia deixar de ser, um sentimento generalizado de insegurança. "Será que alguém dirá que este negócio que pretendo celebrar é simulado?" – esta pergunta tem sido frequentemente ouvida.

Poder-se-ia dizer que o fato de pessoas leigas formularem tal indagação não é problemático, pois é normal que o consenso das partes contratantes tenha por objeto certos efeitos práticos, não necessariamente a qualificação jurídica que lhes será atribuída. Sucede, porém, que, mesmo quando procuram aconselhamento profissional, os particulares nem sempre conseguem ter certeza de que o que farão se enquadra (ou não) na categoria da simulação. Muitas vezes ouvem o decepcionante e

PREFÁCIO 15

inconclusivo diagnóstico de que "existe o risco" de que um juiz considere que a transação pretendida é simulada.

Nesse estado de coisas, uma revisão dos contornos categoriais da simulação e da correlata disciplina tende a ser muito útil, não apenas para os juízes – para que possam assentar em bases tecnicamente mais sólidas suas opiniões –, como também para os advogados – para que possam orientar com maior precisão os seus clientes.

Para cumprir este desiderato, o presente trabalho será dividido em duas partes: na *Primeira Parte* será investigado o conceito de simulação; na *Segunda Parte* será abordada a disciplina jurídica da simulação, isto é, as normas segundo as quais se deve definir a sorte do negócio simulado, do negócio dissimulado e dos direitos de terceiros de boa-fé em face dos simuladores.

***

Na Primeira Parte deste livro demonstraremos que as teorias tradicionais sobre o conceito de simulação – as teses voluntaristas, declaracionistas e objetivistas – não podem, em virtude da fragilidade das premissas em que se assentam, ser acolhidas, isoladamente e integralmente, como guia da interpretação do art. 167 do CC de 2002. Com efeito, todas elas comungam da mesma falha: assentam sobre a crença de que a simulação seria explicável a partir da descrição categorial do negócio jurídico, ou seja, sobre a suposição de que a simulação é um vício do negócio jurídico.

Ocorre, todavia, que o defeituoso não é equivalente ao meramente aparente. A falta de algo decorre da omissão ou da destruição, mas a aparência, que a lei descreve e disciplina ao tratar da simulação, é resultante de uma *construção*. A simulação não é o *não ser*, mas um *ser aparente*; seu exame, portanto, somente pode ter por alvo a produção da ilusão capaz de subjugar a razão alheia.

Para que o ser próprio da simulação seja delineado será necessário distinguir o que a lei chama "negócio simulado" daquilo que é a aparência que o reveste – o "negócio aparente". Tal distinção não é feita costumeiramente nas obras que tratam do assunto. O que é criticável: o negócio simulado – extrai-se da leitura do art. 167 do CC de 2002 – é o que "aparenta", "contém" a aparência; ele a cria, suscitando na cabeça do público a confiança na existência do que não existe. Assim como não se pode confundir o arco-íris que vemos com a luz e as gotículas de água que o produzem, não há que se confundir o negócio simulado com

16 A SIMULAÇÃO NO DIREITO CIVIL

o "negócio aparente" que os terceiros enxergam. De mais a mais, seria inusitado atribuir à mera aparência – que existe apenas enquanto representação da realidade no espírito do público – a qualidade "nulo". Seria tão estranho – e descabido – quanto designar por "potável" a água de um oásis visto através de uma miragem.

É necessária, então, uma mudança de perspectiva, cujo primeiro passo é reconhecer que os simuladores usam da autonomia privada para perpetrar o engano. A simulação é o resultado de uma manifestação da autonomia privada. Somente por esta perspectiva será viável compreendê-la melhor. Notaremos que as teses voluntaristas, declaracionistas e objetivistas, sem exceção, não diferenciam o negócio simulado do "negócio aparente", e, por conseguinte, chegam a conclusões insustentáveis. Nesta esteira, ficará patente o quão útil pode ser a distinção, acima sugerida, entre o negócio simulado (instrumento de autonomia privada) e o "negócio aparente" (representação do negócio simulado que o público, levado ao erro, formula): a um só tempo, ela permite libertar a teoria da simulação dos grilhões da teoria geral do negócio jurídico (recuperando sua autonomia dogmática) e esclarecer que o objeto dela consiste em um programa negocial do qual os particulares se valem para estabelecer o engano – ou, como o chamaremos, a *ilusão negocial*.

***

Na Segunda Parte examinaremos a disciplina a que se devem sujeitar o negócio simulado e o negócio dissimulado, além dos direitos assegurados aos terceiros de boa-fé em face dos simuladores. Cumpre destacar que não adotamos, na estruturação desta parte da investigação, a divisão, encontrada em algumas obras brasileiras, entre os "efeitos da simulação entre as partes" e os "efeitos da simulação perante terceiros". Esta maneira de expor a matéria é típica das obras italianas, pois é a mesma de que se vale o *Codice Civile* para disciplinar a simulação. Para nós, contudo, tal ordem de matérias não merece preferência.

Por isto, reorganizamos a matéria da disciplina da simulação tendo em vista a ordem seguida pelo art. 167 do CC de 2002. A primeira disposição deste é a da nulidade do negócio simulado (primeira parte do *caput*); então, trataremos dela em primeiro lugar. Em seguida, o mesmo dispositivo preconiza que o negócio dissimulado pode subsistir (parte final do *caput*); e este será nosso segundo alvo de investigação, na parte dedicada à disciplina da simulação. Por fim, examinaremos a proteção conferida aos direitos de terceiros de boa-fé (objeto do § 2º).

***

PREFÁCIO 17

Comprometidos com o rigor metodológico que deve orientar a elaboração de todo trabalho científico, preferimos limitar o escopo do presente trabalho à disciplina civilística da simulação, à luz, sobretudo, do art. 167 do CC de 2002.

Não abordaremos, portanto, os reflexos que a disciplina da simulação pode produzir em outros ramos do Direito, como, por exemplo, o tributário e o trabalhista. Para não corrermos o risco de apresentar observações superficiais ou mal fundamentadas, decidimos reservar a análise interdisciplinar do instituto da simulação para uma oportunidade futura. As únicas exceções a este critério serão (i) a da exposição atinente à legitimidade e ao interesse para alegar a simulação, que se justifica por razões de ordem histórico-evolutiva (deveras, como o Código Civil de 1916 abordava esta matéria em um dos dispositivos dedicados ao regramento da simulação, parece-nos pertinente examinar o impacto que a transição para o Código Civil de 2002 teria produzido neste particular); e (ii) a da análise da questão da prova da simulação, que passa a contar com os novos paradigmas normativos introduzidos pelo Código de Processo Civil de 2015.

Não temos – é bom dizer com clareza – a expectativa de, por meio deste trabalho, exaurir o estudo da simulação. Também não pretendemos apresentar soluções definitivas aos problemas que serão enfrentados. Anima-nos a oportunidade de contribuir com o debate sobre este apaixonante tema, cuja importância prática cresce a cada dia.

***

Em sua formatação original, o presente estudo foi submetido à eminente Banca composta pelos Professores Custodio da Piedade Ubaldino Miranda (presidente), Heleno Taveira Tôrres, João Alberto Schültzer Del Nero, Renan Lotufo e Giovanni Ettore Nanni, como requisito parcial à obtenção do título de Doutor pela Faculdade de Direito da USP. O exame a que ele se submeteu, logrando unânime aprovação, ocorreu em 5.6.2014. A versão que o leitor ora tem em mãos é uma versão revista daquele trabalho, com ajustes e adaptações realizados a partir dos apontamentos da Banca.

Citações e referências a dispositivos legais

Nas notas de rodapé inseridas neste trabalho, quando uma obra for citada mais de uma vez, em cada capítulo, a primeira ocorrência conterá sua referência completa; as seguintes, por seu turno, conterão menção ao nome do autor, ao título da obra e à edição e volume, quando houver. Em geral, a menção a nomes de juristas realizada no corpo do texto consistirá da apresentação apenas dos sobrenomes; nas notas de rodapé, além dos sobrenomes, serão apresentados os prenomes abreviados. Excepcionalmente, no caso da citação de juristas brasileiros, referir-se-á ao prenome por extenso, sempre que assim forem eles conhecidos na comunidade científico-jurídica.

No decorrer do texto e das notas de rodapé as referências a dispositivos do Código Civil serão realizadas apenas com a menção ao número do artigo e suas subdivisões, se houver. Remissões a dispositivos de outros diplomas dar-se-ão com a identificação da norma a que pertencem.

A respeito das principais diretrizes metodológicas adotadas para a elaboração deste trabalho, v. E. C. Silveira Marchi, *Guia de Metodologia Jurídica – Teses, Monografias*, 2ª ed., São Paulo, Saraiva, 2009. Note-se, porém, que, atendendo às recomendações do próprio autor, algumas regras dispostas em sua obra foram adaptadas, para adequar o presente estudo aos padrões seguidos pela maioria dos textos consultados, sobretudo de origem brasileira, portuguesa, italiana e francesa.

45 conclusões sobre a simulação

No decorrer deste livro chegaremos às seguintes conclusões sobre a simulação:

Conceito de simulação (art. 167, "caput" e § 1º, do CC)

1. Simulação não é conflito entre vontade e declaração; o negócio simulado é inspirado pela vontade de simular, e os atos dos simuladores não a contradizem (*tópico 3.1*).

2. Simulação não é conflito entre declarações; o comportamento global dos simuladores é coerente (*tópico 3.2*).

3. Simulação não é um vício funcional; o negócio simulado desempenha uma função precisa, qual seja: a de difundir a aparência enganadora (a *causa simulandi* em sentido estrito) (*tópico 3.3*).

4. O negócio simulado não se confunde com o "negócio aparente"; o primeiro é uma manifestação de autonomia privada, orientada pela vontade de simular e direcionada à consecução da *causa simulandi* em sentido estrito; o segundo é apenas a incorreta representação da realidade, tal qual se afigura ao juízo do público enganado (*tópico 4.2*).

5. Simulação é um programa de autonomia privada pelo qual as partes articulam ações e omissões com o objetivo de criar a ilusão negocial,

PREFÁCIO 19

assim entendido o erro coletivo, objetivamente aferível, relativo à interpretação e/ou à qualificação do negócio jurídico (*Capítulo 5*).

6. O acordo simulatório não é um elemento autônomo da simulação; ele é, porém, uma das faces do negócio simulado, que é voluntariamente empreendido pelas partes; o acordo simulatório é o momento convencional do próprio negócio simulado, análogo àquele que se faz presente em todo negócio bilateral (*tópico 6.1*).

7. Quando o "negócio aparente" envolve uma declaração expressa, a simples criação da escritura pública ou privada (ou até mesmo a emissão de uma declaração oral que se torne minimamente pública) é suficiente para despertar a confiança dos terceiros; por conseguinte, a divergência, aferida do ponto de vista do público, entre o significado da declaração expressa e o significado do comportamento concludente das partes basta a, sob a perspectiva estrutural, tornar viável a instalação da ilusão negocial; por outro lado, se não ocorre a emissão de uma declaração expressa, então, a simulação requererá o contraste entre o comportamento concludente ostensivo e o comportamento concludente deliberadamente oculto, realizado com especial cuidado para que não chegue ao conhecimento de terceiros (*tópico 6.2*).

8. O rol de hipóteses do § 1º do art. 167 do CC é exemplificativo (*tópico 8.1*).

9. Na interposição fictícia, a esfera jurídica do interposto mantém-se completamente alheia aos efeitos do negócio jurídico celebrado entre o interponente e o terceiro contratante; há, na interposição fictícia, a dissimulação de um mandato com representação, outorgado pelo interponente ao interposto, com a anuência do terceiro contratante; no exame do caso concreto, a caracterização da interposição fictícia dependerá da verificação da assunção direta, pelo interponente, dos riscos e dos benefícios derivados do negócio jurídico, assim como do conhecimento, pelo terceiro contratante, de que o interposto não nutriria interesse próprio na transação (*tópico 8.2*).

10. A simulação objetiva pode relacionar-se à existência, à natureza, ao valor ou a quaisquer outros elementos objetivos do negócio jurídico; é, outrossim, possível a simulação objetiva de declarações de ciência, como a confissão e a quitação (*tópico 8.3*).

11. A simulação de data não se caracteriza quando a relação jurídica descrita no documento efetivamente existe, a despeito da falta de adequada formalização; por conseguinte, se um negócio concluído oralmente é posteriormente formalizado por escrito, por meio de documento antedatado, não cabe vislumbrar, na espécie, a ilusão negocial (pois a relação jurídica a que se reporta o documento é real); logo, é impertinente a qualificação da conduta das partes como simulação de data (*tópico 8.4*).

12. A simulação não se confunde com a reserva mental; enquanto esta é unilateral, a primeira é sempre convencional; a reserva mental conhecida

20 A SIMULAÇÃO NO DIREITO CIVIL

implica a inexistência do negócio jurídico (não a simulação), pois o simples conhecimento da reserva não equivale ao acordo (*tópico 9.1*).

13. A simulação não se confunde com a falsidade material; inexiste, contudo, uma fronteira absoluta entre a simulação e a falsidade ideológica, sendo possível, de acordo com a lei, considerar-se caracterizada a simulação quando esta é utilizada com vistas a perpetrar a ilusão negocial (*tópico 9.2*).

14. A simulação não se confunde com a falsa qualificação; esta não prejudica a validade do negócio jurídico (*falsa demonstratio non nocet*), e pode ser remediada imediatamente pelo intérprete, com base no exame do comportamento ostensivo das partes; a primeira, diversamente, instala a ilusão negocial, pois implica a manutenção sob sigilo de parcela do comportamento negocial – circunstância que induz o público ao erro (*tópico 9.3*).

15. A simulação não se confunde com a fraude à lei; a distinção deriva, em primeiro lugar, do fato de que aquela, ao contrário desta, não requer o descumprimento de outra norma, concretizando-se pela simples criação da ilusão negocial (que é, independentemente do seu conteúdo, uma infração direta à lei, não indireta); a fraude à lei, a seu turno, não se concretiza pelo ocultamento de parcela do comportamento das partes (como a simulação), mas pela adoção de um modelo negocial intercambiável com outro (a que faz referência uma norma imperativa com o fito de estabelecer um ônus ou uma proibição), sem nenhuma justificativa além da elusão da disciplina legal mais restritiva (descumprimento oblíquo ou indireto de norma imperativa) (*tópico 9.4*).

16. A simulação não se confunde com o negócio indireto ou com o negócio fiduciário, pois apenas a primeira caracteriza-se pela produção da ilusão negocial (*tópico 9.5*).

17. A simulação não se confunde com o abuso de direito; o programa simulatório, tomado como peculiar manifestação da autonomia privada, não é abusivo porque não poderia ser empreendido de uma maneira que não fosse em si já ilegal; ou seja: a ação de simular não é em princípio legítima (como o é o direito de que se abusa), de modo a poder tornar-se abusiva em função do modo como concretizada, mas por si já é antijurídica, haja vista a sanção de nulidade ser-lhe aplicável em qualquer circunstância (*tópico 9.6*).

18. É possível a simulação de negócios formais, desde que a forma prescrita em lei não seja elemento de existência do negócio jurídico (forma interna) (*tópico 10.1*).

19. Não é possível a simulação de títulos de crédito; é, entretanto, possível a simulação da relação fundamental (hipótese em que o título de crédito se torna índice de significação componente da ilusão negocial) (*tópico 10.2*).

20. É possível a simulação de atos não negociais; nesta hipótese, embora o ato praticado produza seus efeitos (não negociais) legais, o arranjo simulatório os neutraliza ou modifica, sem que tal circunstância

PREFÁCIO

21

chegue ao conhecimento de terceiros – o que estabelece, portanto, o engano (*tópico 10.3*).

21. É possível a simulação de negócios unilaterais, desde que todos os terceiros potencialmente contrainteressados no negócio jurídico adiram ao programa dos simuladores (*tópico 10.4*).

22. Não é possível a simulação da constituição da pessoa jurídica (isto é: descabe cogitar-se de pessoa jurídica fictícia); é possível, porém, a simulação de atos da pessoa jurídica, inclusive na condição de interposta pessoa; não é, outrossim, possível a simulação de deliberações da pessoa jurídica (*tópicos 10.5 a 10.7*).

23. Não é possível a simulação de negócios familiares, salvo os não sujeitos a forma interna, como, por exemplo, o estabelecimento de união estável (*tópico 10.8*).

Nulidade do negócio simulado (art. 167, "caput", do CC)

24. Descabe, sob a vigência do Código Civil de 2002, a tese da inexistência do negócio simulado; toda simulação, seja nocente ou inocente, absoluta ou relativa, acarreta a nulidade do negócio jurídico (*tópico 11.1*).

25. O consequente normativo do ar. 167 é uma nulidade especial, estabelecida com o propósito de conferir proteção à confiança sobre a qual devem ancorar-se os assuntos privados (*tópico 11.2*).

26. A nulidade do negócio simulado somente pode ser declarada a pedido de quem nutra, quanto à medida, interesse legítimo; não se sustenta a interpretação de que "qualquer pessoa" pode pleiteá-la; a simulação pode ser alegada, portanto, pelas partes ou por terceiros, desde que possuam interesse legítimo acerca do pronunciamento judicial da nulidade; a nulidade do negócio simulado pode ser reconhecida *ex officio*, desde que ao menos uma das partes do processo possa obter uma utilidade legítima com o provimento jurisdicional (*tópico 11.3*).

27. Declarada a nulidade do negócio jurídico, nos termos do art. 182 do CC, deve-se restituir as partes ao estado em que antes dele se achavam; e, não sendo isto possível, indenizá-las com o equivalente; a instalação da ilusão negocial pode demandar a realização de atos materiais, tais como a entrega de uma coisa, que precisam ser "desfeitos" após a declaração de nulidade; a declaração de nulidade do negócio simulado pode dar azo à reparação dos prejuízos sofridos pelas partes, desde que isto não signifique a perpetuação do locupletamento obtido em razão da simulação (*tópico 11.4*).

28. É possível a declaração de nulidade parcial do negócio simulado (*tópico 11.5*).

29. A ação declaratória de nulidade do negócio simulado não se sujeita a decadência; cabe examinar, no entanto, em cada caso concreto,

A SIMULAÇÃO NO DIREITO CIVIL

se o interesse de agir do autor prevalece, a despeito do lapso temporal transcorrido (*tópico 11.6*).

30. Eventual prazo prescricional ou decadencial contra os simuladores relativo ao negócio dissimulado deve ter como termo *a quo* a data da conclusão do negócio simulado conjuminado com o negócio dissimulado; do ponto de vista de terceiros, eventual prazo prescricional ou decadencial relativo ao negócio dissimulado deve ter como termo inicial a data da extraversão (*tópico 11.6*).

Validade do negócio dissimulado (art. 167, "caput", parte final, do CC)

31. O negócio simulado e o negócio dissimulado integram uma só relação negocial, como faces da mesma moeda; na simulação relativa o negócio que prevê a criação da ilusão negocial é o mesmo que também estabelece outra relação jurídica, que as partes querem que se torne entre elas eficaz; o negócio simulado, portanto, engloba o dissimulado, este nada mais sendo que o próprio negócio simulado reinterpretado à luz do complexo programa do qual resulta sua celebração (*tópico 12.1*).

32. A extraversão do negócio dissimulado é o mecanismo pelo qual se levanta o véu da ilusão negocial, revelando-se ao público a natureza da operação global posta em prática pelas partes; o intento simulatório, declarado nulo, é eliminado do negócio jurídico, e a extraversão combina a interpretação corretiva e a requalificação com a exclusão de parcela do regulamento de interesses (referente à *causa simulandi* em sentido estrito), analogamente ao que se dá no caso de nulidade parcial, assegurando, por conseguinte, a subsistência do negócio dissimulado (*tópico 12.2*).

33. No que tange aos requisitos de substância de que depende a subsistência do negócio dissimulado, não é necessário que entre este e o negócio simulado se estabeleça uma relação de continência; a extraversão permite a integração entre o conteúdo oculto e a forma simuladora, de modo que, ainda que o "negócio aparente" não contenha já os elementos da relação jurídica que deve subsistir, é possível investigá-los nas demais parcelas do comportamento negocial e, resgatando-os da sub-repticiedade, assegurar sua validade e sua eficácia; de todo modo, se o conteúdo dissimulado for ilegal ou ilícito, a extraversão não poderá prosperar (*tópico 12.3*).

34. Quanto aos requisitos de forma de que depende a subsistência do negócio dissimulado, a norma não requer que o negócio dissimulado, caso submetido a exigências especiais, seja já diretamente formalizado de acordo com elas; a extraversão, neste mister, possibilita que o negócio dissimulado se aproveite da forma simuladora mesmo após a declaração de nulidade do negócio simulado (*tópico 12.4*).

Direitos de terceiros de boa-fé (art. 167, § 2º, do CC)

35. O pressuposto técnico da proteção dos direitos de terceiros de boa-fé em face dos simuladores é a teoria da aparência, com base na qual

PREFÁCIO 23

é possível vislumbrar a conjugação da ilusão negocial com a boa-fé do terceiro, enquanto suporte de um fato jurídico autônomo, do qual irradia a eficácia, perante os terceiros protegidos, do "negócio aparente" (*tópico 13.1*).

36. Nem sempre podem os terceiros de boa-fé valer-se da eficácia do "negócio aparente", pois a regra excepcional prevista no § 2º do art. 167 presta-se a prevenir que danos injustos sejam causados, não que novas e ilegítimas vantagens sejam conquistadas (*tópico 13.2*).

37. A manutenção dos efeitos do "negócio aparente" somente é autorizada quando postulada por um terceiro em face dos simuladores; entre terceiros com interesses contrapostos, uns querendo a eficácia, outros a ineficácia do "negócio aparente", prevalece a última posição, consentânea com a nulidade do negócio simulado; sem prejuízo, terceiros lesados sempre poderão pleitear, perante os simuladores, a reparação de danos decorrentes da ineficácia do "negócio aparente" (*tópico 13.3*).

Prova da simulação

38. A simulação pode ser provada por todos os meios legais e legítimos (*tópico 14.1*);

39. A distribuição estática do ônus da prova (o ônus incumbe a quem alega) deve ser aplicada com temperamento em caso de simulação; em vista da positivação, a partir da entrada em vigor do Código Civil de 2015, do mecanismo da distribuição dinâmica do ônus da prova, é possível atribuir ao réu o ônus de provar a não simulação (isto é, a efetividade do negócio jurídico) sempre que este esteja em condições materiais mais propícias para oferecer a prova, e desde que tal providência não imponha ao réu ônus probatório de difícil ou impossível superação (*tópico 14.2*);

40. O objeto a que a prova da simulação deve dirigir-se é o conjunto de fatos que se pode reconduzir ao modelo regulativo da simulação; trata-se, pois, de *questão de fato*, a existência daquele conjunto de fatos (ao passo que a qualificação jurídica deste, enquanto simulação, configura *questão de direito*) (*tópico 14.3*);

41. A prova da simulação deve abranger, além de circunstâncias colaterais, que incrementam a plausibilidade e a probabilidade do juízo positivo acerca da simulação (tais como a não anormalidade do "negócio aparente", as condições econômicas das partes, o tempo da relação jurídica, o paradeiro do dinheiro ou do bem etc.), a demonstração do acordo simulatório (evidência de que as partes agiram em concerto para estipular o programa simulatório), e da ilusão negocial (*tópico 14.3*);

42. A prova do acordo simulatório, geralmente, se dá por meio de uma presunção fundada na prova da ilusão negocial (pois, em regra, se as partes fizeram algo, sabiam que o estavam fazendo); desse modo, a discussão probatória a respeito do acordo simulatório tende a girar em torno da eventual prova negativa acerca de sua existência (*tópico 14.3*);

A SIMULAÇÃO NO DIREITO CIVIL

43. No que tange à ilusão negocial, a prova funda-se, normalmente, na evidenciação de uma contradeclaração ou do comportamento concludente; tais elementos mostram, em conjunto, que o sentido da declaração formalizada pelas partes, ou o tipo de eleição indicado pelos simuladores, é diferente do que aparece; dentre os fatos a serem provados nestes termos encontram-se a inexecução das prestações ostensivamente assumidas pelas partes, a inércia das partes, em vista da inexecução das prestações por elas ostensivamente assumidas; o não exercício, pelas partes, de direitos que lhes são ostensivamente conferidos etc. (*tópico 14.3*);

44. Tratando-se de simulação subjetiva, a prova da ilusão negocial deve recair sobre a esfera de direitos e deveres das partes, bem como sobre o exercício das posições jurídicas que, em tese, deveriam decorrer do "negócio aparente", sendo aspectos relevantes, neste particular, o exercício da posse do bem, a assunção dos custos relacionados à aquisição do bem ou direito, a assunção dos riscos relacionados ao bem ou direito, dentre outros (*tópico 14.3*); e

45. No caso de simulação de data, a prova deve dirigir-se ao fato histórico da conclusão do negócio jurídico, o que se pode dar mediante perícia, por exemplo, ou, ainda, por testemunhas, e por documentos que atestem que a celebração do intrumento ocorrera em data diversa da nele estampada (*tópico 14.3*).

PRIMEIRA PARTE

O CONCEITO DE SIMULAÇÃO

1
PLANO DA INVESTIGAÇÃO
EM TORNO DO CONCEITO DE SIMULAÇÃO

1.1 Qual conceito de simulação investigaremos?. 1.2 Quais serão os passos desta investigação?

1.1 Qual conceito de simulação investigaremos?

O conceito de simulação que nos propomos a estudar é um *conceito jurídico*, que se prestará a orientar a cognição do fenômeno disciplinado pelo art. 167 do CC.

Não se trata de um *conceito legal*, pois, a rigor, não existe em nosso Direito uma definição conotativa de simulação (*e.g.*: "simulação é..."). Um exemplo de definição legal de simulação pode ser extraído do Código civil português, em que se lê (art. 240º, n. 1): "Se, por acordo entre declarante e declaratário, e no intuito de enganar terceiros, houver divergência entre a declaração negocial e a vontade real do declarante, o negócio diz-se simulado. (...)". Diferentemente do que se vê neste dispositivo, o art. 167 enumera hipóteses em que se considera presente a simulação nos negócios jurídicos (§ 1º), mas ao fazê-lo não explicita seus contornos categoriais *gerais*.

Não é por isto, todavia, que pode nos satisfazer o exame puramente lexical do termo "simulação" – ao contrário do que já defenderam alguns autores[1] –, pois este vocábulo pode ser empregado com sentidos muito heterogêneos;[2] e, de mais a mais, são raros os conceitos jurídicos que

---

1. Cf., dentre outros: F. Ferrara, *Della Simulazione dei Negozi Giuridici* (1922), trad. port. de A. Bossa, *A Simulação dos Negócios Jurídicos*, São Paulo, Saraiva, 1939, p. 50; N. Distaso, *La Simulazione dei Negozi Giuridici*, Turim, UTET, 1960, pp. 58-64.

2. Dentre as diversas definições dadas a "simulação" por certo dicionário (*Dicionário "on Line" Caldas Aulete*, disponível em *http://aulete.uol.com.br/ simulação*, acesso em 5.1.2014), encontram-se, por exemplo, as seguintes: "Repre-

28 A SIMULAÇÃO NO DIREITO CIVIL

não incorporam, por mais sutil que seja, um *juízo de valor* que lhes dita uma finalidade[3] e, desse modo, determina seu alcance.[4]

sentação do funcionamento de um sistema, processo ou fenômeno para treinamento (esp. para enfrentar situações de perigo) ou diversão (*simulação* de voo/incêndio)"; "Ensaio, teste ou experiência (simulação eleitoral/de vestibular)". Em outro dicionário (*Michaelis Moderno Dicionário da Língua Portuguesa*, disponível em *http:// michaelis.uol.com.br*, acesso em 5.1.2014) a palavra "simulação" vem definida, dentre outras coisas, como: "Disfarce, dissimulação".

3. A. Belvedere (*Il Problema delle Definizione nel Codice Civile*, Milão, Giuffrè, 1977, pp. 67 e ss.) assevera que os conceitos jurídicos são "redefinições", pois coligam um novo significado a termos antes vinculados a fatos ordinários. G. Radbruch (*Rechtsphilosophie*, 8ª ed. (1993), trad. port. de M. Holzhausen, *Filosofia do Direito*, 2ª ed., São Paulo, Martins Fontes, 2010, p. 176), ao tratar da "transformação teleológica" mediante a qual o Direito capta os dados da experiência, ilustra-a aludindo ao conceito de "filoxera", o qual apresenta alcances distintos para a Zoologia e para o Direito: "seu caráter daninho para os vinhedos, essencial para a Ciência Jurídica, é totalmente inessencial para a Zoologia".

4. A abordagem empírica do instituto da simulação tem sido duramente criticada. A. Auricchio destaca, neste mister, que a formulação de uma noção metajurídica de simulação seria um esforço em vão. Segundo o autor, a suposição, baseada no senso comum, de que o negócio simulado é um negócio "fingido" afasta o intérprete de uma elaboração científica acerca dos limites entre realidade e aparência (*La Simulazione nel Negozio Giuridico – Premesse Generali*, Nápoles, Jovene, 1957, pp. 21-22). Em suas palavras: "O primeiro problema, preliminar a um estudo sobre a simulação, é a precisa individualização do objeto desta pesquisa; as discussões da doutrina, de fato, versam não apenas sobre a valoração da atividade dos simuladores, mas, antes, sobre a atividade material, que vem valorada para uma exata reconstrução do instituto. Anunciada esta questão, revela-se logo inadequado o método de adotar um conceito empírico de simulação, ainda que de modo provisório, com a intenção de sucessivamente atribuir-lhe noções jurídicas. Para ilustrar com um exemplo significativo os perigos de tal método, considere-se que da adoção do significado vulgar de simulação deriva, à guisa de corolário, um primeiro princípio: negócio simulado é negócio fingido. Ora, longe de negar ao instituto qualquer relação com o fenômeno da aparência, pode-se bem dizer, pelo contrário, que o escopo da pesquisa sobre o assunto é precisamente o de traçar os limites entre realidade e aparência, e, portanto, de elaborá-los de modo científico: mas é exatamente por isto que parece duvidoso considerar já resolvido o problema assinalado a partir do significado comum do termo 'simulação'" (tradução livre).

No original: "Primo problema, preliminare ad uno studio sulla simulazione, è la precisa individuazione dell'oggetto stesso dell'indagine; i dissensi della dottrina, infatti, vertono non solo sulla diversa valutazione dell'attività dei simulanti ma ancor prima sull'attività materiale che va valutata per una esatta ricostruzione dell'istituto. Sollevata questa questione, si rivela subito inadeguato il metodo di adottare un concetto empirico di simulazione, sia pure in modo provvisorio, con intenzione di corredarlo successivamente di nozioni giuridiche. Per illustrare, con esempio significativo, i pericoli di un simile metodo, si consideri che dall'adozione del significato volgare di simulare deriva, a guisa di corollario, un primo principio:

PLANO DE INVESTIGAÇÃO EM TORNO DO CONCEITO DE SIMULAÇÃO   29

Dentre as diversas categorias jurídicas (conceitos, tipos, cláusulas gerais etc.), os *conceitos* notabilizam-se por organizarem ideias de maneira precisa e excludente, ou seja, por proporcionarem soluções jurídicas unitárias: ou "sim", ou "não".[5] Nem todos os conceitos, porém, são fórmulas linguísticas perfeitamente acabadas, que dispensam por completo a investigação em torno do seu significado.

Existem, com efeito, conceitos *determinados*, que se apresentam desde logo prontos para a *subsunção* (isto é, a operação lógico-formal – silogismo – pela qual lhes são associadas as descrições de fatos concretos). São raros, no entanto, restringindo-se àqueles definidos por meio de valores, medidas, unidades: "20 quilômetros", "15 dias", "30 salários-mínimos" etc.

Por outro lado, há muitos conceitos indeterminados, que, antes de serem aplicados, devem submeter-se a uma espécie de saneamento hermenêutico – a determinação conceitual. Esta tarefa geralmente incumbe ao juiz, não sendo escassos, contudo, os casos de *regulamentação* por meio de normas de escalão inferior (*e.g.*: portarias, resoluções, instruções normativas etc.). Uma vez determinado, o conceito torna-se adequado à subsunção. É o que ocorre, por exemplo, com a expressão "extensão do dano", a que faz referência o art. 944 do CC:[6] embora esta expressão não revele, imediatamente, todo o alcance de seu sentido, este pode ser determinado, de modo que, em última instância, surja uma única "extensão do dano" a ser considerada relevante, no caso concreto, para o arbitramento da reparação devida.[7]

negozio simulato è negozio finto. Ora, lungi dal negare all'istituto della simulazione ogni rapporto con il fenomeno dell'apparenza, si può ben dire invece che scopo di un'indagine sul l'argomento è proprio quello di tracciare i limiti tra realtà ed apparenza e quindi di elaborarli in modo scientifico; ma è proprio per questo che sembra dubbio considerare già risolto il problema segnalato nel significato comune del termine 'simulazione'".
No mesmo sentido, F. Messineo (*Il Contratto in Genere*, t. 2º, Milão, Giuffrè, 1972, p. 436) observa que a noção empírica de simulação não pode transpor-se para o campo do Direito; neste a simulação assume significado próprio, totalmente distinto do indicado nos dicionários ou apreensível a partir da experiência comum.
5. K. Larenz, *Methodenlehre der Rechtswissenschaft* (1991), trad. port. de José Lamego, *Metodologia da Ciência do Direito*, 5ª ed., Lisboa, Fundação Calouste Gulbenkian, 2009, *p. 672.*
6. CC: "Art. 944. A indenização mede-se pela extensão do dano".
7. Cf.: K. Engisch, *Einführung in das juristische Denken* (1983), trad. port. de J. Baptista Machado, *Introdução ao Pensamento Jurídico*, 10ª ed., Lisboa, Fundação Calouste Gulbenkian, 2008, p. 208; Miguel Reale, *História do Novo Código Civil*, São Paulo, Ed. RT, 2005, p. 41.

A dicotomia entre conceitos determinados e conceitos indeterminados dialoga com outra, demarcada pela oposição entre conceitos *gerais-abstratos* e conceitos *funcionais*. Os conceitos gerais-abstratos são as unidades estruturais do *sistema externo*, assim entendido o âmbito em que as abstrações em que se fundamenta a regulação estabelecem entre si articulações de caráter eminentemente lógico e formal.[8] Os conceitos funcionais, a seu turno, são aqueles cujo conteúdo expressa, mais que dados estruturais de fenômenos juridicamente relevantes, uma relação de sentido subjacente à regulação, baseada em um princípio determinante.[9] Os conceitos gerais-abstratos são determinados; ou, se indeterminados, determináveis a partir de elementos gramaticais ou lógico-sistemáticos. Já, os conceitos funcionais são indeterminados, mas determináveis pela função que lhes cabe desempenhar.

O conceito de simulação que elaboraremos nos capítulos seguintes é um conceito funcional, ou, então, determinado pela função. Isto significa que ele não se limita a uma forma gramatical ou lógica, que pode ser compreendida e aplicada mecanicamente. A simulação, por conseguinte, não será descrita como o resultado de uma fórmula aritmética, como se fosse possível concebê-la pela simples adição de determinadas parcelas ("A + B + C = simulação"). Na realidade, como veremos, a simulação desempenha um *papel* no sistema do direito privado, pois tem por finalidade proporcionar a estabilização de certas tensões intersubjetivas (conflitos de interesses) com observância dos valores que regem a ordem jurídica. É, portanto, da elucidação dos juízos de valor subjacentes ao art. 167 do CC que depende, em última instância, a definição do seu conceito.

Não é arbitrária nem injustificada – vale esclarecer – a opção por investigar o conceito de simulação a partir da sua função. Algumas razões relevantes a legitimam, a saber:

> *(i)* Seria provavelmente anacrônica a tentativa de formular um conceito geral-abstrato de simulação à luz do Código Civil de 2002, que, como se sabe, é inspirado pelas diretrizes da *concreção* e da *realizabilidade*,[10] verdadeiros *slogans* da "terceira fase do Direito moderno" – denominação atribuída por Miguel Reale[11] à *jurisprudência de valoração* (*Wertungsjurisprudenz*).

8. K. Larenz, *Metodologia da Ciência do Direito*, cit., 5ª ed., pp. 622-623.

9. Idem, p. 686.

10. Miguel Reale, *História do Novo Código Civil*, cit., p. 72 (80).

11. Miguel Reale, *Nova Fase do Direito Moderno*, 2ª ed., São Paulo, Saraiva, 1998, pp. 95-129.

PLANO DE INVESTIGAÇÃO EM TORNO DO CONCEITO DE SIMULAÇÃO   31

(ii) No âmbito da jurisprudência de valoração (que ganha espaço com a crise do positivismo jurídico), as categorias jurídicas são "apenas um meio auxiliar de visionação dirigido à compreensão das valorizações gerais dos interesses e das opções do legislador nos casos de conflito";[12] por isto, a consideração do juízo de valor suprapositivo[13] que a norma pode expressar é etapa de que não se pode descurar na definição de conceitos jurídicos.

(iii) Ainda de acordo com esta vertente metodológica, o juízo de valor veiculado pela norma sintetiza uma tomada de posição a respeito da neutralização de conflitos de interesses captados a partir da observação da vida social; é com base nele que se deve, caso se pretenda escapar do puro dogmatismo ou do relativismo radical, investigar o conteúdo e o alcance do comando legal.[14]

(iv) O negócio simulado dá origem a um notável conflito entre as posições jurídicas ocupadas, de um lado, pelos simuladores e, do outro, pela comunidade; este conflito de interesses não foi ignorado pelo art. 167 do CC, que, nos incisos do seu § 1º, alude à *aparência* ("Haverá simulação nos negócios jurídicos quando: I – aparentarem conferir ou transmitir direitos a pessoas diversas daquelas às quais realmente se conferem, ou transmitem; ...") e à *inverdade* ("Haverá simulação nos negócios jurídicos quando: (...); II – contiverem declaração, confissão, condição ou cláusula não verdadeira; ..."), eloquentes indicadores de que o fenômeno ali disciplinado envolve apreciações divergentes a respeito de uma mesma relação negocial.

(v) Quando a norma reputa nulo o negócio simulado, assim como quando resguarda os direitos de terceiros de boa-fé em face dos simuladores, veicula um juízo de valor, que deve servir de guia para a determinação das soluções aplicáveis aos conflitos de interesses derivados da simulação, bem como do próprio conceito desta; nos termos do art. 167, deve ser protegida, para além da integridade da manifestação de vontade, a *confiança* que o público deposita nas relações estabelecidas no tráfico jurídico; o direito positivo deve assegurar a estabilidade das relações privadas, insurgindo-se contra os incidentes que possam ameaçar as expectativas normativas legitimamente nutridas pela comunidade em vista de cada relação negocial concretamente constituída. E:

(vi) A evolução da dogmática da simulação, profundamente influenciada pela *jurisprudência dos conceitos* (*Begriffsjurisprudenz*),[15] deu

---

12. F. Wieacker, *Privatrechtsgeschichte der Neuzeit unter Besonderer Berücksichtigung der Deutschen Entwicklung* (1967), trad. port. de A. Botelho Hespanha, *História do Direito Privado Moderno*, 4ª ed., Lisboa, Fundação Calouste Gulbenkian, 2010, p. 666.

13. J. Baptista Machado, *Introdução ao Direito e ao Discurso Legitimador*, Coimbra, Livraria Almedina, 1983, pp. 307 e ss.

14. K. Larenz, *Metodologia da Ciência do Direito*, cit., 5ª ed., p. 164 (172).

15. A jurisprudência dos conceitos preponderou entre a Revolução Francesa e o início da vigência do Código Civil alemão. Sua característica principal é a dedução

32 A SIMULAÇÃO NO DIREITO CIVIL

origem a uma multiplicidade de formulações gerais-abstratas que somente se mostram sólidas se confirmadas as respectivas premissas teóricas, relativas à teoria do negócio jurídico; como, porém, não existe consenso sobre o conceito de negócio jurídico, a doutrina da simulação encontra-se, atualmente, imersa em incertezas; com efeito, houve já muitas tentativas de definir o conceito de simulação mediante a apreciação de seus componentes estruturais; e, dado que o resultado destas não foi satisfatório, uma abordagem diversa mostra-se não apenas conveniente, mas necessária.

Os conceitos funcionais – cumpre desde logo ressaltar – apresentam uma peculiaridade que muito importará ao estudo do art. 167, qual seja: a de poderem diversificar-se mediante a formação de *tipos*.[16] Os tipos são formas fluidas de ordenação da realidade, afigurando-se mais flexíveis que os conceitos.[17] Eles integram o chamado *sistema interno* – que sintetiza a unidade valorativa do ordenamento jurídico[18] – e representam, através de conjuntos de notas descritivas,[19] "imagens fenomênicas" de relações jurídicas[20] (tais como os contratos que se dizem "típicos"), às quais os fatos podem *reconduzir-se* (ou *coordenar-se*) com maior ou menor intensidade.[21]

de soluções jurídicas por meio da operação de subsunção, ou seja, o silogismo puramente lógico que autoriza a formulação de um único raciocínio binário, do gênero "sim ou não" (cf.: A. Kaufmann e W. Hassemer (orgs.), *Einführung in Rechtsphilosophie und Rechtstheorie der Gegenwart* (1994), trad. port. de M. Keel e M. S. Oliveira, *Introdução à Filosofia do Direito e à Teoria do Direito Contemporâneas*, Lisboa, Fundação Calouste Gulbenkian, 2002, pp. 166-170).

16. K. Larenz, *Metodologia da Ciência do Direito*, cit., 5ª ed., p. 692.

17. A distinção entre conceitos e tipos foi sumarizada com clareza por C. B. N. Cioffi (*Classe, Concetto e Tipo nel Percorso per l'Individuazione del Diritto Applicabile ai Contratti Atipici*, Turim, Giappichelli, 2005, pp. 19-20): (i) os conceitos consubstanciam o somatório dos elementos que os compõem; os tipos configuram-se como quadros dotados de sentido total e unitário; (ii) os conceitos são fechados e abstratos, porquanto definidos com rigidez e taxatividade; os tipos são abertos, pois se referem a um aglomerado de notas em sua expressão concreta; (iii) os confins dos conceitos são firmemente estabelecidos; os limites dos tipos são elásticos; (iv) os fatos concretos podem subsumir-se integralmente a conceitos ou, alternativamente, não se subsumir; no caso dos tipos a recondução pode ser total ou parcial, mais ou menos intensa; e (v) a aplicação de um conceito requer, quanto à situação de fato, a presença de todos os seus elementos; a caracterização do tipo requer, quanto à situação de fato, certo grau de semelhança para com a síntese global de suas notas características.

18. K. Larenz, *Metodologia da Ciência do Direito*, cit., 5ª ed., p. 623.

19. Idem, p. 307: "O tipo não se define, descreve-se".

20. K. Larenz, *Metodologia da Ciência do Direito*, cit., 5ª ed., p. 662.

21. Idem, p. 307.

PLANO DE INVESTIGAÇÃO EM TORNO DO CONCEITO DE SIMULAÇÃO   33

Como evidenciaremos no momento oportuno (*Capítulo 8*), o art. 167, muito embora não traga a definição de um conceito geral-abstrato de simulação, apresenta o *negócio simulado* como tipo, e o desmembra em três diferentes subtipos: a *simulação subjetiva* – o negócio subjetivamente simulado (§ 1º, I); a *simulação objetiva* – o negócio objetivamente simulado (§ 1º, II); e a *simulação de data* – o negócio simulado quanto à data (§ 1º, III). *Estas manifestações típicas são desdobramentos do conceito funcional de simulação e especificações do tipo "negócio simulado".* Sublinhe-se, todavia, a dificuldade que, neste particular, o art. 167 oferece: os referidos subtipos não são derivações, em última instância, de um conceito expresso na lei – geral-abstrato –, mas de um conceito funcional *pressuposto* por ela. Bem por isto, a elaboração do conceito de simulação deverá ser, em certa medida, *circular*, pois terá por objetivo estabelecer a tessitura semântica dentro da qual se dá a diversificação típica, mas precisará levar em conta de antemão o conteúdo desta para definir adequadamente a extensão daquela (como se notará com maior clareza nos *Capítulos 5* e *8*). Pois, embora não pareça possível afirmar que a simulação é simplesmente algo que há de comum entre os incisos do § 1º do art. 167 do CC (assim como não é possível definir com assertividade o termo "contrato" apenas pela indicação de que ele compreende a compra e venda, o mútuo, a corretagem etc.), ou então, conquanto não se mostre promissor e seguro o caminho de tentar deduzir do texto (excessivamente econômico) dos mencionados incisos o laço que une as hipóteses neles enunciadas, enquanto exemplares de simulação,[22] é certo

---

22. A dificuldade de atestar a presença no art. 167 do CC de uma definição denotativa (por exemplos ou enumeração) de simulação decorre da circunstância de o termo ser empregado no § 1º deste dispositivo como *ferramenta de apresentação*. Como explica A. Ross, trata-se a ferramenta de apresentação de conceito jurídico desprovido de referencial semântico que interliga *fatos condicionantes* a *consequências jurídicas*. O exemplo famosamente explorado pelo autor para descrever esta técnica normativa é o da expressão *tû-tû*, que teria sido utilizada pelos integrantes da tribo Aisat-Naf, das Ilhas Oasuli, para se referirem à circunstância (ao estado de coisas) surgida quando um determinado tabu fosse violado (*e.g.*: um homem tivesse um encontro com a sogra, ou alguém matasse um animal totêmico). Quem incorresse em *tû-tû* seria considerado ameaçado por uma força sobrenatural perigosa, e por isso haveria de se submeter a um ritual de purificação. De acordo com A. Ross, o uso de *tû-tû* como ferramenta de apresentação fundar-se-ia sobre a conjugação de duas diferentes proposições: (i) *proposição descritiva* – quem quebra um tabu está *tû-tû*; e (ii) *proposição prescritiva* – quem está *tû-tû* deve submeter-se ao ritual de purificação. Em nenhuma de tais proposições *tû-tû* possui um sentido próprio. Algo semelhante ocorre com a palavra "simulação", contida no § 1º do art. 167; na literalidade da

34 A SIMULAÇÃO NO DIREITO CIVIL

que o resultado da nossa análise conceitual deverá acomodá-las, de tal modo que, ao final, o conceito de simulação proposto possa ser admitido como aquele com base no qual, presumivelmente, a norma foi elaborada.

1.2 Quais serão os passos desta investigação?

No campo das ciências do espírito, a elaboração do conhecimento novo pressupõe um diálogo com a tradição, uma vez que a aspiração última do estudioso é sempre a de se juntar a ela.[23] Conquanto não seja aconselhável adotar, *sic et simpliciter*, formulações teóricas concebidas em contextos histórico-culturais já superados, é igualmente inadequado fechar os olhos para as contribuições legadas pelos autores do passado. No âmbito da Ciência do Direito é geralmente descabida a pretensão

norma, ela não possui carga semântica própria, sendo utilizada apenas para realizar a cópula entre os fatos condicionantes indicados nos incisos do mesmo dispositivo e a consequência jurídica consistente na nulidade. Para que isto fique mais claro, considere-se que na frase seguinte a seta substitui a palavra "simulação": *sempre que houver antedata em instrumento particular de um negócio jurídico* → *o negócio jurídico deve predicar-se nulo.* Como se percebe, neste caso o termo "simulação" não influencia a relação entre o conteúdo do antecedente e o do consequente (cf. A. Ross, *Tû-Tû* (1957), trad. port. de E. Bini, *Tû-Tû*, São Paulo, Quartier Latin, 2004, pp. 13-14, 17-20 e 23-29).

23. H.-G. Gadamer, *Wahrheit und Methode* (1960), trad. port. de F. P. Meurer, *Verdade e Método*, 12ª ed., vol. 1, Petrópolis, Vozes, 2012, pp. 372 e ss. Um grupo peculiar de preconceitos, originado de uma autoridade que se tornou anônima com o passar do tempo, que oferece fundamento de validade para seus próprios preceitos, independentemente de qualquer fundamentação racional, é a *tradição*. A tradição é uma manifestação preconceituosa que habita o âmago mais profundo das ciências do espírito, permitindo diferenciá-las das ciências da Natureza. Para um estudioso de Matemática analisar o momento histórico ou o progresso teórico havido entre diversas gerações para a elaboração de um estudo presente não passa de preocupação secundária. Para um estudioso do Direito sucede bem o inverso. Como salienta H.--G. Gadamer, "o que satisfaz nossa consciência histórica é sempre uma pluralidade de vozes nas quais ressoa o passado. O passado só aparece na diversidade dessas vozes. É isso que constitui a essência da tradição da qual participamos e queremos participar". A mediação da tradição, segundo ensina o autor, a partir das ideias de Heidegger, opera-se de forma circular. O intérprete parte de seus preconceitos, faz uma primeira leitura da realidade, que resulta num *projeto prévio*. Este projeto prévio deve ser revisto ante a verificação da *coisa em si*, ou ante a verificação da arbitrariedade da *opinião prévia*. Neste movimento de sucessivas idas e vindas, acertos e erros, o intérprete vai paulatinamente ajustando a afinação do sentido de sua opinião, como um violinista faz com cada uma das cordas de seu instrumento. Concluído o processo, o intérprete terá separado os *verdadeiros preconceitos* – isto é, a tradição "validada", que fundamenta a compreensão –, dos *falsos preconceitos* (a tradição "rejeitada"), que leva a mal-entendidos.

PLANO DE INVESTIGAÇÃO EM TORNO DO CONCEITO DE SIMULAÇÃO   35

de "reinventar a roda". A tradição não cessa de evoluir, mas neste movimento de "evolução" quase nunca é sinônimo de "revolução". A reconstrução do conceito de simulação à luz do direito positivo vigente, que pretendemos empreender por meio deste estudo, não poderia ter, portanto, outro ponto de partida que não o exame da tradição.

As teses tradicionais sobre o conceito de simulação, elaboradas nos Países filiados ao sistema romano-germânico, podem ser classificadas, numa primeira aproximação, em três principais grupos:

(i) teses voluntaristas;

(ii) teses declaracionistas; e

(iii) teses objetivistas.

Estas teses serão brevemente descritas no *Capítulo 2*. Na sequência nossa investigação em torno do conceito de simulação seguirá o percurso composto pelas seguintes etapas:

(i) No *Capítulo 3* examinaremos criticamente as teses tradicionais sobre o conceito de simulação, com vistas a identificar os motivos que nos impedem de acolher qualquer uma delas na integralidade; naquele capítulo introduziremos a ideia de que a simulação consiste numa especial manifestação de autonomia privada, animada por uma *vontade de simular*, e desempenha uma específica função: a *causa simulandi* em sentido estrito.

(ii) No *Capítulo 4* exploremos três fundamentos, geralmente negados ou ignorados pela doutrina, com base nos quais se deve elaborar o conceito de simulação: a superação do *apriorismo conceitual*; a distinção entre negócio simulado e "negócio aparente"; e a integridade do negócio simulado.

(iii) No *Capítulo 5* deduziremos o conceito de simulação do conflito que se estabelece entre os pontos de vista dos simuladores e do público a respeito do negócio simulado; destacaremos, em primeiro lugar, que a simulação normalmente envolve uma *duplex interpretatio* da relação jurídica, a qual, de um lado (sob a perspectiva dos terceiros), é baseada em *índices de significação* exteriores, publicamente recognoscíveis, que englobam apenas parte do comportamento negocial; e, de outro (sob a perspectiva das partes), leva em conta o comportamento negocial total, inclusive o que deliberadamente é mantido em segredo; em seguida colocaremos no centro da discussão a *ilusão negocial*, isto é, a equivocada representação que o público formula acerca do significado (interpretação) e do rótulo (qualificação) do negócio jurídico, que figura como escopo do agir dos simuladores, e, por conseguinte, constitui o núcleo do conceito de simulação; por fim, demonstraremos que a eleição da ilusão negocial como base do conceito de simulação é compatível com o direito positivo.

36 A SIMULAÇÃO NO DIREITO CIVIL

(iv) No Capítulo 6 trataremos da estrutura da simulação; como o conceito de simulação será determinado pela função, a análise desta ocorrerá antes, mas não dispensará o exame da estrutura, porque não há como conceber algo que possa ser pura função; a estrutura da simulação é tema controverso entre os autores, e o único elemento que não se questiona sempre estar presente é o negócio simulado; dúvidas permanecem, no entanto, sobre a figura do acordo simulatório; conforme defenderemos, o acordo simulatório coincide com parte do conteúdo convencional do negócio simulado – logo, não é juridicamente autônomo; em suma, sustentaremos que a simulação funda-se sobre uma estrutura unitária, que aglutina o negócio simulado e o acordo simulatório; destacaremos, ademais, que a forma do negócio simulado pode variar conforme a manifestação de vontade seja expressa ou tácita.

(v) No Capítulo 7 traçaremos o quadro das modalidades da simulação, a qual se classifica em: absoluta e relativa; inocente e nocente; total e parcial; note-se que estes pares correspondem àqueles geralmente apresentados pela doutrina, e resultam de *qualificações* do fenômeno simulatório, que se lhe podem atribuir em função, respectivamente, do *fim* (isto é, se é a simulação um fim em si mesma ou se, diversamente, se destina a ocultar uma relação jurídica não simulada), do *potencial ofensivo* (isto é, se a simulação se limita à criação da ilusão negocial ou se, além disso, também causa prejuízos ou infringe lei imperativa) e da *abrangência* (isto é, se a ilusão negocial abarca a totalidade ou apenas uma parte da relação negocial); por conseguinte, as modalidades de simulação não correspondem a diferentes conceitos de simulação, nem descrevem complexos fáticos (típicos) em que a simulação pode surgir.

(vi) Estes últimos serão objeto do *Capítulo 8*, dedicado às manifestações típicas por meio das quais a simulação torna-se mais diversificada e mais rica de conteúdo; ali estudaremos a simulação subjetiva, a simulação objetiva e a simulação de data; antes disto, porém, teceremos alguns comentários sobre a taxatividade do rol contido no § 1º do art. 167 do CC. E:

(vii) Após termos empreendido a demonstração positiva do conceito de simulação, passaremos, nos *Capítulos 9* e *10*, à sua formulação *negativa*, ou seja, buscaremos esclarecer o que não pode ser considerado simulação; com isto esperamos deixar ainda mais claros os contornos da formulação conceitual empreendida anteriormente, mediante a eliminação de incertezas e confusões que poderiam ainda causar embaraço ao intérprete.

Este é o programa com base no qual pretendemos investigar o conceito de simulação. Como os desafios pela frente são inúmeros e as dificuldades a se enfrentar não são pequenas, dirijamo-nos, sem maiores delongas, ao seu ponto de partida.

2
AS TESES TRADICIONAIS
SOBRE O CONCEITO DE SIMULAÇÃO

2.1 Simulação como conflito entre vontade e declaração. 2.2 Simulação como conflito entre declarações. 2.3 Simulação como defeito funcional.

Neste capítulo exporemos brevemente os aspectos centrais das principais teses tradicionais sobre o conceito de simulação desenvolvidas nos Países de tradição romano-germânica.[1] De acordo com as *teses voluntaristas* (*tópico 2.1*) a simulação é associada a um vício do consentimento que resulta do conflito entre vontade e declaração. Já, para os defensores das *teses declaracionistas* (*tópico 2.2*) ela é genericamente descrita como produto de uma divergência entre declarações. Por fim, para os adeptos das *teses objetivistas* (*tópico 2.3*) a simulação é um vício funcional derivado da ausência de pretensão de validade ou da inoperância causal do negócio jurídico.

2.1 Simulação como conflito entre vontade e declaração

Segundo os autores voluntaristas (notadamente os pandectistas germânicos[2]), a simulação deve ser concebida como o *conflito* que se

1. Registre-se que não serão objeto deste trabalho as teorias que tratam de institutos semelhantes à simulação desenvolvidas nos Países filiados ao sistema de *Common Law*. A quem se interessar pelo tema recomendamos as seguintes consultas: R. B. Stafford, *A Legal-Comparative Study of the Interpretation and Application of the Doctrines of the Sham and the Alter-Ego in the Context of South African Trust Law: the Dangers of Translocating Company Law Principles into Trust Law*, tese (*Masters of Law*), Rhodes University, 2010; M. Conaglen, "Sham trusts", in *The Cambridge Law Journal* 67/176-207, Cambridge, 2008; E. Simpson e M. Stewart, *Sham Transactions*, Oxford, Oxford University Press, 2013.

2. Dentre eles: Savigny, Puchta, Windscheid, Arndts, Baron, Dernburg e Regelsberger.

38 A SIMULAÇÃO NO DIREITO CIVIL

instaura voluntariamente, no processo de formação do negócio jurídico, entre vontade e declaração. Com maior precisão, diriam estes autores, o negócio simulado ou bem contém uma vontade que não se harmoniza com o teor da declaração, ou então daquela carece absolutamente.

Vontade e declaração geralmente concordam; há, contudo, situações que perturbam esta ordem, em especial a declaração de uma intenção não querida. Caracterizado, nestes moldes, o *vício do consentimento*,[3] e quando ele é premeditado pelas partes, surge a simulação, definida como *deliberada divergência entre o querido e o declarado*.[4]

Dentre os autores que propuseram definições de simulação atreladas ao aspecto volitivo do negócio jurídico destacam-se: Ferrara,[5] Pestalozza,[6] Lehmann,[7] Coviello,[8] Butera,[9] Stolfi,[10] Trabucchi,[11] Cariota

3. H. Lehmann, *Allgemeiner Teil des Bürgerlichen Gesetzbuches* (1922), trad. esp. de J. M. Navas, *Parte General*, vol. 1, Madri, Editorial Revista de Derecho Privado, 1956, pp. 357-371; A. Butera, *Della Simulazione nei Negozi Giuridici e degli Atti "in Fraudem Legis"*, Turim, UTET, 1936, p. 3.

4. F. C. von Savigny, *System des heutigen römischen Rechts* (1840 a 1849), trad. italiana de V. Scialoja, *Sistema del Diritto Romano Attuale*, vol. 3, Turim, UTET, 1900, pp. 347-350: "Finalmente, deve-se aqui incluir também o caso, que geralmente é o único mencionado, da simulação. Com isto se entende uma declaração de vontade na qual concorre mais de uma pessoa, as quais estejam de acordo em atribuir às suas declarações um sentido diferente do comum (...)" (tradução livre).

Na tradução original: "Finalmente è qui da annoverarsi anche il caso, che spesso è il solo menzionato, della simulazione. Con ciò s'intende una dichiarazione di volontà, nella quale concorrono più persone, che si sono data l'intesa di attribuire alle loro dichiarazioni un senso diverso dall'ordinario (...)".

5. F. Ferrara, *Della Simulazione dei Negozi Giuridici* (1922), trad. port. de A. Bossa, *A Simulação dos Negócios Jurídicos*, São Paulo, Saraiva, 1939, p. 30 (pp. 46-47).

6. F. Pestalozza, *La Simulazione nei Negozi Giuridici*, Milão, Società Editrice Libraria, 1919, pp. 8-9.

7. H. Lehmann, *Parte General*, cit., vol. 1, p. 361.

8. N. Coviello, *Manuale di Diritto Civile Italiano – Parte Generale*, 3ª ed., Milão, Società Editrice Libraria, 1924, p. 370.

9. A. Butera, *Della Simulazione nei Negozi Giuridici e degli Atti "in Fraudem Legis"*, cit., pp. 1-5.

10. G. Stolfi, *Teoria del Negozio Giuridico* (1947), trad. esp. de Jaime Santos Briz, *Teoría del Negocio Jurídico*, Madri, Editorial Revista de Derecho Privado, 1959, pp. 154-158.

11. A. Trabucchi, *Istituzioni di Diritto Civile*, 8ª ed., Pádua, CEDAM, 1954, p. 130.

AS TESES TRADICIONAIS SOBRE O CONCEITO DE SIMULAÇÃO   39

Ferrara,[12] Beleza dos Santos,[13] Cortés,[14] Cámara,[15] Carcaba Fernández,[16] Domingues de Andrade,[17] Albaladejo García[18] e Roppo.[19] Dentre os brasileiros, vale mencionar: Serpa Lopes,[20] Martinho Garcez,[21] San Tiago Dantas,[22] Antônio Chaves,[23] Vicente Ráo[24] e, mais recentemente, Humberto Theodoro Júnior.[25]

Mostra-se pertinente, neste passo, apresentar alguns esclarecimentos sobre o voluntarismo "à brasileira", que foi adotado pela maioria da doutrina pátria mas não reflete, com exatidão, o teor das teses voluntaristas antes referidas. Esta maneira de conceber a simulação resulta de uma inusitada combinação entre a formulação de Beviláqua (que distingue os *vícios do consentimento* dos *vícios sociais*) e o voluntarismo europeu, segundo o qual, como visto, a simulação é vício do consentimento.

Para Beviláqua os vícios sociais (simulação e fraude contra credores), ao contrário dos vícios do consentimento (erro, dolo e coação), não prejudicam a normalidade da manifestação da vontade, a despeito

12. L. Cariota Ferrara, *Il Negozio Giuridico nel Diritto Privato Italiano*, Nápoles, Morano, 1949, p. 421 (524).

13. J. Beleza dos Santos, *A Simulação em Direito Civil* (1955), 2ª ed., São Paulo, Lejus, 1999, pp. 47-52.

14. H. Cortés, *La Simulación como Vicio Jurídico*, Buenos Aires, Araujo, 1939, pp. 10-13.

15. H. Cámara, *Simulación en los Actos Jurídicos*, Buenos Aires, Depalma, 1944, pp. 35-48.

16. M. Carcaba Fernández, *La Simulación en los Negocios Jurídicos*, Barcelona, Bosch, 1986, pp. 31-33.

17. M. A. Domingues de Andrade, *Teoria Geral da Relação Jurídica*, vol. II, Coimbra, Livraria Almedina, 2003 (reimpr.), pp. 168-169.

18. M. Albaladejo García, *La Simulación*, Madri, Edisofer, 2005, p. 17-18.

19. E. Roppo, *Il Contratto*, trad. port. de A. Coimbra e M. Gomes, *O Contrato*, Coimbra, Livraria Almedina, 2009, pp. 161-162.

20. M. M. de Serpa Lopes, *Curso de Direito Civil*, 8ª ed., vol. I ("Introdução, Parte Geral e Teoria dos Negócios Jurídicos"), Rio de Janeiro, Freitas Bastos, s/d, pp. 457 e ss.

21. Martinho Garcez, *Nulidades dos Actos Jurídicos*, 2ª ed., vol. 1, Rio de Janeiro, Jacintho Ribeiro dos Santos Editor, 1910, pp. 240 e ss.

22. San Tiago Dantas, *Programa de Direito Civil – Aulas Proferidas na Faculdade Nacional de Direito*, Rio de Janeiro, ed. Rio, 1979, pp. 281 e ss.

23. Antônio Chaves, *Tratado de Direito Civil*, 3ª ed., vol. I ("Parte Geral"), t. II, São Paulo, Ed. RT, 1982, pp. 1.434 e ss.

24. Vicente Ráo, *Ato Jurídico*, 4ª ed., São Paulo, Ed. RT, 1997, pp. 186-187.

25. Humberto Theodoro Júnior, *Comentários ao Novo Código Civil*, 4ª ed., vol. III, t. I (arts. 138-184), Rio de Janeiro, Forense, 2008, p. 470.

40 A SIMULAÇÃO NO DIREITO CIVIL

de implicarem um desvio da *boa-fé* e da *honestidade*. O comportamento dos simuladores não é capaz, segundo o autor, de determinar a "desarmonia entre o que se passa no recesso da alma e o que se exterioriza em palavras ou fatos"; diversamente, apenas torna a manifestação de vontade *juridicamente inoperante*. Nesta esteira, a simulação é descrita como "declaração enganosa da vontade, visando a produzir efeito diverso do ostensivamente indicado".[26]

Beviláqua, como se pode perceber, não recorre ao modelo do conflito entre vontade e declaração para delinear o conceito de simulação. Prefere, de outra sorte, elaborar uma explicação baseada na *boa-fé*: "Domina a matéria da simulação a regra formulada pelo Direito Romano: *acta simulata veritatis substantiam mutare non potest*; mas, para que a simulação constitua um vício do ato jurídico, há de ser empregada de má-fé, no intuito de prejudicar alguém ou fraudar a lei. A simulação de boa-fé, sem prejuízo de terceiros nem ofensa à lei, é tolerada".[27] Este ponto de vista – constata-se com facilidade – está à base do Código Civil de 1916, que considerava invalidante tão somente a simulação nocente (art. 103[28]).

A doutrina posterior a Beviláqua acolheu e consolidou a distinção entre os vícios do consentimento e os vícios sociais, mas também se deixou influenciar pelas teses voluntaristas europeias, misturando, numa mesma teoria, o conflito entre vontade e declaração com o desvio da boa-fé (indicativo do vício social). Em virtude do sincretismo que assim se manifestou, a simulação passou a ser vista, majoritariamente, como um vício social caracterizado pela divergência entre vontade e declaração.

2.2 Simulação como conflito entre declarações

A *teoria da declaração* (*Erklärungstheorie*), elaborada como reação à *teoria da vontade* (*Willenstheorie*), sustenta que a vontade interna não possui significado enquanto não seja declarada. A declaração deve, portanto, prevalecer sobre a vontade sempre que seu destinatário tenha agido de boa-fé, isto é, não tenha sabido nem podido saber da presença

---

26. C. Beviláqua, *Teoria Geral do Direito Civil* (1928), 2ª ed., Campinas, Servanda, 2007, p. 298 (310-311).

27. Idem, p. 311.

28. CC de 1916: "Art. 103. A simulação não se considerará defeito em qualquer dos casos do artigo antecedente, quando não houver intenção de prejudicar a terceiros, ou de violar disposição de lei".

AS TESES TRADICIONAIS SOBRE O CONCEITO DE SIMULAÇÃO 41

de eventual defeito na manifestação de vontade.[29] Com base neste marco teórico, que, em sua feição moderna, é orientado pelo *princípio da confiança*,[30] a simulação vem definida como *conflito entre declarações*. Köhler[31] foi um dos que primeiro pretenderam estudar a simulação à luz da teoria da declaração, sustentando que ela resulta do neutralizar-se de duas declarações antitéticas que, contudo, guardam unidade entre si. O autor não admite a possibilidade da contrariedade entre vontade e declaração, pois estas não são mais que "lados da mesma moeda". Vê, portanto, na simulação uma *unidade de ação*, isto é, uma unidade de sentido da intenção, ainda que desdobrada em duas declarações.

Já, segundo Messina a simulação não se restringe à oposição de declarações incompatíveis entre si, pois engloba também uma específica *orientação teleológica*, a qual colore o agir dos simuladores como um todo. O autor sustenta que a emissão de declarações contraditórias é apenas uma etapa de um programa mais amplo, direcionado à consecução, em última instância, de um *contratar aparente*.[32] O negócio simulado, neste contexto, é concebido como espécie de ato de execução de um prévio acordo – o *acordo simulatório* –, que aqui surge, pela primeira vez, mais que simples diferencial entre simulação e reserva mental, como preordenação da aparência enganadora.[33]

Para Messina o mecanismo que se encontra à base da simulação envolve uma cisão do processo volitivo capaz de retirar das declarações intercambiadas pelas partes todo o conteúdo negocial. Imagine-se, a título de exemplo, que Caio e Tício venham a celebrar, por escrito, contrato de compra e venda de uma obra de arte. Diante deste caso hipotético, seria natural identificar no instrumento a materialização da vontade das partes. O que o autor perspicazmente observa é que as declarações

29. M. A. Domingues de Andrade, *Teoria Geral da Relação Jurídica*, cit., vol. II, pp. 158-159.

30. Cf. W. Flume, *Allgemeiner Teil des Bürgerlichen Rechts,* vol. II: *Das Rechtsgeschäft.* 4ª ed., Enzyklopädie der Rechts-und Staatswissenschaft (1992), trad. esp. de J. M. M. González e E. G. Calle, *El Negocio Jurídico*, Madri, Fundación Cultural del Notariado, 1998, p. 84; L. Enneccerus e H. C. Nipperdey, *Allgemeiner Teil des Bürgerlichen Rechts*, trad. esp. de Blas Péres González e José Alguer, *Derecho Civil (Parte General)*, vol. II, Primeira Parte, Barcelona, 1981, pp. 309-312.

31. Köhler, *Studien über Mentalreservation und Simulation*, conforme relatado por N. Distaso, *La Simulazione dei Negozi Giuridici*, Turim, UTET, 1960, pp. 9-11.

32. G. Messina, "La simulazione assoluta", in *Scritti Giuridici (1907-1908)*, vol. V, Milão, Giuffrè, 1948, p. 86.

33. Idem, pp. 91-92.

42 A SIMULAÇÃO NO DIREITO CIVIL

insertas pelas partes no documento (o mesmo podendo-se dizer de outras formas de manifestação de vontade) são, antes de tudo, fatos puros, passíveis de serem descritos como simples signos. Quando Caio faz constar do instrumento, que contém sua assinatura, a declaração de querer comprar a obra de arte mediante a obrigação de pagar a Tício 600 sestércios, e Tício consigna, também sob firma, que se obriga a entregar a referida obra de arte a Caio, antes mesmo de manifestarem a vontade que anima o negócio jurídico, realizam, voluntariamente, uma série de atos puramente mecânicos. Normalmente as partes perseguem não apenas a consecução física dos atos dos quais emergem suas declarações, como também pretendem vincular-se ao sentido jurídico que objetivamente se lhes poderia atribuir. Em situações excepcionais, porém, os contraentes convencionam a criação do suporte fático do negócio jurídico – o conjunto de fatos puros que suscita, perante terceiros, uma aparência negocial – excluindo, no entanto, seu sentido jurídico. Isto se opera por efeito do acordo simulatório, uma declaração autônoma que tem o poder de transformar atos puramente materiais em fatos jurídicos em sentido estrito. Daí a cisão do processo volitivo: diferencia-se o suporte fático que por si assume relevância jurídica (o negócio jurídico perfeito) daquele cuja importância, para as partes, limita-se ao aspecto mecânico, e é querido exclusivamente como tal, em virtude da aparência que o público lhe tende a associar. Estes fatos puros são praticados em execução do acordo simulatório, e, conquanto possam coincidir com o suporte fático de um negócio jurídico sob a perspectiva formal, não chegam a se revestir de um sentido negocial, pois se inserem em um programa de interesses voltado ao contratar aparente.

Além dos autores acima mencionados, outros propuseram definições de simulação fundadas na abordagem declaracionista, sobretudo na Itália. Dentre eles destacam-se Santoro-Passarelli,[34] Distaso,[35] Gentili[36] e Diener.[37] Na França desenvolve-se, sob a égide do Código de Napoleão, a teoria das *contre-lettres*. O legislador francês, na realidade, não disciplinou a simulação diretamente, mas a eficácia da *contradeclaração*,

---

34. F. Santoro-Passarelli, *Dottrine Generali del Diritto Civile* (1966), 9ª ed., Nápoles, Jovene, 1983, p. 151.

35. N. Distaso, *La Simulazione dei Negozi Giuridici*, cit., pp. 151 e ss.

36. A. Gentili, "Simulazione dei negozi giuridici", in *Digesto delle Discipline Privatistiche – Sezione Civile*, vol. XVIII, Turim, UTET, 1998, pp. 511-524.

37. M. C. Diener, *Il Contratto in Generale – Manuale e Applicazioni Pratiche dalle Lezioni di Guido Capozzi*, Milão, Giuffrè, 2002, p. 711.

AS TESES TRADICIONAIS SOBRE O CONCEITO DE SIMULAÇÃO 43

estabelecendo que esta é eficaz entre as partes mas não pode produzir efeitos perante terceiros. Segundo tal concepção teórica, há na simulação dois atos distintos: o ato ostensivo e o ato oculto. O *élément apparent* (ato simulado) é um contrato modificado, totalmente ou parcialmente, pelo *acte secret* (contradeclaração).[38]

No Brasil as teses declaracionistas da simulação tiveram pequena aceitação.[39]

2.3 Simulação como defeito funcional

As persistentes discordâncias entre os voluntaristas e os declaracionistas levaram parte da doutrina a examinar a categoria do negócio jurídico por um viés alternativo. A partir do pressuposto de que a autonomia privada é exercida pelos particulares já no plano das relações pré-jurídicas, desenvolveu-se a concepção objetivista do negócio jurídico, segundo a qual este consiste – para além de vontade e declaração – num *preceito* por meio do qual se dá vigência a um *autorregulamento de interesses*.

Larenz[40] esclarece, a este propósito, que o Código Civil alemão estrutura a categoria do negócio jurídico com base na ideia de *pretensão de validade*. Na realidade – esclarece o autor –, a declaração jurídico-negocial não é apenas uma comunicação, mas uma manifestação de validade, o que significa que a vontade se dirige à produção de efeitos jurídicos. Consequentemente – diz Larenz –, a simulação deve ser

38. A teoria francesa diferencia-se das vertentes declaracionistas alemã e italiana ao não reconhecer a unidade do procedimento simulatório. Para os autores que a defendem, ainda que se possa dizer que existe entre o ato oculto e o ato ostensivo uma forte relação temporal, motivacional e até psicológica, não se pode afirmar que a simulação é um fenômeno unitário. Cf., a respeito: M. Dagot, *La Simulation en Droit Privé*, Paris, LGDJ, 1965, pp. 58-59.

39. A manifestação mais relevante neste sentido parece ser a de Custódio da Piedade Ubaldino Miranda (*Teoria Geral do Negócio Jurídico*, 2ª ed., São Paulo, Atlas, 2009, p. 159), que, ao examinar o fenômeno simulatório pelo prisma da *estrutura*, conclui que, "mediante uma só intenção, as partes emitem duas declarações: uma destinada a permanecer secreta e a outra com o fim de ser projetada para o conhecimento de terceiros, isto é, do público em geral. A declaração destinada a permanecer secreta, consubstanciada numa *contradeclaração* ou *ressalva*, constata a realidade subsistente entre os simuladores".

40. K. Larenz, *Allgemeiner Teil des deutschen Bürgerlichen Rechts* (1975), trad. esp. de M. Izquierdo e Macías-Picavea, *Derecho Civil – Parte General*, Madrid, EDERSA, 1978, p. 450.

44 A SIMULAÇÃO NO DIREITO CIVIL

concebida como uma instância de *ausência de pretensão de validade*; as partes estipulam o negócio simulado unicamente com o objetivo de criar uma aparência enganadora.[41] Este entendimento é também acolhido por Enneccerus e Nipperdey,[42] sob a justificativa de que interpretação diversa conduziria a situações de perplexidade: o § 117 do CC alemão, que rege a simulação,[43] poderia ser bem interpretado, indistintamente, segundo a teoria da vontade ou a teoria da declaração, pois a redação do dispositivo não permite chegar a conclusão alguma em favor de uma ou outra abordagem teórica; para resolver o impasse, melhor que concluir que o legislador alemão teria adotado uma solução de compromisso entre teorias antagônicas seria atestar a eleição de uma opção legislativa alternativa.[44]

Na Itália as diversas teses objetivistas, embora apresentem fundamentos e conclusões diferentes, atribuem grande importância à *dimensão teleológica* das relações negociais, e, para descrever o fim perseguido pelos contraentes, fazem constante referência à noção de *causa*. Carnelutti foi um dos que inaugurou esta vertente teórica no campo de estudo da simulação, a qual para o autor é um incidente relacionado à *inadequação da causa*,[45] decorrente da circunstância de um ato ser querido para o atendimento de interesse diverso ou incompatível com os respectivos efeitos jurídicos.[46]

41. K. Larenz, *Derecho Civil – Parte General*, cit., p. 500.

42. L. Enneccerus e H. C. Nipperdey, *Derecho Civil (Parte General)*, cit., vol. II, p. 314.

43. CC alemão:

"§ 117. *Negócio simulado*

"(1) Uma declaração de vontade é nula quando seja dirigida a outra pessoa, com o acordo desta, apenas aparentemente.

"(2) Quando o negócio aparente esconda um outro aplicam-se, a este, os preceitos vigentes" (tradução livre).

No original:

"§ 117. *Scheingeschäft*

"(1) Wird eine Willenserklärung, die einem anderen gegenüber abzugeben ist, mit dessen Einverständnis nur zum Schein abgegeben, so ist sie nichtig.

"(2) Wird durch ein Scheingeschäft ein anderes Rechtsgeschäft verdeckt, so finden die für das verdeckte Rechtsgeschäft geltenden Vorschriften Anwendung."

44. L. Enneccerus e H. C. Nipperdey, *Derecho Civil (Parte General)*, cit., vol. II, p. 315.

45. F. Carnelutti, *Sistema del Diritto Processuale Civile*, vol. II, Pádua, CEDAM, 1938, pp. 396-399.

46. Idem, pp. 403-405.

AS TESES TRADICIONAIS SOBRE O CONCEITO DE SIMULAÇÃO   45

Em sentido semelhante, Betti sustenta que a simulação é o resultado de um conflito insanável entre o escopo prático típico e a causa. Ela expressa, segundo o autor, um *abuso da função instrumental do negócio jurídico*.[47]

Pugliatti, por seu turno, aborda a simulação de maneira bastante original, também sob a perspectiva da causa. O negócio simulado – defende o autor – não passa de um negócio jurídico normal cuja causa é eliminada ou distorcida pelo acordo simulatório[48]. Sob tal perspectiva, o acordo simulatório é descrito como negócio típico cuja causa consiste na *aniquilação da causa de outro negócio jurídico*.

Por fim, é digna de nota a construção empreendida por Romano a partir de uma concepção *dinâmica* da causa. Segundo o autor a causa deve ser definida levando-se em conta todo o comportamento dos particulares.[49] A simulação desponta, diante desta premissa, como uma fratura no procedimento negocial,[50] derivada da *deliberada inexecução do escopo negocial* – ajustada por meio do acordo simulatório –, a qual se afigura hábil a desnaturar a causa do negócio jurídico.

As teses causalistas da simulação têm ecoado nas páginas da dogmática civilista brasileira desde a vigência do Código Civil de 1916. Destacam-se dentre os que foram influenciados por esta vertente teó-

47. E. Betti, *Teoria Generale del Negozio Giuridico* (3ª ed. 1960), Nápoles, Edizioni Scientifiche Italiane, 2002, p. 400.

48. S. Pugliatti, "La simulazione dei negozi giuridici unilaterali", in *Diritto Civile – Metodo – Teoria – Pratica*, Milão, Giuffrè, 1951, p. 543.

49. S. Romano, "Contributo esegetico allo studio della simulazione (l'art. 1.414 c.c.)", *Rivista Trimestrale di Diritto e Procedura Civile*, 1954, Milano, pp. 35-36. Segundo o autor reveste-se de relevância causal não apenas a determinação do tipo ao qual o negócio jurídico deve subsumir-se, como também toda a cadeia de atos praticados pelas partes, desde as tratativas até a execução das prestações convencionadas.

50. S. Romano, "Contributo esegetico allo studio della simulazione (l'art. 1.414 c.c.)", cit., *Rivista Trimestrale di Diritto e Procedura Civile*, 1954, p. 42. Para S. Romano o negócio jurídico surge com a produção do respectivo suporte fático; nesta etapa o tipo é determinado (e, consequentemente, a causa típica) e a produção dos correspondentes efeitos jurídicos torna-se *indisponível* (criado o suporte fático, a incidência da norma jurídica não mais se sujeita a qualquer tipo de controle a cargo dos particulares). As partes podem, porém, dispor da *atuação negocial*, deixando de dar cumprimento ao avençado (isto é, não atuação do negócio jurídico), ou o fazendo de modo incompatível com a causa típica (isto é, atuação de um negócio jurídico diferente). Quando *preordenada*, a inexecução é capaz de *romper* o *ciclo causal* mediante inserção de uma conduta inconciliável com a função típica do negócio jurídico, cedendo espaço à simulação.

46 A SIMULAÇÃO NO DIREITO CIVIL

rica: Orlando Gomes,[51] Tércio Sampaio Ferraz Júnior,[52] Mattietto[53] e Custódio da Piedade Ubaldino Miranda.[54]

51. A posição de Orlando Gomes sobre a simulação tem gerado alguns mal-entendidos; logo, merece especial atenção. É que, embora faça referência à causa para explicar a simulação, o autor não deixa de manifestar clara simpatia para com as teses voluntaristas, às quais também adere, explicitamente. Orlando Gomes sustenta que a simulação depende da presença do acordo simulatório – que a diferenciaria da reserva mental – e do propósito de enganar terceiros. Note-se que a palavra "propósito" não é utilizada por ele a esmo. O autor designa por "causa abstrata" aquela que determina o tipo negocial, e por "causa concreta" a que diz respeito ao fim, à função típica do negócio jurídico. A causa concreta também é denominada, em algumas passagens, "propósito negocial". Ambos os perfis da causa são passíveis de valoração pela norma jurídica, para fins de atribuição de validade e eficácia aos negócios privados Esta bivalência da causa converte-a em fator de justificação do negócio jurídico, na medida em que revela a importância dos interesses sociais nele plasmados e, concomitantemente, atesta a idoneidade do fim prático almejado pelas partes. A simulação – sustenta Orlando Gomes – pode vincular-se a variadas razões de ordem subjetiva que motivam sua adoção; tais razões correspondem à *causa simulandi*, isto é, aos motivos determinantes da simulação. A *causa simulandi*, contudo, não há de ser confundida com o fim da simulação, isto é, com sua causa concreta. Esta corresponde ao propósito negocial viciado, indigno de tutela jurídica, porquanto voltado ao escopo de criar o engano mediante a instauração de uma simples aparência negocial. Logo, o negócio é simulado porque seu propósito negocial – isto é, sua causa concreta, que não se pode dizer inexistente – consiste na criação de uma imagem irreal. Como se nota, Orlando Gomes empreende uma ambiciosa tentativa de construir o conceito de simulação a partir do confronto entre causa abstrata e causa concreta. Na sua dogmática a causa concreta assume importância inédita na história da teoria da simulação. Todavia, uma leitura mais atenta da *Introdução ao Direito Civil* evidencia que o autor não consegue desvencilhar-se completamente do voluntarismo, razão pela qual a vontade continua sendo, nesta obra, elemento relevante para a delimitação do fenômeno simulatório. A interferência da vontade sobre a dimensão causal pode ser bem visualizada nas intrincadas linhas ao longo das quais o negócio simulado é diferenciado das figuras do negócio fiduciário e do negócio indireto. A princípio as três classes de negócio jurídico podem ser associadas ao emprego de um dado tipo negocial com vistas à obtenção de resultados contrastantes com a respectiva causa abstrata. O negócio fiduciário não pode ser confundido com o negócio simulado, pois, embora o primeiro envolva uma extrapolação do meio sobre o fim, ele é real e querido; diversamente, no segundo o negócio ostensivamente praticado não corresponde ao querer das partes. "Ora, não há simulação quando as partes querem realmente o efeito do negócio. Inadmissível identificá-lo *[o negócio fiduciário]* ao negócio simulado, porque este é o que tem aparência contrária à realidade. No negócio fiduciário nenhuma divergência há entre a vontade real e a vontade declarada." Semelhantemente, o negócio indireto não se pode identificar-se com o negócio simulado, porque apenas aquele é celebrado conforme a real intenção das partes. "Para haver negócio indireto é preciso que, através de negócio típico, que as partes quiserem realmente realizar, seja visado fim diverso do que lhe corresponde. O negócio seria querido pelas partes; por isso não se poderia identificar o negócio

AS TESES TRADICIONAIS SOBRE O CONCEITO DE SIMULAÇÃO   47

indireto com o negócio simulado. Há quem os assimile, mas sem razão. Neste, como se sabe, ou o negócio não existe ou é aparente. No negócio indireto a vontade é real." Nesta esteira, Orlando Gomes atribui à vontade, ou, melhor dizendo, à inconformidade entre o negócio celebrado e a real intenção das partes, a gênese da simulação. Posto que reconheça o emprego do negócio simulado com vistas ao alcance de um fim inconciliável com sua função típica e tente posicionar a simulação no plano da causa, o autor não deixa, por conseguinte, de recorrer a um modo de pensar fortemente associado às teses voluntaristas da simulação (cf.: Orlando Gomes, *Introdução ao Direito Civil*, 6ª ed., Rio de Janeiro, Forense, 1979, pp. 403, 409, 411, 445-447 e 515-516).

52. Tércio Sampaio Ferraz Júnior, "Simulação e negócio jurídico indireto: no direito tributário e à luz do novo Código Civil", in *Revista Fórum de Direito Tributário* 48/9-26, 2010.

53. L. Mattietto, "Negócio jurídico simulado (notas ao art. 167 do Código Civil)", in Mário Luiz Delgado e Jones Figueirêdo Alves (coords.), *Questões Controvertidas – Parte Geral do Código Civil*, São Paulo, Método, Série Grandes Temas de Direito Privado – vol. 6, 2007, pp. 466-480.

54. Custódio da Piedade Ubaldino Miranda, *Teoria Geral do Negócio Jurídico*, cit., 2ª ed., pp. 116-117. A despeito de acolher a tese declaracionista para descrever a estrutura da simulação, o autor aproxima-se das teses causalistas ao abordar a *qualificação jurídica* do fenômeno.

3
CRÍTICA ÀS TESES TRADICIONAIS
SOBRE O CONCEITO DE SIMULAÇÃO

3.1 A vontade de simular. 3.2 A coerência do comportamento dos simuladores. 3.3 A "causa simulandi" em sentido estrito.

No presente capítulo passaremos à crítica das teses tradicionais sobre o conceito de simulação, com vistas a tornar evidente a impossibilidade de acolher qualquer uma delas, integralmente e isoladamente, como base teórica para a interpretação do art. 167 do CC.

Como veremos (*tópico 3.1*), as teses voluntaristas incorrem no equívoco de supor a existência de um conflito entre a vontade "aparente" e a "real"; conflito, este, que, a rigor, não é possível, pois a vontade "aparente" não existe senão enquanto representação equivocada da realidade, formulada pelo público; logo, não pode figurar como elemento de uma efetiva discrepância, sob a perspectiva das partes. As teses voluntaristas, além disso, ignoram a circunstância de que o negócio simulado, se examinado globalmente, encontra-se amparado por uma vontade absolutamente compatível com todos os atos dos simuladores, a saber, a *vontade de simular*.

Os declaracionistas, por seu turno, erram ao sugerir que as declarações emitidas pelos simuladores podem divergir entre si; deveras, do ponto de vista das partes, uma declaração que conflita com outra a modifica ou a elimina, ou seja, não cria uma situação conflituosa duradoura. Por conta disto, é inegável que a simulação não prejudica a *coerência do comportamento dos simuladores* (*tópico 3.2*); e que, a bem se ver, a discrepância de que se poderia cogitar, na espécie, relaciona-se ao sentido global das declarações e aquele que, por equívoco, o público identifica como efetivo.

Por fim, as teses objetivistas tropeçam ao excluir a criação da aparência negocial do rol dos efeitos que podem ser negocialmente perseguidos (*tópico 3.3*). Ao negócio simulado não falta pretensão de

CRÍTICAS ÀS TESES TRADICIONAIS   49

validade, pois ele corresponde a uma peculiar *manifestação de autonomia privada*, direcionada à perpetração da aparência enganadora; ademais, não falta a causa do negócio simulado – a *"causa simulandi"* em *sentido estrito* –, a qual incorpora a própria difusão da aparência enganadora.

3.1 A vontade de simular

As teses voluntaristas, conforme relatamos, pretendem descrever a simulação a partir da falta da regular declaração da vontade. Já, o processo histórico de enfraquecimento do dogma da vontade exclui a subsistência desta abordagem teórica.[1] Não fosse por isto, a doutrina mais recente tem assinalado, com toda a razão, que o negócio simulado é querido,[2] assim como seus efeitos, especificamente no que diz respeito à *criação da aparência enganadora*.[3]

Precisamente porque os simuladores declaram o que querem, também não é pertinente falar de um conflito entre a vontade e a declaração.[4] A vontade real (psicológica) é incognoscível; a norma capta e valora um fenômeno apenas, qual seja: a *manifestação de vontade*. Por conseguinte, o único confronto de que cabe cogitar é o da manifestação de vontade com ela própria; um confronto do qual, à evidência, não há como decorrer qualquer discrepância, sob a perspectiva das partes.[5] A bem da verdade, a experiência mostra que raramente as partes têm tanta consciência sobre a vontade que manifestam e os resultados que perseguem quanto a que mostram possuir quando celebram o negócio simulado.[6]

A despeito disso, fosse o caso de investigar o movimento da vontade real no processo simulatório, não seria despropositado afirmar que a produção, pelas partes, de um instrumento capaz de disseminar o engano

1. R. Sacco, "Simulazione" (verbete), in *Enciclopedia Giuridica*, vol. XXXIII, Roma, Istituto della Enciclopedia Italiana, 1992, p. 1.
2. J. A. S. Del Nero, *Conversão Substancial do Negócio Jurídico*, Rio de Janeiro, Renovar, 2001, p 397.
3. E. Betti, *Teoria Generale del Negozio Giuridico* (3ª ed. 1960), Nápoles, Edizioni Scientifiche Italiane, 2002, pp. 397-398.
4. G. Furgiuele, *Della Simulazione di Effetti Negoziali*, Pádua, CEDAM, 1992, pp. 37-38.
5. A. Gentili, "Simulazione", in M. Bessone (dir.), *Trattato di Diritto Privato*, t. V ("Il Contratto in Generale"), Turim, Giappichelli, 2002, p. 521.
6. G. Conte, *La Simulazione del Matrimonio nella Teoria del Negozio Giuridico*, Pádua, CEDAM, 1999, p. 366.

50 A SIMULAÇÃO NO DIREITO CIVIL

é animada por uma vontade específica, uma *vontade de simular*.[7] De fato, a vontade de simular não pode ser vista como inspiração volitiva do "negócio aparente" (isto é, tal qual o negócio simulado é reconhecido pelo público[8]); mas o complexo regulamento de interesses que cria e propaga a aparência enganadora é voluntariamente estabelecido pelas partes, que declaram, entre si, exatamente o que querem: a consecução de ações e omissões que possam induzir terceiros ao erro.

Este último aspecto deve ser frisado: a bem se ver, a divergência de que, no plano da vontade, se pode cogitar, é aquela que envolve, de um lado, a vontade "real" e, de outro, a vontade "aparente". A vontade "real" é aquela que conscientemente as partes manifestam; em contrapartida, a vontade "aparente" é aquela que o público acha que as partes manifestaram. A divergência, neste caso, não é efetiva, se adotado o ponto de vista de apenas um dos lados (o das partes ou o dos terceiros). Por outras palavras: não existe verdadeira discrepância se levada em conta apenas a óptica dos simuladores. Diversamente, na medida em que se leva em conta que o negócio simulado se submete a duas valorações distintas, pelos figurantes e pela comunidade, passa a fazer algum sentido o confronto entre a vontade que os primeiros conhecem – e manifestam – com a que a segunda supõe ter sido exteriorizada. Voltaremos a tratar disto mais adiante, quando abordarmos a *duplex interpretatio* a que se submete o negócio simulado (*tópico 5.1*).

3.2 A coerência do comportamento dos simuladores

Também a descrição da simulação como conflito entre declarações enfrenta dificuldades.

A declaração ostensiva e a oculta, ainda que formalizadas em instrumentos distintos, formam uma unidade de sentido. Quando um simulador declara "sim, obrigo-me" e "não, não me obrigo", nada está dizendo – isto já reconhecia Köhler.[9] Entre as partes, portanto, não existe

---

7. M. Dagot, *La Simulation en Droit Privé*, Paris, LGDJ, 1965, pp. 30 e ss.; G. A. Nuti, *La Simulazione del Contratto nel Sistema del Diritto Civile*, Milão, Giuffrè, 1986, pp. 51 e ss.

8. V., a respeito da distinção entre negócio simulado e "negócio aparente", o *tópico 4.2*.

9. Segundo Köhler, a declaração não é o anúncio de um estado psíquico pre-existente, mas verdadeira encarnação do querer. Assim, quem assina um documento pelo qual se obriga a dada prestação e, concomitantemente, declara não se obrigar, na realidade, nada declara de juridicamente relevante, a exemplo do que sucede com o comediante quando encena ou com o professor quando ensina. Os dois fragmentos

CRÍTICAS ÀS TESES TRADICIONAIS 51

conflito, divergência ou discrepância; a declaração e a contradeclaração formam um todo *incindível*.[10] Por outro lado, aquilo que se mostra ao público, embora seja equivocadamente tomado por verdadeira manifestação de vontade, não passa de uma *não declaração*.[11]

Neste estado de coisas, o máximo que se poderia dizer é que há na simulação um conflito de entendimentos: o público acredita que existe uma declaração, enquanto as partes sequer chegam a emiti-la. A simulação não apresenta configurações materiais distintas para os simuladores e para os terceiros; é, diversamente, um fenômeno unitário, que pressupõe a participação destes. O que é duplo é o ponto de vista, não o objeto que se observa. O sutil equívoco que macula as teses declaracionistas parece consistir na suposição de que o negócio engana porque é aparente (isto é, torna-se aparente em razão da duplicidade de declarações, para então enganar). Mas é bem o contrário que ocorre: o negócio é aparente porque engana (isto é, o engano é condição lógica da aparência). A fragmentação da declaração é um pressuposto material do engano, mas não o conflito entre os fragmentos, do qual, a rigor, não se pode cogitar.

Não sucede, como alguns declaracionistas sugerem,[12] de uma declaração neutralizar outra. Sejam "A" e "B" as supostas declarações das partes, não ocorre de "B" (contradeclaração) neutralizar "A" (declaração ostensiva) porque no processo de manifestação da vontade, que envolve a produção de um único suporte fático, a única declaração emitida é uma terceira, "C", síntese da verbalização conjunta de "A" e "B". Ou seja: "A" não chega nem mesmo a entrar no mundo jurídico para que possa ser neutralizada; *"A" e "B" são como vetores que representam componentes da resultante "C", a qual – esta, sim – se reveste de relevância jurídica*.

O negócio simulado pressupõe a emissão de uma declaração passível de se tornar apenas parcialmente ostensiva; não implica, contudo, um conflito entre os fragmentos que a compõem, os quais, considerados conjuntamente, sob a perspectiva dos simuladores, formam uma unidade harmoniosa. Entre a declaração ostensiva e a oculta não há contradição, pois a aparente discrepância somente surge no confronto entre a estrutu-

da declaração, o "sim, obrigo-me" e o "não, não me obrigo", formam um fato único, de expressão convergente mas neutra. Deste processo de síntese surge o negócio simulado, que propaga a aparência enganadora de uma relação jurídica efetiva, conquanto se resuma a um não negócio (*Nichtgeschäft*).

10. R. Sacco e G. De Nova, *Il Contratto*, 3ª ed., t. 1, Turim, UTET, 2004, p. 653.

11. Idem, p. 647.

12. Idem, p. 646.

52 A SIMULAÇÃO NO DIREITO CIVIL

ra negocial criada pelas partes e a imagem desta que a comunidade toma como verdadeira.

Não depõe contra a crítica acima formulada a tentativa de reformulação da tese declaracionista da simulação a partir da *Teoria da Linguagem* e da *Semiótica Jurídica*, levada a efeito sobretudo por Gentili. Defende o autor que as declarações de vontade das partes, quando dirigidas à formação do negócio jurídico, constituem normas jurídicas (juízos dispositivos, isto é, regulamentos de interesses).[13] Em vista disso, na simulação as partes formulam um *juízo normativo contraditório*, pois estabelecem uma norma que se destina a valer entre elas e, ao mesmo tempo, põem uma norma que deve vigorar somente perante terceiros.[14]

Parece-nos, todavia, equivocado admitir que o negócio jurídico possa ser *fonte* de regras que, conquanto compartilhem de um só *âmbito interno de validade* (a relação jurídica entre as partes), se afigurem antagônicas. Nem se mostra correto conceber que uma regra possa ser criada para valer apenas perante terceiros, pois o que vale para estes (*rectius*: influencia sua esfera de direitos) é sempre aquilo que também vale para os contraentes. A eficácia externa do negócio jurídico não é mais que um desdobramento da sua eficácia interna, pois os terceiros são destinatários indiretos da declaração.

Em face disso, as regras criadas pelos simuladores, caso se insista em vislumbrar na simulação a criação de duas normas distintas, não são, como sustenta Gentili, dos tipos $R_1 = S_1$ *não deve a* S_2 e $R_2 = S_1$ *deve a* S_2, *mas apenas perante terceiros*, em que "R" significa *regra* e "S" significa *sujeito*; mas dos tipos $R_1 = S_1$ *não deve a* S_2 e $R_2 = S_1$ *deve aparentar dever a* S_2. Entre estas regras não há antinomia, pois possuem conteúdos diversos, que não se contrapõem, mas se complementam.[15] No curso da simulação, porém, surge uma terceira proposição, não mais uma regra, mas um enunciado: $E = É$ *fato que* S_1 *deve a* S_2. Tal enunciado é formulado pelo público com base no material interpretativo trazido ao seu conhecimento; e, precisamente por não coincidir com o sentido de R_3 (a norma resultante da "soma vetorial" de $R_1 + R_2$), demarca a concretização da simulação.

Daí decorre que o negócio simulado se sujeita a uma dupla valoração – não duas valorações realizadas pelos contraentes, mas uma de

---

13. A. Gentili, *Il Contratto Simulato – Teorie della Simulazione e Analisi del Linguaggio*, Milão, Giuffrè, 1982, pp. 221-254.

14. Idem, pp. 276-280.

15. S. Pugliatti, "La simulazione dei negozi giuridici unilaterali", in *Diritto Civile – Metodo – Teoria – Pratica*, Milão, Giuffrè, 1951, p. 542.

CRÍTICAS ÀS TESES TRADICIONAIS 53

autoria destes e outra imputável aos terceiros. É a partir da oposição entre estas valorações – não exatamente do conflito entre declarações ou juízos dispositivos – que se deve procurar conceituar a simulação, como veremos melhor no *Capítulo 5*.

3.3 A *"causa simulandi"* em sentido estrito

Diversamente do que sugerem alguns objetivistas, não falta pretensão de validade ao negócio simulado. A aparência, a bem se ver, é uma realidade juridicamente relevante que pode ser voluntariamente produzida.[16] Nestes moldes, o negócio simulado institui um *programa* pelo qual as partes buscam reproduzir a validade ou a eficácia de um contrato;[17] ele é um meio de que se utilizam os contraentes para obter a representação, aos olhos dos terceiros, de um dado efeito jurídico (um ato translativo, o nascimento ou a extinção de uma obrigação etc.)[18] ou, ao menos, da potencialidade deste efeito jurídico. Por conseguinte, os simuladores efetivamente coordenam esforços em prol da criação da aparência enganadora; torna-se, diante disto, frágil a suposição de que, entre eles, nenhuma operação jurídica se processa.

Evidentemente, a pretensão de validade associada ao "negócio aparente" (assim entendida a representação que o público concebe a partir da face ostensiva do negócio simulado[19]) não pode ser tida como presente; mas isto não oferece empecilho a que se reconheça que entre as partes do negócio simulado ocorre uma interação tipicamente negocial, direcionada à adoção de medidas materiais, à assunção de compromissos e à formação de vínculos de confiança, cujo escopo consiste na perpetração de um engano generalizado.

O negócio simulado, na realidade, encerra uma manifestação oblíqua[20] ou anômala[21] da autonomia privada.[22] Há, com efeito, negócio

16. U. Majello, "Il contratto simulato: aspetti funzionali e strutturali", *Rivista di Diritto Civile* 5/643, Pádua, setembro-outubro/1995.

17. Idem, p. 645.

18. N. Cipriani, *La Simulazione di Effetti Giuridici. Appunti sulla Fattispecie*, 2012, disponível em *http://www.giurisprudenza.unisannio.it*, p. 8.

19. V., a respeito da distinção entre negócio simulado e "negócio aparente", o *tópico 4.2*.

20. C. Ceroni, *Autonomia Privata e Simulazione*, Pádua, CEDAM, 1990, p. 22.

21. U. Majello, "Il contratto simulato: aspetti funzionali e strutturali", cit., *Rivista di Diritto Civile* 5/642.

22. Como salienta G. D. Kallimopoulos (*Die Simulation im bürgerlichen Recht: eine rechtsdogmatische Untersuchung*, Munique, Versicherungswirtschaft

54 A SIMULAÇÃO NO DIREITO CIVIL

jurídico ainda que as partes não desejem vincular-se, uma perante a outra. O ato praticado é, ao mesmo tempo, *meio e fim da atividade privada*.[23] Trata-se, aí, de uma concreta manifestação de autonomia negocial calcada na exclusão do significado jurídico que, de outro modo, se atribuiria ao comportamento privado.[24] Mas na simulação as partes não se limitam a excluir a vinculatividade do regulamento de interesses – o que Kallimopoulos chama de "lado negativo da autonomia privada";[25] mais que isto, estabelecem um roteiro para a consecução de um determinado resultado jurídico.[26]

Nesta ordem de razões, o negócio simulado concretiza uma precisa regulamentação de interesses,[27] mediante a qual as partes adotam condutas capazes de suscitar no público a convicção (incorreta) sobre a vigência de determinada relação jurídica. O escopo dos simuladores consiste em determinar a exterioridade de uma operação negocial que a qualquer observador possa parecer eficaz.[28] Ao realizar a operação simulada as

Verlag, 1966, pp. 20-21), a simulação não deve ser explicada com base nas teorias da vontade ou da declaração, mas no "princípio da autonomia privada": "O regramento do § 117, Seções 1 e 2, do Código Civil alemão" – diz o autor – "deve ser tido como indissociável do princípio da autonomia privada, de modo que o apelo às teorias da declaração, da vontade e da pretensão de validade se mostra descabido, e a problemática suscitada pela discussão completamente supérflua destas teorias contribuirá mais para tornar as questões obscuras que para esclarecê-las" (tradução livre).
No original: "Die Regelung des § 117 Abs. 1 und 2 BGB ist unmittelbar mit dem Grundsatz der Privatautonomie zu begründen, so daß eine Heranziehung der Willens-, Erklärungs- und Geltungstheorien fehl am Platze ist, und die Problematik durch einen durchaus entbehrlichen Theorienstreit eher getrübt als gelöst wird".
23. Conforme sublinha L. Cariota Ferrara (*Il Negozio Giuridico nel Diritto Privato Italiano*. Nápoles, Morano, 1949, p. 55), nada impede que um contraente exclua a vinculatividade do comportamento negocial, desde que esta vontade seja clara e perfeitamente recognoscível pelo destinatário da declaração.
24. R. Scognamiglio, *Contributo alla Teoria del Negozio Giuridico*, 2ª ed. (1969), Nápoles, Jovene, 2008, p. 213.
25. Inspirado em Kant, o autor distingue duas dimensões da autonomia privada: a *positiva* e a *negativa*. A autonomia privada *positiva* é concretizada com a produção de atos que vinculariam os particulares, com vistas à efetiva produção de efeitos jurídicos; a autonomia privada *negativa* consiste na atuação destinada à não obtenção de efeitos jurídicos, isto é, à criação da mera forma ou aparência negocial.
26. U. Majello, "Il contratto simulato: aspetti funzionali e strutturali", cit., *Rivista di Diritto Civile* 5/642.
27. G. Conte, *La Simulazione del Matrimonio nella Teoria del Negozio Giuridico*, cit., p. 380.
28. F. Anelli, "Simulazione e interposizione", in M. Costanza (cur.), *Vincenzo Roppo – Trattato del Contrato*, vol. III ("Effetti"), Milão, Giuffrè, 2006, p. 571.

CRÍTICAS ÀS TESES TRADICIONAIS 55

partes definem metas que pretendem implementar mediante condutas logicamente e finalisticamente articuladas, imprimindo, de tal maneira, uma direção unitária aos vários momentos que integram a operação perseguida.[29] O negócio simulado assume, pois, uma *feição instrumental* quanto a interesses mais amplos compartilhados pelos contraentes.[30]

Uma importante consequência que disto decorre é a seguinte: no negócio simulado não se verifica qualquer defeito relacionado à causa.[31] O negócio simulado, diga-se a bem da verdade, tem uma clara – e, por que não dizer, óbvia? – função: a de criar a aparência enganadora. Nestes termos, a função de autonomia privada que ele veicula – a *causa simulandi* em sentido estrito – orienta a vontade de declarar a constituir apenas a aparência do negócio jurídico. Por isto, não é correto considerar o negócio simulado carente de causa.[32]

Para que este entendimento possa ser mais claramente assimilado, vale recobrar, brevemente, a distinção, que se tem consolidado nas últimas décadas, entre *causa abstrata* e *causa concreta*. A causa abstrata, ou típica, é geralmente descrita como "função econômico-social do negócio inteiro, considerada digna de tutela jurídica, na síntese dos seus elementos essenciais, como totalidade e unidade funcional em que se explica a autonomia privada".[33] Esta concepção de causa vem ao encontro da visão de mundo do fascismo, como agudamente salienta Ferri: "A causa surge (...) no sistema do Código Civil de 1942, não como valor que exprime, como se disse, o ponto de vista do contraente (como era na tradição do instituto), mas aquele do ordenamento jurídico"; ela desempenha "um papel de controle, para estabelecer se os fins privados, perseguidos pelos contraentes, são coerentes com aqueles gerais, fixados pelo ordenamento".[34]

---

29. G. Conte, *La Simulazione del Matrimonio nella Teoria del Negozio Giuridico*, cit., p. 381.

30. F. Anelli, "Simulazione e interposizione", cit., in M. Costanza (cur.), *Vincenzo Roppo – Trattato del Contrato*, vol. III, p. 572; U. Majello, "Il contratto simulato: aspetti funzionali e strutturali", cit., *Rivista di Diritto Civile* 5/646; A. Valente, *Nuovi Profili della Simulazione e della Fiducia – Contributo ad un Superamento della Crisi della Simulazione*, Milão, Giuffrè, 1961, p. 168.

31. G. Conte, *La Simulazione del Matrimonio nella Teoria del Negozio Giuridico*, cit., p. 366.

32. G. A. Nuti, *La Simulazione del Contratto nel Sistema del Diritto Civile*, cit., pp. 64-65.

33. E. Betti, *Teoria Generale del Negozio Giuridico*, cit., p. 180.

34. G. B. Ferri, *Il Negozio Giuridico*, 2ª ed., Pádua, CEDAM, 2004, pp. 116-118.

A SIMULAÇÃO NO DIREITO CIVIL

Com a restauração do Estado Democrático de Direito o negócio jurídico volta a ser visto como instrumento genuinamente privado,[35] e a causa abstrata passa a ser tida como insatisfatória, caindo em descrédito principalmente por não se mostrar suficiente à justificação da legitimidade e da eficácia dos negócios atípicos.[36] No hiato que se segue à queda do regime totalitário ganha terreno a noção de *causa concreta*, entendida como *função prático-individual*.[37] A concepção concreta da causa parte do pressuposto de que cada negócio jurídico é a *expressão objetivada de finalidades subjetivas*. A regra negocial não vale apenas em função de sua objetividade – o modelo abstrato, descrito na lei, ao qual ela se reconduz –, importando também as finalidades subjetivas das quais ela é portadora e que nela se consubstanciam. Esta realidade complexa, na sua composição de aspectos objetivos e subjetivos, ultima-se amalgamada, precisamente, pela causa,[38] que coordena a operação privada como um todo.[39]

Atualmente prepondera o entendimento de que a causa, propriamente dita, é concreta, não abstrata. Tal circunstância, todavia, não deve levar à conclusão de que a ideia de função econômico-social tenha sido inteiramente abandonada. Esta, enquanto finalidade "idealizada", passa a ser claramente tomada como sinônimo de *tipo*. A causa abstrata não é exercida por nenhum negócio concreto em particular; cuida-se, com maior rigor, do fim, meramente descritivo, que a lei atribui ao tipo *in abstracto*, e que será relacionado ao negócio singular, com finalidade eminentemente classificatória, apenas ao final da operação de qualificação fundada na causa concreta.[40]

A despeito do progresso doutrinário acima narrado, as teses causalistas da simulação giram, preponderantemente, em torno da noção de causa abstrata.[41] É daí, precisamente, que provêm suas principais dificuldades, pois que, embora prometam superar as limitações apre-

---

35. Idem, p. 123.

36. C. M. Bianca, *Diritto Civile* (2ª ed. 2000), vol. III ("Il Contratto"), Milão, Giuffrè, 2007, p. 452.

37. G. B. Ferri, *Il Negozio Giuridico*, cit., 2ª ed., p. 124; F. Carresi, *Il Contratto*, t. 1, Milão, Giuffrè, 1987, pp. 251-252.

38. Idem, p. 124.

39. G. B. Ferri, *Causa e Tipo nella Teoria del Negozio Giuridico*, Milão, Giuffrè, 1966, pp. 355-375, especialmente pp. 370-371.

40. Idem, p. 349.

41. O diagnóstico é S. Pugliatti, "La simulazione dei negozi giuridici unilaterali", cit., in *Diritto Civile – Metodo – Teoria – Pratica*, p. 559.

CRÍTICAS ÀS TESES TRADICIONAIS 57

sentadas pelas teorias da vontade e da declaração, seus defensores não dão a devida importância à distinção entre a causa (concreta) do negócio simulado e a causa (abstrata) do "negócio aparente".

Os causalistas geralmente assumem, erradamente, que as causas de ambos são uma só; mas não explicam como chegam a tal disparate, nem indicam as razões pelas quais superam o fato de o "negócio aparente" sequer possuir causa, pois não é nada além de uma vazia aparência. O deslize que cometem é comparável ao do sujeito que, indagado sobre a função de um objeto, responde, pensando ser uma caneta, que ele serve como instrumento de escrita; di-lo, porém, sem notar que o objeto em questão é um espelho que reflete uma caneta, e que a resposta correta à indagação, portanto, seria: "Sua função é refletir a luz". Dizer que o negócio simulado exerce função incompatível com aquela atribuível à sua aparência é tão impertinente quanto assumir que a função do espelho é a de escrever. O fato de o espelho criar um reflexo que pode, sob certas circunstâncias, enganar o observador (pense-se nos *jogos de espelhos* explorados por ilusionistas) em nada prejudica sua perfeita funcionalidade.

É ainda por conta da confusão entre causa do negócio simulado e causa do "negócio aparente" que a primeira foi reduzida, pela majoritária doutrina, ao *motivo* da simulação. Com efeito, se numa compra e venda simulada a causa presente fosse a da compra e venda, não haveria por que indagar de outra, mas apenas do motivo que teria levado as partes a celebrar uma compra e venda sem causa ou com causa deficiente. Assim, se o motivo que animasse os simuladores fosse a imposição de prejuízos a credores ou a elusão de determinada obrigação tributária, por exemplo, nisto consistiria aquilo que tradicionalmente – diremos: em sentido amplo – se designa *causa simulandi*. Mas esta *causa simulandi* em sentido amplo pouco interessa à conceituação do fenômeno simulatório;[42] portanto, não atrairá muito de nossa atenção neste momento.

O que denominamos *causa simulandi em sentido estrito* é algo todo diverso, pois é uma causa propriamente dita. Mais corretamente, diremos que ela notabiliza o negócio simulado enquanto tipo (se considerada *in abstracto*, como função econômico-social); e permite a recondução do negócio jurídico singular ao tipo do negócio simulado (se considerada *in concreto*, como função prático-individual).

---

42. Embora possa ser importante para descrever seus acidentes, tais como a nocividade, já que o *animus nocendi* é uma expressão particularizada da *causa simulandi* em sentido amplo, caracterizada pelo interesse de causar danos a terceiros ou frustrar o império da lei.

58 A SIMULAÇÃO NO DIREITO CIVIL

Esta função desempenhada pelo negócio simulado – a *causa simulandi* em sentido estrito – consiste em ofertar aos terceiros um ou mais *índices de significação*[43] com base nos quais estes sejam induzidos a considerar que determinados efeitos negociais tenham sido produzidos. A simulação funda-se sobre a atuação conjunta das partes em prol da manifestação destes índices.[44] A simulação, por conseguinte, não é a imitação de uma forma pressuposta como real, mas uma *forma de realidade*;[45] e a *causa simulandi* em sentido estrito é a base sobre a qual se assenta a tipicidade de uma operação jurídica que se resolve na forma da sua existência fenomênica.[46]

Advirta-se que a formulação acima exposta não seria desautorizada pela tese de Betti segundo a qual a simulação deriva da incompatibilidade entre a causa e o *escopo prático*, entendido este último como *interesse individual*[47] *responsável pela determinação causal normal do querer*.[48] A causa, traduzida pela síntese funcional dos elementos essenciais do negócio jurídico, é, conforme esclarece o próprio autor, determinada por uma *vontade final que lhe é dirigida*,[49] cuja expressão se consubstancia no escopo prático. Assim sendo, torna-se contraditória a afirmação de que a simulação é capaz de excluir toda verdadeira correspondência entre a causa e a determinação causal.[50] Pois, se entre o escopo prático e a causa há uma relação de implicação, como poderia existir incompa-

43. M. Casella, "Simulazione (diritto privato)" (verbete), in *Enciclopedia del Diritto*, vol. XLII, Milão, Giuffrè, 1990, p. 599.

44. G. Furgiuele, *Della Simulazione di Effetti Negoziali*, cit., p. 59.

45. A. Pellicanò, *Il Problema della Simulazione nei Contratti*, Pádua, CEDAM, 1988, pp. 6-8.

46. Idem, pp. 54-55.

47. E. Betti, *Teoria Generale del Negozio Giuridico*, cit., p. 174.

48. Idem, p. 393.

49. E. Betti, *Teoria Generale del Negozio Giuridico*, cit., p. 184. Em outra passagem (p. 67), o autor esclarece: "E é que o regulamento pré-escolhido pelas partes deve, tanto quanto possível, responder à sua conveniência privada: conveniência de que é índice a determinação causal daquelas, dirigida a um resultado prático, o seu intento prático. Se tal intento, no caso específico, é viciado, pode-se arguir que o regulamento pré-escolhido não responde à concreta conveniência, assim como vem, por essas partes, valorada" (tradução livre).

No original: "Ed è che il regolamento prescelto dalle parti deve per quanto è possibile rispondere alla loro convenienza privata: convenienza, di cui è indice la loro determinazione causale rivolta a un risultato pratico, il loro intento pratico. Se tale intento nel caso specifico è viziato, ciò fa arguire che il regolamento prescelto non risponde alla concreta convenienza, così come venne da esse parti valutata".

50. E. Betti, *Teoria Generale del Negozio Giuridico*, cit., pp. 393-396.

CRÍTICAS ÀS TESES TRADICIONAIS 59

tibilidade entre estes termos? Por imperativo lógico, a consideração que Betti faz da "vontade final" enquanto caracterizadora do escopo prático e responsável pela determinação da causa somente pode resultar na ausência de qualquer incoerência entre um e outra.[51]

À mesma conclusão chegamos substituindo o escopo prático – de caráter eminentemente subjetivo – pela causa concreta. Exatamente porque identifica a vocação do negócio jurídico singular, prestando-se a sintetizá-lo em sua *globalidade*,[52] a causa concreta determina a causa típica.[53] Em razão disso, no negócio simulado há perfeita correspondência entre a causa concreta e a causa abstrata.

Pelo exposto, não se nos afigura suficiente a definição da simulação com base em suposto defeito ou, mesmo, ausência da causa. Deveras, o negócio simulado, enquanto meio do qual as partes se valem para difundir um erro generalizado sobre a identidade subjetiva ou objetiva do negócio jurídico, cumpre uma função característica; logo, possui causa, ainda que restrita à propagação do engano. Daí decorre, ademais, que a simulação encerra uma materialização da autonomia privada, oblíqua, anômala ou simplesmente *peculiar*: o objetivo perseguido concretamente pelos simuladores é o de criar uma aparência enganadora, isto é, o de induzir o público à formação de uma representação incorreta sobre a relação jurídica que entre eles se estabelece. Em vista disto, pode-se até sustentar que a causa (abstrata) que o negócio simulado aparenta possuir não existe, ou é inoperante; mas é importante deixar claro que a "causa aparente" se vincula mais propriamente ao "negócio aparente", que não pode ser confundido com o negócio simulado, como será explicado mais detalhadamente no *tópico 4.2*.

---

51. Cf., neste particular, U. La Porta, *Il Problema della Causa del Contratto – I. La Causa ed il Trasferimento dei Diritti*, Turim, Giappichelli, 2000, pp. 25-26.
52. G. B. Ferri, *Causa e Tipo nella Teoria del Negozio Giuridico*, cit., p. 371.
53. C. M. Bianca, *Diritto Civile* (2ª ed., 2000), cit., vol. III, pp. 472-473.

4
FUNDAMENTOS DA ELABORAÇÃO
DO CONCEITO DE SIMULAÇÃO

4.1 A superação do "apriorismo conceitual". 4.2 A distinção entre negócio simulado e "negócio aparente". 4.3 A integridade do negócio simulado.

O objetivo deste capítulo é o de assentar algumas premissas sobre as quais o conceito de simulação deve ser elaborado. Tais premissas não surgem por obra do puro arbítrio do intérprete; pelo contrário, mostram sua pertinência na esteira da crítica das teses tradicionais empreendida no capítulo anterior.

Como vimos, a simulação tem sido geralmente descrita como um defeito do negócio jurídico, ou seja, como um vício, que torna simulado o negócio perfeito. Esta abordagem implica a pressuposição de que, antes de se conhecer a simulação, se deve tomar partido sobre o que é o negócio jurídico, enquanto categoria estruturante do direito privado. Fala-se, nesta sede, de *apriorismo conceitual* (*tópico 4.1*): fixado, como axioma, o conceito de negócio jurídico, deduz-se deste o conceito de simulação, como um *minus*, uma falta, uma deficiência. Se o negócio jurídico é vontade, a simulação a macula; se ele é declaração, é esta que a simulação subverte; caso seja um preceito, o negócio torna-se simulado em virtude de um problema funcional. Em todos os casos a simulação expõe-se como produto de uma inconsistência interna do negócio jurídico.

Tal modo de pensar a simulação – exporemos nas linhas seguintes – é a gênese da insuficiência das teses tradicionais, pois elimina por completo a autonomia dogmática do instituto. O *apriorismo conceitual* escamoteia o significado mais genuíno da simulação, qual seja, o de que ela é uma manifestação de autonomia privada; e, porquanto este significado seja informado pela norma, o citado postulado metodológico conduz a doutrina a conceber a simulação mais com base na superstição que na ciência. A indagação que surge, neste contexto, é se

FUNDAMENTOS DA ELABORAÇÃO DO CONCEITO DE SIMULAÇÃO 61

seria conveniente e possível superar o *apriorismo conceitual*. A resposta que daremos é afirmativa: ele deve ser superado, porque os requisitos de validade do negócio jurídico, mais que seus elementos de existência, precisam ser elucidados com segurança caso se pretenda garantir o sucesso de um sistema jusprivatístico edificado sobre o valor da *operabilidade*. Contentar-se com uma definição *a posteriori* da simulação acarreta a aceitação da radical volatilidade imposta pelo relativismo que acomete a teoria do negócio jurídico. Mas, se a simulação enfeixa normas cuja finalidade é a de prover soluções a concretos conflitos de interesse, então, o desafio que o jurista deve se dispor a enfrentar é o de descobrir seus contornos positivos, ou seja, os caracteres que revelam a simulação como um modo de ser do negócio jurídico, não simplesmente como a ausência de algum dos seus elementos. Todo o esforço que realizamos neste trabalho, em especial no próximo capítulo, é uma tentativa de sobrepujar o *apriorismo conceitual*; se e em que extensão esta tentativa será bem-sucedida, é algo que será possível avaliar com base nos frutos que ela nos renderá.

Mas, além de constatar que o *apriorismo conceitual* não é invencível, há algo mais que deve ser estabelecido antes de passarmos à formulação do conceito de simulação. É imperioso, com efeito, chamar a atenção para a *distinção*, no geral negligenciada, entre o *negócio simulado* e o *"negócio aparente"* (*tópico 4.2*). Conforme antecipamos no *Capítulo 3*, a confusão entre a aparência negocial enganadora e aquilo que dela se reveste tem ocasionado graves desvios teóricos. De fato, as supostas contradições internas ao negócio simulado, apontadas pelas teses voluntaristas, declaracionistas e objetivistas, envolvem não exatamente aspectos daquele, mas do "negócio aparente". A vontade que falta, a declaração neutralizada, a causa que se torna inoperante, não pertencem ao próprio negócio simulado, mas à aparência que ele ostenta. No entanto, se a pura aparência é o que se coloca em questão, ela não possui vontade que se possa reputar ausente, nem declaração que possa ser corrompida, nem função que possa ser adulterada; assim como a mais convincente das miragens, de um esplendoroso oásis no meio do deserto, não possui água que se possa dizer areia, nem matas que se possa afirmar desmatadas, nem fauna que se possa considerar fugida.

Esta imprecisão das teses tradicionais, consistente em tomar o "negócio aparente" pelo negócio simulado, e vice-versa, as impede de vislumbrar a *causa simulandi* em sentido estrito em ação, e, consequentemente, de divisar o mecanismo próprio da simulação. Mais precisamente: a falta de clareza quanto ao que é real e ao que é aparente afasta o intérprete da dimensão instrumental da simulação, levando-o a confundir a ferramenta com o resultado, o meio com o fim, a tela com a pintura.

Em decorrência dessas ponderações, será preciso reconhecer que o negócio simulado, enquanto aparato negocial que propaga uma falsa imagem, é estrutural e funcionalmente *íntegro* (*tópico 4.3*). Veja-se bem: não é que o negócio simulado seja perfeito – pois, neste caso, ele não seria nulo –, mas completo e operante, pois nenhum elemento lhe falta, e sua finalidade – a criação do engano – é alcançada, conquanto não se torne definitiva, em face do mecanismo reativo da nulidade, previsto na lei para prevenir a irremediabilidade do dano à fé pública. Disso decorre a desvinculação entre a nulidade prevista na lei e qualquer defeito intrínseco ao negócio simulado; este não é nulo por ser uma *contradictio in terminis*, mas por contrariar preceito legal imperativo, que veicula um juízo de valor *ab externo* sobre a simulação. Não existe – digamos diversamente – uma simulação pré-jurídica, que acarrete por si a nulidade, que o Direito encontra já pronta e acabada, como um dado da Natureza. O negócio simulado é uma manifestação de autonomia privada pela qual as partes conjugam esforços e perseguem um resultado, e que é nula porque a lei assim determina; deste perfil fenomenológico não pode a doutrina descurar caso pretenda formular um conceito seguro de simulação.

4.1   A superação do *"apriorismo conceitual"*

As teses tradicionais sobre o conceito de simulação compartilham de um postulado metodológico comum: o *apriorismo conceitual*. Em virtude desta abordagem teórica, os contornos categoriais da simulação são definidos em função de uma prévia tomada de posição a respeito da teoria do negócio jurídico, e vêm associados, de maneira geral, a uma imperfeição estrutural ou funcional deste.

A teoria da vontade, a teoria da declaração e as teorias objetivistas, com efeito, não tratam exclusivamente da simulação, mas da definição do negócio jurídico enquanto categoria fundamental do direito privado. No âmbito destes diferentes influxos de pensamento, a simulação é conceituada sempre *a posteriori*. Assim, sob a ótica voluntarista, dado que o negócio jurídico vive na vontade, a simulação é a negação desta: declaração sem vontade. De acordo com as teses declaracionistas, uma vez que o negócio jurídico emerge da exteriorização da vontade, a simulação é o produto do conflito de duas declarações. E, para os objetivistas, sendo o negócio jurídico o autorregulamento de interesses, a simulação

FUNDAMENTOS DA ELABORAÇÃO DO CONCEITO DE SIMULAÇÃO   63

implica a disfunção deste. *Em síntese, qualquer que seja o ponto de vista adotado, o negócio simulado nega a própria essência.*[1]

O *apriorismo conceitual* ocasiona duas principais – e contraditórias – consequências. Em primeiro lugar, torna as teses tradicionais sobre o conceito de simulação inatacáveis, desde que a respectiva teoria do negócio jurídico seja reputada procedente. Em segundo lugar, no entanto, impõe a todas elas uma perene fragilidade, pois poucas coisas se mostraram mais questionáveis e relativas, no curso das investigações empreendidas pela dogmática civilística nas últimas décadas, que a eleição da melhor e mais correta teoria do negócio jurídico.

Neste cenário, a questão que naturalmente vem à mente é a seguinte: *seria conveniente e possível libertar a teoria da simulação do apriorismo conceitual?* A resposta a esta indagação, a nosso juízo, é afirmativa.

Vejamos primeiro por que é conveniente levar adiante esta empreitada. Durante o século XX observou-se uma desenfreada proliferação de teorias sobre a natureza do negócio jurídico. Ao lado das teorias da vontade e da declaração, com suas variáveis respectivas, as teorias da responsabilidade e da confiança, surgiram as teorias da validade, do preceito, combinatórias (que mesclam duas ou mais teorias), do ato comunicacional, do ato social, do ato performativo – dentre outras.[2] Estas abordagens dogmáticas mostram-se, a princípio, plausíveis e, exatamente por isso, lançam uma onda de incerteza sobre a teoria do negócio jurídico. Se fossem mantidos os paradigmas do *apriorismo conceitual*, a mesma insegurança que atinge a teoria do negócio jurídico alcançaria a definição de simulação. É este relativismo, justamente, que não parece poder se admitir neste campo de estudo.

A miutabilidade da noção de negócio jurídico é algo que – sobretudo após a entrada em vigor do Código Civil de 2002, o qual não repetiu a definição legal constante do art. 81 do CC de 1916[3] – se pode aceitar com menor dificuldade que a volatilidade da definição de simulação. A *operabilidade* do sistema jusprivatístico não requer certeza sobre a *fundamentação metafísica* do negócio jurídico, que não deixa de ser,

---

1. A. Auricchio, *La Simulazione nel Negozio Giuridico – Premesse Generali*, Nápoles, Jovene, 1957, pp. 4-6.

2. V., para um panorama destas teorias: P. C. C. da Mota Pinto, *Declaração Tácita e Comportamento Concludente no Negócio Jurídico*, Coimbra, Livraria Almedina, 1995, pp. 18-53.

3. CC de 1916: "Art. 81. Todo o ato lícito, que tenha por fim imediato adquirir, resguardar, transferir, modificar ou extinguir direitos, se denomina ato jurídico".

64 A SIMULAÇÃO NO DIREITO CIVIL

em última análise, uma das mais áridas abstrações do direito privado. Seja o negócio jurídico um ato performativo ou qualquer outra coisa que o gênio inventivo dos juristas venha a conceber, o que importa, com maior intensidade, é definir o *regime jurídico* aplicável aos conflitos de interesses que a ele podem se associar. Bem por isto, a certeza antes mencionada não pode desamparar o entendimento sobre o que sejam o erro, o dolo, a coação, a fraude à lei e também a simulação; não fosse assim, tornar-se-ia praticamente impossível solucionar as controvérsias surgidas entre os particulares de maneira lógica, justa e minimamente previsível.

Dizendo de outro modo: não parece que o maior desafio da dogmática deva ser o de definir a *essência* do negócio jurídico, mas, sim, o de precisar suas *consequências*, ou seja, o de prover critérios de decidibilidade para os desacordos que podem derivar de uma relação negocial *in concreto*. O exame da *validade* e da *eficácia* – independentemente das bases filosóficas sobre as quais seja teorizada a *existência* – do negócio jurídico ocupa, por conseguinte, lugar proeminente no curso da determinação das medidas pertinentes à apaziguação das tensões que podem surgir entre os interesses dos particulares.

Nota-se, assim, que a fluidez da teoria do negócio jurídico, de um lado, e a necessidade de conferir maior segurança à determinação do tratamento jurídico aplicável à relação negocial *in concreto*, de outro, incentivam o abandono do *apriorismo conceitual* e estimulam a tentativa de definir autonomamente a simulação.

A possibilidade de abandonar o *apriorismo conceitual*, por seu turno, prenuncia-se já pela crítica às teses tradicionais sobre o conceito de simulação, apresentada no capítulo anterior. De fato, não mais se justifica defender que o negócio simulado carece de vontade, pois nele sempre se encontra a vontade de simular, que não conflita com a declaração. Outrossim, deixa de ser sustentável a explicação de que as declarações dos simuladores são contraditórias, pois o sentido da simulação pactuada é, para eles, um só. Por fim, torna-se patente que o negócio simulado desempenha uma peculiar função – a de criar a aparência enganadora –, o que lança por terra a associação da simulação a um desarranjo causal.

Tendo-se isto em mente, pode-se vislumbrar uma concepção da simulação por seu viés *positivo*, ou seja, pelo seu conteúdo característico de autonomia privada, que vai muito além de um simples defeito do negócio jurídico. É importante que fique claro: uma coisa é falhar na realização do negócio jurídico quando o objetivo perseguido é sua perfeição; neste caso, o esforço das partes fracassa, e o fim almejado não é alcan-

FUNDAMENTOS DA ELABORAÇÃO DO CONCEITO DE SIMULAÇÃO 65

çado. Outra, muito diferente, é pretender realizar o negócio simulado, com as características que ele por natureza apresenta, porque o objetivo perseguido é o engano do público; neste caso, o fim almejado é atingido, ainda que imediatamente se sujeite à sanção prevista na ordem jurídica.

Ao que nos parece, a adoção do correto ponto de vista sobre a simulação possibilita desenvolver uma teoria que não se mantém presa ao *apriorismo conceitual*; isto ficará ainda mais claro a partir da distinção, traçada no tópico seguinte, entre o negócio simulado e o "negócio aparente"; e restará sedimentado ao final deste capítulo, quando demonstrarmos que a simulação é a uma manifestação íntegra de autonomia privada (embora imperfeita, pois traz consigo o estigma da nulidade), que notabiliza um "modo de ser", não um defeito.

4.2 A distinção entre negócio simulado e "negócio aparente"

Costuma-se estabelecer uma identidade entre o negócio simulado e a aparência que ele ostenta. Segundo esta abordagem, uma compra e venda simulada é, a princípio, uma compra e venda, embora apresente uma imperfeição estrutural ou funcional que a torna meramente aparente. No entanto, este raciocínio não se justifica: a compra e venda aparente não pode ser confundida com o negócio (dito "simulado") que se reveste desta aparência. A situação jurídica aparente não coincide com o suporte fático da relação jurídica real (posto que simulada).[4] Que não se espante com esta formulação: o negócio simulado, *enquanto tal*, é real, *realíssimo*; a bem da verdade, a aparência também é real, enquanto tal, mas pode ser falsa, contraposta do que se propaga (recobre-se que a aparência é aquilo que se afigura a quem vê, logo, é constituída pelo sujeito cognoscente; não é, pois, um dado revelador da coisa em si, mas de que esta dá-se ao sujeito no curso da experiência).

Para tornar esta ideia mais clara, recorramos ao singelo exemplo do *peixe-pedra* (*Synanceia verrucosa*), um dos inúmeros animais dotados da habilidade de se camuflar dentre rochas ou corais presentes no fundo do mar. Caso se adotasse o raciocínio segundo o qual a aparência confunde-se com aquilo que dela se reveste, dir-se-ia que o peixe-pedra é uma *pedra defeituosa*; no lugar de estruturas cristalinas ou sedimentares, a imperfeita rocha seria composta de carne e osso. O peixe parece uma pedra, e, por conta disto, é uma pedra. Haveria algum sentido nesta insólita formulação? Certamente, não.

4. R. Moschella, *Contributo alla Teoria dell'Apparenza Giuridica*, Milão, Giuffrè, 1973, p. 37.

A SIMULAÇÃO NO DIREITO CIVIL

Na descrição da simulação há de se distinguir, de um lado, o negócio que aparece ao público – o "negócio aparente" – e, de outro, o negócio que cria a aparência – o negócio simulado. Esta distinção não é arbitrária ou artificiosa. Decorre ela da lei, que descreve o negócio simulado como aquele que "aparenta" conferir direitos ou deveres a pessoas diversas daquelas a quem realmente confere; "contém" declaração, condição, confissão ou cláusula não verdadeira; ou, por fim, é formalizado em instrumento particular antedatado ou pós-datado. O texto da norma confere ao negócio simulado uma *operatividade ativa*, de propagação de uma imagem (irreal, não verdadeira), e, por conseguinte, traça uma linha divisória entre a situação jurídica aparente e o suporte fático da relação jurídica real.[5] A oposição é muito clara: o negócio simulado é o *instrumento*, o "negócio aparente" é o *resultado*; o negócio simulado é a *tela*, o "negócio aparente" é a pintura; o negócio simulado é produzido pelas partes, o "negócio aparente" é uma construção cognitiva do público.[6] "Simular é criar esta falsa aparência negocial."[7]

A corroborar o antes exposto, assinale-se que não seria plausível que a norma atribuísse, efetivamente, a algo que somente existe perante os olhos do público enganado o adjetivo "nulo". A aparência é conjectural, ou seja, é real (posto que falsa), apenas enquanto representação que se pode formar com base no aparato simulador (isto é, o negócio simulado), e que remete a outra coisa que com este não se confunde. Por isto, não pode, ela própria, ser considerada válida ou inválida. A rocha que João visualiza durante o mergulho submarino, mas que na verdade é um peixe-pedra, pode ser descrita por ele como "magmática"; mas esta proposição jamais ligará, efetivamente, a qualidade "magmática" à rocha – que sequer existe, senão como aparência –, nem muito menos ao peixe-pedra, que não é rocha. O art. 167 do CC trata de um objeto que, em última instância, é efetivamente nulo e se sujeita a todo o regime jurídico da nulidade (com a exceção prevista no § 2º, relativamente aos direitos de terceiros de boa-fé). Este objeto não pode ser o "negócio aparente", pois o adjetivo "nulo" não pode ligar-se à mera aparência, que não é ato de autonomia privada (embora possa ser fato jurídico, sob determinadas condições). No empréstimo simulado o empréstimo é o que o terceiro vê (assim como a rocha que João via no fundo do mar). Mas o negócio

---

5. Como já reconhecia, na Itália, R. Moschella (*Contributo alla Teoria dell'Apparenza Giuridica*, cit., p. 37).

6. F. Durand, *L'Apparence en Droit Fiscal*, Paris, LGDJ, 2009, p. 19.

7. P. Pais de Vasconcelos, *Teoria Geral do Direito Civil*, 6ª ed., Coimbra, Livraria Almedina, 2010, pp. 682-683.

FUNDAMENTOS DA ELABORAÇÃO DO CONCEITO DE SIMULAÇÃO   67

simulado (o peixe-pedra, do exemplo de João) não é empréstimo: é negócio simulado, pura e simplesmente, se a simulação é absoluta; ou negócio simulado conjugado com outro negócio, se a simulação é relativa. *Nulo, portanto, será o negócio simulado, não o "aparente".*

Assegurada esta distinção, todas as teses tradicionais sobre o conceito de simulação passam a ser em alguma medida aproveitáveis. Se a vontade é examinada, pode-se dizer que a "vontade aparente", ou seja, aquela que os terceiros acreditam ter sido manifestada, não corresponde à vontade de simular. Do ponto de vista da declaração, a "declaração aparente", isto é, a que o público toma como representativa do comportamento negocial das partes, conflita com a declaração que deflagra o programa simulatório. E, por último, a "causa aparente" – vale dizer, aquela que erradamente se atribui ao negócio simulado – diverge da *causa simulandi* em sentido estrito.

Mas, veja-se, a partir do momento em que se empreende esta mudança de perspectiva, a simulação não importa mais enquanto mero vício do negócio jurídico, passível de ser criada exclusivamente pelo agir das partes; ela se torna efeito de um jogo de pontos de vista, que envolve, necessariamente, a representação que o público concebe a respeito da relação negocial. Por conseguinte, atentos ao cabimento da distinção acima elucidada, no decorrer deste trabalho passaremos a nos referir ao negócio simulado, seguindo a dicção da lei, como aquele que "aparenta", isto é, o que *produz a aparência negocial*. Por outro lado, quando aludirmos ao "negócio aparente", teremos em vista a imagem que o negócio simulado transmite.

4.3 A integridade do negócio simulado

Na esteira das ponderações anteriores, após uma reflexão mais criteriosa sobre o sentido global dos embates havidos entre os diversos teóricos da simulação, notamos que, na realidade, é equivocado deixar de reputar o negócio simulado como estruturalmente e funcionalmente *íntegro*. Com esta afirmação – esclareça-se – não se pretende considerar que o negócio simulado seja *perfeito*, a ponto de merecer acolhimento e tutela pela ordem jurídica, mas somente negar que nele exista qualquer contradição, incoerência e, sobretudo, incompletude.

Esta proposição – reconheça-se – não é absolutamente original. Já na década de 1960 Auricchio a defendia na Itália, informando que o negócio simulado apresenta todos os elementos de qualquer negócio jurídico: partes, acordo, objeto, forma e causa. O ponto de vista do autor

68 A SIMULAÇÃO NO DIREITO CIVIL

contrasta com a síntese das definições fundadas no *apriorismo conceitual*, segundo a qual o negócio simulado consiste numa *contradictio in terminis*. Também para nós a visão do negócio simulado enquanto aberração lógica, nulo por natureza, deve ser evitada. Com efeito, *o direito positivo rejeita a simulação não porque ela conflita consigo própria, mas porque ela o agride, ou seja, porque ela conflita com normas que a transcendem.*

Dizendo de maneira mais clara: quem vê o negócio simulado como uma *simulação de negócio* conclui que a causa imediata da nulidade consiste na própria simulação, entendida como vício do negócio jurídico. Quando muito, para os que aderem a este ponto de vista a sanção à simulação é determinada pelas mesmas normas que incidem durante o processo de constituição do negócio jurídico. A *simulação-vício* impede que estas normas produzam todos os seus efeitos; logo, o negócio jurídico não se forma plenamente.

Por outro lado, admitida a integridade do negócio simulado, não é mais a simulação em si que causa a nulidade ou a ineficácia, mas a norma que dispõe sobre o regramento do negócio simulado, a qual, por seu turno, não se confunde com aquelas normas que regulam a constituição do negócio jurídico. Estas, com efeito, realizam por completo seu trabalho: o negócio jurídico surge (existe), e poderia produzir efeitos, não fosse a ação paralisante da eficácia de outra norma, que tem por objeto, especificamente, a *simulação-fenômeno*.

Esta última formulação, a nosso ver, é a que melhor se ajusta aos parâmetros normativos estabelecidos pelo Código Civil de 2002.

O art. 104, como bem se sabe, descreve os requisitos de validade do negócio jurídico: a capacidade dos sujeitos, a idoneidade do objeto e a forma prescrita ou não defesa em lei.[8] Já, o art. 166 estabelece as hipóteses gerais de nulidade: a incapacidade dos sujeitos, a inidoneidade do objeto, a ilicitude do motivo comum determinante, a preterição de forma ou solenidade legal, a fraude à lei e a proibição taxativa do ato.[9] Tendo-

---

8. CC de 2002: "Art. 104. A validade do negócio jurídico requer: I – agente capaz; II – objeto lícito, possível, determinado ou determinável; III – forma prescrita ou não defesa em lei".

9. CC de 2002: "Art. 166. É nulo o negócio jurídico quando: I – celebrado por pessoa absolutamente incapaz; II – for ilícito, impossível ou indeterminável o seu objeto; III – o motivo determinante, comum a ambas as partes, for ilícito; IV – não revestir a forma prescrita em lei; V – for preterida alguma solenidade que a lei considere essencial para a sua validade; VI – tiver por objetivo fraudar lei imperativa; VII – a lei taxativamente o declarar nulo, ou proibir-lhe a prática, sem cominar sanção".

FUNDAMENTOS DA ELABORAÇÃO DO CONCEITO DE SIMULAÇÃO 69

-se em vista este arcabouço legal, é intuitivo que, se o negócio simulado possuísse uma imperfeição estrutural ou funcional, ele seria nulo, independentemente de qualquer disposição legal específica. É dizer: se o negócio simulado fosse contraditório, incoerente ou incompleto, não seria necessário que o art. 167 estabelecesse sua nulidade, pois esta já decorreria da aplicação dos arts. 104 e 166.[10]

Ao contrário do que se poderia supor, o art. 167 não se limita a verbalizar a "ordem natural das coisas", como se a nulidade do negócio simulado fosse um dado pré-jurídico, apreensível independentemente de qualquer intervenção do direito positivo. Tal suposição mostra-se descabida, não apenas porque equivale a atestar a inocuidade de parte do *caput* do art. 167, como também porque ignora a dimensão jurídica do termo "nulidade". A nulidade, com efeito, é um atributo normativo, que não se encontra a esmo na natureza metajurídica, mas apenas se constitui e manifesta no e pelo direito. Vejamos.

Poder-se-ia, em sentido contrário ao que defendemos, arguir que a simulação é em si ilícita, em virtude de um desvio constatável *a priori*, relacionado ao objeto ou aos motivos comuns determinantes do negócio jurídico. Esta ilicitude seria suficiente para atestar a nulidade do negócio simulado mediante a aplicação direta do art. 166 do CC. Uma tal formulação, contudo, parece encontrar-se fragilizada por uma inescusável petição de princípio.

O art. 166, ao determinar a nulidade do negócio jurídico cujo objeto ou cujos motivos comuns determinantes sejam ilícitos, não se ocupa de delimitar as hipóteses em que tais ilicitudes se ultimam caracterizadas. Nenhum objeto ou motivo comum determinante é ilícito porque se subsome diretamente ao art. 166, pois ali não se define a ilicitude. A ilicitude é sempre descrita em regras específicas, às quais o art. 166 faz *remissão*. Deve-se, pois, invariavelmente, ler os incisos II e III do art. 166 como reclamantes de um complemento: é nulo o negócio cujo

10. Neste cenário, pode-se ir além: se o legislador entendeu ser necessária uma expressa intervenção para cominar a sanção de nulidade ao negócio simulado, isto somente pode resultar do fato de que, aos seus olhos, o negócio simulado seria, em linha de partida, *válido*. Exatamente para que esta validade não prevalecesse, e para que a atividade dos simuladores não passasse a contar com a proteção do Direito, foi criado um comando explícito: o negócio simulado é nulo, o art. 167 dispõe, e não o faz inutilmente: *se à base de toda a negação está uma pressuposta afirmação* – sem a qual a primeira não faz qualquer sentido –, *à base de toda nulidade subjaz uma pressuposta validade*. O afastamento da validade é a causa final da nulidade, e desta relação de implicação não pode o intérprete olvidar ao examinar sistematicamente os arts. 104, 166 e 167.

70 A SIMULAÇÃO NO DIREITO CIVIL

objeto seja ilícito, *nos termos da norma "tal"*; é nulo o negócio jurídico cujos motivos determinantes sejam ilícitos, *nos termos da norma "tal"*. Ocorre, no entanto, que não existe norma qualquer que qualifique como ilícita a simulação; nem mesmo no art. 167 se identifica a linguagem da ilicitude, sendo certo que a nulidade ali prevista não passa, em última instância, de uma *nulidade especial*, nos exatos termos do que dispõe o inciso VII do art. 166: é nulo o negócio jurídico quando "a lei taxativamente o declarar nulo".

Assinale-se que não é errado concluir que, no final das contas, o art. 166 incide nos casos de simulação. Mas não se lhes aplicam os incisos II ou III daquele dispositivo, mas o seu inciso VII – o qual, dentre todos, é o mais vazio, porquanto desprovido de conteúdo autoaplicável. Nem poderia ser diferente, pois a sujeição do negócio simulado aos incisos II ou III do art. 166 requer a pressuposição de que a ilicitude daquele jaz no mundo dos fatos, e que o direito positivo já a encontra pronta e acabada. Mas isto não é possível, porque a ilicitude é um atributo normativo, e daí decorre, precisamente, a petição de princípio antes denunciada.

Não se está a insinuar, é claro, que a simulação não possa ser ilícita, sobretudo quando implica lesão a direitos de terceiros ou o descumprimento de normas imperativas. Mas é fato que, assim como sucedia durante a vigência do Código Civil de 1916, a simulação pode igualmente ser inocente, caso em que haverá *ilegalidade* (porquanto esta seja pressuposto da nulidade), mas não haverá ilicitude. Desse modo, muito embora o *exaurimento* da simulação possa acarretar ilicitude, ela em si não tem este condão. A simulação "pura" – examinada como antecedente do correspondente exaurimento – é neutra quanto ao aspecto da licitude ou da ilicitude. [11]

Diante do exposto, parece-nos acertado concluir que negócio simulado consiste numa manifestação de autonomia privada, e somente não é valorado como válido (hipótese em que se poderia cogitar de ineficácia relativa ou anulabilidade, como reação à simulação) porque o art. 167 do CC, inovando a ordem jurídica, exclui esta possibilidade. Tal conclusão configura, na linha do que aqui se defende, mais um impulso a que se leve adiante o projeto de superação do *apriorismo conceitual*. A simulação não é simplesmente um *minus* do negócio jurídico "normal"; ela configura um *fenômeno positivo*, uma atividade dotada de caracteres próprios, aos quais – mais que à caracterização genérica do negócio jurídico – se devem voltar os olhos do jurista. O adjetivo "simulado"

---

11. F. Ferrara, *A simulação...* cit., p. 408, (nota 3).

FUNDAMENTOS DA ELABORAÇÃO DO CONCEITO DE SIMULAÇÃO

deve deixar de significar uma *falta* – de algum elemento ou requisito do negócio jurídico "normal" –, para ser compreendido como uma *presença* – de um particular *modo de ser* do negócio jurídico.

5
SIMULAÇÃO COMO CRIAÇÃO DA "ILUSÃO NEGOCIAL"

5.1 A "duplex interpretatio" do negócio simulado. 5.2 A ilusão negocial. 5.3 A demonstração do conceito de simulação a partir do art. 167 do CC.

Chega o momento de enfrentar a questão sobre o que é a simulação. Neste capítulo demonstraremos que esta se caracteriza como *programa de autonomia privada pelo qual as partes articulam ações e omissões com o objetivo de criar a "ilusão negocial", assim entendido o erro coletivo, objetivamente aferível, relativo à interpretação e/ou à qualificação do negócio jurídico* (tópico 5.2).

Este procedimento é genuinamente negocial. As partes assumem o compromisso de articular uma série de atos da qual resulta um suporte fático complexo, que abrange materiais interpretativos mais amplos (os quais aderem com maior intensidade aos fatos históricos e às circunstâncias concretas que subjazem ao estabelecimento da relação jurídica) e mais restritos (declarações e comportamentos dotados de maior aderência ao aspecto formal). Faz parte deste programa a providência de manter parte dos atos das partes sob sigilo, longe do olhar do público, de modo a que este seja induzido ao erro de considerar como total o comportamento negocial que é parcial, atribuindo-lhe um significado equivocado.

A simulação tem como pressuposto a *duplex interpretatio* (tópico *5.1*) a que o negócio jurídico passa a se submeter por ardil das partes: de um lado, estas, que conhecem plenamente seus próprios atos, têm condições de ver, na conjugação do "sim, obrigo-me" e do "não, não me obrigo" uma não declaração, ao passo que os terceiros, que apenas visualizam o "sim, obrigo-me", tomam por efetiva declaração o que não o é. O negócio simulado, em tal contexto, acarreta um defeito de recognoscibilidade, pelo qual o público é levado a errar ao apreciar a relação jurídica estabelecida entre os simuladores.

SIMULAÇÃO COMO CRIAÇÃO DA "ILUSÃO NEGOCIAL"   73

Este modelo conceitual, como admitiremos, talvez não seja o único possível, mas é, sem dúvidas, um forte candidato a desempenhar bem o papel de permitir ao intérprete reconhecer o objeto a que se dirige a regulação estabelecida no art. 167 do CC. De mais disso, ele se mostra compatível com o *direito positivo*, pois oferece uma explicação satisfatória para a conjuminância, aparentemente contraditória, entre a nulidade e *inverdade do negócio simulado* (*tópico 5.3*). De fato, o negócio jurídico, enquanto expressão de um *dever-ser*, não é nem verdadeiro nem falso, mas válido ou inválido; daí a perplexidade que pode causar, à primeira vista, as disposições do § 1º do art. 167, segundo as quais há simulação quando o negócio jurídico contém declaração não verdadeira. O embaraço logo se desfaz, porém, quando se nota que "não verdadeira", a teor da norma, não é a declaração negocial (dispositiva) emitida pelas partes, mas a proposição atestativa (descritiva) que o público é levado a formular diante de dada relação negocial. Assim, as proposições em que consiste o negócio jurídico "X" entre "A" e "B" não podem predicar-se verdadeiras ou falsas, mas o juízo de fato sobre a existência do negócio jurídico "X" entre "A" e "B" pode; a má formação deste juízo, as causas desta e o contexto em que ela se insere, como se verá, são os fatores que desencadeiam a ilusão negocial e, por conseguinte, delineiam o conceito de simulação.

5.1 A *"duplex interpretatio"* do negócio simulado

Conforme exposto anteriormente, não parecem promissoras, no contexto de superação do *apriorismo conceitual*, as teses voluntaristas, declaracionistas e objetivistas do conceito de simulação, nas feições em que foram tradicionalmente concebidas. Nada obstante, pudemos destacar que os raciocínios que animam aquelas vertentes teóricas, mesmo quando desconstruídos, não deixam de sinalizar com competência, cada qual à sua maneira, que a simulação dá origem a situações conflituosas, a saber:

(i) vontade de simular *versus* "vontade aparente" (vontade que o público acha que os simuladores manifestaram);

(ii) declaração oculta *versus* "declaração aparente" (declaração que o público acha que os simuladores emitiram); e

(iii) *causa simulandi* em sentido estrito *versus* "causa aparente" (causa que o público acha que o negócio jurídico possui).

Ao final do *tópico 4.2* afirmamos que, a partir da consideração destes pares antitéticos, as teses tradicionais sobre o conceito de simu-

74   A SIMULAÇÃO NO DIREITO CIVIL

lação se tornariam "em alguma medida" aproveitáveis. Cumpre, então, esclarecer o que quisemos dizer naquela passagem, especialmente qual o valor desta ressalva. Devemos destacar, a tal propósito, que o exame isolado das oposições antes listadas não nos interessa, pois, caso escolhêssemos um daqueles conflitos para, a partir dele, investigar o conceito de simulação, incorreríamos, fatalmente, nos mesmos deslizes do *apriorismo conceitual*, que tanto temos criticado. No entanto, a análise conjunta dos conflitos acima referidos traz-nos uma interessante revelação: é que, qualquer que seja a posição do intérprete a respeito da teoria do negócio jurídico (voluntarista, declaracionista ou causalista), a simulação sempre estabelece uma tensão entre dois *pontos de vista*, o dos simuladores e o do público. Os polos do conflito não estão, como se poderia supor, apenas no agir dos simuladores; pelo contrário, o problema da simulação envolve o que as partes fazem, de um lado, e o que o público acredita que elas fizeram, de outro. *A função característica, a razão de ser, da simulação é instaurar uma discrepância entre duas percepções de uma só relação negocial.*

Confessemos, uma explicação da simulação nestes termos não é totalmente original. Com efeito, em uma passagem da *Teoria Generale* surpreendentemente descompromissada com as convicções causalistas, Betti sustenta que no caso do negócio simulado a valoração que acompanha a consciência do significado do ato não se reporta ao significado objetivo da declaração, mas a outro, convencionado secretamente pelas partes. Por outro modo – explica o autor –, a declaração simulada submete-se a uma dupla e incongruente valoração: uma *objetiva* e outra *subjetiva*. A conclusão do negócio simulado funda-se sobre esta *duplex interpretatio*, de um lado, baseada nos pressupostos da ordem jurídico-positiva e, de outro, dependente do significado subjetivo atribuído pelas partes ao regulamento de interesses entre elas estabelecido.[1]

O autor vê na simulação o emprego de uma *linguagem convencional*, a qual permite aos simuladores decifrar o verdadeiro significado do comportamento negocial, em um procedimento análogo à *interpretação autêntica*.[2] A declaração simulada deve, pois, ser decodificada à luz do "intento simulatório".[3] Nesta sua teoria alternativa da simulação, Betti a concebe como produto de um defeito de recognoscibilidade, que fragmenta as instâncias de interpretação da relação negocial.

----

1. E. Betti, *Teoria Generale del Negozio Giuridico* (3ª ed. 1960), Nápoles, Edizioni Scientifiche Italiane, 2002, pp. 399-400.
2. Idem, p. 400 (405).
3. Idem, p. 399.

SIMULAÇÃO COMO CRIAÇÃO DA "ILUSÃO NEGOCIAL"   75

Convém lembrar, neste passo, que a descrição da simulação a partir do mecanismo da linguagem convencional foi pela primeira vez defendida por Segrè. O autor explica, sob inspiração de D. 34, 5, 3,[4] que quem diz algo diverso daquilo que quer não diz o que a voz significa, porque não o quer, nem o que quer, porque a voz não o diz.[5] Em vista disso, a simulação não pode ser conceituada como conflito entre vontade e declaração, pois ela resulta, na verdade, de uma divergência de interpretação decorrente do emprego pelas partes de uma convenção linguística: "Se as partes *A* e *B* concordaram em declarar a compra e venda das árvores da floresta de *A*, subentendendo sob este nome os cavalos de seu estábulo (...), estas usaram uma linguagem convencional".[6] A simulação implica, nestes termos, uma incompatibilidade entre os dois possíveis significados da declaração, de modo que o correto somente pode ser apreendido após uma operação de *tradução*: onde se lia "árvore" passa-se a ler "cavalo".

Na teoria linguística de Segrè a atenção desloca-se da suposta divergência entre vontade e declaração para a ambivalência desta última. A alteridade do fenômeno assenta-se em poder o negócio simulado revestir-se de dois diferentes significados, um apegado ao sentido comum das palavras empregadas (externo), outro circunscrito aos contraentes, e acessível apenas pela via da linguagem convencional (interno). A dicotomia declaração/vontade resolve-se em outra, entre o significado ordinário das palavras e o significado atribuído aos signos pelas partes. A divergência não envolve mais elementos alheios ao texto, como a intenção ou a vontade efetiva das partes, mas os significados que podem coligar-se à mesma declaração, conforme se levem em conta os códigos correntes ou os gerados pelas partes.[7]

Aderindo a esta orientação teórica, salienta Cian que a simulação instala-se no contexto de uma *esfera linguística*, com referência à qual são fixados os significados dos diversos vocábulos empregados pelas

---

4. "In ambiguo sermone non utrumque dicimus, sed id dumtaxat quod volumus: itaque qui aliud dicit quam vult, neque id dicit quod vox significat, quia non vult, neque id quod vult, quia id non loquitur."

5. G. Segrè, "In materia di simulazione nei negozi giuridici" (1924), in *Temi Emilia*, 1924, agora in *Scritti Giuridici*, vol. I, Arezzo, Cortona, 1930, p. 423.

6. G. Segrè, "In materia di simulazione nei negozi giuridici" (1924), cit., in *Scritti Giuridici*, vol. I, p. 427 (tradução livre).

No original: "Se le parti *A* e *B* hanno d'accordo dichiarato di comprare e vendere gli alberi della foresta di *A*, sottintendendo sotto questo nome i cavalli della sua scuderia (...), esse hanno usato un linguaggio convenzionale".

7. Cf. M. Onorato, *L'Accordo d'Interpretazione*, Milão, Giuffrè, 2009, p. 208.

A SIMULAÇÃO NO DIREITO CIVIL

partes.[8] Para além do uso constante, pode uma esfera linguística ser instituída através de um acordo entre os sujeitos pelo qual seja definido, quanto às declarações que futuramente serão emitidas, o emprego de uma linguagem convencional. No que tange ao campo da linguagem convencional, este abrange, inclusive, o caso-limite do recurso a determinadas locuções convencionais com vistas à criação da simples aparência negocial. É o que sucede com a simulação, que não envolve "uma declaração simulada e ao lado dela uma contradeclaração, contendo as cláusulas do negócio dissimulado, pois esta dúplice função é desempenhada por aquela única manifestação de vontade, a qual poderá ser lida de dois modos, segundo ela seja interpretada conforme a linguagem ordinária ou com base na 'chave' fixada no acordo"[9] (tradução livre).

A respeito do tema, Onorato explica que na simulação o texto coloca-se em dois planos: um interno, o plano dos contraentes, em que o termo ou a locução recebe o sentido determinado pelo acordo linguístico; outro externo, o plano dos terceiros, em que os significados das declarações são aqueles contemplados no uso comum da linguagem. Daí a pertinência da descrição da simulação como uma *articulação* de planos ou pontos de vista[10] através da qual, "convencionando atribuir ao texto um significado estranho aos comuns cânones linguísticos, os contraentes não tornam recognoscível o negócio que têm a intenção de concluir; e, assim, determinam exteriormente a ideia de um negócio diferente, correspondente ao conteúdo da declaração à luz da linguagem corrente".[11]

Em tal cenário, a simulação, como bem intui Distaso, semelhantemente a Betti, acarreta um *defeito de recognoscibilidade*: "(...) é próprio da simulação, de fato, a antítese entre a não realidade *inter partes* do

---

8. G. Cian, *Forma Solenne ed Interpretazione del Negozio*, Pádua, CEDAM, 1969, pp. 125-130.

9. Idem, p. 128. No original: "Che nel caso in esame non esiste una dichiarazione simulata e accanto ad essa una controdichiarazione, la quale contenga le clausole del negozio dissimulato, poiché a questa duplice funzione serve quell'unica manifestazione di volontà, la quale potrà essere letta in due modi, a secondo che la si interpreti giusta il linguaggio comune oppure in base alla 'chiave' fissata nel precedente accordo".

10. M. Onorato, *L'Accordo d'Interpretazione*, cit., p. 205.

11. Idem, ibidem. No original: "Convenendo di attribuire al testo un significato estraneo ai comuni canoni linguistici, i contraenti non rendono riconoscibile il negozio che hanno in animo di concludere; e così determinano all'esterno l'idea di un negozio diverso, corrispondente al contenuto della dichiarazioni alla luce del linguaggio corrente" (tradução livre).

SIMULAÇÃO COMO CRIAÇÃO DA "ILUSÃO NEGOCIAL"   77

negócio simulado e a valoração objetivamente apreciável deste como ato verdadeiro e real".[12] Veja-se que não se fala de defeito do negócio jurídico; o programa simulatório, precisamente porque amparado na *duplex interpretatio*, restringe a cognição, não a constituição do negócio jurídico. Os simuladores, valendo-se de um programa de autonomia privada, logram difundir uma aparência enganadora. Daí Betti afirmar que a simulação tem como marca não ser *exteriormente constatável*,[13] e que somente quando o intento simulatório é descoberto, ou revelado, torna-se possível extirpar o elemento divergente (como um ramo seco), retificá-lo ou substituí-lo, mediante o expediente da *interpretação corretiva*.[14]

É pertinente ressaltar, por fim, que, embora admitam que a simulação implica o emprego do mecanismo da linguagem convencional, Cian[15] e Onorato[16] não aceitam que isto ocorra em todos os casos, sobretudo quando se trata de simulação subjetiva ou de dissimulação fundada em um texto substancialmente diverso do texto ostensivo. Tais restrições, contudo, a nosso ver, não impedem o acolhimento da tese da linguagem convencional como uma fórmula genérica para a descrição de uma das etapas do programa simulatório, pois, ainda que se trate de interposição fictícia ou de uma simulação mais complexa, a criação da aparência negocial funda-se na atribuição de um significado arbitrário ao comportamento negocial aparente. Os autores, no entanto, têm razão ao indicar que nestes casos a simulação não se restringe à linguagem convencional, requerendo algo mais. Com efeito, sobretudo quando a simulação é relativa (*tópico 7.1*), o emprego da linguagem convencional é apenas uma das etapas do programa simulatório.

Estas últimas observações possuem importância capital para a elaboração do conceito de simulação. Elas conduzem à contemplação do mecanismo simulatório em sua dimensão mais íntima e particular, pois evidenciam o movimento da produção da aparência enganadora. O tema merece ser examinado mais de perto.

12. N. Distaso, *La Simulazione dei Negozi Giuridici*, Turim, UTET, 1960, p. 85 (tradução livre); no original: "(...) è propria della simulazione, infatti, l'antitesi fra la non realtà, *inter partes*, del negozio simulato e la valutazione oggettivamente apprezzabile di questo come atto vero e reale".
13. E. Betti, *Teoria Generale del Negozio Giuridico*, cit., p. 394.
14. Idem, p. 399.
15. G. Cian, *Forma Solenne ed Interpretazione del Negozio*, cit., pp. 128-130.
16. M. Onorato, *L'Accordo d'Interpretazione*, cit., pp. 212 e ss.

78 A SIMULAÇÃO NO DIREITO CIVIL

5.2 A ilusão negocial

Embora tenhamos empregado, até aqui, a expressão "aparência enganadora", existe outra que pode ser utilizada em seu lugar de maneira mais apropriada. Aparência, enquanto *imediatidade do ser*, é algo que todo negócio jurídico possui. Por outro lado, a aparência que induz ao engano melhor se denomina "ilusão".[17] A ilusão negocial, a exemplo de toda ilusão empírica, decorre de um erro de apreciação da realidade. *Sua origem remete a um ponto de vista desprivilegiado do público, que não tem acesso a todos os elementos que lhe permitiriam formular um juízo acertado sobre os fatos.* Este ângulo de observação limitado, que os terceiros ostentam diante do comportamento total dos simuladores, é parte do processo de criação da ilusão negocial.[18]

São os seguintes os traços da ilusão negocial:

(i) consiste num erro coletivo;

(ii) tem por objeto a interpretação e a qualificação do negócio jurídico;

(iii) é produzida pela ocultação de uma parcela do comportamento das partes; e

(iv) é o produto de um esquema negocial.

Tratemos, de maneira mais detida, de cada um destes caracteres.

A simulação possui a habilidade, objetivamente aferível, de difundir um *erro coletivo*.[19] Isto significa que as partes, sozinhas, não conseguem implementar o programa simulatório. O negócio, para que possa se reputar simulado, deve ter a habilidade, ao menos potencial, de induzir o público ao engano. A ilusão negocial instala-se num *circuito* que obrigatoriamente requer a interação com a comunidade para que se possa considerar fechado. Os simuladores têm "como objetivo da sua

---

17. G. W. F. Hegel, *Wissenschaft der Logik* (1816), trad. port. de M. A. Werle, *Ciência da Lógica (Excertos)*, São Paulo, Barcarolla, 2011, p. 115.

18. Como assinala Platão n'*O Sofista*, o *simulacro* incorpora o ponto de vista do observador; uma escultura de uma figura humana de grandes dimensões, esculpida propositalmente com uma desproporção entre os membros inferiores e a parte superior à cintura, somente poderia parecer equilibrada se captada de um particular ângulo visual (isto é, a partir da sua base); do contrário, se alguém a olhasse de cima para baixo (como poderia fazê-lo o escultor, do alto de um andaime), não se depararia com a aparência pretendida, pois tal ponto de vista seria inadequado à instalação do engano (*O Sofista*, trad. port. de J. D. Rodrigues, UFB, 1980, disponível em *http://www.ebooksbrasil.org/eLibris/sofista.html*, § XIII).

19. N. Distaso, *La Simulazione dei Negozi Giuridici*, cit., p. 443.

SIMULAÇÃO COMO CRIAÇÃO DA "ILUSÃO NEGOCIAL" 79

atuação *os terceiros*, e, em particular, a formação, nestes últimos, (...) de um convencimento – incorreto, contudo – acerca da verificação de uma alteração na situação de direito preexistente".[20]

O objeto da ilusão negocial, como o nome sugere, é o significado do negócio concluído pelos simuladores. *O público erra ao interpretar e/ou qualificar aquela relação jurídica.*[21] Aparência,[22] em termos jurídicos, é o resultado de uma pesquisa em torno do significado da declaração negocial, orientada pela confiança que o público nesta deposita. Aparência *jurídica* sempre diz respeito ao valor que um fato, que se crê existir, deve assumir no mundo do Direito. Ilusórias, pois, são a interpretação e a qualificação, não o fato puro ao qual elas se associam. Nestes termos, a ilusão negocial assume a feição de representação equivocada, formulada pelo público, atinente ao significado jurídico que os fatos comunicados pelos simuladores devem, segundo o nível de diligência de um terceiro de boa-fé "médio", assumir no plano deôntico. A adoção do ponto de vista de um terceiro de boa-fé de normal diligência[23] permite a reconstrução

20. G. Furgiuele, *Della Simulazione di Effetti Negoziali*, Pádua, CEDAM, 1992, p. 58.

21. Cf. F. Terré, *L'Influence de la Volonté Individuelle sur les Qualifications* (1957), Paris, LGDJ, 2014, pp. 4-6; J. Abeille, *De la Simulation dans le Droit des Sociétés*, Paris, LGDJ, 1938, p. 97.

22. Sobre o tema, v. F. Carnelutti, *Teoria Generale del Diritto* (1951), trad. port. de A. C. Ferreira, *Teoria Geral do Direito*, São Paulo, LEJUS, 1999, p. 392. Tem-se considerado a aparência como fonte de *legitimação formal* dos direitos. É um *simulacro* criado pela própria ordem jurídica, consistente na forma sensível da realidade jurídica, ou seja, o modo como ela se manifesta exteriormente (R. Moschella, *Contributo alla Teoria dell'Apparenza Giuridica*, Milão, Giuffrè, 1973, p. 37). Funda-se no *princípio de publicidade*, o qual fundamenta a relevância do Direito como efetivamente se realiza nas relações usuais, não no modo como ele deveria ser, segundo uma abordagem puramente ideal (R. Moschella, *Contributo alla Teoria dell'Apparenza Giuridica*, cit., p. 39). Com base neste princípio, defende-se que aquele que age negocialmente, confiando em um fato exterior que, por força da lei ou da opinião pública, representa a forma de manifestação de determinada situação jurídica, merece ser protegido, mormente quando a confiança tenha sido depositada na situação de fato criada por quem a proteção desta não interessa.

É complexa a estrutura da aparência, que, mais que um *parecer*, pressupõe um *transparecer* algo diverso do que *é*. "A aparência não é um parecer opaco, um puro fato que revela apenas a si próprio, uma vez que um fenômeno que se limita a revelar a si próprio não pode nunca ser aparente: isso se dá por aquilo que é; somente quanto um fenômeno, além de si próprio, faz aparecer um outro fenômeno, e o faz aparecer como real enquanto seja irreal, surge a aparência" (A. Falzea, "Apparenza", in *Enciclopedia del Diritto*, vol. II, Milão, Giuffrè, 1958, p. 685).

23. M. Casella, "Simulazione (diritto privato)" (verbete), in *Enciclopedia del Diritto*, vol. XLII, Milão, Giuffrè, 1990, p. 599. Conforme observa A. Falzea ("Ap-

A SIMULAÇÃO NO DIREITO CIVIL

do suporte fático concreto, enquadrável em um dos esquemas abstratos contemplados pelo ordenamento normativo;[24] é sobre esta reconstrução que se dá a interferência da simulação.

Para criarem a ilusão negocial, *os simuladores precisam ocultar uma parte do seu comportamento*, difundindo uma particular *assimetria informacional*. Ao mirar o negócio simulado, as partes e os terceiros apreendem, respectivamente, *materiais interpretativos* mais amplos (os quais aderem com maior intensidade aos fatos históricos e às circunstâncias concretas que subjazem ao estabelecimento da relação jurídica) e mais restritos (declarações e comportamentos dotados de maior aderência ao aspecto formal). O suporte fático ostensivo constitui-se de um conjunto de índices[25] de uma realidade inexistente. Tomados em conjunto, portanto, formam um *signo* cujo *significado isolado* contrasta com o *significado global* do agir negocial.[26] *O que caracteriza a ilusão negocial é esta dúplice e separada relevância da aparência que se mostra e da aparência que se mantém velada.*[27]

Por fim, como antecipamos linhas acima (*tópico 3.3*), a ilusão negocial é produto de um esquema genuinamente negocial. O negócio simulado encerra uma manifestação peculiar de autonomia privada. O negócio simulado concretiza uma precisa regulamentação de interesses, mediante a qual as partes adotam condutas capazes de suscitar no público a convicção (incorreta) sobre a vigência de determinada relação jurídica. O escopo dos simuladores consiste em determinar a exterioridade de uma operação negocial que a qualquer observador possa parecer eficaz. Ao realizar a operação simulada as partes definem metas que pretendem implementar mediante condutas logicamente e finalisticamente articuladas, imprimindo, de tal maneira, uma direção unitária aos vários momentos que integram a operação perseguida. O negócio simulado

---

parenza", cit., in *Enciclopedia del Diritto*, vol. II, p. 697), a aparência não pode ser recognoscível como tal. A ausência da escusabilidade do erro exclui a aparência. O erro é capaz de dar azo à aparência quando, segundo os usos e costumes vigentes, não possa ser evitado pela normal diligência do "cidadão médio".

24. M. Casella, "Simulazione (diritto privato)" (verbete), cit., in *Enciclopedia del Diritto*, vol. XLII, p. 598.

25. Idem, p. 599.

26. Valendo-nos de uma alegoria, diríamos que os simuladores declaram "estrela", remetendo ao corpo celeste assim denominado, mas omitem que o termo possui um complemento, como em "estrela-do-mar"; por não ter conhecimento sobre o complemento "-do-mar", o público é induzido, fatalmente, a compreender erradamente o sentido da palavra "estrela".

27. M. Casella, *Simulazione* cit. (nota 122), p. 599.

SIMULAÇÃO COMO CRIAÇÃO DA "ILUSÃO NEGOCIAL" 81

assume, pois, uma *feição instrumental* quanto a interesses mais amplos compartilhados pelos contraentes.[28]

Aos terceiros é exposta apenas parte dos índices de significação criados pelos simuladores, não a totalidade do negócio jurídico. Os figurantes estabelecem uma estrutura negocial complexa, constituída de declarações verbalizadas e não verbalizadas (declaração tácita; comportamento concludente), mas mantêm uma parcela de suas condutas em sigilo, prevenindo, assim, a recognoscibilidade social de determinados atos e fatos; é por isto que o negócio se torna fonte de ilusão – logo, simulado. *Na simulação os índices de significação tornados públicos pelos simuladores vinculam-se a outros índices, igualmente reais porém socialmente irreconhecíveis, que, fossem levados em consideração, permitiriam que a situação jurídica das partes fosse interpretada e qualificada de maneira diversa.* O desenrolar da função prático-individual do negócio simulado (subsumível à *causa simulandi* em sentido estrito) assenta-se, precisamente, na manipulação do material fático subjacente à relação negocial, de modo que índices aparentes comuniquem significados diversos daqueles que assumiriam se fossem considerados à luz do *comportamento total* dos contraentes. A comunidade, assim, presa a um limitado ponto de vista, visualiza apenas parte do comportamento dos contraentes, atribuindo-lhe um significado diferente daquele que as partes atribuem à totalidade da operação negocial; *um significado, ademais, incongruente com aquele que os próprios terceiros atribuiriam ao comportamento dos simuladores se tivessem acesso à sua integralidade.*

---

28. A proposição apresentada no texto apresenta certa semelhança àquela proposta, nos países filiados ao *common law*, pela "*sham doctrine*", cujos traços fundamentais encontram-se delineados no caso *Snook v. London and West Riding Investments Ltd.* (1967). Nada obstante não tenhamos aqui o objetivo de examinar o direito anglo-saxão, vale registrar, ainda que por curiosidade, o que estatuiu o *Lord Justice* Diplock no julgamento deste importante precedente: "As regards the contention of the plaintiff that the transactions between himself, Auto Finance and the defendants were a 'sham', it is, I think, necessary to consider what, if any, legal concept is involved in the use of this popular and pejorative word. I apprehend that, if it has any meaning in law, it means acts done or documents executed by the parties to the 'sham' which are intended by them to give to third parties or to the court the appearance of creating between the parties legal rights and obligations different from the actual legal rights and obligations (if any) which the parties intend to create. But one thing, I think, is clear in legal principle, morality and the authorities... that for acts or documents to be a 'sham', with whatever legal consequences follow from this, all the parties thereto must have a common intention that the acts or documents are not to create the legal rights and obligations which they give the appearance of creating".

A SIMULAÇÃO NO DIREITO CIVIL

A fim de que esta dinâmica possa ser mais bem visualizada, vale a pena examinar o exemplo, talvez o mais comum nos manuais escolares, da *venda fantástica*. A depender de como a situação seja descrita, pode--se ou não considerar caracterizada a simulação. Vejamos uma primeira versão deste exemplo: o cônjuge pretende doar um bem à concubina, porém deseja ocultar a liberalidade; "simula", então, com aquela, uma compra e venda, atribuindo ao bem *valor irrisório*. Haveria, nesta hipótese, negócio simulado? A resposta, claramente, é negativa.

De fato, qualquer terceiro de boa-fé que se deparasse com aparência de venda fantástica, nos termos acima narrados, poderia concluir que o *tipo de referência* eleito pelas partes – compra e venda – não reflete o conteúdo e o significado – a causa concreta – do negócio jurídico celebrado. Haveria, não se nega, *falsa qualificação*;[29] não surgiria, contudo, a ilusão negocial. A falsa qualificação não engana. Não se justifica, num caso destes, a intervenção normativa do instituto da simulação; o legislador estabeleceu uma barreira de proteção à *confiança legítima*,[30] não ao negligente ou imprudente.

Passemos, agora, a examinar uma segunda formatação do exemplo. Assuma-se que em 20.5.2013 João e Maria tenham celebrado contrato de compra e venda tendo por objeto um automóvel novo cujo valor de mercado, auferido por órgãos especializados, girasse em torno de R$ 52.000,00. No referido contrato as partes fixaram o preço de R$ 55.000,00. No dia 21.5.2013 Maria efetua o pagamento do preço a João, mediante emissão de cheque nominal. João deposita o referido cheque no mesmo dia em sua conta bancária. No dia 24.5.2013 João acompanha Maria até o Departamento Estadual de Trânsito e efetua a transferência da titularidade do veículo. No instrumento particular produzido com vistas a formalizar a relação jurídica, e levado a registro perante o competente oficial de registro de títulos e documentos, as partes consignam a ocorrência do pagamento, anexam cópia do cheque e do respetivo comprovante de compensação bancária, e João dá quitação a Maria. Estes são os fatos que as partes tornaram públicos. O que os terceiros não poderiam saber, contudo, é que no dia 27.5.2013 Maria recebe uma transferência bancária no valor de R$ 55.000,00. O autor do depósito? João.

O "desfazimento" do pagamento, ou seja, a neutralização do significado deste índice de significação, associado ao esforço das partes em

---

29. Voltaremos à distinção entre simulação e falsa qualificação mais adiante, no *tópico 9.3*.

30. F. Durand, *L'Apparence en Droit Fiscal*, Paris, LGDJ, 2009, pp. 23-25.

SIMULAÇÃO COMO CRIAÇÃO DA "ILUSÃO NEGOCIAL"   83

manter tal circunstância em sigilo, evidencia a irrelevância jurídica da conduta publicamente manifestada, neste particular. Em tal cenário o diagnóstico da ilusão negocial deve ser positivo. A interpretação segundo a qual as partes teriam concretizado uma troca onerosa mostra-se inadequada, assim como a qualificação do contrato como compra e venda. O público, porém, não tem condições de dar-se conta disto, pois todos os índices de significação de que dispõe para interpretar e qualificar a intenção comum das partes revelam a celebração de um perfeito contrato de compra e venda. É neste ponto que cai como uma luva a feliz proposição de Betti: apenas quando cai a ilusão se procede à *interpretação corretiva* do negócio simulado.[31] No momento em que é *descoberta* a secreta devolução do preço, capaz de excluir a onerosidade da avença, passa a ser possível examinar a relação jurídica das partes em bloco, isto é, contemplando-se a totalidade do regulamento de interesses entre elas estabelecido.

Diante das precedentes considerações, a simulação pode ser conceituada nos seguintes termos:

> Consiste no *programa de autonomia privada pelo qual as partes articulam ações e omissões com o objetivo de criar a ilusão negocial, assim entendido o erro coletivo, objetivamente aferível, relativo à interpretação e/ou à qualificação do negócio jurídico.*

5.3 A demonstração do conceito de simulação a partir do art. 167 do CC

A esta altura do discurso o leitor pode estar se perguntando se a elaboração empreendida até aqui seria compatível com a lei, ou se, diversamente, mereceria mais o rótulo de fábula que de ciência. Para afastar dúvidas como esta, parece ser o momento de confrontar a teoria antes elaborada com o direito positivo.

O inciso II do § 1º do art. 167 do CC estabelece que há simulação diante da inserção no negócio jurídico de declaração *não verdadeira* ("Haverá simulação nos negócios jurídicos quando: ...; II – contiverem declaração, confissão, condição ou cláusula não verdadeira; ..."). Não seria descabido parafrasear as hipóteses indicadas nos incisos I e III

---

31. E. Betti, *Teoria Generale del Negozio Giuridico*, cit., pp. 398-400.

daquele § 1º ("Haverá simulação nos negócios jurídicos quando: I – aparentarem conferir ou transmitir direitos a pessoas diversas daquelas às quais realmente se conferem, ou transmitem; ...; III – os instrumentos particulares forem antedatados, ou pós-datados") em termos análogos: haverá simulação quando o negócio jurídico contiver uma atribuição *não verdadeira* de direitos a determinado sujeito ou quando o respectivo instrumento particular lhe assinalar marcos temporais de vigência *não verdadeiros*. Nesta linha de ideias, pode-se dizer que o negócio simulado pressupõe a formulação de um juízo descolado da verdade.

Geralmente tende-se a afirmar que tal juízo é formulado pelos próprios simuladores, ou seja, é a declaração negocial simulada em si que se reputa não verdadeira; daí o esforço para identificar na conduta das partes (emissão de uma declaração conflitante com a vontade ou com outra declaração) a gênese da inverdade que caracteriza a simulação. Mas é exatamente esta premissa que não se mostra sustentável.

Isto porque, segundo se tem assinalado recorrentemente, o negócio jurídico, enquanto expressão de um *dever-ser*, não se sujeita a juízos de verdade. Por outras palavras: o negócio jurídico não expressa uma relação objetiva passível de ser qualificada como verdadeira ou falsa.[32] Não são poucos – reconheça-se – os esforços realizados em prol da submissão do direito aos ditames da *lógica modal deôntica*.[33] Nada obstante, a

---

32. A. Gentili, *Il Contratto Simulato – Teorie della Simulazione e Analisi del Linguaggio*, Milão, Giuffrè, 1982, p. 257. Assinala, ainda, a propósito, R. Schreiber (*Logik des Rechts* (1962), trad. esp. de E. Valdés, *Lógica del Derecho*, Ciudad de México, Fontamara, 1991, pp. 121-122): "Las normas jurídicas, sin embargo, no pueden ser valoradas de la misma manera que las proposiciones indicativas, es decir, como verdaderas o falsas. Las normas jurídicas no pueden ser verificadas recurriendo directamente a la realidad. Para saber si una proposición es jurídicamente debida, habrá que tener en cuenta el procedimiento especial según el cual las normas jurídicas obtienen validez".

No mesmo sentido, A. Ross (*Directives and Norms*, trad. esp. de J. S.-P. Hierro, *Lógica de las Normas*, Madri, Tecnos, 1971, p. 98): "Es obvio, y hasta donde alcanza mi conocimiento aceptado, que los directivos carecen de valor de verdad (no son verdaderos ni falsos), en la mayoría de los casos con seguridad. No puedo imaginar que alguien diga que la orden 'Pedro, cierra la puerta', o la regla de ajedrez 'En un solo movimiento el rey sólo puede moverse un puesto', puede ser verdadera o falsa. De la regla de ajedrez puede decirse que existe (o está vigente) en una cierta comunidad de dos jugadores; esta afirmación será verdadera o falsa. Pero, como es obvio, esto no es lo mismo que adscribir valores de verdad a las normas mismas, igual que no puede decirse que los cisnes negros tengan un valor de verdad simplemente porque la afirmación de que existen cisnes negros tenga un valor de verdad".

33. Sobre o tema, v.: T. Mazzarese, *Logica Deontica e Linguaggio Giuridico*, Pádua, CEDAM, 1989, *passim*; G. Kalinowski, *La Logique des Normes* (1972), trad.

SIMULAÇÃO COMO CRIAÇÃO DA "ILUSÃO NEGOCIAL"   85

possibilidade de realizar cálculos proposicionais com normas jurídicas não significa que se lhes deve atribuir valor de verdade; pelo contrário, o entendimento majoritário é o de que, ainda quando sejam possíveis os cálculos proposicionais, o valor de que a norma jurídica se reveste é o de *validade* ou *invalidade*. Desta feita, quanto ao negócio jurídico, expressão de um *dever-ser*, não se deve estabelecer qualquer relação de verdade.

Nada obsta, porém, a que se formule um *juízo descritivo sobre o negócio jurídico*, segundo o qual se possa afirmar tratar-se, por exemplo, de um *verdadeiro contrato de compra e venda* ou de um *falso contrato de compra e venda*. Esse tipo de proposição é aquele que normalmente o público formula diante de um negócio jurídico; e, como tal, pode ser verdadeiro ou falso. Enquanto as partes dizem que *deve-ser*, o público diz que *é*.[34]

A distinção entre o negócio jurídico tomado pela perspectiva das partes e o tomado pela perspectiva do público coincide, de certo modo, com a diferenciação traçada por Kelsen entre *norma* e *enunciado*. Tal discriminação parte da separação entre a *significação* de um *ato de vontade* e a significação de um *ato de pensar*. "A proposição cuja significação é um enunciado *descreve* alguma coisa. É verdadeira ou falsa; quer dizer: corresponde ou não ao que ela descreve. A proposição, cuja significação é uma norma, *pre-escreve* alguma coisa. Nem é verdadeira nem falsa". A função do enunciado é a de transmitir um saber; a da norma é a de submeter a vontade.[35]

Para o destinatário da norma o enunciado, fruto da cognição acerca da norma (ato de pensar), dá origem a uma prescrição autônoma ("devo

---

esp. de J. R. Capella, *Lógica del Discurso Normativo*, Madri, Tecnos, 1975, *passim*, especialmente pp. 20 e ss.

34. Precisas, a respeito dessa questão, são as palavras de A. Ross (*Lógica de las Normas*, cit., p. 99): "La cuestión de si un directivo puede tener valor de verdad es independiente de la cuestión de si es posible tener un conocimiento de las cualidades de validez morales. Que un directivo no puede tener valor de verdad se sigue analíticamente del significado de 'directivo' y de 'valor de verdad'. La diferencia fundamental entre una proposición y un directivo se halla, como hemos visto, a nivel semántico. Ambos describen un tema (en el caso del directivo, una ideación) que la proposición concibe como real ('así es') y el directivo presenta como forma de conducta ('así debe ser'). Decir de una expresión que es verdadera es, precisamente, aceptar que 'así es'. Por tanto, sólo las proposiciones pueden ser verdaderas".

35. H. Kelsen, *Allgemeine Theorie der Normen* (1979), trad. port. de J. F. Duarte, *Teoria Geral das Normas*, Porto Alegre, Sérgio Antônio Fabris Editor, 1986, p. 208.

86 A SIMULAÇÃO NO DIREITO CIVIL

fazer isto"). Este processo psíquico, porém, não pode ser observado quanto àqueles que, não sendo destinatários diretos da norma, limitam-se a formular uma representação descritiva da declaração emitida. Assim parece suceder com os que ocupam a posição de terceiros relativamente a um específico negócio jurídico, os quais, tomando conhecimento da declaração formulada por outrem, identificam seu caráter deôntico mediante a emissão, exclusivamente, de um enunciado, isto é, um ato de pensamento, não de vontade. Concluem os terceiros, portanto, que "Caio e Tício celebraram um contrato de compra e venda". Esta proposição, de teor meramente indicativo, é um juízo do plano do *ser* dirigido à existência ideal do juízo deôntico estabelecido entre Caio e Tício (isto é, a declaração negocial). Tal enunciado, embora tenha por objeto a validade do negócio jurídico, pretende ser *verdadeiro*, não válido.

Nesta ordem de ideias, não parece possível interpretar a inverdade a que alude o art. 167 do CC como sendo um atributo do próprio negócio jurídico. Até porque o negócio simulado é, no final das contas, nulo, não meramente falso. Não verdadeiro, para que a norma faça sentido, somente pode ser o juízo que se emite *sobre* o negócio jurídico, não o próprio negócio jurídico.[36] Daí a conclusão – a nosso ver, confirmada pelo texto da norma – de que a simulação tem como pressuposto a interação entre o comportamento das partes e o ponto de vista dos terceiros.

Demais disso, o § 2º do art. 167 resguarda os direitos de terceiros de boa-fé perante os simuladores ("Ressalvam-se os direitos de tercei-

---

36. Cumpre assinalar que toda declaração dispositiva veicula também um sentido assertivo (da ordem do *ser*), relacionado às circunstâncias espaço-temporais de sua emissão, aos fatos naturais com base nos quais isto ocorreu, e ao seu significado jurídico. Quanto a este último, como assinalado no texto, a pertinente descrição somente pode ser elaborada por terceiros, pois eles encontram-se em posição de converter a linguagem do *dever-ser* na do *ser*. Por outro lado, a descrição em que se fundam as parcelas informativas das circunstâncias negociais (data e local) e da identidade dos signatários pode ser formulada pelo(s) próprio(s) autor(es) do documento sem a necessidade de qualquer juízo externo; logo, pode ser falsa independentemente de ensejar a ilusão negocial, como evidenciado mais adiante, no tópico 9.2. Nada obstante, o fato de a data e o local do negócio jurídico poderem ser falsos a despeito da percepção da comunidade sobre o negócio jurídico não fragiliza a demonstração do conceito de simulação intentada neste tópico, pois, ainda assim, a simulação continua tendo por fim iludir a fé pública. De mais a mais, como a simulação necessariamente abarca as hipóteses de conteúdos dispositivos ilusórios (que não podem ser verdadeiros nem falsos), o fato de a simulação de circunstâncias negociais não depender, imperiosamente, da opinião dos terceiros, apenas deixa claro que a falsidade pode ser um meio pelo qual as partes implementam o programa simulatório (como melhor explicado no tópico 9.2). Note-se, por fim, que tais observações aplicam-se também em tema de simulação de confissão e outras declarações de ciência (a propósito, v. tópico 8.3).

SIMULAÇÃO COMO CRIAÇÃO DA "ILUSÃO NEGOCIAL" 87

ros de boa-fé em face dos contraentes do negócio jurídico simulado").
Este dispositivo será examinado de maneira mais detalhada na Segunda
Parte deste trabalho (*Capítulo 13*), valendo notar, por ora, apenas que
ele tem por objeto, muito bem delineado, a boa-fé do terceiro. O fato de
a norma pretender proteger a boa-fé do público reforça que o juízo de
valor nela consubstanciado inclina-se à preservação da *confiança legítima*, ou seja, à repressão da produção do engano. A ilusão negocial é o
último elo de uma cadeia de atos cujo objetivo é o de ludibriar a razão da
comunidade. O art. 167 não reage contra a mera insinceridade das partes,
a qual, sem embargo, encontra-se presente não apenas na simulação, mas
também na reserva mental, que, nos termos do art. 110 do CC, não possui qualquer relevância jurídica.[37] O problema da simulação – que circunscreve o conceito desta – é, em última instância, o da ilusão negocial.

Com base nestes elementos, constata-se que o art. 167 do CC acolhe
o conceito, por nós proposto, acerca da simulação. Evidentemente, não
temos a pretensão de que este seja o único conceito correto; mas ficamos
satisfeitos por ter demonstrado que ele é um bom candidato, firmado
sobre premissas sólidas e logicamente bem resolvidas, ao posto de guia
da interpretação e da aplicação da lei.

---

37. CC de 2002: "Art. 110. A manifestação de vontade subsiste ainda que o
seu autor haja feito a reserva mental de não querer o que manifestou, salvo se dela o
destinatário tinha conhecimento".

6
A ESTRUTURA
DO NEGÓCIO SIMULADO

6.1 O acordo simulatório. 6.2 A forma do negócio simulado e a forma do "negócio aparente".

Nos capítulos anteriores tentamos conceituar a simulação a partir do seu funcionamento, levando em conta, portanto, mais sua dimensão dinâmica (enquanto processo de criação da ilusão negocial) que a estática. Esta abordagem – saliente-se – não é comumente utilizada pelos autores, que preferem adotar logo de início uma posição sobre os elementos do suporte fático da simulação. Diz-se, nesta esteira, que a simulação é composta pelo negócio simulado, pelo acordo simulatório, pela intenção de enganar e até mesmo pelo engano consumado. De nossa parte, embora tenhamos proposto uma aproximação funcional à simulação, não excluímos a utilidade do exame estrutural do fenômeno, pois seria certamente inadequado supor a existência de função sem estrutura; por conseguinte, devemos, para completar a descrição conceitual da simulação, tratar também de sua estrutura. A nossa percepção estrutural da simulação, sublinhe-se, não surge como uma premissa arbitrária, mas como uma decorrência da determinação funcional do seu conceito.

Do ponto de vista estrutural, concebemos a simulação como *fenômeno unitário*: ela se exaure no negócio simulado. A bem se ver, não existe qualquer aspecto subjetivo ou objetivo, como a intenção de enganar ou a ilusão negocial, que se revista de relevância autônoma no âmbito da simulação. O negócio simulado é o instrumento pelo qual a ilusão negocial é criada, e, se a simulação pode ser vista como programa – isto é, uma articulação teleologicamente orientada de atos –, tal somente se viabiliza na medida em que o negócio simulado seja observado em movimento, vale dizer, operando em prol da consecução de seu propósito peculiar. Daí não nos parecer adequado descrever o *acordo simulatório* como elemento autônomo da simulação, isto é, como dado estruturante

A ESTRUTURA DO NEGÓCIO SIMULADO 89

do fenômeno; ele é, com efeito, uma das faces do negócio simulado, pois, haja vista que que este enceta uma manifestação de autonomia privada, é voluntariamente empreendido pelas partes. Isto, porém, não significa que o acordo simulatório seja estranho ao negócio simulado; na verdade, o que se pode denominar acordo simulatório não passa do momento convencional do próprio negócio simulado, análogo àquele que se faz presente em todo negócio bilateral. Pense-se no contrato de compra e venda; ele surge, não há como negar, de um acordo, que não é, todavia, autônomo (um "acordo compravenditório"), mas conteúdo do próprio negócio jurídico.

Além de esclarecer os mal-entendidos que rondam a figura do acordo simulatório (*tópico 6.1*), este capítulo procurará especificar os *contornos estruturais* que o *negócio simulado* e o *"negócio aparente"* podem apresentar em função do meio pelo qual o comportamento dos simuladores é apreendido pelo público, ou seja, da forma dos índices de significação exteriorizados pelas partes com o objetivo de instalar a ilusão negocial (*tópico 6.2*).

Mais especificamente, no que tange ao negócio simulado, aduziremos que, enquanto comportamento negocial total das partes, ele pode envolver formas complexas e heterogêneas, tais como a *declaração expressa* (instrumento escrito ou declaração oral) e a *declaração tácita* (comportamento concludente). Já, quanto à forma do "negócio aparente", isto é, a parcela da forma do negócio simulado que se mostra ao público, sustentaremos que pode ela consistir apenas numa declaração expressa (instrumento escrito ou declaração oral) – hipótese em que não serão necessários índices de significação alusivos à eficácia do "negócio aparente" – ou, então, se ausente aquela, deverá englobar um conjunto de atos materiais, não verbais, que permita aos terceiros concluir, posto que erradamente, que o "negócio aparente" se tornara eficaz – hipótese em que a simulação deverá reproduzir a eficácia própria do "negócio aparente".

Assim, quando o "negócio aparente" envolve uma declaração expressa, a simples criação da escritura pública ou privada (ou até mesmo a emissão de uma declaração oral que se torne minimamente pública) basta para despertar a confiança dos terceiros; por conseguinte, a divergência, aferida do ponto de vista do público, entre o significado da declaração expressa e o significado do comportamento concludente das partes é suficiente para, sob a perspectiva estrutural, tornar viável a instalação da ilusão negocial. Por outro lado, se não ocorre a emissão de uma declaração expressa, então, a simulação requererá o contraste entre

90 A SIMULAÇÃO NO DIREITO CIVIL

o comportamento concludente ostensivo e o comportamento concludente deliberadamente oculto, realizado com especial cuidado para que não chegue ao conhecimento de terceiros.

6.1 O acordo simulatório

A suposição de que o negócio simulado seria, a princípio, o próprio "negócio aparente"[1] deu origem a um movimento de glorificação do acordo simulatório. Este teria o efeito de transformar o negócio jurídico em mera aparência.

Um aguerrido defensor da proeminência do acordo simulatório foi Pugliatti. Para o autor há *congruência*[2] *entre o negócio simulado e o acordo simulatório; por conseguinte, este último deve reputar-se um genuíno e autônomo negócio jurídico, dotado de estrutura e função próprias. O acordo simulatório assume na concepção do autor a feição de negócio jurídico bilateral, com causa absolutamente típica, a qual pode operar de duas maneiras distintas, destruindo* ou *modificando* a causa do negócio simulado.[3]

Pugliatti deixa claro que a inspiração de sua teoria teria sido a redação do art. 1.414 do CC italiano, que explicitamente menciona o acordo entre os simuladores.[4] Nem todos os italianos, contudo, demonstraram

1. V., a respeito da distinção entre negócio simulado e "negócio aparente", o *tópico 4.2*.
2. S. Pugliatti, "La simulazione dei negozi giuridici unilaterali", in *Diritto Civile – Metodo – Teoria – Pratica*, Milão, Giuffrè, 1951, pp. 561-562.
3. Idem, p. 571.
4. CC italiano:
"Art. 1.414. *Efeitos da simulação entre as partes*
"O contrato simulado não produz efeito entre as partes.
"Se as partes quiseram concluir um contrato diferente daquele aparente, tem efeito entre estas o contrato dissimulado, desde que subsistam os seus requisitos de substância e de forma.
"As disposições precedentes aplicam-se também aos atos unilaterais destinados a uma pessoa determinada, que sejam simulados por acordo entre o declarante e o destinatário" (tradução livre).
No original:
"Art. 1.414. *Effetti della simulazione tra le parti*
"Il contratto simulato non produce effetto tra le parti.
"Se le parti hanno voluto concludere un contratto diverso da quello apparente, ha effetto tra esse il contratto dissimulato, purché ne sussistano i requisiti di sostanza e di forma.

A ESTRUTURA DO NEGÓCIO SIMULADO 91

tamanha sensibilidade a esta referência textual. Romano, por exemplo, defende que o acordo simulatório não passa de um *motivo comum determinante de índole negativa*;[5] Auricchio o reduz a mera *preliminar de fato*, integrante da fase de tratativas precedente à celebração do negócio simulado;[6] e Messina, por fim, não vê no acordo simulatório algo mais que um *fato jurídico em sentido estrito*, que tem por objeto a preordenação da aparência enganadora destinada a produzir a ficção.[7]

Outros doutrinadores, preocupados em assegurar alguma autonomia dogmática ao acordo simulatório, o concebem como *negócio declarativo*[8] *(cujo objeto consiste na indicação do significado da declaração simulada); ato preparatório* da futura simulação;[9] ou *convenção interpretativa*, capaz de traduzir a linguagem convencional empregada pelas partes.[10]

O Código Civil de 2002, ao contrário do Código Civil italiano e do Código Civil alemão,[11] não alude ao acordo. Esta situação, aliás, já se observava quando da vigência do Código Civil de 1916, e teria levado

---

"Le precedenti disposizioni si applicano anche agli atti unilaterali destinati a una persona determinata, che siano simulati per accordo tra il dichiarante e il destinatario."

5. S. Romano, "Contributo esegetico allo studio della simulazione (l'art. 1.414 c.c.)", *Rivista Trimestrale di Diritto e Procedura Civile*, 1954, Milão, p. 44.

6. A. Auricchio, *La Simulazione nel Negozio Giuridico – Premesse Generali*, Nápoles, Jovene, 1957, pp. 38-40.

7. G. Messina, "La simulazione assoluta", in *Scritti Giuridici (1907-1908)*, vol. V, Milão, Giuffrè, 1948, p. 92.

8. L. Cariota Ferrara, *Il Negozio Giuridico nel Diritto Privato Italiano*, Nápoles, Morano, 1949, p. 524.

9. F. Messineo, *Il Contratto in Genere*, t. 2º, Milão, Giuffrè, 1972, p. 453.

10. E. Betti, *Teoria Generale del Negozio Giuridico* (3ª ed. 1960), Nápoles, Edizioni Scientifiche Italiane, 2002, p. 399 (404-405).

11. CC alemão:

"§ 117. *Negócio simulado*

"(1) Uma declaração de vontade é nula quando seja dirigida a outra pessoa, com o acordo desta, apenas aparentemente.

"(2) Quando o negócio aparente esconda um outro aplicam-se, a este, os preceitos vigentes" (tradução livre).

No original:

"§ 117. *Scheingeschäft*

"(1) Wird eine Willenserklärung, die einem anderen gegenüber abzugeben ist, mit dessen Einverständnis nur zum Schein abgegeben, so ist sie nichtig.

"(2) Wird durch ein Scheingeschäft ein anderes Rechtsgeschäft verdeckt, so finden die für das verdeckte Rechtsgeschäft geltenden Vorschriften Anwendung."

92 A SIMULAÇÃO NO DIREITO CIVIL

Pontes de Miranda a defender a prescindibilidade do elemento em questão para a configuração do suporte fático da simulação.[12] Ao assim se manifestar, todavia, o autor isolou-se no contexto da doutrina brasileira; de fato, a maioria[13] entendia que o acordo simulatório é o fator que diferencia a simulação da reserva mental.[14] Este estado de coisas manteve-se com a entrada em vigor do Código Civil de 2002.[15]

Ao que nos parece, a doutrina tem razão em afirmar que a simulação é um fenômeno convencional – logo, produto de um acordo; e que isto a torna inconfundível com a reserva mental. As razões que justificam esta conclusão são apresentadas, de maneira mais detalhada, no *tópico 9.1*, abaixo. Por ora, tomamos como premissa o caráter convencional da simulação, para tecer algumas considerações a respeito de como ele influencia a estrutura do negócio simulado. Mais especificamente, nossa atenção será dedicada ao exame da *natureza* e da *autonomia* do acordo simulatório.

Antes de mais, é importante esclarecer que o objeto do acordo simulatório não pode ser a destruição ou modificação do negócio simulado (mais precisamente, do "negócio aparente"). Isto, pois a aparência que corresponde a uma imagem carente de realidade, um simulacro que apenas surge em razão de uma equivocada apreciação dos fatos por parte do observador, já surge, como tal, em razão do programa negocial estabe-

12. F. C. Pontes de Miranda, *Tratado de Direito Privado*, t. 4, atualizado por M. Bernardes de Melo e Marcos Ehrhardt Júnior, São Paulo, Ed. RT, 2012, p. 521: "Sobre o acordo como elemento essencial da simulação, há: (a) doutrina que tem como tal; (b) doutrina, que, a despeito de textos legais alusivos a entendimentos entre figurantes, se satisfaz com a recepticiedade e o conhecimento da manifestação de vontade pelo destinatário (...); e (c) doutrina que admite simulação nos atos jurídicos em geral (Teixeira de Freitas, *Esbôço*, art. 521), desde que se trate de manifestações de vontade suscetíveis de simulação. O Código Civil brasileiro seguiu essa doutrina. O que simula promessa de recompensa para doar está exposto a que o interessado no objeto da recompensa, que satisfaça o que se exigiu, promova a anulação; *e.g.*, trata-se de executor testamentário que tinha de fazer promessa ao público em que a recompensa seria quadro célebre, e em verdade doou a alguém que instruiu para se utilizar da simulação, ou apenas, sem acôrdo, fêz ser o único beneficiável".

13. Cf., por todos, Custódio da Piedade Ubaldino Miranda, *A Simulação no Direito Civil Brasileiro*, São Paulo, Saraiva, 1980, *passim*, especialmente pp. 43 e ss.

14. A exemplo de F. Ferrara, *Della Simulazione dei Negozi Giuridici* (1922), trad. port. de A. Bossa, *A Simulação dos Negócios Jurídicos*, São Paulo, Saraiva, 1939, pp. 52-53; G. Messina, "La simulazione assoluta", cit., in *Scritti Giuridici (1907-1908)*, vol. V, p. 86 (91).

15. V., por todos, I. Gaino, *A Simulação dos Negócios Jurídicos*, 2ª ed., São Paulo, Saraiva, 2012, pp. 52 e ss.

A ESTRUTURA DO NEGÓCIO SIMULADO 93

lecido entre eles. Seria, com efeito, contrário à realidade das coisas conceber que as partes teriam querido, num primeiro momento, o negócio cuja validez rechaçariam logo depois, ao celebrar o acordo simulatório.[16] Uma compra e venda simulada não é real antes de se tornar aparente; é um negócio real que se reveste da aparência de compra e venda (por isto, simulado). *O acordo simulatório, portanto, visa a criar a aparência, não a destruir a realidade.*

Isto posto, vê-se que o acordo simulatório encerra o momento em que as partes estabelecem a simulação positivamente.[17] Ele, portanto, necessariamente possui *conteúdo negocial*, sobretudo porque, como demonstramos linhas acima, o negócio simulado instaura um complexo regulamento de interesses.

Deveras, a causa da simulação é *associativa*;[18] tal qual ocorre num contrato de sociedade, os simuladores reúnem esforços para a consecução de um objetivo comum. Seria equivocado admitir que durante o *iter* simulatório os contraentes se mantêm absolutamente desvinculados no

16. F. Marani, *La Simulazione negli Atti Unilaterali*, Pádua, CEDAM, 1971, p. 143; P. S. Coderch e J. M. S. Sánchez, *Simulación e Deberes de Veracidad – Derecho Civil e Derecho Penal: Dos Estudios de Dogmática Jurídica*, Madri, Civitas, 1999, p. 49; G. D. Kallimopoulos, *Die Simulation im bürgerlichen Recht – Eine rechtsdogmatische Untersuchung*. Munique, Versicherungswirtschaft Verlag, 1966, p. 41. Para ilustrar seu entendimento, este último autor vale-se do seguinte exemplo: o empresário "A" quer demitir seus funcionários do escritório, com exceção de sua secretária "B", e contratar nova força de trabalho; antes da demissão, ele conta a "B" sua intenção e, a fim de evitar potenciais comentários por parte dos funcionários demitidos, conta-lhe que ela também receberá uma carta demissional; a demissão será apenas encenada, "B" deixará temporariamente o cargo, mas receberá um salário completo, e o tempo até sua "readmissão" será computado como férias. "B" declara sua concordância com o que lhe fora exposto, e tudo corre conforme o planejado. Nesse exemplo depara-se com um caso típico de declaração de vontade simulada, de cuja nulidade não se pode duvidar. A concordância de "B" é expressa antes da demissão, de modo que não se pode falar de um acordo posterior sobre o caráter simulado do ato. Se "A" tivesse obtido a concordância de "B" só após a realização da demissão, aí a demissão seria válida, e a concordância posterior de "B" levaria a uma revogação posterior da demissão, com eficácia *ex tunc*. Nesse caso não se trataria de uma simulação, mas, sim, de uma reserva mental cerrada (caso "A", com a carta demissional, quisesse confundir temporariamente "B"), ou de uma declaração de vontade inteiramente normal, que mais tarde seria desfeita retroativamente através de um acordo entre os interessados.

17. L. Cariota Ferrara, *Il Negozio Giuridico nel Diritto Privato Italiano*, cit., pp. 524-525.

18. Sobre a distinção entre *causa de troca* e *causa associativa*, v.: F. Galgano, *Il Negozio Giuridico*, 2ª ed., Milão, Giuffrè, 2002, pp. 199 e ss.

94 A SIMULAÇÃO NO DIREITO CIVIL

que tange à empreitada conjuntamente assumida. A experiência mostra que quem se dispõe a assumir a condição de simulador espera contar com a adesão da contraparte; entre os partícipes da simulação surge, portanto, uma relação de mútua confiança.[19] Assim, ao ajustarem o regulamento de interesses voltado à criação da ilusão negocial as partes assumem obrigações; não se trata da promessa de celebrar o negócio simulado[20] (diríamos: o "negócio aparente"), como a que decorre de um negócio preliminar, mas do dever de cumprir o negócio simulado como tal (levando a efeito a difusão dos índices de significação de que depende a disseminação da ilusão negocial).[21]

É precisamente daí que decorre a impossibilidade de se atribuir autonomia ao acordo simulatório, pois, em última instância, *ele se confunde com o regramento privado estabelecido pelos simuladores*, sendo, portanto, descabida sua valoração isolada.[22] Admitir o contrário seria equivalente a ver algum sentido, quanto a um contrato de compra e venda, em cogitar de um autônomo "acordo compravenditório"; tal suposição, além de redundante e inócua, não possuiria qualquer fundamento técnico.

O programa da futura simulação ultima-se *absorvido* pelo ajuste convencional próprio do negócio simulado. Nessa linha de raciocínio, Majello chega a sugerir que o acordo simulatório não passaria de uma *cláusula acessória* do negócio simulado, com estrutura semelhante à da *condição*.[23] A intuição é feliz, mas imperfeita, pois a intenção comum de simular integra-se ao núcleo dispositivo do negócio simulado, determinando-lhe a causa[24] – ou seja: não é mero elemento acidental do negócio jurídico. Mais precisa, porém, é a afirmação do autor de que a simulação ter fonte no acordo somente pode significar que ela encerra a *função to-*

---

19. F. Messineo, *Il Contratto in Genere*, cit., t. 2º, p. 454; S. Pugliatti, "La simulazione dei negozi giuridici unilaterali", cit., in *Diritto Civile – Metodo – Teoria – Pratica*, p. 548.

20. Bem observa S. Pugliatti, "La simulazione dei negozi giuridici unilaterali", cit., in *Diritto Civile – Metodo – Teoria – Pratica*, p. 548.

21. F. Anelli, "Simulazione e interposizione", in Maria Costanza (cur.), *Vincenzo Roppo – Trattato del Contrato*, vol. III ("Effetti"), Milão, Giuffrè, 2006, p. 582; F. Messineo, *Il Contratto in Genere*, cit., t. 2º, p. 454.

22. G. Conte, *La Simulazione del Matrimonio nella Teoria del Negozio Giuridico*, Pádua, CEDAM, 1999, p. 387.

23. U. Majello, "Il contratto simulato: aspetti funzionali e strutturali", *Rivista di Diritto Civile* 5/647, Pádua, setembro-outubro/1995.

24. N. Cipriani, *La Simulazione di Effetti Giuridici. Appunti sulla Fattispecie*, 2012, disponível em *http://www.giurisprudenza.unisannio.it.*, p. 7.

A ESTRUTURA DO NEGÓCIO SIMULADO 95

tal do negócio jurídico, quando absoluta, e a *função parcial* deste, quando relativa.[25] Esta falta de autonomia explica, ademais, o porquê de não ser possível a um simulador exigir em juízo que o outro seja compelido a cumprir os compromissos assumidos em prol da atividade simulatória. Pois, de efeito, sendo o negócio simulado nulo, assim também é o acordo simulatório, enquanto parte integrante dele.

Ante o exposto, apenas para fins *didáticos* atribuímos valor autônomo à figura do acordo simulatório. Certamente o enlace volitivo dos simuladores consiste no momento decisivo, característico e indefectível do programa simulatório, no qual se dá a preordenação da aparência.[26] Isto não difere, porém, do que ocorre com qualquer contrato: na doação, na locação ou na corretagem, por exemplo, o enlace volitivo das partes consiste no momento decisivo, característico e indefectível da atividade contratual, no qual se dá a preordenação da iminente entrega gratuita da coisa, da cessão onerosa do uso da coisa, ou da assunção do compromisso de obter ao comitente um ou mais negócios, respectivamente; mas não há – repita-se – um "acordo de doação", um "acordo de locação" ou um "acordo de corretagem" autônomos.

6.2 A forma do negócio simulado e a forma do "negócio aparente"

A descrição do negócio simulado como instrumento da ilusão negocial e como único elemento da simulação pode trazer algumas dificuldades para a compreensão da sua dimensão estrutural, sobretudo quando se leva em conta que apenas parte de sua forma se torna visível ao público. Deveras, se a perpetração da ilusão negocial implica que parcela do comportamento negocial das partes seja mantida em sigilo, qual é a forma que se mostra e a que se mantém velada? A solução que propomos a este dilema tem como pedra de toque a distinção, que insistentemente temos assinalado no curso deste estudo, entre o negócio simulado e o "negócio aparente",[27] entendido este último, singelamente, como o primeiro interpretado e qualificado (erradamente) do ponto de vista do público.

---

25. U. Majello, "Il contratto simulato: aspetti funzionali e strutturali", cit., *Rivista di Diritto Civile* 5/645.

26. N. Distaso, *La Simulazione dei Negozi Giuridici*, Turim, UTET, 1960, p. 200.

27. V., a respeito da distinção entre negócio simulado e "negócio aparente", o *tópico 4.2.*

96 A SIMULAÇÃO NO DIREITO CIVIL

O negócio simulado, segundo a construção conceitual aqui elaborada, corresponde ao comportamento total dos simuladores; logo, abrange tanto os índices de significação ocultos quanto os índices de significação ostensivos por eles criados. Considerado na globalidade que o caracteriza, o negócio simulado pode envolver, concomitantemente, formas complexas e heterogêneas, tais como a *declaração expressa* (instrumento escrito ou declaração oral) e a *declaração tácita* (comportamento concludente).

Os ajustes entre os simuladores que se mantêm em sigilo (o acordo simulatório e, eventualmente, o negócio dissimulado, assim como a realização de outras condutas realizadas com o fito de neutralizar ou desfazer índices de significação ostensivos que tenham implicado modificações nas situações fáticas das partes) podem fundar-se em declaração expressa, que se costuma designar *contradeclaração*.[28] A contradeclaração (também chamada, vulgarmente, de "contrato de gaveta") instrumentaliza o acordo simulatório, bem como o negócio dissimulado, se a simulação é relativa; seu traço característico imprescindível é o sigilo, o que implica, por óbvio, que ela não pode ser firmada em escritura pública. Por conseguinte, a forma da contradeclaração por excelência é o instrumento particular.[29]

A contradeclaração, todavia, não é essencial à criação da ilusão negocial. É, com efeito, possível que o intento simulatório se ultime demarcado entre as partes por meio apenas do comportamento concludente, assim designado o conjunto de atos não verbais dos particulares que evidencia a inclinação da vontade destes à perseguição de determinados efeitos. São exemplos de comportamento concludente: a permanência do locatário no imóvel após o fim do contrato, e a continuidade dos pagamentos dos aluguéis, que remetem à intenção de prorrogar a vigência do contrato de locação; a falta de pagamento do mútuo, e a tolerância do credor perante o mutuário, caracterizada pela abstenção quanto à adoção de quaisquer medidas de cobrança, a revelarem a intenção de perdoar a

---

28. V., a propósito: G. Bianchi, *La Simulazione*, Pádua, CEDAM, 2003, pp. 201-202.

29. Em sentido contrário, F. FERRARA (A simulação dos Negócios Jurídicos, cit., pp. 420-421) admite que a contradeclaração se revista da forma de instrumento público. A nosso ver, sem razão, pois a publicidade da contradeclaração inviabilizaria a ilusão negocial. Não fosse por isso, a contradeclaração por forma pública tenderia a produzir efeitos revocatórios sobre a declaração pretensamente aparente (se posterior a esta); ou a ser revogada, ou prevalecer como negócio perfeito e ostensivo (se anterior à declaração pretensamente aparente).

A ESTRUTURA DO NEGÓCIO SIMULADO 97

dívida; a quitação dada pelo credor ao receber do devedor um automóvel, quando a obrigação original tinha por objeto dinheiro, que põe em relevo a intenção de aceitar a dação em pagamento etc. O comportamento concludente influencia a interpretação e a qualificação do negócio jurídico.[30] Por conseguinte, ainda mais porque não se sujeita a exigências de forma (art. 104, III, do CC), o negócio simulado pode expressar-se exclusivamente através do comportamento concludente, do qual parte se torna socialmente recognoscível (por exemplo, a entrega da coisa, o pagamento do preço, a realização de um serviço etc.) e parte se mantém a salvo do olhar da comunidade (por exemplo, a devolução secreta do preço; o pagamento oculto de aluguéis; o complemento sigiloso do pagamento do preço – pagamento "por fora"; etc.).

O negócio simulado, como se depreende desta exposição, compreende, para além dos índices de significação ocultos, que se mantêm no subterrâneo da relação jurídica, índices de significação ostensivos, com base nos quais o público é conduzido a errar quanto à sua interpretação e qualificação. Sem estes não há nem mesmo a possibilidade de os simuladores serem exitosos na empresa de instalar a ilusão negocial.

A respeito de tal parcela da forma do negócio simulado, que se dá a conhecer aos terceiros – mais propriamente, a forma do "negócio aparente" –, algumas observações específicas mostram-se pertinentes.

Há quem defenda que a forma do "negócio aparente" deve consistir não apenas na declaração expressa que lhe correspondente (isto é, o instrumento escrito ou a declaração oral), como também na reprodução do comportamento concludente a partir do qual se pode inferir (por engano, frise-se) sua eficácia.[31] Em tais termos, sustenta-se que a ilusão negocial reporta-se aos efeitos do "negócio aparente" e, estabelecendo uma ten-

---

30. Todo negócio jurídico é circundado de um complexo comportamental não verbalizado, que se faz presente nas diversas fases da relação jurídica, sobretudo na preliminar e na executiva. O comportamento das partes, mais que a simples declaração escrita ou falada, mas sem excluir a consideração desta, determina o sentido e a qualificação do negócio jurídico, na medida em que informa a respeito da sua causa concreta. O negócio jurídico submete-se, pois, a uma avaliação em bloco, tendo-se sempre em mente que seus elementos, por mais diversas que sejam suas naturezas (declarações escritas, atos materiais e até mesmo o silêncio), coordenam-se em direção a uma finalidade unitária (cf. C. M. Bianca, *Diritto Civile* (2ª ed. 2000), vol. III ("Il Contratto"), Milão, Giuffrè, 2007, p. 454 – pp. 472-473; G. B. Ferri, *Causa e Tipo nella Teoria del Negozio Giuridico*, Milão, Giuffrè, 1966, pp. 256 e 371.

31. G. Furgiuele, *Della Simulazione di Effetti Negoziali*, Pádua, CEDAM, 1992, pp. 58-59.

98 A SIMULAÇÃO NO DIREITO CIVIL

são entre a aparência negocial e a realidade eficacial,[32] deve lastrear-se não apenas na declaração expressa, como também na atuação condizente com o conteúdo desta (posto que, ocultamente, esta atuação seja cancelada por outras condutas que com ela sejam incompatíveis). Postula-se, enfim, que não basta aos simuladores emitir uma declaração expressa correspondente ao "negócio aparente", sendo, ademais, necessária a criação de outros índices de significação atinentes às circunstâncias materiais indicativas da operatividade do "negócio aparente", sob pena de não se concretizar o ludíbrio que notabiliza a simulação.

Não nos parece, todavia, adequado adotar, indiscriminadamente, como pressuposto estrutural da simulação a presença de índices de significação correspondentes à eficácia própria do "negócio aparente". Isto, pois não é comum que a generalidade do público obtenha acesso às circunstâncias fáticas anteriores (tratativas) ou posteriores (comportamento sucessivo) à emissão de uma declaração expressa, nem se pode exigir que ele as tenha em conta, porquanto determina a lei, genericamente, que a vontade dos contraentes deve ser deduzida da intenção "consubstanciada" na declaração (art. 112 do CC[33]). Assim, caso as partes cheguem a emitir uma declaração expressa e esta seja "desmentida" pelo comportamento concludente, haverá, do ponto de vista estrutural, condições suficientes para que se considere propagada a ilusão negocial.

Por exemplo, celebrado um contrato de locação, não é habitual a qualquer terceiro verificar a efetiva ocorrência dos pagamentos dos aluguéis. Sobretudo se os pagamentos ocorrem por meio de transferências bancárias (DOC ou TED), a própria garantia do sigilo bancário impede que eles venham à tona. Se a eventual falta reiterada de pagamentos dos alugueres e a inércia sistemática do credor fossem passíveis de apreensão imediata, o "cidadão médio" poderia ou, melhor, deveria dar-se conta de que o contrato em questão é de comodato, não de locação. No entanto, a normal diligência que se requer do público quanto às situações de aparência jurídica instauradas por uma declaração expressa não chega a impor a realização de ulteriores investigações;[34] seja qual for a condi-

---

32. Cf.: U. Majello, "Il contratto simulato: aspetti funzionali e strutturali", cit., *Rivista di Diritto Civile* 5/645-649; A. Falzea, *"Apparenza"*, in *Enciclopedia del Diritto*, vol. II, Milão, Giuffrè, 1958, p. 697.

33. CC de 2002: "Art. 112. Nas declarações de vontade se atenderá mais à intenção nelas consubstanciada do que ao sentido literal da linguagem".

34. Hoje parece ser pacífico que o grau de diligência dos sujeitos é variável, uma vez que depende das suas possibilidades materiais. Os terceiros, com efeito, podem apreciar as relações estabelecidas entre os particulares de maneiras distintas: a diligência daqueles que exercem o comércio profissionalmente tende a considerar

A ESTRUTURA DO NEGÓCIO SIMULADO

ção dos terceiros, o máximo que deles se requer é o mesmo zelo que o do "bom pai de família".[35]

Nesta esteira, é prudente diferenciar o caso do "negócio aparente" calcado somente no comportamento concludente daquele em que as partes emitem, como um dos índices de significação ostensivos, uma declaração expressa.

Na primeira hipótese o comportamento concludente afigura-se como forma exclusiva do "negócio aparente", e a criação da ilusão negocial requer que os índices de significação produzidos pelos simuladores aludam à eficácia do regulamento de interesses cuja existência se pretende comunicar ao público. Ora, se o único meio pelo qual o "negócio aparente" se torna socialmente recognoscível consiste no complexo comportamental das partes, seria impossível a perpetração do programa simulatório sem que as condutas atinentes à operatividade daquele fossem comunicadas ao público, embora se ultimassem neutralizadas ou modificadas por outras condutas empreendidas, secretamente, pelos simuladores.

O exemplo da *sociedade de fato*[36] (sociedade em comum) simulada mostra-se, neste mister, esclarecedor. As partes apresentam-se perante terceiros como sócios, suscitando a crença de que desempenham atividade econômica comum; sigilosamente, contudo, acordam que hão de conduzir os negócios da pretensa sociedade na condição de empresários individuais. A bem se ver, para incutir no público a convicção de que a sociedade em comum existe, os simuladores devem comportar-se como verdadeiros sócios, reproduzindo, desta maneira, os traços característicos da eficácia do contrato de sociedade. Tais comportamentos, porém, são mal interpretados e indevidamente qualificados pelos terceiros, pois não correspondem à integralidade do agir negocial dos contraentes. Fosse levado em conta o conjunto de condutas mantido sob sigilo, seria possível constatar que uma sociedade de fato não existe.

com maior percuciência os riscos envolvidos nas diversas transações; por outro lado, aqueles que, em virtude de seus escassos recursos econômicos, não conseguem nem veem a necessidade de se informar sobre todas as circunstâncias em que se envolvem os negócios de outrem têm acesso a um nível de informações mais superficial (cf. C. Salomão Filho, *A Sociedade Unipessoal*, São Paulo, Malheiros Editores, 1995, pp. 157-158).

35. Daí que, como já salientamos em outra passagem (*tópico 5.2*), o critério mais seguro para aferir a potencialidade da instauração da ilusão negocial é o grau de cautela do "homem médio". V., a respeito: F. Durand, *L'Apparence en Droit Fiscal*, Paris, LGDJ, 2009, p. 22.

36. V. *tópico 10.6*.

A SIMULAÇÃO NO DIREITO CIVIL

Já, na segunda situação o "negócio aparente" manifesta-se primariamente pela declaração expressa. Aqui, ao contrário do que se observa no cenário anteriormente descrito, a simples criação da escritura pública ou privada é suficiente para despertar a confiança dos terceiros, que somente poderiam questionar a substancialidade do negócio jurídico caso se pusessem a investigar sua causa concreta para além do disposto na declaração expressa. Como não parece haver fundamentos razoáveis para supor que o público deve, sem mais, desconfiar da declaração expressa que chega ao seu conhecimento, quedando-se a investigar o comportamento concludente das partes, ela se mostra suficiente para viabilizar a ilusão negocial; de mais a mais, soa irrealista a conjectura de que o terceiro, enquanto "homem médio", como regra, não deposita inteira confiança na declaração expressa ou age com desídia ao fazê-lo.

Vejamos, para melhor compreender esta proposição, o que sucede quando o "negócio aparente" se sujeita a exigências de forma (por exemplo, se o "negócio aparente" consiste na compra e venda de um imóvel). Nesta hipótese, a ilusão negocial não pode prescindir da forma da relação negocial aparente,[37] pois a perfeição formal desta é pressuposto da sua habilidade de estabelecer um contexto de confiança apto a induzir terceiros ao engano.[38] Se o "negócio aparente" apresenta uma imperfeição formal, não há espaço para a ilusão negocial, porque a própria aparência implica a constatação de se tratar de negócio nulo. Nada obstante, não é necessário aos simuladores ir além, criando índices de significação alusivos à própria eficácia do "negócio aparente" (embora eles possam fazê-lo, para tornar mais convincente o engodo). Pois a declaração expressa presta-se, em regra, a verter em linguagem o acordo firmado entre os particulares, e, como salientado, nada exige que o público tome a iniciativa de duvidar dela.

O mesmo ocorre – adicione-se – com relação ao negócio jurídico, que, conquanto não sujeito a forma legalmente prevista, é formalizado mediante declaração expressa: Caio e Tício celebram, mediante instrumento particular, contrato de empreitada; a simples apresentação do instrumento particular justifica a confiança do público acerca da efetividade desta operação negocial, muito embora os terceiros não tenham a obrigação de saber nem de descobrir que, veladamente ou não, Caio (dono) nada paga a Tício (empreiteiro), e este não cobra quaisquer das quantias que, segundo o instrumento particular, lhe seriam devidas.

---

37. G. Furgiuele, *Della Simulazione di Effetti Negoziali*, cit., p. 59.
38. N. Distaso, *La Simulazione dei Negozi Giuridici*, cit., p. 434.

A ESTRUTURA DO NEGÓCIO SIMULADO 101

No contexto assim delineado, tratando-se de "negócio aparente" amparado por declaração expressa, esta é suficiente para a difusão da ilusão negocial, pois todo o comportamento concludente, ainda que as partes não empreendam qualquer esforço extraordinário para escondê-lo, torna-se *objetivamente oculto* (em virtude da força gravitacional que a declaração expressa exerce sobre a confiança dos terceiros). Dizendo de outro modo: *quando existe uma declaração expressa, é suficiente, para a caracterização da simulação, a divergência entre o significado desta e o significado do comportamento concludente adotado pelas partes.*

A existência de uma declaração expressa desincentiva o público a investigar as circunstâncias materiais que acompanham o negócio jurídico; assim, presta-se a afiançar sua credibilidade. O comportamento concludente quando na presença de uma declaração expressa ocupa uma *camada cognitiva mais profunda*, que o "cidadão comum" normalmente não explora, porque não precisa chegar a tanto. Por isto, a incompatibilidade entre ele (sobretudo a inexecução voluntária do disposto em instrumento escrito, acompanhada da inércia do credor) e a declaração expressa, a não ser que conte com sólida justificativa, é sinal de que as partes praticaram a simulação.

Por outro lado, se não ocorre a emissão de uma declaração expressa, então, a simulação requererá o contraste entre o comportamento concludente ostensivo e o comportamento concludente deliberadamente oculto, realizado com especial cuidado para que não chegue ao conhecimento de terceiros.

7
AS MODALIDADES DA SIMULAÇÃO

7.1 Simulação absoluta e simulação relativa. 7.2 Simulação inocente e simulação nocente. 7.3 Simulação total e simulação parcial.

Neste capítulo trataremos das modalidades da simulação, as quais se classificam em: *absoluta e relativa* (*tópico 7.1*); *inocente e nocente* (*tópico 7.2*); *total e parcial* (*tópico 7.3*).

Estes pares correspondem àqueles geralmente apresentados pela doutrina quanto às variações conceituais da simulação, e resultam de *qualificações* que se lhe podem atribuir em função, respectivamente, do *fim* (isto é, se é a simulação um fim em si mesma ou se, diversamente, se destina a ocultar uma relação jurídica não simulada), do *potencial ofensivo* (isto é, se a simulação se limita à criação da ilusão negocial ou se, além disso, também causa prejuízos a terceiros ou infringe lei imperativa) e da *abrangência* (isto é, se a ilusão negocial abarca a totalidade ou apenas uma parte da relação negocial).

As diferentes modalidades – vale destacar – não correspondem a diferentes conceitos de simulação, nem descrevem complexos fáticos (típicos) em que a simulação pode surgir. Consistem, diversamente, em variações de aspectos secundários do conceito de simulação, vale dizer, de características que se somam ao fenômeno simulatório mas não integram seu núcleo conceitual.

7.1 Simulação absoluta e simulação relativa

Distingue-se a *simulação absoluta* da *simulação relativa*.[1] A primeira surge quando a relação jurídica estabelecida entre as partes limita-

---

1. C. A. da Mota Pinto, *Teoria Geral do Direito Civil*, 4ª ed., atualizada por A. Pinto Monteiro e P. Mota Pinto, Coimbra, 2005, pp. 467-468; M. A. Domingues de Andrade, *Teoria Geral da Relação Jurídica*, vol. II, Coimbra, Livraria Almedina, 2003 (reimpr.), pp. 174-175.

AS MODALIDADES DA SIMULAÇÃO

-se à simulação; as partes empregam o negócio simulado com o propósito único de criar a ilusão negocial.

Uma manifestação da simulação absoluta pode ser observada no caso a que diz respeito do acórdão proferido pela 1ª Câmara de Direito Privado do TJSP quando do julgamento da Ap. 0003769-93.2012.8.26.0390 (rel. Des. Francisco Loureiro, j. 15.12.2015).[2]

Na espécie, Carlos alienou bem imóvel a Terezinha (sua irmã), com o objetivo de frustrar a partilha daquele diante da dissolução da união estável em que se mantivera junto a Nora Posteriormente Terezinha transferiu o mesmo bem para Júlio Nada obstante, o bem imóvel jamais teria deixado o patrimônio de Carlos, o que implicaria a simulação absoluta das sucessivas alienações do imóvel, como estatui o voto-condutor do acórdão:

(...).

5. É evidente a simulação dos negócios pelos quais Carlos transferiu o bem a sua irmã e esta ao embargante, em conluio para subtrair o bem à partilha com a embargada.

O caso concreto encerra simulação absoluta, diante da ausência de interesse dos sucessivos adquirentes de realizar as vendas e compras (mais exatamente, cessões de direito de aquisição).

O bem jamais saiu da esfera de poder de fato de Carlos (...). Depois que supostamente o alienou, continuou usufruindo-o como dono, e como tal se portava diante dos locatários, conforme visto. Por outro lado, não há prova alguma da venda à sua irmã, nem de cessão onerosa desta ao enteado dele.

O conluio é evidenciado pelo *comportamento contraditório* do requerente, que jamais auferiu qualquer proveito do imóvel cuja propriedade reivindica, nem ao menos foi capaz de exibir prova da aquisição, mas se

---

2. Assim ementado: "Embargos de terceiro – Imóvel objeto de partilha entre ex-companheiros, em ação de reconhecimento e dissolução de união estável – Alegada aquisição, pelo embargante, mediante duas alienações sucessivas, iniciadas pelo ex-companheiro – Legitimidade ativa configurada – Defesa de direito próprio – Alegação de incomunicabilidade do bem entre os companheiros, de modo a legitimar as sucessivas alienações do ex-companheiro em favor de sua irmã, e desta para o embargante, enteado daquele – Negócios jurídicos nitidamente simulados – Ausência de prova do pagamento do preço em negócios onerosos – Exercício, pelo ex--companheiro, de todos os poderes de fato sobre a coisa – Simulação absoluta – Nulidade absoluta das alienações – Vendas, ademais, realizadas após a coisa se tornar litigiosa no processo de dissolução de união estável – Negócios nulos e ineficazes em relação à embargada – Condenação dos embargantes às penas por litigância de má-fé acertada – Alteração da verdade dos fatos – Recurso não provido".

A SIMULAÇÃO NO DIREITO CIVIL

dedica tenazmente nos autos à defesa do direito de seu padrasto, com quem reside, aliás.

Portanto, tendo em vista a ausência de prova das sucessivas alienações do imóvel de Carlos (...) a sua irmã e seu enteado, bem o comprovado exercício de fato por Carlos (...) dos poderes de dono do imóvel, conclui-se sem dificuldades pela simulação dos negócios. (...). [*Grifos nossos*]

Como se depreende do trecho acima reproduzido, a conclusão de que teria havido simulação absoluta amparou-se, por um lado, no efetivo exercício da posição de dono pelo alienante simulado e, por outro, na contradição ínsita ao comportamento do adquirente simulado, que, embora não tivesse jamais tirado qualquer proveito da propriedade do imóvel, pretendia ver assegurado seu direito sobre o bem. Pesou, ainda, a motivação de Carlos para valer-se da simulação, qual seja, a de causar prejuízo a Nora, sua antiga convivente.

O cenário com que se depara é diferente quando concretizada a simulação relativa. Ali as partes estabelecem, entre si, uma relação jurídica que, além da criação da aparência negocial, possui outro conteúdo. A ilusão negocial, neste contexto, não é um fim em si mesma, mas um instrumento para a ocultação de um regulamento de interesses distinto do aparente. Este último costuma-se denominar *negócio dissimulado*.

É exatamente o que ocorreu no caso a que se refere o acórdão proferido pela 21ª Câmara de Direito Privado do TJSP quando da análise da Ap. 0205289-72.2010.26.0100 (rel. Des. Virgílio de Oliveira Júnior, j. 20.8.2012).[3]

Cuida-se nos autos de ação de cobrança fundada em contrato de prestação de serviços gerais. Alega a autora, H. C. M. E. Ltda., que celebrou o pacto com a Comercial E. P. E. I. Ltda. Afirma, contudo, que a ré não efetuou os pagamentos acordados. A ré, por seu turno, sustentou que o contrato seria nulo, por se tratar de negócio simulado. Segundo a tese de defesa aventada, a autora não teria prestado qualquer dos serviços de assessoria previstos no instrumento. Na verdade, a autora teria intermediado a relação entre a ré e um cliente. Em retribuição, a ré se

---

3. Cuja ementa é a seguinte:
"Ação de cobrança – Contrato de prestação de serviços gerais entre empresas – Procedência – Apelação do devedor – Cerceamento de defesa – Inexistência – Questões exclusivamente de direito – Possibilidade de julgamento antecipado – Vício do negócio – Simulação relativa – Subsistência do negócio dissimulado, porque válido em sua forma e substância – Contrato oculto de corretagem – Negócio lícito e não solene – Ausência de nota fiscal – Irrelevância – Autora que prestou os serviços de corretagem, conforme confessado pela ré – Recurso desprovido".

AS MODALIDADES DA SIMULAÇÃO 105

comprometeu ao pagamento das quantias, firmando o contrato fictício de prestação de serviços de assessoria.

Diante deste quadro fático, o Tribunal paulista concluiu que, tratando-se de simulação relativa, as partes não teriam se limitado a ajustar o "negócio aparente" (prestação de serviços), como, ademais, teriam concluído um negócio oculto, que deveria prevalecer (corretagem). Nestes termos, consigna o voto-condutor do aresto:

> Quanto à alegada simulação, cumpre notar que tal fato, por si só, não invalidaria a dívida contraída pela apelante. Com efeito, é certo que o vício de simulação relativa, aventado pela apelante, fulmina o negócio ostensivo. Mas preserva o oculto, se válido em sua forma e conteúdo. É o que prescreve o art. 167 do CC: (...).
>
> Ora, no caso em testilha, a autora alega que o negócio dissimulado consistia no pagamento de remuneração pela intermediação comercial promovida pela autora. Trata-se, portanto, de contrato de corretagem, que é lícito, tanto que dispõe de regulação típica. [*Arts. 722-729 do CC*]
>
> Não há que se falar, igualmente, em vício formal, porquanto, inexistindo forma prescrita ou defesa em lei, a corretagem é contrato não solene, de livre celebração.
>
> Conclui-se que o negócio de corretagem é válido em sua essência, a despeito da alegada dissimulação do instrumento.

O negócio simulado e o negócio dissimulado não correspondem a relações negociais distintas e antagônicas, mas a faces de uma única relação jurídica. A ilusão negocial reveste o negócio dissimulado, recobre-o como um manto. Não seria correto, pois, pensar que as partes primeiro simulam para depois dissimularem; os contraentes, diversamente, fixam um regulamento de interesses que se torna dissimulado à medida que é encoberto pela aparência enganadora.

As relações existentes entre o negócio simulado e o negócio dissimulado assim como o tratamento jurídico ao qual este se submete sob a vigência do art. 167 do CC serão estudados na Segunda Parte deste trabalho (*Capítulo 12*). Por ora, é pertinente apontar que a lei não trata de maneira específica das características que distinguem a simulação absoluta da relativa, nem dos casos em que cada uma destas modalidades pode ser identificada. Apesar disto, uma primeira leitura do *caput* e do § 1º do art. 167 oferece algumas pistas no sentido de que o legislador não ignorou a referida dicotomia.

O *caput* do mencionado dispositivo, ao estatuir que o negócio simulado é nulo mas pode subsistir o que se dissimulou, estabelece uma oposição entre o negócio simulado e "o que se dissimulou". O negócio

106 A SIMULAÇÃO NO DIREITO CIVIL

simulado está sempre presente no contexto da simulação, pois a nulidade é consequência necessária desta. Não se extrai do enunciado normativo em questão, todavia, que o negócio dissimulado seja necessário ou contingente, pois ele se limita a estabelecer que é possível sua subsistência, desde que atendidos certos requisitos. À primeira vista, portanto, poder-se-ia conjecturar que a lei teria admitido unicamente a possibilidade da simulação relativa, não se aplicando, assim, à simulação absoluta. Tal suposição, no entanto, é refutada pelo exame dos incisos do § 1º do mesmo art. 167.

A simulação deve reputar-se sempre relativa na hipótese dos incisos I e III do § 1º do art. 167, pois, sendo certo que não há negócio jurídico desprovido de sujeito ou de data, a interposição fictícia, bem como a antedata e a pós-data somente podem direcionar-se a mascarar os verdadeiros âmbitos pessoal e temporal de validade do negócio jurídico. No entanto, no âmbito do inciso II do § 1º do art. 167 a simulação pode ser tanto absoluta quanto relativa, a depender da existência, subjacente à ilusão negocial, de um elemento (*e.g.*: objeto, condição, causa etc.) diverso daquele que ela expressa.

À luz destas ponderações, parece seguro afirmar que o art. 167 acomoda a distinção doutrinariamente traçada entre simulação absoluta e simulação relativa. Daí a necessidade de se evitar confusões como aquela em que incorreu a 8ª Câmara de Direito Privado do TJSP no acórdão relacionado à Ap. 0002352-93.2003.8.26.0011 (rel. Des. Alexandre Coelho, j. 16.9.2015).[4] A dificuldade em manejar as noções de simulação absoluta e simulação relativa levou, nesta assentada, o Tribunal paulista a proferir decisão contraditória.

Narra o voto-condutor do aresto que um casal, receoso de uma execução, alienou um imóvel à convivente em união estável com seu filho. Após a superação das dificuldades financeiras, o casal vendedor procurou rescindir o contrato de compra e venda, diante do quê a compradora,

---

4. V. a ementa do julgado:
"Negócio jurídico – Simulação – Compromisso de venda e compra – Casal de devedores que simula promessa de venda à convivente em união estável do filho – Negócio anulado também em razão de simular venda de ascendente a descendente, por interposta pessoa, sem anuência dos demais descendentes. Deve ser prestigiada a sentença que anula compromisso particular de venda e compra maculado pelo vício da simulação, em que casal de devedores promete vender imóvel à mulher que vivia em união estável com o filho dos alienantes e que depois dele se separou, a partir do que não confirmou a simulação.
"Resultado: Apelação desprovida".

AS MODALIDADES DA SIMULAÇÃO 107

que já não se encontrava mais em união estável com o filho daquele, recusou-se a desfazer a transação. Alegam os alienantes do imóvel que o negócio teria sido simulado, pois o preço fixado para a transferência do bem foi inferior ao respectivo valor de mercado e que, ademais, nenhum pagamento jamais ocorreu. Por outro lado, a compradora sustenta que o negócio foi válido e eficaz e que o pagamento do preço ocorreu, como atesta a cláusula de quitação constante do instrumento particular de venda e compra.

Os Julgadores admitiram a alegação de simulação, avaliando um conjunto de evidências externas ao instrumento contratual. Neste ponto, afirma o voto-condutor do aresto que "é insuficiente para afastar a alegação de simulação a apresentação exclusiva do instrumento do próprio negócio tido como simulado, máxime diante de um conjunto de elementos de convicção que apontam para a ocorrência da simulação descrita na inicial". As principais justificativas para a confirmação da simulação consistiram na ausência de comprovação pela compradora do efetivo desembolso do preço bem como de justificativas acerca do ajuste do negócio por valor inferior ao de mercado.

Em tal contexto, o acórdão estatui que a compra e venda teria sido absolutamente simulada. Sucede, porém, que, para reforçar sua conclusão, o voto-condutor do aresto consigna que "(...) a negociação também foi invalidada em razão de caracterizar venda de ascendentes a descendente, por interposta pessoa, sem anuência dos demais descendentes (...)". É dizer: para ratificar a atestação da simulação absoluta o acórdão invoca, adicionalmente, a ocorrência de simulação relativa.

Tal raciocínio causa espécie. Ou bem a simulação é absoluta, ou então é relativa. Se não havia prova do pagamento do preço pela compradora, e a transação se mostrara ilusória, a simulação seria absoluta, a não ser que ficasse caracterizado que o filho dos vendedores tivesse realizado o pagamento diretamente. Mas nesta hipótese a simulação seria relativa, pois se teria prestado a ocultar um negócio efetivo entre os pais e o filho. Em nenhum caso, todavia, a simulação poderia ser absoluta e relativa ao mesmo tempo.

7.2 Simulação inocente e simulação nocente

Não se deve confundir a *simulação inocente* com a *simulação fraudulenta* ou *nocente*.[5] Sempre que a simulação se destine exclusivamente

---

5. C. A. da Mota Pinto, *Teoria Geral do Direito Civil*, cit., 4ª ed., p. 467; M. A. Domingues de Andrade, *Teoria Geral da Relação Jurídica*, cit., vol. II, pp. 172-174.

108 A SIMULAÇÃO NO DIREITO CIVIL

a estabelecer uma aparência negocial, sem que disso decorra qualquer prejuízo a direitos de terceiros ou à aplicação da lei, aquela se diz inocente. Entretanto, se, além de criar o embuste, as partes objetivam lesar direitos de terceiros ou infringir disposição legal imperativa, configura-se a simulação nocente, orientada pelo *animus nocendi*.

Esta distinção perdeu relevo com a entrada em vigor do Código Civil de 2002, o qual comina, indistintamente, a nulidade ao negócio simulado.[6] Não há de se ignorar, no entanto, que o negócio simulado não é necessariamente ilícito,[7] razão pela qual o negócio eivado de simulação nocente é nulo por mais de um fundamento, pois, além de simulado, é ilícito. O juízo sobre nocência da simulação, por conseguinte, continua sendo relevante para algumas finalidades, como, por exemplo, para a aferição do interesse na declaração de nulidade do negócio simulado (v. *tópico 11.3*) e para a definição de ulteriores desdobramentos desta (v. *tópico 11.4*), tais como a possibilidade de um dos simuladores obter a reparação por danos sofridos em virtude da simulação aos quais corresponda injustificado enriquecimento da contraparte.

Descabe, pois, concluir que a disciplina da simulação é completamente indiferente ao *animus nocendi*. Como observa Ceroni,[8] pode ocorrer de se manejar a simulação com vistas à persecução de objetivos (motivos) legítimos. Haveria, nesta hipótese, um fim digno

A expressão "simulação nocente" foi empregada por F. C. Pontes de Miranda (*Tratado de Direito Privado*, t. 4, atualizado por M. Bernardes de Melo e Marcos Ehrhardt Júnior, São Paulo, Ed. RT, 2012, pp. 508-509).

6. P. S. Gagliano e R. Pamplona Filho, *Novo Curso de Direito Civil*, 14ª ed., vol. 1 ("Parte Geral"), São Paulo, Saraiva, 2012, p. 419. Isto, aliás, já observava J. C. Moreira Alves (*A Parte Geral do Projeto de Código Civil (Subsídios Históricos para o Novo Código Civil Brasileiro)*, 2ª ed., São Paulo, Saraiva, 2003, pp. 118-119), ao comentar a direção que seguia o Anteprojeto do Código Civil de 2002: "Ao disciplinar a simulação, apartou-se o Projeto inteiramente do sistema observado pelo Código vigente (...). Não mais se distingue a simulação inocente da fraudulenta; ambas conduzem ao mesmo resultado: nulidade do negócio simulado e subsistência do dissimulado, se for o caso. Essa, aliás, a consequência – segundo a melhor doutrina – que resulta do art. 103 do Código em vigor, que não considera defeito a simulação inocente".

7. L. Cariota Ferrara, *Il Negozio Giuridico nel Diritto Privato Italiano*, Nápoles, Morano, 1949, p. 525; N. Distaso, *La Simulazione dei Negozi Giuridici*, Turim, UTET, 1960, pp. 213-215; G. A. Nuti, *La Simulazione del Contratto nel Sistema del Diritto Civile*, Milão, Giuffrè, 1986, pp. 17-18; F. Carresi, *Il Contratto*, t. 1, Milão, Giuffrè, 1987, p. 392.

8. C. Ceroni, *Autonomia Privata e Simulazione*, Pádua, CEDAM, 1990, pp. 22-24.

AS MODALIDADES DA SIMULAÇÃO 109

de aprovação, o qual, porém, não justificaria o meio empregado. Não necessariamente os simuladores buscam prejudicar direitos de terceiros. Pense-se no caso de uma compra e venda simulada com a finalidade de dissimular a doação realizada a indivíduo que, por convicções morais, se sentiria humilhado pelo fato de sua comunidade conhecer da liberalidade realizada em seu favor. Evidentemente, o negócio simulado seria nulo, mas nem por isso se poderia dizer ilícito. O negócio simulado sempre será nulo; apenas eventualmente, contudo, surge a pretensão de um ou mais terceiros à reparação de danos eventualmente experimentados em virtude da simulação.

7.3 Simulação total e simulação parcial

É *total* a simulação que abrange todos os elementos do negócio jurídico; *parcial*, quando engloba apenas um ou alguns destes elementos. Segundo o critério predominante na doutrina, a extensão da simulação é avaliada por uma perspectiva *aritmética*: é total quando atinge a soma dos elementos do negócio jurídico, parcial quando deixa de envolver qualquer daqueles. Seguindo este modo de raciocínio, dentre as hipóteses de simulação previstas no § 1º do art. 167 do CC, seriam parciais as indicadas nos incisos I (simulação subjetiva) e III (antedata e pós-data); poderiam ser parciais ou totais os casos de simulação reconduzidos ao inciso II (simulação objetiva).

Este modo de abordar a questão, no entanto, tem sofrido críticas. Gentili, por exemplo, defende que toda simulação é parcial, pois, por definição, a relação decorrente da declaração simulada e daquela fundada na contradeclaração devem coexistir em um mesmo âmbito.[9] Para o autor o negócio dissimulado está sempre lastreado num elemento estrutural do negócio simulado (diríamos: "negócio aparente"), e não poderia ser real se ao menos este elemento estrutural não o fosse. Assim, por exemplo, a doação mascarada de compra e venda seria fundada na mesma obrigação de dar que constitui conteúdo da compra e venda, a qual,

---

9. A. Gentili, *Il Contratto Simulato – Teorie della Simulazione e Analisi del Linguaggio*, Milão, Giuffrè, 1982, p. 531: "Em concreto, porém, uma simulação rigorosamente total é impossível, pois por definição a relação que emerge da declaração simulada e a relação que emerge da contradeclaração devem de algum modo coincidir, isto é, devem ser relações existentes no mesmo âmbito" (tradução livre).

No original: "In concreto però una simulazione rigorosamente totale è impossibile, perché per definizione il rapporto emergente dalla dichiarazione simulata e il rapporto emergente dalla controdichiarazione debbono in qualche modo coincidere, cioè essere rapporti esistenti nello stesso ambito".

110 A SIMULAÇÃO NO DIREITO CIVIL

minimamente, teria de ser verdadeira. Esta formulação, todavia, apenas se aplica à simulação relativa, sendo de pouca utilidade para a elucidação da abrangência da simulação absoluta.

Marani, por outro lado, sustenta que toda simulação é total, pois as partes não conseguiriam simular apenas uma parte do negócio jurídico (*e.g.*: o preço, a data, o local da celebração etc.); ainda que pretendessem criar uma aparência afeita a um elemento em particular, teriam de simular o negócio como um todo.[10]

A nosso juízo, a utilidade da distinção entre simulação total e simulação parcial decorre da possibilidade, que ela abre, de se aplicar ao negócio absolutamente simulado o regime da *nulidade parcial*. Este tema será abordado no *tópico 11.5*.

---

10. F. Marani, *La Simulazione negli Atti Unilaterali*, Pádua, CEDAM, 1971, pp. 33 e ss. Esta conclusão decorre da premissa assumida pelo autor segundo a qual o negócio simulado não se destina a atender a qualquer finalidade negocial. O emprego do negócio para escopos não negociais significa a instrumentalização do *negócio inteiro* ao escopo simulatório, ainda que referida a apenas um dos seus elementos ou a um dos seus modos de ser qualitativo ou quantitativo. Para demonstrar a plausibilidade de suas ideias o autor refere-se ao caso da simulação de preço, dizendo que também ela não é uma simulação (de um elemento) isolada, um elemento do suporte fático em si, mas implica que com relação àquele o negócio inteiro seja utilizado com vistas à obtenção de efeitos estranhos ao momento negocial, e, portanto, como ato diverso de um ato de autonomia privada.

8

AS MANIFESTAÇÕES TÍPICAS DA SIMULAÇÃO

8.1 O caráter exemplificativo do rol do § 1º do art. 167 do CC. 8.2 Simulação subjetiva. 8.3 Simulação objetiva. 8.4 Simulação de data.

Conforme destacado no *tópico 1.1*, os conceitos funcionais apresentam a peculiaridade de poder diversificar-se mediante a formação de *tipos*. Os tipos são formas fluidas de ordenação da realidade, afigurando-se mais flexíveis que os conceitos. Eles integram o chamado *sistema interno* – que sintetiza a unidade valorativa do ordenamento jurídico – e representam, através de conjuntos de *notas descritivas*, "imagens fenomênicas" de relações jurídicas (tais como os contratos, que se dizem "típicos"), às quais os fatos podem *reconduzir-se* (ou *coordenar-se*) com maior ou menor intensidade.

O art. 167 do CC, muito embora não traga a definição de um conceito-geral abstrato de simulação, descreve, no seu § 1º, um tipo negocial, que é o negócio simulado, e o desmembra em três diferentes *subtipos*. A redação do citado dispositivo legal é a seguinte:

> Art. 167. (...).
>
> § 1º. Haverá simulação nos negócios jurídicos quando: I – aparentarem conferir ou transmitir direitos a pessoas diversas daquelas às quais realmente se conferem, ou transmitem; II – contiverem declaração, confissão, condição ou cláusula não verdadeira; III – os instrumentos particulares forem antedatados, ou pós-datados.
>
> (...).

Ao estatuir que "haverá simulação nos negócios jurídicos", a norma não faz mais que enunciar que nas hipóteses aludidas na sequência "haverá negócio simulado". O conceito de simulação não é expresso na lei, mas por ela pressuposto, na medida em que compõe o tipo "negócio simulado". O negócio simulado, tomado como manifestação de autonomia

112 A SIMULAÇÃO NO DIREITO CIVIL

privada, é um modelo regulativo, um esquema genérico de regulamento de interesses. Suas notas características não são, todavia, apresentadas sob a forma de uma proposição descritiva, mas mediante uma formulação *exemplificativa* (*tópico 8.1*) de subtipos, a saber:

> *(i)* a *simulação subjetiva* (negócio subjetivamente simulado – § 1º, I) (*tópico 8.2*);
> *(ii)* a *simulação objetiva* (negócio objetivamente simulado – § 1º, II) (*tópico 8.3*). E:
> *(iii)* a *simulação de data* (negócio simulado quanto à data – § 1º, III) (*tópico 8.4*).

O presente capítulo será dedicado ao estudo destas manifestações típicas da simulação.

8.1 O caráter exemplificativo do rol do § 1º do art. 167 do CC

É sempre difícil precisar se uma lista de fatos, coisas, pessoas etc. contida num dispositivo legal é taxativa ou exemplificativa. No mais das vezes o legislador dá ao intérprete dicas sobre o caráter exemplificativo do rol, utilizando-se de expressões como: "por exemplo", "dentre outros", "inclusive" etc. Tal não é o caso, todavia, do art. 167, que nada esclarece sobre a taxatividade ou a exemplificatividade da relação de situações típicas constante do seu § 1º.

Em casos duvidosos como este costuma-se investigar se a categoria denotada se encontra definida *a priori*, ou é clara e distintamente conhecida de antemão, de modo que se consiga averiguar se a lista apresentada a exaure ou não. Por exemplo, se à palavra "metal" fosse correlacionado o conjunto "ferro, prata, ouro e cobre", não seria difícil notar que o elenco assim constituído é exemplificativo, pois se saberia, antecipadamente, o que é "metal" e que muitos, além destes, são os metais. Este expediente interpretativo, porém, não resolve a dúvida sobre a extensão do rol do § 1º do art. 167, porquanto, como destacamos deste o começo de nosso percurso (*tópico 1.1*), não existe uma definição legal de simulação.

Neste estado de coisas, seria possível defender que a lista das manifestações típicas de simulação é taxativa, isto é, que apenas os casos contemplados nos incisos do § 1º do art. 167 podem se enquadrar no conceito de simulação. Esta suposição, entretanto, conduziria a resultados insustentáveis. Dir-se-ia, nesta ordem de ideias, que o negócio cujo instrumento é antedatado ou pós-datado é simulado, mas que aquele cujo instrumento indica local de celebração diverso do real não o seria (pois o

AS MANIFESTAÇÕES TÍPICAS DA SIMULAÇÃO 113

inciso III do § 1º do art. 167 nada menciona a respeito do lugar em que o negócio é concluído). Na mesma senda, afirmar-se-ia que o negócio que aparenta conferir ou transmitir direitos a pessoas diversas daquelas às quais realmente se conferem ou transmitem é simulado, mas o que cria semelhante aparência relativamente a deveres não o seria (pois o inciso I do § 1º do art. 167 alude apenas a direitos). Alegar-se-ia, ademais, que o negócio que contém condição "não verdadeira" é simulado, mas o que veicula termo ou encargo "não verdadeiro" não o seria (pois o inciso II do § 1º do art. 167 diferencia a condição das demais declarações, e menciona apenas aquela, enquanto elemento acidental do negócio jurídico). Tais formulações, com efeito, escandalizam o senso comum, pois não parece nada razoável estabelecer tratamentos tão díspares a hipóteses tão semelhantes.

Diante da resistência que se enfrentaria para admitir *prima facie* o caráter taxativo da lista do § 1º do art. 167, poder-se-ia buscar vislumbrar nela uma exemplificação das manifestações típicas da simulação. Tal solução acomodaria, com efeito, o senso de isonomia que acompanha sempre o intérprete comprometido com a descoberta da solução mais justa aplicável à multifacetada realidade fática. Objetar-se-ia, porém, a quem se empolgasse com esta saída, que a conclusão favorável ao teor não taxativo do elenco dos casos de simulação é produto de uma arbitrariedade hermenêutica, de uma intransigência do jurista, que, inebriado por um pretenso ideal de justiça, molesta os limites do texto e amplia, pela via da analogia, o alcance de normas excepcionais (como as que preveem a nulidade do negócio jurídico).

O contra-ataque nestes termos desferido seria contundente; mas não haveria de sensibilizar o intérprete mais atento. Pois, a rigor, não seria correto identificar na conclusão de que é exemplificativo o repertório discriminado no § 1º do art. 167 um genuíno emprego da analogia. Esta, como se sabe, presta-se a *integrar* a legislação quando há *lacuna* na regulação estabelecida. Pressuposto da aplicação da analogia é, portanto, a constatação de um vácuo normativo, um terreno que não é banhado pelas luzes de qualquer lei. Mas não é isto que ocorre na comarca da simulação. Aqui, a norma pressupõe um conceito (cuja elaboração foi concretizada no *Capítulo 5*) e dá vida a um tipo, o negócio simulado, que é o instrumento da ilusão negocial, a manifestação de autonomia privada de que ela é efeito. O conceito de simulação e o tipo "negócio simulado", a rigor, abrangem tantas quantas forem as situações em que há a ilusão negocial; não há, pois, lacuna, porque sempre que a ilusão negocial estiver presente será aplicável a disciplina do art. 167.

114 A SIMULAÇÃO NO DIREITO CIVIL

Muito bem, se isto é verdade, para quê, serve, então – perguntar-se-á o leitor –, a lista do § 1º do art. 167? A resposta que nos parece mais plausível é a seguinte: neste dispositivo encontram-se enunciados de subtipos do negócio simulado, que se prestam a elucidar, de maneira exemplificativa, suas notas características. Vejamos como justificar esta asserção.

(i) O *caput* do § 1º do art. 167, ao estatuir que "haverá simulação nos negócios jurídicos", não faz mais que estabelecer que nas hipóteses aludidas na sequência "haverá negócio simulado"; dizer que "haverá simulação nos negócios jurídicos" significa afirmar que "os negócios serão simulados", pois a simulação figura, no texto legal, como predicado do negócio jurídico; quando se afirma que um substantivo contém outro, sobretudo quando o contido é abstrato (como "justiça", "fidelidade", "coragem", "validade" etc.), este atua como adjetivo em relação ao continente (por exemplo: "há frieza no gelo" é o mesmo que "o gelo é frio"; "há beleza nesta obra" equivale a "esta obra é bela").

(ii) Este dispositivo, todavia, não dispõe sobre as notas distintivas do tipo "negócio simulado", assim como faz, por exemplo, o art. 722 a propósito do contrato de corretagem: "Pelo contrato de corretagem, uma pessoa, não ligada a outra em virtude de mandato, de prestação de serviços ou por qualquer relação de dependência, obriga-se a obter para a segunda um ou mais negócios, conforme as instruções recebidas"; ao invés de ofertar uma descrição das notas características do negócio simulado, a norma aponta situações episódicas em que elas se manifestam.

(iii) Uma vez que passamos a dispor de um conceito de simulação (elaborado a partir de uma hipótese funcional), as instâncias do § 1º do art. 167 podem ser vistas como pontos de referência que delimitam a imagem global do negócio simulado, cuja função é a de induzir o público ao engano quanto à apreciação de todas as dimensões do negócio jurídico, a saber: a *subjetiva* (partes), a *objetiva* (conteúdo) e a *circunstancial* (tempo e espaço).

(iv) Como sabemos disto? Podemos atestá-lo porque o rol do § 1º do art. 167 estabelece uma *relação metonímica de tipo qualitativo* entre os termos empregados nos seus incisos e as notas distintivas que o negócio simulado, enquanto tipo, deve apresentar para desempenhar adequadamente seu papel no quadro regulativo em que ele se insere.

(v) Dessa feita, a palavra "antedata" não deve ser lida ao pé da letra, pois o esquema valorativo em que se lastreia a disciplina da simulação não visa a proteger a confiança do público apenas em matéria de tempo do negócio jurídico, mas relativamente a todas as *circunstâncias negociais*; o mesmo se diga da palavra "direitos", que, do modo como empregada no inciso I do § 1º do art. 167, se refere à *vinculação jurídica* que se estabelece entre as partes, que o público deve poder conhecer e na qual ele deve poder confiar, e, portanto, abrange as obrigações, as faculdades, as autorizações,

AS MANIFESTAÇÕES TÍPICAS DA SIMULAÇÃO 115

os poderes etc.; e, por fim, diante da coerência com a qual se articulam o conceito funcional de simulação, o tipo "negócio simulado" e os subtipos deste, não faz sentido restringir a possibilidade de simulação objetiva à condição "não verdadeira", deixando de fora outros elementos acidentais do negócio jurídico.

Na esteira deste raciocínio, parece-nos que o rol do § 1º do art. 167 é exemplificativo, não taxativo.[1] *Ele estabelece pontos de referência da imagem global do tipo "negócio simulado", estabelecendo, em cada um deles, subtipos em que se diversifica o conceito funcional de simulação.* Tais subtipos não delimitam fronteiras fixas, mas uma determinada área dos interesses privados, de contornos flexíveis, em que impera, como princípio unificador, uma bem clara orientação teleológico-valorativa: a *proteção da confiança do público*. Nesta esteira, as manifestações típicas da simulação são expostas a pretexto de iluminar o domínio do tipo "negócio simulado", por intermédio de uma aproximação sintática particularmente afeita à abertura semântica, de modo a que a tal categoria se confiram maior concretude e riqueza de conteúdo.

8.2 Simulação subjetiva

Segundo o inciso I do § 1º do art. 167, há simulação quando os negócios jurídicos *aparentam* "conferir ou transmitir direitos a pessoas diversas daquelas às quais realmente se conferem, ou transmitem". A abordagem tradicional ao tema funda-se na diferenciação entre *interposição real* e *interposição fictícia* e na asserção de que apenas a primeira implica simulação.

Na interposição real, uma pessoa contrata com outra apenas para que esta, depois, transfira o bem ou direito ao destinatário efetivo. O interposto atua *em nome próprio*, embora no interesse e por conta e ordem de outrem; ele se torna titular dos direitos e obrigações derivados do negócio em que intervém, assim como da obrigação de transmitir os benefícios e os riscos assumidos ao interponente. Um exemplo pode ilustrar o que sucede nesta sede: "A" está interessado na compra de certos bens de "B", mas, sabendo que este não os venderia diretamente ou só os venderia em condições muito onerosas, pede a "C" que os compre de "B" e depois lhe revenda. Em tal caso, dir-se-ia que não há simula-

---

1. Conforme já reconheceu o Tribunal de Justiça do Distrito Federal e dos Territórios: Ap. 0046471-32.2005.8.07.0001 (5ª Turma Cível, rela. Desa. Maria de Lourdes Abreu, *DJe* 9.7.2015); Ap. 0055399-64.2008.807.0001 (1ª Turma Cível, rel. Des. Alfeu Machado, *DJe* 15.4.2013).

116 A SIMULAÇÃO NO DIREITO CIVIL

ção, mas, antes, um mandato sem representação.[2] Na interposição real não há acordo simulatório, mas um acordo real entre o interponente e o interposto, o qual pode ou não, indiferentemente,[3] ser de conhecimento do terceiro contratante.

Já, na interposição fictícia a esfera jurídica do interposto mantém-se completamente alheia aos efeitos do negócio jurídico celebrado entre o interponente e o terceiro contratante. No mais das vezes a ação do interposto fictício é débil, limitando-se à aposição do seu nome no documento que formaliza a operação negocial ("presta-nome", "testa de ferro", "laranja").[4] Em outras situações o interposto oferece cooperação *material* à simulação, embora não chegue a assumir, definitivamente, quaisquer direitos ou obrigações. Tome-se, como exemplo, a situação em que "A" pretenda doar um prédio a "B" mas não quer que a liberalidade se torne conhecida; finge, então, doá-lo a "C", embora "B" assuma, materialmente, a posição de proprietário (exercendo a posse, o uso, a fruição etc.). Em todo caso, tratando-se de interposição fictícia, surge um conluio que envolve os três partícipes da operação.[5]

A oposição entre interposição real e interposição fictícia tem se submetido a críticas.[6] Não vemos, porém, razão para abandoná-la em vista do que dispõe o art. 167. A norma, ao estatuir que haverá simulação nos negócios jurídicos quando "aparentarem conferir ou transmitir direitos a pessoas diversas daquelas às quais realmente se conferem, ou transmitem", descreve a simulação subjetiva como uma maquinação destinada a ocultar a imputação dos efeitos derivados do negócio jurídico;[7] por conseguinte, ela se aplica apenas à interposição fictícia, não aos casos em que o interposto se torna, em nome próprio, titular de direitos

2. C. A. da Mota Pinto, *Teoria Geral do Direito Civil*, 4ª ed., atualizada por A. Pinto Monteiro e P. Mota Pinto, Coimbra, 2005, pp. 469-470.

3. Ressaltam este aspecto: C. A. da Mota Pinto, *Teoria Geral do Direito Civil*, cit., 4ª ed., p. 470, e F. Messineo, *Il Contratto in Genere*, t. 2º, Milão, Giuffrè, 1972, p. 541.

4. F. Ferrara, *Della Simulazione dei Negozi Giuridici* (1922), trad. port. de A. Bossa, *A Simulação dos Negócios Jurídicos*, São Paulo, Saraiva, 1939, p. 314.

5. C. A. da Mota Pinto, *Teoria Geral do Direito Civil*, cit., 4ª ed., p. 469.

6. F. Anelli, "Simulazione e interposizione", in Maria Costanza (cur.), *Vincenzo Roppo – Trattato del Contrato*, vol. III ("Effetti"), Milão, Giuffrè, 2006, p. 637; G. Mirabelli, *Dei Contratti in Generale*, 2ª ed., Turim, UTET, 1967, p. 411; A. Dubois-de Luzy, *Interposition de Personne*, Paris, LGDJ, 2010, p. 47.

7. Em sentido semelhante, a propósito do Direito Italiano, cf.: G. Furgiuele, *Della Simulazione di Effetti Negoziali*, Pádua, CEDAM, 1992, p. 125 (130).

ou obrigações. Para melhor compreender esta formulação, vejamos, de maneira esquemática, como se estrutura a interposição fictícia:[8]

(i) Ocultação do alienante

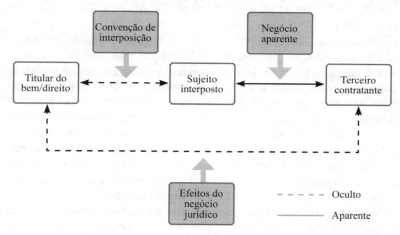

(ii) Ocultação do adquirente

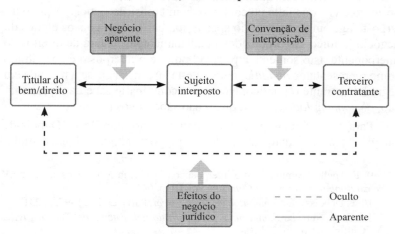

Como se pode notar, elemento nuclear da interposição fictícia é a *convenção de interposição*, que pressupõe uma relação de *controle*

8. Adaptado de A. Dubois-de Luzy, *Interposition de Personne*, cit., p. 25 (27).

118 A SIMULAÇÃO NO DIREITO CIVIL

quanto ao exercício (*per interpositum*) de poderes dispositivos.[9] Quanto à sua natureza não há unanimidade: há quem diga que ela consiste em um *mandato com representação* dissimulado;[10] outros sustentam que o interposto age sob a égide de um *mandato sem representação* dissimulado;[11] por fim, há os que entendem que as duas formatações são igualmente possíveis.[12]

Segundo nos parece, somente é viável cogitar de mandato dissimulado se há simulação (pois do contrário também não haveria dissimulação); e apenas há simulação se o mandato veicula também a representação, porquanto, assim não fosse, não surgiria a ilusão negocial. Com efeito, se o interponente outorga mandato sem representação e tal avença torna-se recognoscível por todos, ninguém é enganado, nenhuma ilusão há. O mesmo sucede se o mandato sem representação é mantido em sigilo (hipótese que se costuma denominar *representação indireta*[13]), uma vez que a aquisição do bem ou direito em nome próprio pelo interposto não deixa de ocorrer. Surge, neste contexto, a interposição real, que torna sempre necessário, para que o bem ou direito seja atribuído ao interponente, um novo ato de disposição por parte do interposto; tanto no plano da aparência como no da realidade, o papel por este desempenhado é o mesmo: adquire em nome próprio, aliena em nome próprio.

É exatamente esta qualificação unívoca do comportamento do interposto, todavia, que falta no contexto da interposição fictícia. Aqui, o interposto age em nome próprio apenas aparentemente, pois os efeitos do negócio jurídico são produzidos imediatamente na esfera de direitos do interponente. Isto somente é possível porque o interposto é constituído como representante *ab initio*, embora esta circunstância seja mantida em segredo[14] perante o público. Note-se: a contraparte sabe da representação, há *contemplatio domini*; quem não sabe são os terceiros.

Para sermos mais precisos, diríamos – ao lado de A. Dubois-de Luzy[15] – que o mandato outorgado ao interposto tem um objeto comple-

---

9. F. Anelli, "Simulazione e interposizione", cit., in Maria Costanza (cur.), *Vincenzo Roppo – Trattato del Contrato*, vol. III, p. 641.

10. F. Deboissy, *La Simulation en Droit Fiscal*, Paris, LGDJ, 1997, p. 231.

11. G. A. Nuti, *La Simulazione del Contratto nel Sistema del Diritto Civile*, Milão, Giuffrè, 1986, pp. 251 e ss.

12. F. Messineo, *Il Contratto in Genere*, cit., t. 2º, pp. 535-536.

13. Cf. M. G. Maia Júnior, *A Representação no Negócio Jurídico*, 2ª ed., São Paulo, Ed. RT, 2004, pp. 139-140.

14. F. Deboissy, *La Simulation en Droit Fiscal*, cit., p. 231.

15. A. Dubois-de Luzy, *Interposition de Personne*, cit., pp. 93-94.

AS MANIFESTAÇÕES TÍPICAS DA SIMULAÇÃO 119

xo. Por um lado, ele implica a realização de um ato oculto diretamente imputável ao interponente; por outro, também incumbe ao interposto manter a convenção de interposição longe do conhecimento de terceiros, contribuindo, assim, com a implementação do acordo simulatório (entendido, conforme expusemos anteriormente,[16] como o conteúdo convencional do ato, direcionado à criação da ilusão negocial) firmado entre o interponente e o terceiro contratante. Trata-se, então, de um mandato *sui generis*, pois a ele se adiciona o encargo de colaborar com o sucesso do acordo simulatório.

O sigilo da convenção de interposição é – vale destacar – imprescindível para que se opere a interposição fictícia. Deveras, se o interponente outorga ao interposto um mandato com representação e este é reconhecido por todos (terceiro contratante e demais terceiros), não há simulação, mas *representação direta*,[17] pois a ilusão negocial não se estabelece. Noutro giro: se apenas os contratantes (adquirente e alienante) e o interposto sabem do mandato com representação, surge, propriamente, a interposição fictícia.

Um ponto que merece atenção, na esteira destas ponderações, é a formação da convenção de interposição ao lado do acordo simulatório. Tratando-se de interposição fictícia, costuma-se afirmar que o acordo simulatório é trilateral, mas esta concepção não nos parece correta. O interposto age sob o comando do interponente e com o conhecimento do terceiro contratante, mas não chega a firmar com este qualquer avença relacionada à interposição. Desse modo, o acordo simulatório, pelo qual os simuladores decidem utilizar-se do interposto, é bilateral, assim como a convenção de interposição, pela qual o interponente constitui o interposto como seu representante. Dizendo de outro modo: os simuladores convencionam entre si o regulamento da simulação, o qual prevê que um deles deve providenciar a interposição e o outro deve mantê-la em segredo; paralelamente, o interponente, dando cumprimento ao acordo simulatório, arregimenta o interposto e firma com ele a convenção de interposição, a qual este último obriga-se a manter velada.

Em tal cenário, para bem entender aquilo em que consiste a interposição fictícia, é necessário distinguir as seguintes categorias:

(i) representação direta – o interposto age, às claras, em nome do interponente; não ocorre simulação, pois não há ilusão negocial;

---

16. V. tópico 6.1.
17. F. Deboissy, *La Simulation en Droit Fiscal*, cit., p. 232.

120 A SIMULAÇÃO NO DIREITO CIVIL

(ii) interposição real – o interposto age (com ou sem o conhecimento da contraparte) como mandatário do interponente, mas sem poderes de representação; não ocorre simulação, pois não há ilusão negocial; e

(iii) interposição fictícia – o interposto atua, ocultamente, como mandatário e representante do interponente; ocorre simulação, pois há ilusão negocial.

A caracterização da interposição fictícia pode ser mais bem esclarecida pela análise do acórdão proferido pela 1ª Câmara Reservada de Direito Empresarial do TJSP quanto à Ap. 1074407-97.2013.8.26.0100 (rel. Des. Francisco Loureiro, j. 16.12.2015), em que foi examinado caso de transferência de quotas sociais por intermédio de interposta pessoa.[18] Os fatos que se submeteram ao escrutínio do Tribunal paulista podem ser assim sumarizados:

(i) No ano de 2012 a LPM passava por delicada situação financeira; seus sócios à época, Paulo e Marcos, passaram a buscar investidores que injetassem recursos na empresa; ajustaram, então, com André a realização de aportes financeiros na LPM, para cobrir as sua necessidades de caixa.

(ii) André, porém, era já empresário, e detinha o controle de outras sociedades; a fim de evitar riscos às suas outras empresas, em vista do endividamento da LPM, André valeu-se de Sérgio, seu empregado, para figurar como comprador das quotas da sociedade em que pretendia investir; assim, Marco vendeu a Sérgio um lote de quotas da LPM, assumindo a obrigação de, após o pagamento integral do preço acordado, formalizar a transferência daquelas, mediante alteração do contrato social da empresa. E:

(iii) Posteriormente, a LPM venceu licitação e celebrou contrato valioso com o Poder Público; nesse contexto, Sérgio pretendeu tornar-se efetivamente sócio da empresa, recorrendo ao Judiciário para que este determinasse que as quotas objeto dos contratos em que figurava como parte lhe fossem transferidas.

Diante desta moldura fática, os julgadores concluíram que a pretensão de Sérgio não poderia prosperar, pois ele não teria sido mais que um

18. Eis a ementa do julgado: "Ação de obrigação de fazer – Cessão de quotas sociais, com promessa de alteração futura do contrato social – Prova concludente nos autos de que o autor, na realidade, realizou o negócio no interesse de terceiro – Distinção entre representação imprópria e simulação relativa subjetiva – Ocorrência de simulação relativa subjetiva – Autor que é, na verdade, presta-nomes do verdadeiro investidor – Quitação passada pelo réu, cedente das quotas sociais, que constitui prova relativa do adimplemento – Prova de que o autor nada desembolsou para aquisição da participação social – Valores invertidos em favor da sociedade pelo real investidor que já lhe foram restituídos, segundo depoimento prestado em Juízo – Ação improcedente – Sentença mantida – Recurso não provido".

AS MANIFESTAÇÕES TÍPICAS DA SIMULAÇÃO 121

"testa de ferro" de André. O voto-condutor do aresto confronta as figuras da simulação e da representação indireta e conclui ter se caracterizado a primeira. Confira-se:

Na realidade, o que houve foi verdadeira simulação relativa subjetiva. O investidor André (...) usou um empregado, o autor Sérgio, para injetar capital na LPM mediante aquisição de quotas sociais.

(...).

O que se constata das diversas mensagens eletrônicas trocadas entre as partes é que André (...) era, na realidade, o investidor e sócio de fato da LPM.

O autor Sérgio em nenhuma das mensagens eletrônicas relaciona-se diretamente com os demais sócios da LPM Além disso, dos depoimentos das testemunhas extrai-se que o autor em nenhum momento exerceu posição de sócio ou de administrador da empresa.

(...).

5. A relação entre o autor Sérgio (...) e o investidor André (...) deve ser qualificada em termos jurídicos.

(...).

No caso concreto, houve interposição ou simulação relativa subjetiva?

Entendo que a relação se qualifica como simulação relativa subjetiva, dado o seu propósito de enganar terceiros, evitando que a responsabilidade por dívidas da LPM atingisse o verdadeiro investidor André (...) Com tal escopo foi usado o nome do empregado Sérgio (...) ocultando o nome do real investidor e sócio.

Essa a razão pela qual não pode e não deve ser reconhecida a existência de cessão de quotas sociais entre o autor Sérgio (...) e o réu.

(...).

Foi produzida prova concludente em sentido contrário, ou seja, de que *o autor não desembolsou valores para quitar a prestação devida, destruindo-se, assim, a presunção relativa de satisfação do crédito.*

Houve simulação relativa subjetiva no negócio realizado entre as partes, motivo pelo qual não pode ser reconhecida eficácia ao negócio. (...) (destacamos)

O acórdão acolhe a tese da simulação, em detrimento da explicação fundada na representação indireta, porque André comportou-se, a todo momento, como se tivesse ele próprio adquirido as quotas da LPM; é ele que provê os recursos para o pagamento do preço das quotas e que negocia diretamente com Marco. Mais que isto, ficou claro que o alienante sabia que o adquirente seria André, não Sérgio, e, de certo modo,

122   A SIMULAÇÃO NO DIREITO CIVIL

contribuiu para que esta circunstância fosse mantida em sigilo perante terceiros, pois o objetivo da artimanha era, precisamente, o de manter o grupo de sociedades já controlado pelo novo investidor a salvo dos riscos derivados da aquisição das quotas da LPM. Daí a constatação de que os efeitos do negócio jurídico teriam sido imputados diretamente à sua esfera de direitos.

O exame deste precedente permite assinalar, ademais, que a caracterização da representação dissimulada (a face reversa da interposição fictícia) deve levar em conta a causa concreta da operação negocial, ou seja, a precisa identificação da função prático-individual perseguida pelos figurantes. É imprescindível, para que se configure a interposição fictícia, que o terceiro contratante tenha conhecimento de que o interposto age em nome do interponente. Mais que isso: deve ficar claro para ele que o interponente assume os *custos/ganhos* e os *riscos/benefícios* relativos à coisa, conquanto não queira deixar isto explícito.

O diagnóstico da simulação subjetiva, portanto, deve fundar-se sobre o exame dos direitos e obrigações assumidos pelo interposto[19] bem como do modo como o público toma conhecimento dos atos que ele pratica. Na interposição real o interposto assume diretamente a obrigação de transferir o bem ou o direito ao interponente; a condição lógica desta atuação é a de que ele possua *interesse próprio* na operação (assumindo os *riscos* e colhendo os *frutos* que ela pressupõe). Assim, se o objeto do negócio perece enquanto está sob o domínio do interposto, é este quem sofre o prejuízo; ademais, é natural que o interposto seja remunerado por sua atuação, como ocorre, por exemplo, no contrato de comissão. Em contrapartida, na interposição fictícia os direitos e obrigações são assumidos exclusivamente pelo interponente (alienante ou adquirente dissimulado), ainda que isto não decorra da aparência do negócio.

Vejamos, para que fiquem ainda mais claros os contornos da interposição fictícia, outros dois exemplos. O primeiro depreende-se de acórdão prolatado pela 2ª Turma Cível do Tribunal de Justiça do Distrito Federal e dos Territórios quanto à Ap. 0020286-83.2012.8.07.0009 (rel. Des. Sérgio Rocha, j. 26.11.2014).[20] Conquanto os fatos a que se refere esta decisão estivessem sujeitos ao Código Civil de 1916, a conclusão a que chegaram os julgadores seria a mesma sob a égide do Código Civil de 2002.

---

19. U. Majello, "Il contratto simulato: aspetti funzionali e strutturali", *Rivista di Diritto Civile* 5/651, Pádua, setembro-outubro/1995.

20. V. a ementa do julgado:

"Apelação cível – Ação declaratória de nulidade de negócio jurídico – Aquisição de imóvel – Simulação – Nulidade. 1. Comprovada a simulação, diante da aqui-

AS MANIFESTAÇÕES TÍPICAS DA SIMULAÇÃO 123

Pois bem, narra o voto-condutor do aresto que, prestes a se divorciar de sua primeira esposa, Edgar negocia a aquisição de um imóvel, mas, para que o bem não integrasse a partilha resultante da dissolução do vínculo conjugal, realizou a sua compra no nome de sua irmã, Elenice. Afirma a autora, Simone, que quando da conclusão do negócio relativo ao imóvel se encontrava já em união estável com Edgar, a qual perdurou até alguns anos mais tarde. Requer, então, a autora que o imóvel que se encontra em nome de Elenice seja considerado como integrante do patrimônio comum dos companheiros, para fins da partilha derivada do término da união estável, em virtude da simulação, por interposição fictícia, da compra do imóvel.

Segundo o voto-condutor do aresto, assistiria razão à autora. Isto porque ficou comprovado nos autos que Elenice não participara do negócio relativo ao imóvel, nem teria arcado com o pagamento do respectivo preço. "O que se observa, portanto, é que houve simulação do negócio jurídico impugnado para resguardar o patrimônio adquirido a fim de que não pudesse ser alcançado por eventual partilha a ser proferida na futura ação de dissolução da sociedade conjugal a ser realizada entre o réu Edgar e sua primeira esposa" (fls. 8).

O segundo exemplo que merece ser citado colhe-se no acórdão prolatado pela 1ª Câmara de Direito Privado do TJSP quando da apreciação da Ap. 0004014.54.2005.8.26.0292 (rel. Des. Elliot Akel, j. 24.9.2013).[21] Cuida-se, na espécie, de simulação subjetiva intentada com vistas a ocultar doação de ascendente a descendente em prejuízo de direitos de outros descendentes.

Como restou comprovado nos autos, um lote de terreno foi adquirido pelo falecido Virgílio através de compromisso de compra e venda celebrado com Heitor; a escritura de compra e venda, todavia, não foi lavrada em nome do comprador, mas no de Maximira, sua descendente.

---

sição de imóvel em nome de terceiro a fim de excluí-lo da partilha de bens, impondo-se o reconhecimento da nulidade do negócio jurídico (CC/1916, art. 102, I e II).
"2. Negou-se provimento ao apelo do primeiro réu."
21. Assim ementado: "Negócio jurídico – Escritura de compra e venda – Ação de anulação – Simulação – Venda por interposta pessoa – Fato satisfatoriamente demonstrado – Simulação inocente não configurada – Ação julgada procedente – Sentença mantida – Recurso da ré desprovido – Litisconsórcio necessário – Ação de anulação de escritura de compra e venda por simulação – Necessidade de inclusão na lide do vendedor – Caso, porém, em que o litisconsorte não resistiu ao pedido inaugural – Descabimento da condenação nos encargos da sucumbência – Recurso do corréu vendedor provido em parte".

124 A SIMULAÇÃO NO DIREITO CIVIL

O que se vê neste caso é a celebração de um negócio que, substancialmente, tinha como parte compradora Virgílio – que figurou como parte do instrumento particular de compromisso de compra e venda –, mas que, quando deu azo à lavratura da respectiva escritura pública, passou a ter como parte compradora sua filha, Maximira. Esta se limitou a ceder seu nome no negócio de compra e venda, tornando-se proprietária do imóvel não por conta deste, mas de uma doação que ele dissimulou. Ao que consta, não foi Maximira que ajustou com o vendedor a compra e venda, nem foi ela quem assumiu a obrigação de pagar o preço. Muito embora, na situação objeto deste precedente, a interposta pessoa tenha sido, em última instância, beneficiária de uma doação, fato é que no contrato de compra e venda ela não figurou, substancialmente, como parte compradora.

A esta altura do discurso é pertinente esclarecer que o inciso I do § 1º do art. 167 do CC pode aplicar-se a diversas formatações fáticas, dentre as quais vale destacar as seguintes:

(i) "A" e "B" celebram contrato de compra e venda, porém "A" subscreve a escritura privada sob o nome de "C".

(ii) Celebram-se, sucessivamente, dois contratos de compra e venda, um entre "A" e "B" e outro entre "B" e "C", mas as partes decidem documentar apenas uma transação, entre "A" e "C". E:

(iii) "A" pede a "B" que compre o bem de "C", provendo os recursos necessários ao pagamento do preço, diretamente a "C", ou mediante doação a "B" (compra ou registro em nome alheio).

Na situação (i) vislumbra-se uma contratação sob *nome falso*. A doutrina tem entendido que não há simulação neste caso.[22] A despeito disto, não se nos afigura sustentável a negativa de que em tal hipótese o negócio jurídico *aparenta* "conferir ou transmitir direitos a pessoas diversas daquelas às quais realmente se conferem, ou transmitem", enquadrando-se na descrição do inciso I do § 1º do art. 167.[23] A rigor, surge neste contexto um caso de *falsidade ideológica*, a qual, como veremos no momento oportuno (*tópico 9.2*), pode servir como meio para a perpetração da simulação. Advirta-se, porém, que somente há simulação quando ao menos o interponente e o terceiro contratante sabem do em-

22. F. Messineo, *Il Contratto in Genere*, cit., t. 2º, p. 542; G. Bianchi, *La Simulazione*, Pádua, CEDAM, 2003, pp. 50-51.

23. Como já reconheceu o TJSP: Ap. 0006667-71.2008.8.26.0438 (8ª Câmara de Direito Privado, rel. Des, Alexandre Coelho, *DJe* 30.11.2005); e Ap. 9113835-71.2004.8.26.0000 (4ª Câmara de Direito Privado, rel. Des. Fábio Quadros, *DJe* 1.2.2010).

AS MANIFESTAÇÕES TÍPICAS DA SIMULAÇÃO 125

prego do nome falso, pois somente assim fica caracterizada a convencionalidade de que depende a criação da ilusão negocial; do contrário há falsidade ideológica, pura e simplesmente. Na hipótese (ii) a primeira alienação não é simulada, apenas sigilosa. Já, a segunda alienação pode envolver tanto a interposição fictícia (na hipótese de "A" concordar em assinar o contrato na condição de representante oculto de "B")[24] quanto o uso de nome falso (se "A" não comparecer como signatário do contrato). O caso tende a ficar ainda mais grave se o instrumento formalizado aponta como data do suposto negócio celebrado entre "A" e "C" aquela em que ocorreu a compra e venda entre "A" e "B", pois a simulação não será apenas subjetiva, bem como temporal (antedata).

Por fim, no caso (iii) depara-se com a chamada *intestazione di beni sotto nomi altrui*. Um exemplo pode ajudar a deixar mais claros seus contornos: Caio pretende adquirir automóvel zero quilômetro perante uma concessionária, e espera ainda contar com financiamento concedido por instituição financeira a ela vinculada, mas encontra-se "negativado" (inscrito em base de dados de serviços de proteção ao crédito) em razão de dívidas anteriores não quitadas; pede, então, a seu primo Tício que realize a compra em seu nome, comprometendo-se, perante este, a realizar diretamente os pagamentos dos boletos bancários relativos às prestações do financiamento. A doutrina, majoritariamente, afirma que não há simulação neste caso, pois o adquirente não age como interposto fictício, mas como legítimo interessado na aquisição[25] – ainda que o faça "de favor" a terceiro. De fato, aquele que realiza um negócio a pedido de terceiro não contribui com a deflagração de um programa simulado, pois no mais das vezes o terceiro contratante não tem conhecimento do acordo que há entre o interponente e o interposto. Pode-se cogitar, na espécie, de interposição real, não, contudo, de simulação, pois esta requereria a adesão do terceiro contraente ao desígnio do interponente de criar a ilusão negocial. Isto não exclui, todavia, que a *intestazione di beni sotto nomi altrui* possa ser manejada com vista à consecução de finalidades ilícitas, quando caberia investigar a caracterização da fraude à lei (cuja distinção com a simulação é apresentada, em detalhes, no *tópico 9.4*).[26]

24. V. acórdão prolatado pela 4ª Câmara de Direito Privado do TJSP relativo à Ap. 5122404/8-00 (rel. Des. Francisco Loureiro, j. 4.9.2008).

25. F. Messineo, *Il Contratto in Genere*, cit., t. 2º, pp. 543-544; G. Bianchi, *La Simulazione*, cit., p. 50.

26. Esta questão, advirta-se, tem gerado embaraços à doutrina, como se verifica na seguinte passagem (I. Gaino, *A Simulação dos Negócios Jurídicos*, 2ª ed., São Paulo, Saraiva, 2012, pp. 137-138):

126 A SIMULAÇÃO NO DIREITO CIVIL

8.3 Simulação objetiva

À simulação por inserção no negócio jurídico de declaração, confissão, condição ou cláusula não verdadeira, prevista no inciso II do § 1º do art. 167 do CC, costuma-se denominar *simulação objetiva*. A ilusão negocial recai sobre o conteúdo do regulamento de interesses estipulado

"Na terceira situação mencionada, que envolve compra e venda entre o cônjuge e terceiro, com utilização do dinheiro pertencente ao outro cônjuge (...), não se caracteriza o fenômeno da simulação.

"Isso porque não há, entre o terceiro vendedor e o cônjuge figurado como comprador, o acordo simulatório (...). Conforme frisamos (...), participantes do acordo simulatório devem ser, logicamente, as mesmas partes que praticam a simulação. E os sujeitos devem ser determinados, sendo impensável o acordo que tenha em um dos polos pessoa indeterminada, porque não se saberia a quem referir uma parte dos efeitos da simulação. (...).

"Nesse caso, a venda do terceiro para o cônjuge beneficiário é real, recebendo o vendedor o preço ajustado. Não é fictícia, feita para não valer, o que caracterizaria o fenômeno da simulação.

"(...).

"O que se caracteriza nessa situação é a fraude à lei imperativa, que (...) se tipifica em negócio jurídico por meio do qual as partes procuram criar uma ilusão, dando a entender que se trata de uma modalidade de pacto quando, na verdade, se trata de outro, que é proibido por lei imperativa. Viola-se a lei por uma forma indireta, insidiosa. Apenas na aparência se a respeita, acatando-se o seu texto, mas falseando-lhe o espírito, com a finalidade de conseguir um resultado que, normalmente, de forma direta, não se poderia alcançar.

"A fraude à lei caracteriza-se pela doação inoficiosa ao cônjuge, mascarada pela compra direta em seu nome, isso com prejuízo à legítima dos herdeiros necessários do doador. Seu efeito é, igualmente, a nulidade, segundo o art. 166, VI, do CC.

"(...)."

Em primeiro lugar, insta notar que a descrição da fraude à lei apresentada pelo autor não se mostra precisa – pois o que cria a ilusão é a simulação. Não fosse por isto, seria impossível identificar, no caso ali examinado, fraude à lei, pois não há infração indireta ou oblíqua a norma imperativa, mas descumprimento frontal de proibição legal. Ao pagar a dívida do seu cônjuge, aquele que dispõe dos recursos efetiva uma doação, ou, então, o pagamento com sub-rogação e a posterior remissão da dívida (isto é, uma liberalidade análoga à da doação). Poder-se-ia, em tal contexto, cogitar, quando muito, de dissimulação pura – figura, entretanto, que não é mais que a do simples sigilo. De mais a mais, não seria pertinente afirmar que o efeito de doação seria um resultado indireto do pagamento da dívida do outro cônjuge – como se deveria poder dizer caso se estivesse diante de fraude à lei, em que o efeito do negócio realizado é proibido pela norma, embora esta faça alusão a outro tipo de negócio. Na realidade, o pagamento é o meio pelo qual a própria doação, diretamente, se realiza, razão pela qual ele não produz o simples efeito de doação, mas o negócio por completo.

AS MANIFESTAÇÕES TÍPICAS DA SIMULAÇÃO 127

pelas partes. Em geral esta hipótese típica relaciona-se aos seguintes elementos:[27]

   (i) a *existência* do negócio jurídico, mormente nos casos de simulação absoluta;

   (ii) a *natureza* do negócio jurídico, quando o negócio ostensivo resulte de uma alteração do tipo correspondente ao negócio dissimulado; e

   (iii) o *valor* da prestação, quando o *quantum* devido por um ou ambos os contraentes seja ilusório.

A rigor, confissão, condição e cláusula são espécies do gênero *declaração*. Isto pode sugerir ter sido a norma redundante na enumeração dos fatos que caracterizam a simulação objetiva. Esta estrutura proposicional, contudo, seria mais justamente apreciada se tomada como meio do qual o legislador se vale para enfatizar a elaboração típica ali empreendida, voltada à exposição da *imagem global* do negócio simulado. Segundo tal imagem global, não verdadeira, a teor do inciso II do § 1º do art. 167, é a interpretação/qualificação que o público é levado a formular acerca de declarações em geral, tais como a confissão, a condição e a cláusula.

Interessante exemplo de simulação objetiva é exposto no acórdão proferido pela 12ª Câmara de Direito Privado do TJSP relativamente à Ap. 0033600-71.2008.8.26.0506 (rel. Des. Cerqueira Leite, j. 15.4.2015).[28] Neste caso examina-se negócio de compra e venda antecipada de ingressos de parque aquático, no valor total de R$ 100.000,00 (sendo R$ 10,00 o preço de cada tíquete). O parque aquático deveria entregar ao comprador 8 lotes mensais de 1.250 ingressos, no dia 5 de cada mês, entre setembro/2006 e abril/2007. O preço integral da transação (R$ 125.000,00) foi pago antecipadamente. Sucede que nenhum

---

27. C. A. da Mota Pinto, *Teoria Geral do Direito Civil*, cit., 4ª ed., pp. 470-71.
28. Assim ementado: "Embargos do devedor – Execução de título extrajudicial – Cheque de emissão de pessoa jurídica – Sócia integrada no polo passivo da execução por força de desconsideração da personalidade da pessoa jurídica e não porque é signatária do cheque – Legitimidade para questionar a *causa debendi*, em que o cheque carece de autonomia e abstração – Titulo vinculado a contrato que estipula 'ressarcimento' de 50% – Simulação de compra e venda de ingressos de parque de diversões aquáticas – Cláusula potestativa ao arbítrio do comprador, na retirada de ingressos em lotes no curso de oito meses – Verdadeiro mútuo usurário – *Plus* de 69,687% no lapso de 55 dias, ao ser sacado o cheque – Subsistência do que foi dissimulado – Usura glosada – Exegese do art. 167 do CC e art. 1º, inciso I, da Medida Provisória n. 2.172-32/2001 – Decaimento recíproco nos embargos – Recurso provido em parte".

128 A SIMULAÇÃO NO DIREITO CIVIL

ingresso foi jamais retirado pelo comprador (um advogado), razão pela qual se tornou aplicável a cláusula do contrato que previa a obrigação do parque aquático de ressarcir o montante recebido antecipadamente, considerando-se, contudo, como valor unitário de cada ingresso a cifra de R$ 15,00. Havendo, ainda, a previsão da incidência de encargos moratórios, o parque aquático emitiu, em garantia da dívida assumida, um cheque de R$ 169.687,00.

Pretendia o comprador dos ingressos executar o cheque emitido pelo parque aquático quando se instaurou no processo de execução a discussão sobre a simulação do negócio jurídico entabulado entre as partes. Conforme se extrai do voto-condutor do aresto, foi determinante para a formação do convencimento acerca da simulação do contrato de compra e venda, além da inabitualidade da cláusula de ressarcimento contemplando valores substancialmente superiores aos antecipados, a circunstância de que o suposto comprador não era empresário do ramo e, sobretudo, a de que nenhum ingresso foi jamais entregue para posterior negociação. Constatou, então, o Tribunal paulista que a dívida em discussão decorria de um empréstimo, e não poderia prevalecer integralmente, por conta da caracterizada usura: "É conclusivo, pois, que entre o exequente e a emitente do cheque nunca houve compra e venda antecipada de ingressos, e sim um mútuo usurário a juros exponenciais, porquanto ao puro arbítrio do exequente o acaso da retirada de ingressos. Sem implementar essa condição, logo no segundo vencimento o exequente fez vencer antecipadamente o mútuo, incrementado de mais de 13,12% de juros" (fls. 6).

Na espécie de que trata este precedente uma parcela do comportamento negocial das partes, não explicitada na formalização do contrato, tornou inadequada a qualificação jurídica atribuída à avença. A simulação atingiu a natureza do negócio jurídico, subsumindo-se, assim, ao inciso II do § 1º do art. 167 do CC.

O terreno propício da simulação objetiva, como sugere o exemplo antes colacionado, é o dos contratos. A propósito da diversidade que o fenômeno simulatório pode apresentar neste domínio, elucidativa casuística é exposta por Gaino, que alude às seguintes hipóteses de contratos objetivamente simulados:[29]

---

29. I. Gaino, *A Simulação dos Negócios Jurídicos*, cit., 2ª ed., pp. 132 e ss. Vale registrar que nem todos os casos citados pelo autor, a nosso ver, caracterizam-se como instância de simulação. Por isto, citamos aqui apenas aqueles em que, segundo as premissas conceituais firmadas no capítulo anterior, se pode atestar efetivamente a presença da simulação.

AS MANIFESTAÇÕES TÍPICAS DA SIMULAÇÃO 129

(i) Compra e venda para prejudicar credores – o devedor que se encontra na iminência de se ver privado de seu patrimônio em virtude da execução de uma obrigação ajusta com terceiro, geralmente alguém com quem mantenha relação de amizade, que lhe transferirá fictamente bem, móvel ou imóvel, que constitui garantia do credor; a despeito de a compra e venda ser celebrada com atenção a todas as formalidades pertinentes, a posse, o uso, enfim, o exercício concreto do domínio da coisa, permanecem afetados à esfera de poder do alienante simulado.

(ii) Compra e venda para burlar regime matrimonial, encobrindo doação inoficiosa – nos termos do art. 549,[30] é nula a doação relativamente "à parte que exceder a de que o doador, no momento da liberalidade, poderia dispor em testamento"; com vistas a escapar desta proibição, marido e mulher formalizam contrato de compra e venda tendo por objeto bem que não se submete à comunhão (conforme autoriza o art. 499[31]), mas o preço respectivo não chega a ser efetivamente pago ou, então, se isto ocorre, o montante correspondente é secretamente restituído ao comprador; com vistas, pois, a burlar a regra que veda a doação inoficiosa, as partes simulam, objetivamente, o contrato de compra e venda.

(iii) Compra e venda encobrindo pacto comissório e mútuo onzenário – uma parte pretende contrair empréstimo junto à outra; esta, por seu turno, exige uma garantia, consistente em um bem; para que não incida a proibição ao pacto comissório, preconizada no art. 1.428 do CC,[32] as partes simulam contrato de compra e venda de bem, que permanecerá durante a vigência do contrato na posse do alienante simulado e retornará ao seu domínio, por meio de outro contrato,[33] uma vez liquidado o débito; na hipótese de inadimplemento o bem já se encontrará no patrimônio do credor, tornando-se desnecessária a excussão da garantia; é comum que, ao lado do contrato de compra e venda, seja simulado um contrato de locação, com vistas a legitimar a posse do bem detida pelo alienante simulado; este arranjo simulatório presta-se, ainda, a ocultar a inobservância do limite legal dos juros nos empréstimos, estabelecido no art. 591.[34]

---

30. CC/2002: "Art. 549. Nula é também a doação quanto à parte que exceder à de que o doador, no momento da liberalidade, poderia dispor em testamento".

31. CC/2002: "Art. 499. É lícita a compra e venda entre cônjuges, com relação a bens excluídos da comunhão".

32. CC/2002: "Art. 1.428. É nula a cláusula que autoriza o credor pignoratício, anticrético ou hipotecário a ficar com o objeto da garantia, se a dívida não for paga no vencimento. Parágrafo único. Após o vencimento, poderá o devedor dar a coisa em pagamento da dívida".

33. Note-se que não se trata, neste caso, de compra e venda com pacto de retrovenda, que, quando manejada com o objetivo de viabilizar mútuo usurário, caracteriza fraude à lei. V., a respeito, o *tópico 9.4.*

34. CC/2002:
"Art. 591. Destinando-se o mútuo a fins econômicos, presumem-se devidos juros, os quais, sob pena de redução, não poderão exceder a taxa a que se refere o art. 406, permitida a capitalização anual".

130 A SIMULAÇÃO NO DIREITO CIVIL

(iv) *Compra e venda para levantamento do FGTS* – os montantes depositados no interesse do trabalhador em conta vinculada ao FGTS apenas podem ser sacados em situações específicas, sobressaindo sua destinação ao pagamento pela aquisição de imóvel residencial; tal restrição, no entanto, pode ser infringida mediante a simulação de contrato de compra e venda de imóvel residencial que o trabalhador perpetra com vistas a lograr apoderar-se das referidas quantias, podendo, então, utilizá-las para outras finalidades, não previstas na legislação de regência.

(v) *Parceria pecuária ("vaca papel")* – mais um caso envolvendo a conclusão de contrato de mútuo com a pactuação de juros em percentual superior ao legalmente permitido; o mutuante dissimulado conclui, simuladamente, com o mutuário dissimulado – que se dedica À atividade pecuária –, contrato de parceria pecuária pelo qual o primeiro entrega ao segundo determinado número de cabeças de gado para engorda; diante do eventual inadimplemento do mútuo dissimulado, o mutuante maneja ação de rescisão de contrato de parceria pecuária cumulada com cobrança de rendas vencidas e vincendas e com perdas e danos; o contrato de parceria pecuária é objetivamente simulado de modo a assegurar ao mutuante dissimulado uma via jurídica para realizar a cobrança do principal mutuado e dos juros abusivos, sem que fique evidente a estipulação excessiva dos encargos financeiros.

(vi) *Mútuo para prejudicar credores* – a simulação do mútuo pode ser implementada para o estabelecimento de uma dívida ilusória em detrimento de terceiros credores; de modo a impedir que estes concorram com o mutuante simulado, todos na condição de credores quirografários, o mutuário simulado outorga, também simuladamente, uma garantia real ao mutuante simulado, que assegura um privilégio ao crédito ilusório; tal simulação prejudica os terceiros credores, porque cria em favor do mutuante simulado um privilégio legal que impede que terceiros credores exerçam sua pretensão sobre o bem dado em garantia – o qual, a prevalecer a ilusão negocial, deverá submeter-se à excussão pelo mutuante simulado; este, em conluio com o devedor, ajusta, ainda, que, uma vez excutida a garantia, o produto arrecadado lhe será secretamente devolvido, encerrando-se, assim, o ciclo da simulação.

Apesar de a ambiência dos contratos ser a mais propícia à simulação objetiva, é possível que esta também se manifeste quanto a outros negócios jurídicos, ou ainda quando da realização de atos não negociais. Acerca desta última possibilidade é importante notar que o texto do inciso II do § 1º do art. 167 do CC submete à apreciação do intérprete a

"Art. 406. Quando os juros moratórios não forem convencionados, ou o forem sem taxa estipulada, ou quando provierem de determinação da lei, serão fixados segundo a taxa que estiver em vigor para a mora do pagamento de impostos devidos à Fazenda Nacional."

AS MANIFESTAÇÕES TÍPICAS DA SIMULAÇÃO 131

delicada questão relativa à simulação da confissão. Segundo a doutrina hegemônica, a confissão não se presta a criar, extinguir ou modificar relações jurídicas, mas a atestar um estado de coisas relacionado a uma situação jurídica.[35] Trata-se de declaração *enunciativa* ou *representativa*, desprovida de caráter negocial.[36]

Bem por isto, o tema afeto à simulabilidade da confissão ocupou muitas páginas da doutrina, tendo prevalecido o entendimento de que as declarações de ciência em geral (dentre as quais também merece destaque a *quitação*) não são simuláveis (porque não seria possível, no caso delas, verdadeiro conflito entre vontade e declaração).[37] Nada obstante, a opção do nosso legislador foi a de tomar por simuláveis tanto as declarações dispositivas (negociais ou de vontade) quanto as enunciativas ou representativas (de ciência ou de verdade).

Tal posicionamento aproxima-se da formulação, minoritária mas sólida, de Sacco, segundo o qual declarações como a confissão e a quitação, quando artificialmente emitidas, podem considerar-se simuladas desde que se proceda a um alargamento da noção de simulação. Para o autor tais declarações não são, em princípio, simuladas, mas *irrealizáveis* (*velleitarie*). O traço que as caracteriza é a *falsidade ideológica*.[38] Um exemplo deste comportamento negocial é aquele em que Tício, querendo doar para além da parte disponível do seu patrimônio, celebra contrato de empréstimo com Caio e na sequência dá-lhe quitação. Nesta situação as partes querem os efeitos do ato cognoscitivo mentiroso[39] e não deixam, em última instância, de se utilizar da quitação para criar uma aparência enganadora. Sacco reconhece, nestes moldes, que a incompatibilidade entre a noção de simulação e as declarações de ciência não é insuperável.[40] Para nós, aliás, disto constitui prova viva o inciso

35. R. Sacco e G. De Nova, *Il Contratto*, 3ª ed., t. 1, Turim, UTET, 2004, p. 650.

36. E. Betti, *Teoria Generale del Negozio Giuridico* (3ª ed. 1960), Nápoles, Edizioni Scientifiche Italiane, 2002, p. 151; F. C. Pontes de Miranda, *Tratado de Direito Privado*, t. 3, atualizado por M. Bernardes de Melo e Marcos Ehrhardt Jr., São Paulo, Ed. RT, 2012, p. 551; G. Mirabelli, *L'Atto Non Negoziale nel Diritto Privato Italiano*, Nápoles, Jovene, 1955, pp. 354-356.

37. T. Montecchiari, *La Simulazione del Contratto*, Milão, Giuffrè, 1999, pp. 18-23.

38. R. Sacco, "Simulazione" (verbete), in *Enciclopedia Giuridica*, vol. XXXIII, Roma, Istituto della Enciclopedia Italiana, 1992, p. 3.

39. Idem, ibidem.

40. Sobre a distinção, v. L. Cariota Ferrara, *Il negozio giuridico...* cit. (nota 37), p. 41.

132   A SIMULAÇÃO NO DIREITO CIVIL

II do § 1º do art. 167, pois não existe conceito de simulação fora da lei (ao menos no que tange à simulação que interessa ao Direito); e, se ela determina que as declarações de ciência são simuláveis, o conceito de simulação nasce já amplo o suficiente para abrangê-las.

A corroborar esta conclusão, vale a pena conferir o teor do acórdão prolatado pela 4ª Câmara de Direito Privado do TJSP quando do exame da Ap. 9062074-69.2002.8.26.0000 (rel. Des. Francisco Loureio, j. 22.9.2011), em que se discute a simulação de quitação.[41]

Narra o voto-condutor do aresto que os apelantes firmaram, cada qual, junto à Construtora M. Ltda., dois diferentes contratos tendo por objeto um mesmo imóvel. O primeiro deles, formalizado por meio de escritura pública, é um contrato de compra e venda de imóvel com mútuo, e aponta preço inferior ao efetivamente praticado; dele consta, ademais, a declaração de que, afora os valores financiados pela Caixa Econômica Federal/CEF, o saldo devedor da operação teria sido integralmente pago. O segundo é um instrumento particular de confissão de dívida, relativo à parte suplementar do preço do mesmo imóvel, celebrado entre as partes mas sem a participação do agente financeiro.

Segundo evidenciado nos autos, o primeiro contrato, celebrado mediante escritura pública, teria servido ao propósito exclusivo de obtenção de financiamento junto à CEF. Ele indicaria um valor inferior ao praticado porque, sendo mais baixo o nível de endividamento do mutuário, menores seriam as exigências da instituição financeira quanto à aprovação da concessão de crédito. Os compradores pretendiam que o Judiciário anulasse a confissão de dívida constante de instrumento particular, para que prevalecesse a quitação outorgada através da escritura pública. A tese, porém, não foi bem-sucedida, pois foi reconhecida a simulação relativa do primeiro contrato. Neste particular, extrai-se do voto-condutor do julgado:

> Diante desse quadro e do comportamento concludente das partes e da realidade econômica dos fatos, se constata a ocorrência do vício de simu-

---

41. Cf. a ementa do aresto: "Simulação relativa – Contrato de compra e venda de imóvel com mútuo e garantia hipotecária a favor da CEF – Segundo contrato celebrado entre a construtora e os adquirentes (confissão de dívida), sem participação do credor hipotecário, tendo por objeto financiar valor residual – Simulação relativa – Invalidade da cláusula de quitação do preço no negócio jurídico simulado, aparente – Validade e eficácia do segundo contrato, dissimulado, que estava oculto – Restrição de seus efeitos perante o credor hipotecário de boa-fé – Impossibilidade de penhora sobre o imóvel hipotecado – Ação declaratória improcedente e reconvenção procedente – Recurso não provido".

AS MANIFESTAÇÕES TÍPICAS DA SIMULAÇÃO 133

lação relativa, quanto à quitação dada pela Construtora aos adquirentes no primeiro contrato.

Fácil perceber que o agente financeiro – CEF – somente concede financiamento após a verificação do comprometimento da renda do mutuário, com o objetivo de evitar a frustração do contrato de longo prazo em razão de inadimplência do adquirente.

Limita o agente financeiro, assim, o valor a ser emprestado e exige que não exista nenhuma outra dívida em relação ao imóvel objeto da garantia hipotecária. Em termos diversos, não admite a existência de saldo devedor a ser pago à construtora ou incorporadora, mediante duplo financiamento do mesmo prédio.

É por isso que o agente financeiro exige que a diferença entre o preço total do imóvel e o valor financiado se encontre inteiramente paga com recursos do próprio adquirente, ou do FGTS.

(...).

A simulação relativa pode dizer respeito à interposta pessoa, à natureza, ao conteúdo ou cláusula não verdadeira e à própria data do contrato.

No caso em questão, uma das cláusulas do primeiro contrato, qual seja, a da quitação dos valores devidos à Construtora, era simulada.

Na verdade, os adquirentes não dispunham dos recursos próprios necessários, e em conluio com a Construtora simularam a falsa quitação, com o propósito de iludirem a credora hipotecária CEF e obterem a liberação do financiamento.

Ato contínuo, celebraram o negócio dissimulado, qual seja, a confissão da existência de saldo devedor entre as partes.

Como é sabido, em caso de simulação relativa, em que há dois negócios, um falso e outro oculto, mas verdadeiro, subsistirá o que se dissimulou, se válido for na substância e na forma. Em outras palavras, o negócio simulado é inválido, mas, retirada a máscara, passa a produzir plenos efeitos entre as partes o negócio verdadeiro, que se encontrava encoberto.

No caso dos autos, retirados os efeitos da quitação simulada do valor devido à Construtora constante do primeiro contrato (que, no mais, gera plenos efeitos quanto às demais obrigações), ganha plena eficácia o segundo contrato, que reflete a real operação econômica realizada entre as partes, com financiamento do saldo devedor. [*destacamos*]

Como bem se depreende do trecho acima transcrito, foi relevante para a formulação do juízo positivo sobre a simulação a consideração do comportamento concludente e da substância econômica do negócio. Em vista destes elementos, a quitação dada pela Construtora foi tida como ilusória, meramente aparente; logo, caracterizadora da simulação, nos

134 A SIMULAÇÃO NO DIREITO CIVIL

moldes do inciso II do § 1º do art. 167 do CC.[42] Consequentemente, o Tribunal paulista confirmou a validade da confissão de dívida, submetendo-a a extraversão, consoante disposto na parte final do *caput* do dispositivo (v. *Capítulo 12*).

No que toca à simulabilidade de atos não negociais em geral (para além das declarações de ciência), vale observar outro exemplo, que se extrai do acórdão proferido pela 4ª Câmara Cível do TJRJ quando da apreciação da Ap. 0337242-34.2008.8.19.0001 (rel. Des. Antônio Iloízio Barros Bastos, j. 21.10.2015), interposta pelo Club de R. V. G. Ali se discute a simulação de negócio jurídico envolvendo a transferência de direitos econômicos relativos a jogador de futebol.[43]

Conforme narra o voto-condutor do aresto, o Club de R. V. G. e o A. Futebol Clube celebraram contrato de cessão de atestado liberatório e cessão de direito econômico referente ao atleta profissional Roberto. De acordo com o instrumento contratual, o primeiro deveria pagar ao segundo um percentual sobre o valor de eventual transação posterior pela qual o citado jogador viesse a ser transferido para outro clube.

Com o objetivo de escapar desta obrigação, o Club de R. V. G. "emprestou" o atleta ao B. Sport Club, e posteriormente rescindiu o contrato de serviço que tinha firmado com ele, abrindo mão de multa rescisória de milhões de Reais. No dia seguinte o B. Sport Club rescinde

42. V. também: TJSP, 9ª Câmara de Direito Privado, Ap. 9214492-84.2005.8.26.0000 (rela. Desa. Viviane Nicolau, j. 8.11.2011), cuja ementa é a seguinte: "Contrato de compra e venda de imóvel, com mútuo e garantia hipotecária em favor da Caixa Econômica Federal – Celebração de segundo contrato, entre a construtora e a adquirente, em que restou consignado preço diverso – Segundo contrato com valor superior ao que constou na avença firmada com a Caixa Econômica Federal – Configuração de simulação relativa – Invalidade da cláusula de quitação do preço do negócio jurídico simulado – Validade e eficácia do segundo contrato, dissimulado, que estava oculto – Restrição de seus efeitos perante o credor hipotecário de boa-fé – Reforma da r. sentença para acolher o pleito de cobrança da autora e afastar o pedido contraposto da ré – Recurso provido".

43. Eis a ementa do precedente: "Apelação cível – Direito desportivo – Contrato de cessão de atestado liberatório – Simulação de negócio jurídico – Validação de contrato anterior – Manutenção da sentença. 1. Ação que versa acerca de direito patrimonial sobre atleta profissional previsto em contrato de 'cessão de atestado liberatório'. 2. Cessionário que emprestou atleta para diverso clube, tendo este celebrado contrato definitivo com o mesmo grêmio dias após a rescisão de contrato, onde este abdicava de multa rescisória de milhões de Reais. 3. Negócio jurídico simulado – Documentos que demonstram nítida intensão do Clube de descumprir cláusula que previa direito do cedente a 40% do valor de negociação do jogador. 4 Aplicação do § 2º do art. 167 do CC. 5. Sentença mantida. 6. Recurso conhecido e improvido".

AS MANIFESTAÇÕES TÍPICAS DA SIMULAÇÃO 135

o contrato de "empréstimo" do jogador e celebra com ele um contrato de serviço, que é prontamente registrado perante a Confederação Brasileira de Futebol.

Diante desta moldura fática, o Tribunal fluminense consignou que: "(...) restou nítida a simulação para fins de frustrar o pagamento do direito patrimonial previsto na Cláusula 2ª do contrato de cessão. Certo é que houve a negociação do desportista do apelante junto ao Club B." (fls. 3). Ou seja: de acordo com a Corte de apelo, ocorreu a alienação do atestado liberatório do atleta, hipótese que daria direito ao Clube de origem de receber uma participação sobre o produto da negociação, a qual, contudo, não foi paga, porque a transferência definitiva do jogador não se ultimou revelada.

No caso acima narrado não houve simulação da natureza do negócio, mas da existência de determinados atos jurídicos em sentido estrito – nomeadamente, a rescisão do contrato de serviço e a renúncia à multa rescisória – que não poderiam reputar-se efetivos se fosse levada em conta a totalidade do comportamento negocial das partes (Club de R. V. G. e B. Sport Club).

Para uma análise mais aprofundada da simulabilidade de atos não negociais, remetemos o leitor ao *tópico 10.3.*

8.4 Simulação de data

A terceira das hipóteses típicas enunciadas pelo § 1º do art. 167 do CC é a antedata ou pós-data de instrumentos particulares.

Cuida-se de *simulação relativa*, pois, a despeito da data aparente, há outra que demarca o início da vigência da relação jurídica estabelecida entre as partes.[44]

A data é veiculada por meio de uma declaração de ciência;[45] trata-se de elemento extrínseco do negócio jurídico, do qual depende a definição de sua identidade histórica.[46] Esta afirmação dá ensejo a uma intrigante

---

44. F. C. Pontes de Miranda, *Tratado de Direito Privado*, cit., t. 4, pp. 519-521.

45. R. Sacco, "Simulazione" (verbete), cit., in *Enciclopedia Giuridica*, vol. XXXIII, p. 3. Contra: F. Ferrara, *A Simulação dos Negócios Jurídicos*, cit., p. 282.

46. Antônio Junqueira de Azevedo, *Negócio Jurídico – Existência, Validade e Eficácia*, 4ª ed., São Paulo, Saraiva, 2010, p. 33-34: "Se o fato jurídico é um fato do mundo real sobre o qual a norma jurídica incide, torna-se intuitiva a evidência de que não há fato jurídico sem data e lugar. O que tem confundido esse assunto é a circunstância de que não é muito comum o legislador estabelecer um *requisito* para os elementos tempo e lugar do negócio jurídico; segue-se daí que, na hipótese nor-

136 A SIMULAÇÃO NO DIREITO CIVIL

indagação: se as declarações de ciência podem ser simuladas, nos termos do que dispõe o inciso II do § 1º do art. 167 do CC, por qual motivo teria o legislador reiterado esta possibilidade no inciso III, especificamente no que tange à data?

À evidência, o inciso III do § 1º do art. 167 não tem por objetivo prever a simulabilidade da data, pois esta estipulação já consta positivamente do inciso anterior. De fato, o inciso II do § 1º do art. 167 reputa simulados os negócios jurídicos que contenham tanto declarações dispositivas como declarações de ciência, como a data e o local da contratação. Na verdade, o dispositivo relativo à antedata e à pós-data ventila uma prescrição de caráter negativo: o papel desta não é o de reconhecer a simulabilidade da data, mas o de restringi-la aos negócios jurídicos formalizados por instrumentos particulares. Por certo, o legislador viu que não seria necessário explicitar a impossibilidade de se simular o local da celebração indicado em instrumentos públicos (pois este somente poderia ser aquele em que se situasse o tabelionato responsável pela lavratura da escritura), mas a data, ao menos em princípio, poderia ser simulada mesmo em escritos públicos. Isto, obviamente, demandaria a participação do oficial público no acordo simulatório; é exatamente esta hipótese que o comando normativo em questão vem excluir.

O inciso III do § 1º do art. 167 cria uma presunção *iuris et de iure* quanto à lisura do comportamento dos oficiais públicos que intervenham nas relações privadas. Por conta dessa presunção, a escritura pública jamais será acometida pela simulação, no que tange à data; quando muito, admitindo-se que os tabeliães possam cometer erros, configurar-se-á a falsidade.

Deve-se observar, contudo, que nem sempre a antedata ou pós-data deve justificar a qualificação do negócio como simulado. É necessário atentar à *ratio* que subjaz à previsão do inciso III do § 1º do art. 167: o negócio, ali referido, cujo instrumento particular encontra-se antedatado ou pós-datado é, antes de tudo, um negócio simulado. Logo, serve de instrumento para a perpetração de uma ilusão atinente à vigência do

mativa do fato jurídico (isto é, no seu 'suporte fático'), os elementos tempo e lugar ficam, em geral, apenas implícitos. Por outras palavras, se todo fato jurídico tem data e lugar, isso significa que ambos são *elementos* de todo fato jurídico (inclusive do negócio jurídico), ainda que raramente a eles se imponham requisitos. Entretanto, a importância de ambos esses elementos é, ainda assim, não pequena; mesmo quando não há qualquer requisito a seu respeito, eles servem inegavelmente para a exata *identificação* do negócio; isto é evidente diante do costume jurídico notório de se datar e colocar o lugar de feitura em todos os documentos".

AS MANIFESTAÇÕES TÍPICAS DA SIMULAÇÃO 137

negócio jurídico. Assim, caso se verificasse o simples fato objetivo da antedata ou pós-data sem, contudo, se poder concluir que este tivesse servido como índice de significação artificialmente criado pelos simuladores, não caberia atestar a simulação.

Esclareça-se este ponto por meio dos seguintes exemplos:

(i) Caio e Tício celebram um contrato de compra e venda no dia 3.4.2006; objetivando beneficiar-se de um regime tributário favorecido, cuja norma instituidora houvera sido revogada em 30.3.2006, as partes resolvem antedatar o instrumento particular relativo ao negócio jurídico realizado. E:

(ii) Caio e Tício celebram um contrato de compra e venda no dia 3.4.2006; por comum deliberação das partes, o negócio jurídico é celebrado sob a forma oral. Em 5.9.2009 Caio precisa apresentar a determinada autoridade pública prova quanto à celebração do referido contrato. Nesta data assinam as partes, então, instrumento particular, o qual resolvem antedatar.

Em ambos os exemplos observa-se a assinatura de instrumento particular antedatado. Há, pois, a presença da hipótese descrita no art. 167, § 1º, III, do CC. Isto significa, necessariamente, que nas duas situações há simulação?

A resposta afigura-se negativa. Apenas no exemplo (i) o instrumento particular antedatado serve aos desígnios de criar a ilusão negocial. No exemplo (ii) a antedata constitui, quando muito, inadequada forma de ratificar a vigência da relação jurídica pretérita (melhor seria que as partes assinassem um instrumento particular em 5.9.2009, com a indicação, nos *consideranda*, de que o contrato houvera sido concluído oralmente em 3.4.2006; e com a determinação, em cláusula específica, de que os termos ali pactuados se aplicariam à disciplina das relações entre as partes a partir de 3.4.2006); contudo, não há engano nem traição da boa-fé do público, pois a relação jurídica efetivamente vigorava desde a data apontada no instrumento particular.

9
AS FRONTEIRAS SISTEMÁTICAS DA SIMULAÇÃO

9.1 Reserva mental. 9.2 Falsidade. 9.3 Falsa qualificação. 9.4 Fraude à lei. 9.5 Negócio indireto e negócio fiduciário. 9.6 Abuso de direito.

Até aqui procuramos conhecer positivamente a simulação, explorando as notas que a caracterizam. Neste percurso, todavia, percebemos que a complexidade do fenômeno simulatório é tamanha, que não basta, para apreendê-lo eficazmente, afirmar o que ele é, sendo, ademais, necessário esclarecer *o que ele não é* e aquilo com o qual não deve ser confundido. Deveras, as incertezas e imprecisões que se instalaram no entorno do conceito de simulação levaram muitas pessoas a confundi-la com figuras próximas, posto que distintas. Para reduzir o risco de tomar manifestações de outros institutos como se fossem instâncias da simulação, é, pois, pertinente examinar suas fronteiras sistemáticas, traçando com maior firmeza as linhas que os separam.

Neste capítulo veremos, em primeiro lugar, que a simulação não se deve confundir com a *reserva mental* (*tópico 9.1*). Enquanto esta deriva de uma conduta unilateral por meio da qual se pretende, como que pela força do pensamento, modificar o significado da linguagem negocial, a simulação resulta de um acordo que confere objetividade (ao menos entre as partes) à linguagem convencional empregada e, por conseguinte, possibilita que ela se torne juridicamente relevante.

Na sequência distinguiremos a simulação da *falsidade* (tópico 9.2). A falsidade material em nada se aproxima da simulação, pois decorre da adulteração física de um documento. A atuação do adulterador modifica a feição atual do documento, fazendo-a contrastar com a original. A discussão em torno da materialidade do documento não tangencia o tema da simulação, limitando-se à prova sobre o fato da adulteração.

Já, a falsidade ideológica caracteriza-se pela inveracidade do conteúdo do documento. Aqui a atuação do falsificador não se volta

AS FRONTEIRAS SISTEMÁTICAS DA SIMULAÇÃO 139

apenas contra o meio, mas também contra a mensagem. No que tange às declarações negociais somente pode haver simulação, pois, como já salientado anteriormente (*tópico 5.3*), o *dever-ser* não é verdadeiro nem falso. Mesmo as hipóteses doutrinariamente enquadradas na categoria da contrafação são, segundo nosso Direito, classificáveis como manifestações de simulação. Tratando-se, todavia, de declarações de ciência, a falsidade ideológica distingue-se da simulação porque se traduz na incorreta atestação de um estado fático, não de um regulamento de interesses. Todavia, a separação entre os institutos não chega, nesta sede, a ser completa, pois o art. 167 do CC não exclui a simulabilidade de declarações de ciência, e, por conseguinte, adota a premissa de que a falsidade ideológica pode se inserir no programa simulatório.

A seguir avaliaremos os aspectos que diferenciam a simulação da *falsa qualificação* (*tópico 9.3*). A rigor, a simulação pode embutir a falsa qualificação, no sentido de que os simuladores voluntariamente utilizam palavras que não refletem o significado de suas declarações. Mas, se o caso é propriamente de falsa qualificação, a inadequação do *nomen juris* é evidente, imediatamente apreensível pelo público, e não prejudica a validade do negócio jurídico (*falsa demonstrativo non nocet*). Diversamente, na simulação a impropriedade do rótulo atribuído ao negócio jurídico engana, pois somente pode ser notada a partir do momento da descoberta de uma parte do comportamento negocial que os simuladores mantêm em segredo.

Depois nos debruçaremos sobre a distinção entre a simulação e a *fraude à lei* (*tópico 9.4*). Esta consiste na infração oblíqua da norma, mediante a adoção de expedientes negociais que lhe atendam à letra mas a firam no espírito. A distinção entre a fraude à lei e a simulação deriva, em primeiro lugar, do fato de que esta, ao contrário daquela, não requer o descumprimento de outra norma, concretizando-se pela simples criação da ilusão negocial (que é, independentemente do seu conteúdo, uma infração direta à lei, não indireta). Em segundo lugar, cabe observar que a fraude à lei se faz presente quando, a despeito de se conhecer integralmente o comportamento negocial das partes, é impossível dizer que ele se encontra mal qualificado, razão pela qual a norma eludida somente pode ser aplicada após a *desconsideração* do negócio jurídico. A simulação, por seu turno, não é combatida com a desconsideração do negócio jurídico, pois, uma vez descobertos os índices de significação produzidos pelas partes mas mantidos em sigilo, a ilusão negocial se desfaz, pela via da requalificação ou da interpretação corretiva, de modo que nada resta a ser desconsiderado.

140 A SIMULAÇÃO NO DIREITO CIVIL

Mais adiante constataremos que a simulação não se identifica com o *negócio indireto* ou com o *negócio fiduciário* (*tópico 9.5*). O negócio indireto é uma categoria doutrinária que viveu seus tempos áureos quando o formalismo jurídico imperava. Nesta época, como não se admitia com naturalidade a requalificação do negócio jurídico a partir da consideração de seus efeitos práticos e econômicos, era necessário dar uma explicação para a possibilidade de os efeitos negociais transcenderem os respectivos meios sem implicar a invalidade (por exemplo, a venda por valor inferior ao de mercado produzindo, além dos efeitos próprios da compra e venda, efeitos semelhantes aos da doação). Dizia-se, então, que o negócio poderia ser utilizado para fins atípicos e mesmo assim não ser simulado. Já, o negócio fiduciário, sobre cuja admissibilidade em nosso Direito muito se discutiu no passado, implica como regra a transcendência dos meios sobre os efeitos, pois envolve a consensual restrição da eficácia negocial para o atendimento de uma finalidade específica (por exemplo, a transmissão da propriedade exclusivamente para efeito de garantia). A simulação não se confunde nem com um, nem com outro, pois se caracteriza pela produção da ilusão negocial, que não se vislumbra quanto ao negócio indireto (se é que ainda faz sentido cogitar desta categoria em nossos dias) nem quanto ao negócio fiduciário.

Por fim, apontaremos as diferenças que separam a simulação do *abuso de direito* (*tópico 9.6*). Caso se persistisse na confusão entre o negócio simulado e o "negócio aparente", seria tentador afirmar que o primeiro decorre de um abuso da autonomia privada, isto é, do exercício abusivo da faculdade de celebrar negócios jurídicos. Todavia, uma vez que se tenha em mente que o negócio simulado se reveste da aparência enganadora, pois a ilusão negocial é um produto dele, então, será possível notar que o programa simulatório, tomado como peculiar manifestação da autonomia privada, não é abusivo, porque não poderia ser empreendido de um modo tal que não fosse em si já ilegal; ou seja: a ação de simular não é em princípio legítima, de modo a poder tornar-se abusiva em função do modo como concretizada, mas por si já é antijurídica, haja vista a sanção de nulidade lhe ser aplicável em qualquer circunstância. Daí o descabimento da associação entre simulação e abuso de direito.

9.1 Reserva mental

A expressão *reserva mental* é geralmente utilizada para se fazer referência à divergência voluntária entre a vontade determinada mas não

AS FRONTEIRAS SISTEMÁTICAS DA SIMULAÇÃO 141

manifestada pelo declarante e aquela efetivamente consubstanciada na declaração.[1] O CC dela trata no art. 110, estabelecendo que, salvo quando conhecida pelo destinatário da declaração, não prejudica a validade desta.[2]

Diz-se que o declarante que age com reserva mental não quer aquilo que se encontra declarado, com o intuito de enganar a contraparte. O declarante pretende que o destinatário da declaração tome suas palavras como sérias, embora nutra a esperança de que o negócio celebrado não venha a produzir efeitos. O propósito de engano é exemplificado pela doutrina com base em situações como as seguintes: um amigo empresta dinheiro a outro que ameaçava suicidar-se, para dissuadi-lo desta medida (o mutuante não queria emprestar, mas salvar a vida do mutuário); um homem, querendo manter conjunção carnal com uma mulher, diz que a toma por esposa (o cônjuge varão não queria se casar, mas apenas manter conjunção carnal com a cônjuge mulher); um escritor, para alçar fama de virtuoso e vender mais livros, diz que os fundos obtidos com a comercialização de uma obra sua seriam destinados a caridade (o escritor não queria promover a filantropia, mas maximizar seus lucros).[3]

A consideração dos exemplos acima aludidos causa espécie; se aquelas circunstâncias fossem caracterizadoras da reserva mental, então, ela estaria presente em muitíssimos atos humanos. O jovem indolente não quer trabalhar, apenas ganhar dinheiro para poder sair da casa dos pais; o namorado não quer comprar flores para presentear a namorada, mas o faz porque tem receio de ser considerado desatencioso para com a companheira etc. Seriam, estes, casos de reserva mental?

Não nos parecem despropositadas, nesta sede, as críticas de Köhler, segundo as quais precisamente porque a declaração é efetivamente emitida, não pode ser contrária a uma vontade pressuposta como existente no interior recôndito da mente.[4] Seguindo a mesma linha de ideias,

---

1. G. A. Nuti, *La Simulazione del Contratto nel Sistema del Diritto Civile*, Milão, Giuffrè, 1986, p. 135.

2. CC de 2002: "Art. 110. A manifestação de vontade subsiste ainda que o seu autor haja feito a reserva mental de não querer o que manifestou, salvo se dela o destinatário tinha conhecimento".

3. N. Nery Júnior, *Vícios do Ato Jurídico e Reserva Mental*, São Paulo, Saraiva, 1983, pp. 20-21. Exemplos semelhantes são colacionados por A. von Tuhr, *Der allgemeine Teil des deutschen bürgerlichen Rechts*, trad. esp. de T. Ravà, *Derecho Civil – Teoría General del Derecho Civil Alemán* (1910-1918), vol. II ("Los Hechos Jurídicos"), Madri, Marcial Pons, 2005, p. 498.

4. Köhler *apud* N. Distaso, *La Simulazione dei Negozi Giuridici*, Turim, UTET, 1960. O autor ilustra seu pensamento dizendo que um homicida não pode portar e

142 A SIMULAÇÃO NO DIREITO CIVIL

Messina assinala que a reserva mental, entendida como um dizer "sim" pensando "não", deve ser tida como juridicamente impossível, permanecendo cogitável tão somente aos autores dos tratados de Teologia Moral.[5]

Conquanto não nos pareça lícito, em vista do que dispõe o art. 110 do CC, asseverar que a reserva mental seja impossível, não conseguimos admitir que o legislador se tenha dado ao trabalho de disciplinar um incidente que poderia ser resumido como "fazer algo a contragosto". O modo como em geral se fala do engano perpetrado pela reserva mental – ou seja, o "fazer algo apenas para (...)" – evidencia que o fenômeno tem sido tratado como concernente ao plano dos motivos. O motivo que induz o sujeito a emitir a declaração não é de todo harmonioso com tal conduta, uma vez que o negócio jurídico afigura-se um meio (inconveniente, mas necessário) à obtenção de um ulterior resultado de ordem prática. Mas se os motivos são, em regra, irrelevantes para o Direito, qual seria o propósito do art. 110?

Ao que nos parece, o citado dispositivo tem por escopo disciplinar a *reserva mental conhecida*. O declarante pronuncia "A" com a ressalva de que isto significa "B" ou "não A", e o declaratário tem conhecimento disto. Daí se mostrar mais consistente a descrição da reserva mental como unilateral modificação do significado dos termos empregados,[6] isto é, a utilização pelo declarante de expressões com vários significados possíveis mas com a reserva interior de que apenas um deles deve valer.[7] Em tal contexto, a primeira parte do art. 110 não faz mais que ratificar o que estabelece o art. 112, ou seja: que a declaração se interpreta segundo

não portar, ao mesmo tempo, a vontade de matar; analogamente, quem, em modo consciente, diz "compro", conclui uma ação de vontade juridicamente relevante, mostrando-se absolutamente descabida a conjectura sobre a existência de um querer transcendente em sentido contrário.

5. G. Messina, "La simulazione assoluta", in *Scritti Giuridici (1907-1908)*, vol. V, Milão, Giuffrè, 1948, p. 88.

6. Como sugerem: G. Messina, "La simulazione assoluta", cit., in *Scritti Giuridici (1907-1908)*, vol. V, p. 88; W. Flume, *Allgemeiner Teil des Bürgerlichen Rechts. Zweiter Band, Das Rechtsgeschäft*, vol. 2: *Das Rechtsgeschäft*, 4ª ed., *Enzyklopädie der Rechts-und Staatswissenschaft* (1992), trad. esp. de J. M. M. González e E. G. Calle, *El Negocio Jurídico*, Madri, Fundación Cultural del Notariado, 1998, p. 481; K. Larenz, *Allgemeiner Teil des deutschen Bürgerlichen Rechts* (1975), trad. esp. de M. Izquierdo e Macías-Picavea, *Derecho Civil – Parte General*, Madri, EDERSA, 1978, p. 498.

7. Cf. P. C. C. da Mota Pinto, *Declaração Tácita e Comportamento Concludente no Negócio Jurídico*, Coimbra, Livraria Almedina, 1995, p. 265.

AS FRONTEIRAS SISTEMÁTICAS DA SIMULAÇÃO 143

a vontade nela "consubstanciada".[8] A irrelevância da reserva mental é referida não porque tal se mostra necessário à determinação daquela,[9] mas com o objetivo de tornar evidente, por oposição, a relevância da reserva mental na hipótese de ela ser conhecida pelo destinatário da declaração (como especificado na segunda parte do art. 110).

A questão que surge neste passo diz respeito à relevância que a norma atribui à reserva mental conhecida: o negócio jurídico celebrado em tais circunstâncias seria *simulado* ou *inexistente?*

A opinião de que a reserva mental conhecida é equiparável à simulação parte do pressuposto de que a simples ciência da ressalva basta à criação da aparência enganadora.[10] Isto, porém, não parece poder ser assumido como regra válida para a universalidade dos casos. De fato, não necessariamente aquele que sabe que a declaração da contraparte foi reservada aceita tê-la como ineficaz. Desse modo, é possível, por exemplo, que o doador declare com reserva mental fazendo esta circunstância chegar ao conhecimento do donatário, o qual, a despeito de saber da reserva, pretenda tornar-se dono da coisa. Em tal situação o negócio jurídico deve ser predicado como *inexistente,*[11] pois as vontades das partes não chegam a se enlaçar de maneira a vinculá-las.

Deve-se, pois, diferenciar as situações em que a reserva mental é conhecida mas desconsiderada pelo destinatário da declaração daquelas em que este adere a ela, ainda que por meio do comportamento concludente. No primeiro caso há puro *dissenso*, em vista do qual o negócio jurídico sequer adentra o plano da existência. Se "A" declara

8. CC de 2002: "Art. 112. Nas declarações de vontade se atenderá mais à intenção nelas consubstanciada do que ao sentido literal da linguagem".

9. Sobre o caráter supérfluo da previsão legal da irrelevância da reserva mental, cf.: A. von Tuhr, *Derecho Civil – Teoría General del Derecho Civil Alemán* (1910-1918), cit., vol. II, p. 497.

10. G. Pugliese, *La Simulazione nei Negozi Giuridici – Studio di Diritto Romano*, Pádua, CEDAM, 1938, pp. 18-19.

11. J. Schapp, *Einführung in das Bürgerliche Recht* (2003), trad. port. de M. G. L. Rurack e K.-P. Rurack, *Introdução ao Direito Civil*, Porto Alegre, Sérgio Antônio Fabris Editor, 2006, pp. 262-263.
É conveniente, ademais, não confundir a *reserva aberta* com a *reserva descoberta*. Se um terceiro, que não age em nome do declarante, alerta o declaratário sobre a reserva mental daquele, então, o negócio jurídico pode ser válido ou inexistente, a depender de a reserva mental ser descoberta antes ou depois do intercâmbio de declarações. Nenhum destes casos de reserva mental conhecida, porém, é equivalente à simulação (cf. G. D. Kallimopoulos, *Die Simulation im bürgerlichen Recht – Eine rechtsdogmatische Untersuchung*, Munique, Versicherungswirtschaft Verlag, 1966, p. 40.

144 A SIMULAÇÃO NO DIREITO CIVIL

com reserva mental e "B", embora sabendo disso, declara sem reserva mental, não se forma o acordo de vontades de que depende a construção do suporte fático do negócio jurídico. A vontade oculta deixa de sê-lo, e, portanto, reduz-se a uma *não vontade* declarada por "A". A declaração realizada com reserva conhecida torna-se uma *declaração de ciência*, descritiva do conteúdo prescritivo que lhe poderia ser atribuído.[12] Já, no segundo caso a adesão do destinatário da declaração forçosamente dá origem a um acordo.

É preciso, porém, tomar cuidado para não confundir a simulação com a *dupla reserva mental aberta*. De fato, apenas quando o declarante pode conhecer (i) da reserva mental da contraparte e (ii) do fato de a sua própria reserva mental ser conhecida pela contraparte (isto é, saber que o outro sabe) é adequado concluir ter-se estabelecido uma relação negocial simulada. O simples fato de existir dupla reserva mental conhecida não significa que tenha havido dupla adesão – logo, tenha surgido o acordo. É como se a reserva mental aberta pudesse ser vista como uma "proposta para simular"; como se sabe, toda proposta requer uma resposta, sob pena de se tornar inócua. Se as partes apresentam cada qual sua "proposta de simular" mas não recebem a aceitação da contraparte, expressa ou tácita, e, sobretudo, se nem mesmo obtêm a confirmação de que sua oferta foi recebida e compreendida pelo destinatário, então, não se poderá reputar, por qualquer dos lados, como concluído o acordo. Sob tal circunstância, as duas reservas mentais abertas acarretarão a inexistência do negócio jurídico, não a formação do negócio simulado.

Bem se entende, assim, por que o Direito Brasileiro, primando pelo rigor técnico, não repetiu a fórmula do n. 2 do art. 244º do CC português[13] e porque não é correta a afirmação de que a reserva mental

---

12. Cf. J. C. Moreira Alves, *A Parte Geral do Projeto de Código Civil (Subsídios Históricos para o Novo Código Civil Brasileiro)*, 2ª ed., São Paulo, Saraiva, 2003, p. 109; G. A. Nuti, *La Simulazione del Contratto nel Sistema del Diritto Civile*. Milão, Giuffrè, 1986, p. 136; e A. Gentili, "Simulazione", in Mario Bessone (dir.), *Trattato di Diritto Privato*, t. V ("Il Contratto in Generale"), Turim, Giappichelli, 2002, p. 551.

13. CC português:

"Art. 244º. *(Reserva mental)*

"1. Há reserva mental sempre que é emitida uma declaração contrária à vontade real com o intuito de enganar o declaratário. 2. A reserva não prejudica a validade da declaração, excepto se for conhecida do declaratário; neste caso, a reserva tem os efeitos da simulação."

AS FRONTEIRAS SISTEMÁTICAS DA SIMULAÇÃO 145

conhecida sempre deve ser equiparada à simulação.[14] O art. 167 do CC brasileiro somente se aplica diante da existência de um acordo (que não é autônomo, como já salientado no *tópico 6.1*, mas expressa o caráter voluntário e convencional do fenômeno simulatório). Por seu turno, o art. 110 aplica-se, substancialmente, aos casos de reserva mental conhecida mas não subscrita pela contraparte. Neste caso o negócio jurídico deve reputar-se inexistente, não simulado.

Disto se extrai que, enquanto a reserva mental é *unilateral* (embora possa ser dupla), a simulação é ao menos *bilateral* (não se exclui que seja plurilateral). Tal se dá porque a reserva mental, mantida em sigilo ou conhecida, afigura-se completamente imersa em subjetividade, pelo quê não adere a um suporte fático objetivamente apreciável do ponto de vista jurídico. À medida, porém, que surge um acordo sobre a reserva mental, ela deixa de ser um mero fato psicológico, para integrar o suporte fático de um negócio jurídico, enquanto elemento estrutural (objeto) e funcional (causa) deste. A reserva mental *bilateralizada* e *objetivizada* é denominada no Código Civil *simulação*, e se sujeita ao regime da nulidade. A reserva mental unilateral e desconhecida não possui qualquer efeito, ao passo que a reserva mental unilateral conhecida induz a inexistência do negócio jurídico.

Este entendimento é confirmado – sublinhe-se – pelo exame da evolução a que se submeteu a disciplina da simulação no curso da história do Direito Brasileiro. Consoante narra Custódio da Piedade Ubaldino Miranda,[15] o *Esbôço* de Teixeira de Freitas distinguia a simulação dos atos jurídicos em geral (art. 521, incisos 1º e 2º) da simulação dos atos entre vivos (art. 522, incisos 1º e 2º). Os Projetos de Coelho Rodrigues e o *Projecto Primitivo* de Clóvis Bevilácqua, por seu turno, não se referiam à simulação dos atos jurídicos em geral, aludindo apenas à simulação dos atos entre vivos. O *Projecto Primitivo*, no entanto, distinguia a simulação da reserva mental, na seção denominada "Da Simulação e Reserva Mental", a qual abarcava o art. 105, redigido de maneira muito semelhante à redação do art. 110 do CC de 2002: "A declaração de vontade subsiste válida ainda que o declarante haja feito a reserva mental de não querer o que declara, salvo se a pessoa, a quem for dirigida, tiver conhecimento da reserva".

---

14. Como defendem P. S. Gagliano e R. Pamplona Filho, *Novo Curso de Direito Civil – Parte Geral*, 13ª ed., vol. I, São Paulo, Saraiva, p. 412.

15. Custódio da Piedade Ubaldino Miranda, *A Simulação no Direito Civil Brasileiro*, São Paulo, Saraiva, 1980, pp. 50-52.

146 A SIMULAÇÃO NO DIREITO CIVIL

A Comissão Revisora rejeitou a proposição de Clóvis Beviláqua, por considerá-la omissa quanto à simulação dos atos *causa mortis* e à simulação inocente. Opinou, em vista disso, em favor da substituição dos artigos do *Projecto Primitivo* dedicados à simulação pelos respectivos dispositivos do *Esbôço*. Na sequência, a Comissão Especial do Senado alterou o Projeto em tramitação, incluindo e suprimindo disposições de modo a definir os termos que se ultimariam, mais tarde, positivados nos arts. 102 a 105 do CC de 1916.

Para Custódio da Piedade Ubaldino Miranda eram improcedentes as críticas da Comissão Revisora no sentido de que o *Projecto Primitivo* era omisso ao tratar apenas da simulação dos atos entre vivos. Segundo o autor, a simulação *stricto sensu*, exigindo como elemento do seu conceito o acordo entre as partes, só nos atos *inter vivos* poderia ocorrer. Nos demais atos – como, por exemplo, no testamento, destinado a surtir os efeitos por morte do declarante –, poderia dar-se apenas a reserva mental. De todo modo, com a supressão da figura da reserva mental, resultante da emenda do *Projecto Primitivo* mediante a incorporação dos dispositivos do *Esbôço*, ter-se-ia atribuído à simulação uma dimensão mais abrangente, incluindo-se aí os casos de reserva mental conhecida. A expressão "atos em geral" abrangeria, então, os atos *inter vivos* e *mortis causa* (que seriam apenas passíveis de reserva mental, não fosse pela redação dada à norma ao final de sua tramitação legislativa); dessa feita, a simulação, tal qual positivada pelo legislador de 1916, passou a englobar a reserva mental aberta.

Volvendo os olhos ao Código Civil de 2002, nota-se ter o legislador adotado uma posição diferente no que se refere à reserva mental. Assumiu que seria pertinente incluir um artigo dedicado a ela, assim como entendera Clóvis Beviláqua. Ora, se a supressão do dispositivo dedicado à reserva mental quando da tramitação do Código Civil de 1916 teria significado a ampliação do raio de abrangência da simulação, qual seria a consequência da mudança de critério operada pelo legislador de 2002? Ao que nos parece, somente há uma resposta: o tratamento da reserva mental aberta em uma norma destacada do art. 167 implica a redução da amplitude do instituto da simulação, e, por conseguinte, a confirmação da distinção entre as duas figuras.

9.2 Falsidade

A doutrina não hesita ao distinguir a simulação da *falsidade material*. Nesta o documento original é fisicamente manipulado. Pense-se

AS FRONTEIRAS SISTEMÁTICAS DA SIMULAÇÃO 147

num cheque emitido pelo valor de R$ 100,00 o qual, vindo a ser adulterado, passa a indicar o valor de R$ 1.000,00. A atuação do adulterador, neste caso, modifica a feição atual do documento, fazendo-a contrastar com a original. Não se estabelece, a rigor, apenas um descasamento entre o documento e o fato por ele representado, como também entre o documento e ele próprio, em suas versões original e falsificada. A discussão em torno da materialidade do documento, à evidência, não tangencia o tema da simulação, limitando-se à prova sobre o fato da adulteração.[16]

Mais complexo é, contudo, o confronto entre a simulação e a *falsidade ideológica*. Neste caso a informação contida no documento não se reputa verdadeira; a atuação do falsificador não se volta, pois, apenas contra o *meio*, mas também contra a *mensagem*.

Sobre o tema, Ferrara defende que a simulação disfarça o consentimento, ou seja, o elemento subjetivo, ao passo que a falsidade ideológica altera a verdade do conteúdo das declarações emitidas. Em vista disso, somente pode ser falsa a escritura lavrada perante o tabelião, e apenas na medida em que ela atesta fatos históricos que não tenham ocorrido. Se o oficial público permite constar da escritura que Caio e Tício estiveram em sua presença quando, na verdade, isto jamais ocorrera, o evento da declaração torna-se inverídico, e a escritura, por conseguinte, encontra-se maculada pela falsidade ideológica.[17]

Beleza dos Santos estatui, a este propósito, que a simulação não implica, forçosamente, a falsidade ideológica do documento em que se plasma o negócio jurídico; este deve reputar-se verdadeiro se retrata fielmente todos os fatos ocorridos, o teor das declarações emitidas e as formalidades realizadas no ato de sua produção. Assim, somente há falsidade ideológica se o documento falha em relatar a realidade histórica das declarações nele inscritas. A simulação, diversamente, macula a gênese da declaração, e, por conta disso, é anterior ao próprio documento;

16. V., a propósito: F. Ferrara, *Della Simulazione dei Negozi Giuridici* (1922), trad. port. de A. Bossa, *A Simulação dos Negócios Jurídicos*, São Paulo, Saraiva, 1939, pp. 117-118. A distinção aludida no texto é assim traçada por J. Beleza dos Santos (*A Simulação em Direito Civil* (1955), 2ª ed., São Paulo, Lejus, 1999, p. 75): "Entre a falsidade material e a simulação a diferença é evidente: aquela consiste ou na suposição do documento ou na viciação da data, contexto ou assinaturas (...) e supõe, por isso, a viciação material da parte do documento, da sua data, do seu contexto, das suas assinaturas, ou a sua falsificação total; a simulação nada tem, evidentemente, com a materialidade do documento, mas sim com a formação do ato jurídico que ele traduz".

17. F. Ferrara, *A Simulação dos Negócios Jurídicos*, cit., pp. 118-120.

148 A SIMULAÇÃO NO DIREITO CIVIL

o consentimento falta, pois as declarações, conquanto verdadeiras, são *insinceras*.[18]

Seguindo semelhante linha de pensamento, Pestalozza observa que a simulação recai sobre o conteúdo volitivo do negócio jurídico e se opera mediante a inserção no documento de uma vontade que os contraentes não cultivam. Como consequência, a simulação não se deve confundir com a falsidade ideológica, a qual atinge o documento enquanto atestação de uma ordem de fatos. A declaração simulada é efetivamente aquela que aparece no documento, o qual registra um fato verdadeiro; os declarantes, no entanto, escondem a verdadeira vontade, fazendo, assim, aparecer uma vontade não verdadeira.[19]

Carnelutti, em notável esforço de sistematização da matéria, propõe que o estudo sobre a falsidade ideológica deve assumir como ponto de partida a distinção entre *declarações de verdade* e *declarações de vontade*. Mente-se quando se narra, simula-se quando se declara o querer. Em vista disso, a falsidade ideológica somente pode acometer o documento *narrativo* (isto é, o documento que registra um fato ou ato não negocial); o contraste entre o conteúdo e a realidade de um documento *dispositivo* (isto é, o documento que formaliza uma declaração negocial), por outro lado, configura a simulação, não a mentira.[20] O documento dispositivo, todavia, conquanto insuscetível de falsidade ideológica, pode sujeitar-se a *contrafação*,[21] que atinge sua identidade, de modo a fazê-lo parecer outro. Os aspectos desta identidade são colhidos nas suas parcelas *informativas*,[22] das quais constam os dados sobre *quem* o produziu, *onde* e *quando* isto ocorreu.[23]

Estabelecido nestes termos o debate, consideremos algumas hipóteses para prosseguir no exame do confronto entre a falsidade ideológica e a simulação:

    (i) Em escritura particular Caio e Tício declaram "A", mas não pretendem vincular-se ao teor desta declaração.

18. J. Beleza dos Santos, *A Simulação em Direito Civil* (1955), 2ª ed., pp. 75-76.

19. F. Pestalozza, *La Simulazione nei Negozi Giuridici*, Milão, Società Editrice Libraria, 1919, p. 7.

20. F. Carnelutti, *Teoria del Falso*, Pádua, CEDAM, 1935, p. 49.

21. Idem, p. 157.

22. Idem, ibidem.

23. F. Carnelutti, *Teoria del Falso*, cit., p. 155.

AS FRONTEIRAS SISTEMÁTICAS DA SIMULAÇÃO 149

(ii) De escritura particular produzida por Caio consta que Mévio e Semprônio declaram "A", quando tal fato jamais ocorrera; Caio forja as assinaturas de Mévio e Semprônio.

(iii) Em escritura particular datada de 2.1.2014 Caio e Tício declaram "A", mas a declaração ocorrera em 2.12.2013.

(iv) Em escritura particular que indica como local de celebração Barueri, Caio e Tício declaram "A" mas a declaração fora emitida em São Paulo.

(v) Em documento particular Caio confessa "A", embora não tenha praticado "A";

(vi) Em escritura pública assinada por Caio e Tício encontra-se a declaração "A", mas as partes não pretendem vincular-se ao teor desta declaração.

(vii) O oficial público certifica que Caio e Tício declararam "A", quando tal fato jamais ocorrera.

(viii) Em escritura pública datada de 2.1.2014 Caio e Tício declaram "A", mas a declaração ocorrera em 2.12.2013.

(ix) Em escritura pública que indica como local de celebração Barueri, Caio e Tício declaram "A", mas a declaração fora emitida em São Paulo. E:

(x) em instrumento público, Caio confessa "A", embora não tenha praticado "A".

Dos casos acima aludidos, (i) e (vi) não caracterizam instâncias de falsidade ideológica ou contrafação, pois ali o que se encontra em jogo é a *vinculabilidade* de declarações negociais, não a fidedignidade do documento. Bem de se ver, o documento dispositivo não pode ser ideologicamente falso em virtude do fato mesmo de que esta sua falsidade é impensável, porquanto o *dever-ser* não é nem verdadeiro, nem falso. Se o público interpreta e qualifica equivocadamente o negócio jurídico, falsas são a interpretação e a qualificação a ele atribuídas. O negócio jurídico não é apenas o produto articulado de fatos naturais (*e.g.*: a declaração, a vontade, o documento, a entrega da coisa etc.), mas também um esquema conceitual, capaz de expressar de uma só vez o regulamento vinculante de interesses estabelecido pelos particulares no campo de suas relações econômico-sociais.[24] Se o instrumento, público ou particular, diz que "Caio promete doar a Tício", sendo o ato dispositivo, a declaração se consubstancia no suporte material que o formaliza

---

24. R. Scognamiglio, *Contributo alla Teoria del Negozio Giuridico* (2ª ed. 1969), Nápoles, Jovene, 2008, pp. 98-99 (102-103).

150 A SIMULAÇÃO NO DIREITO CIVIL

(conforme o art. 112[25]). O que o documento retrata (ou, melhor, dispõe) não é somente a sequência de fatos naturais (*e.g.*: Caio abriu a boca e pronunciou as seguintes palavras: "prometo"; "doar"; "a"; "Tício"), mas um sentido completo, apreensível do comportamento negocial. Neste contexto se pode, pois, cogitar de simulação, não de falsidade.

Este ponto merece ser enfatizado: se Caio ostensivamente declara "obrigo-me" mas secretamente declara "não me obrigo", ainda assim não é adequado predicar como falsa a declaração ostensiva, pois ela sequer declaração é. Como registramos no *tópico 3.2*, a declaração ostensiva e a oculta, ainda que formalizadas em instrumentos distintos, formam uma unidade de sentido *incindível*,[26] e aquilo que se mostra ao público, embora seja equivocadamente tomado por verdadeira manifestação de vontade, não passa de uma *não declaração*.[27] Sejam "A" e "B" as supostas declarações das partes, não ocorre, ademais, de "B" (contradeclaração) neutralizar "A" (declaração ostensiva), porque no processo de manifestação da vontade, que envolve a produção de um único suporte fático, a única declaração emitida é uma terceira, "C", síntese da verbalização conjunta de "A" e "B". Ou seja, "A" não chega nem mesmo a entrar no mundo jurídico para que possa ser neutralizada; "A" e "B" são como vetores que representam componentes da resultante "C", a qual – esta, sim – reveste-se de relevância jurídica. O negócio simulado pressupõe a emissão de uma declaração passível de se tornar apenas parcialmente ostensiva. Entre a declaração ostensiva e a oculta não há contradição, pois a aparente discrepância somente surge no confronto entre a estrutura negocial criada pelas partes e a imagem desta que a comunidade toma como verdadeira.

Já, nos casos (ii), (iii), (iv), (v), (vii), (viii), (ix) e (x), não se pode negar a caracterização da falsidade ideológica – com maior rigor, da contrafação, nos casos (ii), (iii), (iv), (vii) e (viii). Deve-se ter em conta, nesta sede, que toda declaração dispositiva veicula também um conteúdo assertivo (da ordem do *ser*), relacionado às circunstâncias espaço-temporais de sua emissão, aos fatos naturais com base nos quais isto ocorreu e ao seu significado jurídico. Quanto a este último, como assinalamos anteriormente (*tópico 5.3*), a pertinente descrição somente pode ser

25. CC de 2002: "Art. 112. Nas declarações de vontade se atenderá mais à intenção nelas consubstanciada do que ao sentido literal da linguagem".
26. R. Sacco e G. De Nova, *Il Contratto*, 3ª ed., t. 1, Turim, UTET, 2004, p. 653.
27. Idem, p. 647.

AS FRONTEIRAS SISTEMÁTICAS DA SIMULAÇÃO   151

apreendida por terceiros, pois eles se encontram em posição de converter a linguagem do *dever-ser* na do *ser*. Por outro lado, a descrição em que se fundam as parcelas informativas ou das circunstâncias negociais (data, local) e da identidade dos signatários) pode ser formulada pelo(s) próprio(s) autor(es) do documento, sem a necessidade de qualquer juízo externo; logo, pode ser falsa independentemente de ensejar a ilusão negocial.

A verificação da falsidade ideológica ou da contrafação, no entanto, não exclui a possibilidade da simulação. Isto pois o art. 167 do CC a incluiu no rol de hipóteses típicas de simulação (conforme evidenciam os incisos I e III do § 1º do art. 167, que tratam, respectivamente, da simulação subjetiva em termos genéricos e da antedata e da pós-data).

Ademais, o inciso II do § 1º do artigo 167 prevê a simulação de declarações de ciência, como a confissão. Mas não é qualquer falsidade ideológica ou contrafação que pode ser identificada com a simulação. Como destacado no tópico 9.1, a simulação deve ser ao menos bilateral, pois, do contrário, não se revestiria de mínima objetividade o agir negocial dos simuladores. Ademais, a norma não admite a simulabilidade de circunstâncias negociais (tempo e lugar) de escrituras públicas. Por conseguinte, a falsidade ideológica e a contrafação, desde que deliberadas conjuntamente pelas partes (ou entre a parte e os contrainteressados, conforme exposto no tópico 10.4), e não relacionadas a circuntâncias negociais de escrituras públicas (o que não exclui a simulabilidade de declarações de ciência contidas em escrituras públicas), parece-nos poder ser identificada com a simulação. É possível, então, que nos casos (ii), (iii), (iv), (v) e (x), haja falsidade ideológica, ou contrafação, e simulação, concomitantemente; ou, melhor dizendo, nestas hipóteses, pode a falsidade coincidir com a simulação.

Com efeito, por expressa previsão legal, pode dar-se a implementação da simulação *apesar* da falsidade ideológica ou da contrafação. Ao que tudo indica, a norma admite que falsidade ideológica (ou contrafação) e simulação não são conceitos mutuamente excludentes, pelo que a primeira pode inserir-se no programa simulatório, como uma das etapas de que se valem as partes para o estabelecimento da ilusão negocial – desde que, é claro, tal artifício tenha sido adotado de comum acordo pelos simuladores (ou entre a parte e os contrainteressados, conforme exposto no tópico 10.4).[28]

---

28. Esta interpretação concilia-se com a inspiração romanística presente no texto do § 1º do artigo 167, o qual, em última instância, provém do *Esbôço* de Tei-

152 A SIMULAÇÃO NO DIREITO CIVIL

Neste estado de coisas, as diferenças entre simulação e falsidade ideológica (ou contrafação) devem ser enumeradas sob uma dúplice perspectiva: (i) a do *objeto* a que dizem respeito, e (ii) a da *relação contextual* que entre elas se pode instituir. Do ponto de vista do objeto, a simulação macula o negócio jurídico, e a falsidade ideológica (ou contrafação) atinge o documento; mais precisamente, a simulação torna não verdadeiras a interpretação e a qualificação que o público atribui ao negócio jurídico, a falsidade ideológica (ou contrafação) resulta da inveracidade do fato representado pelo documento (que já é, em si, uma interpretação, ou então uma tradução, de uma realidade subjacente). No que tange à relação contextual que entre simulação e falsidade ideológica (ou contrafação) se pode instituir, a primeira figura sempre como fim, e a segunda pode servir como meio à obtenção daquela. De todo modo, é bom ficar claro que pode haver falsidade ideológica (ou contrafação) sem simulação, e simulação sem falsidade ideológica (ou contrafação).

xeira de Freitas. De fato, o direito romano concebia a simulação como uma espécie de falsidade.

Ao examinar os textos do código de Justiniano relativos à simulação (C. 4, 22: *plus valere quod agitur, quam quod simulate concipitur*; C. 4, 22, 1: *In contractibus rei veritas potius quam scriptura prospici debet*; C. 4, 22, 2: *Acta simulata, velut non ipse, sed eius uxor comparaverit, veritatis substantiam mutare non possunt. questio itaque facti per praesidem examinabitur provinciae*), G. Pugliese (*La simulazione...* cit., nota 1, p. 174; 223-225) demonstra que a simulação (que não fora objeto de um tratamento sistemático, pelos romanos, senão durante o período justinianeu) não correspondia a um fenômeno amplo. Diversamente, os textos tratavam, especificamente, da situação em que existia uma divergência entre uma declaração de vontade e um *documento*. A *veritas rei* ou a *veritatis substatantiam* corresponderiam ao negócio jurídico celebrado; a simulação, por seu turno, seria concretizada por meio do documento. O autor destaca que o documento não tinha, em Roma – como ocorre no direito moderno – *função dispositiva*. Servia, portanto, como mero *meio de prova*. Disso decorria o caráter limitado da simulação, que não passava da *falsa atestação de um fato*. O verbo *concipitur* significaria, na fórmula da rubrica que encabeça o título C, 22, "*exprimire*", "*pronunciare*", "*proferre*". Segundo o autor, teria ocorrido uma relevante deturpação do sentido original da simulação em virtude de interpolações ocorridas durante a fase do direito comum; de todo modo, o *simulare* original somente compreenderia a falsa informação sobre um estado de coisas.

Em sentido semelhante, N. DUMONT-KISLIAKOFF (*La simulation...* cit, nota 1, p. 15-28; 202), após realizar uma extensa pesquisa sobre o uso das palavras *simulare* e *fingere* na época romana, conclui que estes eram empregados com o sentido de fingir, imitar, falsear a realidade, imaginar, inventar, fraudar, encenar. Para a autora, a simulação concebida pelos romanos remeteria à criação de uma aparência mediante a simples afirmação de fatos falsos.

AS FRONTEIRAS SISTEMÁTICAS DA SIMULAÇÃO 153

9.3 Falsa qualificação

A simulação não se confunde com a *falsa qualificação*.[29] A qualificação de um contrato é a operação lógica pela qual este é classificado, categorizado, reconduzido a um tipo legal. Trata-se de "um juízo predicativo que tem como objecto um contrato concretamente celebrado e que tem como conteúdo a correspondência de um contrato a um ou mais tipos, bem como o grau e o modo de ser dessa correspondência".[30]

A qualificação dá-se com base nos chamados "índices do tipo", dentre os quais se inclui a vontade manifestada pelas partes acerca do nome atribuído ao contrato. Com efeito, na maioria das vezes as partes estipulam, nos negócios que celebram, o tipo a que estes devem ser reconduzidos (no título ou preâmbulo do instrumento, ou numa cláusula). A formação da vontade e do acordo acerca do tipo negocial ocorre já na fase pré-contratual, quando as partes se entendem sobre o quadro regulativo com base no qual pretendem contratar. Elas indicam explicitamente um tipo ao qual o futuro negócio jurídico deve reconduzir-se (se objetivam celebrar um negócio típico). Podem, outrossim, escolher um "tipo de referência" (se querem celebrar um negócio atípico baseado numa versão modificada de um dado tipo). Por fim, podem até mesmo afastar completamente determinado tipo (se sua intenção é a de estabelecer uma relação negocial absolutamente atípica).[31]

---

29. A distinção entre a falsa qualificação e a simulação fora notada já por A. Butera (*Della Simulazione nei Negozi Giuridici e degli Atti "in Fraudem Legis"*, Turim, UTET, 1936, p. 50): "A eventual errônea denominação não deve ser confundida com o negócio simulado. Por isso, as partes, com os seus atos, miram a escopos práticos, e o verdadeiro *nomen iuris* é dado sempre pelo juiz. Ainda que estas denominem o negócio, durante a fase de execução, como relação de locação transformável em compra e venda após o pagamento da última parcela do preço, tudo isto não exclui que o ato seja, desde a sua origem, uma venda. (...). O *error in nomine negotii* não é simulação, pois o erro permanece completamente estranho à relação simulada" (tradução livre).

No original: "L'eventuale erronea denominazione non deve essere confusa col negozio simulato. Per altro, le parti, con i loro atti, mirano a scopi pratici e il vero *nomen iuris* è dato sempre dal giudice. Se pure le medesime denomino il negozio, durante lo stato di esecuzione, un rapporto locatizio, trasformabile, dopo pagata l'ultima rata di prezzo, in una compra-vendita, tutto ciò non esclude che l'atto sia, sin dalla sua origine, una vendita (...). L'*error in nomine negotii* non è simulazione, perché l'errore nel rapporto simulato rimane completamente estraneo".

30. P. Pais de Vasconcelos, *Contratos Atípicos*, Coimbra, Livraria Almedina, 1995, pp. 161-167.

31. Idem, p. 129.

154 A SIMULAÇÃO NO DIREITO CIVIL

A despeito de ser um índice do tipo, a qualificação eleita pelos contraentes não é absolutamente determinante. Embora normalmente exista harmonia entre a estipulação realizada pelas partes e os demais "índices do tipo", bem pode ocorrer de aquela não se conciliar com estes. A estipulação do tipo pode corresponder a uma falsa qualificação sempre que a escolha do tipo não atender ao tipo reclamado pela disciplina efetiva a que se submete a relação jurídica estabelecida pelas partes.[32]

Pais de Vasconcelos identifica uma semelhança entre a falsa qualificação e a simulação relativa. Para ele os negócios relativamente simulados caracterizam-se pela intencional estipulação de um tipo falso. Na simulação relativa a falsa qualificação "é feita para enganar terceiros"; ali, "não subsiste (...) uma vontade contratual que funde a estipulação do tipo, que não merece, assim, juridicidade".[33]

Esta opinião, conquanto correta, não atribui o devido relevo que a *imediatidade* da requalificação assume na distinção entre a falsa qualificação e a simulação. Embora a simulação relativa envolva, de fato, uma falsa qualificação, a inadequação do tipo estipulado pelos simuladores somente se revela à luz de elementos estranhos ao instrumento que formaliza o negócio jurídico. Como bem assinala Butera: "Na simulação, em regra, ressalta o sigilo: as partes que se exprimem abertamente, em geral, não simulam".[34] Quando, porém, as próprias cláusulas contratuais ou outros índices do tipo constantes da forma ostensivamente produzida (*e.g.*: objeto, qualidade das partes, a contrapartida etc.) permitem identificar, diretamente, a incorreção do *rótulo* atribuído pelas partes, caracteriza-se a falsa qualificação.[35] Com efeito, a possibilidade de o

32. Idem, p. 133.
33. Idem, p. 129.
34. A. Butera, *Della Simulazione nei Negozi Giuridici e degli Atti in Fraudem Legis*, cit., pp. 51-52 (tradução livre).
No original: "Nella simulazione, di regola, campeggia sempre la segretezza: le parti, che si esprimono apertamente, in generale, non simulano. Comunque sia, il certo è questo che l'atto simulato è sempre dichiarato nullo e di niun effetto (...), mentre rispetto all'atto oscuramente compilato, opera l'interpretazione integrativa del negozio lacunoso (...)".
35. Embora não examinemos neste trabalho as teorias sobre a simulação surgidas nos Países filiados ao sistema de *Common Law*, as palavras de M. Conaglen ("Sham trusts", *The Cambridge Law Journal* 67/186, Cambridge, 2008) vêm bem a calhar a esta altura da exposição: "This relates to the point made earlier regarding the conceptual difference between categorization of transactions on the one hand and application of the sham doctrine so as to ignore those transactions on the other. If it is objectively clear that the parties did not intend a transaction of *type-X* and in fact, as a matter of law, intended rights and obligations which constitutes a *type-Y* transac-

AS FRONTEIRAS SISTEMÁTICAS DA SIMULAÇÃO 155

intérprete requalificar o negócio jurídico valendo-se de dados colhidos diretamente da situação aparente exclui a relevância da aparência negocial; logo, descaracteriza a ilusão negocial. A requalificação imediata evidencia a ausência de simulação precisamente porque "as partes não ocultam uma realidade diferente daquela que aparece".[36]

Não cabe, pois, confundir a simulação com a "falsa demonstração". Com base no princípio *falsa demonstratio non nocet*, assegura-se que o efetivo e concorde significado atribuído pelas partes à declaração determine seu conteúdo válido, com absoluta independência do teor literal da fórmula pronunciada.[37] Assim, caso as partes atribuam ao negócio jurídico um *nomen juris* errado, incompatível com sua natureza (*e.g.*: intitulam, por exemplo, como "comodato" a "locação"), o intérprete não se encontra vinculado à incorreta denominação empregada pelos contraentes; nem esta prejudica a validade da avença, conforme sua adequada designação.

Segundo Flume, a alteridade deste fenômeno para com a simulação deriva da circunstância de o enquadramento do negócio jurídico concreto em um dos tipos legalmente previstos (isto é, a qualificação) ser uma questão de valoração normativa, a qual permanece, a todo tempo, indiferente à vontade das partes.[38] Esta explicação, contudo, não se afigura completa, pois também no que tange ao negócio simulado a qualificação da relação jurídica dá-se com base na lei, especialmente no momento posterior à descoberta do programa ilusório. Em vista disso, a diferença qualitativa entre a simulação e a falsa qualificação consiste na ilusão que a primeira cria, e que a segunda não implica.[39] Na simulação a superação do *nomen iuris* depende da identificação de elementos que, a princípio, são mantidos em segredo pelos contraentes; descobertos tais elementos, a (re)qualificação do negócio simulado dá-se de maneira idêntica à do negócio falsamente qualificado, segundo a máxima *falsa demonstratio non nocet*.

tion, then the Courts are capable of treating the transaction as one of *type-Y* without need of any sham doctrine: they can simply categories it as *type-Y*. Only where the objective appearance of the transaction is *type-X* do the Courts need a justification to look behind the objective appearance in order to get at 'the real truth of the matter'".

36. C. M. Bianca, *Diritto Civile* (2ª ed. 2000), vol. III ("Il Contratto"), Milão, Giuffrè, 2007, p. 698.

37. W. Flume, *El Negocio Jurídico*, cit., p. 364.

38. Idem, p. 484.

39. Cf. P. C. C. da Mota Pinto, *Declaração Tácita e Comportamento Concludente no Negócio Jurídico*, cit., p. 289, nota 243.

156 A SIMULAÇÃO NO DIREITO CIVIL

Considere-se um exemplo corriqueiro, para melhor compreensão da distinção acima destacada: Caio e Tício celebram contrato denominado "comodato" o qual tem por objeto o empréstimo de um automóvel, por Caio, e o pagamento de uma "contraprestação" mensal de R$ 250,00, por Tício. O próprio instrumento prevê a entrega do bem móvel infungível e a obrigação de pagamento da "contraprestação" mensal. Em tal caso seria um disparate cogitar-se de simulação, pois, deveras, a má qualificação da avença, a inadequação do *nomen juris*, é patente. O contrato de comodato é, por definição, gratuito; logo, a circunstância, imediatamente aferível, de o instrumento prever pagamento pelo uso da coisa evidencia que não se trata de comodato, mas de locação. Não há, sob tais circunstâncias, engano – logo, não se instala a ilusão negocial; a falsa qualificação mostra-se sem timidez, e, assim, não prejudica a validade do negócio jurídico: *falsa demonstratio non nocet*.

Cuidar-se-ia de simulação, no entanto, se o pagamento da "contraprestação" mensal não viesse previsto no instrumento, mas fosse realizado secretamente por Tício. Em tal cenário, qualquer terceiro que se deparasse com o instrumento teria justificadas razões para acreditar ter sido celebrado um contrato de "comodato", embora não tivesse plenas condições de tomar conhecimento, imediatamente, da onerosidade da relação jurídica, de que dependeria sua requalificação. Ocultada pelas partes uma parcela do comportamento negocial, de modo que o público seja levado a qualificar incorretamente o contrato, configura-se a ilusão negocial, que notabiliza a simulação.

Outro exemplo de má qualificação que foi, todavia, inadvertidamente confundida com simulação pode ser extraído da Ap. 0067388-34.2008.8.19.0001, apreciada pela 5ª Câmara Cível do TJRJ (rel. Des. Antônio Saldanha Palheiro, j. 13.12.2011).[40] Naquele caso os proprietários de um imóvel teriam, supostamente, simulado contrato de permuta

---

40. V. a ementa do precedente: "Locação não residencial – Locatário que alega ter sido preterido no seu direito de preferência para aquisição do imóvel locado – Requer a anulação do contrato de permuta celebrado pelos locadores, sob o fundamento de que houve simulação, uma vez que mais da metade do preço foi paga em dinheiro, bem como a adjudicação compulsória do imóvel – Inteligência dos arts. 27 e 33 da Lei n. 8.245/1991 – (...) – Contrato de permuta celebrado com previsão de pagamento de vultosa quantia em dinheiro, sendo apenas parte mínima do preço permutada por terrenos. O contrato é nulo, em virtude da simulação, devendo subsistir o que se dissimulou, ou seja, a compra e venda – Inteligência do art. 167 c/c art. 170 do CC – (...) – Parcial provimento ao recurso para anular o contrato de permuta e convertê-lo em contrato de compra e venda, consoante autoriza o art. 167, *caput*, c/c arts. 167, § 2º, e 170, todos do CC".

AS FRONTEIRAS SISTEMÁTICAS DA SIMULAÇÃO 157

com terceiro objetivando frustrar o direito de preferência do locatário, que somente poderia ser exercido caso a alienação se desse sob a modalidade da compra e venda. Do voto-condutor do aresto extraem-se as seguintes considerações:

O cerne da questão consiste em saber se o imóvel objeto da lide foi permutado ou vendido a terceiro, tendo em vista que o objeto da demanda é buscar o direito de preferência sobre o imóvel locado, que somente ocorrerá em caso de compra e venda, consoante os arts. 27 e 32 da Lei n. 8.245/1991, bem como se o apelante preencheu os requisitos previstos no art. 33 da referida lei, a fim de exercer o direito pleiteado.

O contrato de permuta está previsto no art. 533 do CC. É sabido que as coisas permutadas não precisam ter idêntico valor. A permuta é pura quando envolve simplesmente as coisas permutadas, sem qualquer complementação em dinheiro. Mas o pagamento de parte do preço em pecúnia não desqualifica a permuta, desde que claramente complementar e representativo de parcela minoritária do valor da coisa.

Deve-se ter em vista que o contrato de permuta anexado a fls. 61-63, tem como previsão de pagamento vultosa quantia em dinheiro (80%), sendo apenas parte mínima do preço permutada por dois terrenos, *o que desnatura o contrato de permuta previsto no art. 533 do CC.*

Vejamos quais foram os objetos permutados e os seus valores, conforme fls. 62-verso:

Prédio 140 – valor R$ 75.000,00 (propriedade dos locadores-réus); Prédio 142 – valor R$ 75.000,00 (propriedade dos locadores-réus) com os seguintes terrenos:

Área 3 – valor de R$ 15.000,00;

Área 4 – valor de R$ 15.000,00;

Diferença de R$ 120.000,00 recebida em dinheiro pelos primeiros permutantes-réus.

(...).

Destarte, diante da análise das provas verifica-se que restou caracterizada a simulação, mais especificamente na modalidade relativa, também denominada dissimulação. [*Fls. 7-9 – grifos nossos*]

Como se nota, o Tribunal fluminense manejou mal os conceitos de falsa qualificação e de simulação. Conforme se colhe da ementa do julgado: "(...) houve simulação, uma vez que mais da metade do preço foi paga em dinheiro (...)". Sucede, porém, que o caso não é de simulação, pois os próprios termos do instrumento examinado davam conta, imediatamente, de que teria havido pagamentos em dinheiro, cujos montantes corresponderiam a parcela substancial do valor do imóvel – circuns-

158 A SIMULAÇÃO NO DIREITO CIVIL

tância que desnatura o tipo "permuta". Não havia necessidade, pois, de declarar a nulidade do negócio simulado, com a subsequente declaração da subsistência do negócio dissimulado (isto é, compra e venda), pois a retificação do *nomen juris* mostrava-se viável imediatamente, sem a investigação de qualquer circunstância oculta.

Cumpre salientar, todavia, que nem sempre a falsa qualificação pode ser superada com facilidade, como nas situações anteriormente comentadas. Vejamos o seguinte exemplo, proposto por Bianca, que envolve operação um tanto mais complexa: um alienante transfere um bem a uma sociedade por certo preço, mediante o acordo de que o pagamento efetuado deve compensar o débito decorrente da subscrição, por ele efetuada, de ações representativas do capital social desta mesma sociedade. Segundo o sentido literal das declarações formalizadas pelas partes, estas teriam celebrado uma compra e venda e, sucessivamente, ajustado a compensação da obrigação de pagar o preço (a cargo da sociedade) com a obrigação de integralizar o capital subscrito (a cargo do vendedor). A interpretação literal, porém, não necessariamente se mostra suficiente para orientar a qualificação do negócio jurídico, sendo necessário, muitas vezes, examinar sua *substância econômica*. Quanto ao exemplo acima descrito, a investigação da operação econômica subjacente ao teor do instrumento é de grande relevância para a constatação da falsa qualificação.

Como sublinha Gabrielli,[41] o "contrato do Terceiro Milênio" deve ser entendido como *operação jurídico-econômica*, independentemente dos contornos formais que apresente externamente. Conquanto o contrato não seja redutível à operação econômica subjacente, ele é sempre um mecanismo de satisfação e a tutela de interesses concretos; por conta disto, a relação jurídica deve ser integrada mediante uma disciplina legal que seja apropriada à causa concreta, e, portanto, à *economia do negócio*.[42]

A noção de operação jurídico-econômica identifica uma sequência unitária que compreende o regulamento de interesses, todos os comportamentos que com este se relacionam para o alcance dos resultados queridos e a situação objetiva na qual o complexo de regras e os outros

41. E. Gabrielli, "Il contratto e le sue classificazioni", in P. Rescigno e E. Gabrielli (curs.), *Trattato dei Contratti*, 2ª ed., t. I ("I Contratti in Generale"), Turim, UTET, 2008, p. 59.

42. S. Pimont, *L'Économie du Contrat*, Aix-en-Provence, PUAM, 2004, pp. 64 e ss.

AS FRONTEIRAS SISTEMÁTICAS DA SIMULAÇÃO 159

comportamentos se colocam.[43] A *economia do negócio* é um *todo*, o conjunto e a ordem dos elementos necessários à persecução de um resultado. Ela enseja um exame abrangente da coerência do ato jurídico. Seu elemento central é a função que o ato desempenha em prol dos interesses das partes, a qual deve ser apreendida *globalmente* e *concretamente*. A economia do negócio apresenta-se, pois, como poderosa ferramenta da qual dispõe o intérprete para interpretar e qualificar a relação jurídica concretamente estabelecida pelos particulares.[44]

Nesta senda, é natural – sobretudo nos dias atuais, em que os negócios se tornam cada vez mais diversificados e sofisticados – que a qualificação seja orientada pela articulação que se estabelece entre todos os seus elementos (qualidade das partes, objeto, obrigações das partes, prazos etc.) e a operação econômica que as partes efetivamente implementam.

Em vista destas ponderações, voltemos ao exemplo sugerido por Bianca. Ali não parece existir uma incongruência literal entre as cláusulas do instrumento e o tipo eleito pelas partes (como ocorre com o comodato concluído entre Caio e Tício, citado linhas acima). Sucede, todavia, que tais cláusulas expressam uma operação econômica que não se concilia com a simples compra e venda. Não seria necessário investigar nenhuma circunstância prática colateral, antecedente ou sucessiva à emissão das declarações, para, com base no parâmetro da causa concreta, atestar que os negócios jurídicos praticados teriam sido mal qualificados. Em realidade, as partes não teriam realizado compra e venda alguma, mas ajustado a integralização de capital por meio da conferência de um bem, sujeita, portanto, à avaliação, segundo a legislação pertinente.[45] O caso, por conseguinte, é de falsa qualificação, pois o erro do tipo escolhido é constatável imediatamente, pelo exame da substância econômica da operação, tal qual expressa pelo teor do instrumento.

Frise-se que, ainda nesta situação mais complexa, em que o instrumento deve ser reinterpretado a partir de parâmetros econômicos, não cabe falar de simulação, a não ser que uma parcela dos elementos indiciários da operação econômica processada tenha sido mantida em sigilo pelas partes. É, com efeito, imperioso distinguir o sentido econômico que se atribui à transação com base nas próprias declarações formalizadas e

43. E. Gabrielli, "Il contratto e le sue classificazioni", cit., in P. Rescigno e E. Gabrielli (curs.), *Trattato dei Contratti*, 2ª ed., t. I, p. 60.
44. S. Pimont, *L'Économie du Contrat*, cit., pp. 63 e ss., 191 e ss. e 202 e ss.
45. C. M. Bianca, *Diritto Civile*, cit., (2ª ed., 2000), vol. III, p. 475.

160 A SIMULAÇÃO NO DIREITO CIVIL

publicizadas pelas partes[46] daquele que se apreende mediante ulteriores e mais aprofundadas investigações, voltadas à identificação de circunstâncias anteriores e posteriores à celebração do negócio jurídico. Como já enfatizamos (*tópico 6.2*), não se mostra razoável exigir do público o conhecimento de todas as circunstâncias práticas que envolvem determinada operação negocial. A substância econômica que a comunidade reconhece, segundo a normal diligência do "cidadão médio", limita-se à que exsurge das declarações que as partes formalizam (exceção feita aos casos em que o negócio jurídico se manifesta exclusivamente com base no comportamento concludente das partes).

Sobre o tema, Pimont explica que a requalificação do contrato pode dar-se, em alguns casos, com base em uma cláusula que exclui ou modifica um dos elementos essenciais do tipo negocial eleito pelas partes. Em outras situações, no entanto, o juiz pode atuar contrariamente ao sentido consubstanciado na declaração formalizada, dando proeminência à vontade "encarnada" em uma operação econômica.[47] No primeiro caso, segundo pensamos, não haveria nada que pudesse depor contra a validade do negócio jurídico; no segundo caso, porém, se a contrariedade ao sentido literal possível da declaração levasse em conta circunstâncias atinentes a uma operação econômica que transcendesse o texto do negócio jurídico, e emanasse do comportamento das partes, entendemos que aquela situação ilusória que caracteriza a simulação estaria presente.

Desse modo, se o sentido econômico que se pode extrair do conjunto de comportamentos precedentes e sucessivos à celebração do negócio jurídico desmente a estipulação de tipo realizada pelas partes, deve-se ter como positivo o diagnóstico da simulação, pois terá surgido a ilusão negocial.[48] Se, diferentemente, o sentido econômico considerado relevante para a requalificação se encontra plasmado no instrumento ou nos diversos instrumentos produzidos pelas partes (o que se dá sobretudo nos casos de *redes contratuais* e *contratos coligados*), não cabe cogitar de simulação, mas, quando muito, de falsa qualificação.

46. E. Danz, *Die Auslegung der Rechtsgeschäfte: Zugleich ein Beitrag zur Rechts- und Tatfrage* (1897), trad. esp. de W. Roces, *La Interpretación de los Negocios Jurídicos – Estudio sobre la Cuestión de Derecho e la Cuestión de Hecho*, Madri, Victoriano Suarez, 1926, pp. 107 e ss.) reporta-se aos fins econômicos "notórios".

47. S. Pimont, *L'Économie du Contrat*, cit., pp. 237-238.

48. Em sentido semelhante: J. Abeille, *De la Simulation dans le Droit des Sociétés*, Paris, LGDJ, 1938, p. 144.

AS FRONTEIRAS SISTEMÁTICAS DA SIMULAÇÃO

9.4 Fraude à lei

A simulação também não se confunde com a *fraude à lei*.[49] A primeira evidência da distinção encontra-se explícita no direito positivo. O art. 166, VI, do CC comina a sanção de nulidade ao negócio que "tiver por objetivo fraudar lei imperativa". O fato de um dispositivo normativo ter sido dedicado especificamente à disciplina da fraude à lei prenuncia a necessidade de assentar em termos precisos a distinção entre este instituto e a simulação, de que trata o art. 167.

Com base nos textos legados pelos romanos,[50] os autores modernos conceberam a fraude à lei como o comportamento das partes que, do ponto de vista formal e estritamente jurídico, não infringe a letra da lei, mas a contradiz substancialmente, no sentido e no escopo.[51] A partir desta noção geral, a doutrina da fraude à lei dividiu-se entre a *teoria objetiva* e a *teoria subjetiva*.

Para os adeptos da *teoria objetiva*, no negócio fraudulento há uma divergência entre os efeitos jurídicos e os efeitos econômicos. Desse modo, a utilização de um negócio por si lícito torna-se ilícita à medida que este produza resultados econômicos incompatíveis com a disciplina do respectivo tipo, os quais, circunstancialmente, são proibidos ou rejeitados pela ordem normativa.[52]

Segundo a *teoria subjetiva*, o negócio fraudulento não pode, a princípio, ser reprimido, pois isto se daria com base na aplicação analógica de uma norma excepcional (isto é, a norma proibitiva). Em vista disso, o combate à fraude à lei é normativamente autorizado em função do

---

49. M. A. Domingues de Andrade, *Teoria Geral da Relação Jurídica*, vol. II, Coimbra, Livraria Almedina, 2003 (reimpr.), pp. 180-181.

50. Sobretudo os seguintes fragmentos de Paulo e Ulpiano:

D. 1, 3, 29 – Paulus, *libro singolari ad legem Cinciam: Contra legem facit, quid id facit quod lex prohibet, in fraudem vero, qui salvis verbis legis sententiam eius circumvenit.*

D. h.t., 30 – Ulpianus, *libro IV ad edictum:* Fraus enim legi fit, ubi quod (lex) fieri noluit, fieri autem non vetuit; id fit; et quod distat ρητὸν ἀπὸ διανοίας hoc distat fraus ab eo quod contra legem fit.

51. U. Morello, *Frode alla Legge*, Milão, Giuffrè, 1969, p. 19. F. Ferrara (*A Simulação dos Negócios Jurídicos*, cit., pp. 91-92) expõe o seguinte: "Há um ponto em que estão de acôrdo todos os escritores: que a fraude constitue uma violação indirecta da lei, não segundo o seu conteúdo literal, mas segundo o seu espírito. Aquele que defrauda não contradiz as palavras da lei, pelo contrário, cinge-se respeitosamente à sua letra, mas, na realidade, vai contra o sentido da disposição, vem a frustrar a finalidade a que tendia o princípio jurídico (...)".

52. G. Cricenti, *Frode alla Legge*, 2ª ed., Milão, Giuffrè, 2008, pp. 29-30.

162 A SIMULAÇÃO NO DIREITO CIVIL

intento elusivo, isto é, da intenção das partes de se valer de um esquema típico alternativo àquele vedado pela lei com o objetivo precípuo de se furtar à incidência de uma disciplina jurídica mais restritiva. O intento elusivo é o motivo determinante do ato, ou seja, o movimento volitivo que conduz as partes a adotarem uma estrutura negocial em detrimento de outra.[53]

Mais recentemente, ciente das fragilidades das vertentes dogmáticas antes referidas,[54] tem-se esforçado a doutrina para formular uma teoria unitária da fraude à lei, destacando-se, neste mister, as proposições de Morello. Para autor a fraude à lei, objetivamente, caracteriza-se quanto a normas imperativas que prescrevem determinada disciplina a um resultado prático, não a uma forma de direito privado em especial. Apenas quanto a normas ditas "materiais" – ou seja, aquelas que disciplinam um específico resultado, não uma conduta em particular – é possível atribuir relevo à razão da proibição, passando a buscar-se no comportamento concreto dos particulares a infração indireta ou oblíqua à lei. Do ponto de vista subjetivo, a fraude à lei depende da constatação, por meio de índices sintomáticos, de que, mediante o emprego da estrutura negocial, as partes não perseguem objetivos dignos de tutela jurídica. Observadas estas premissas, é possível *desconsiderar* o aspecto nominal da operação negocial, sancionando-a em razão de seu caráter fraudulento.[55]

Nesta esteira, de acordo com Morello, a fraude à lei implica a superação das formas de direito privado empregadas pelos particulares em favor da elucidação da relação econômica subjacente ao negócio jurídico. Contudo, em atenção à tradição reinante nos Países filiados ao *Civil Law*, apegada às formalidades que envolvem a conclusão do negócio jurídico, este expediente somente pode ser empregado excepcionalmente, desde seja viável a demonstração do intento elusivo a partir de indícios objetivos, notadamente os seguintes:[56]

53. Idem, p. 32.

54. Ambas as teorias apresentam fragilidades. No que se refere à *teoria objetiva*, assinala-se que esta aproxima a fraude à lei, sobremaneira, à figura do negócio indireto, de modo que, a rigor, o negócio fraudulento não passa de um negócio atípico ilícito. Já, quanto à *teoria subjetiva*, tem-se afirmado que ela pressupõe uma indevida distinção entre o intento prático e o intento jurídico; no âmago do negócio jurídico os dois são equivalentes, e, por conseguinte, não é possível atribuir específica relevância ao intento elusivo com vistas a identificar o *quid* da fraude à lei (cf. G. Cricenti, *Frode alla Legge*, cit., 2ª ed., pp. 30-36).

55. U. Morello, *Frode alla Legge*, cit., pp. 259-260, 304 e ss. e 321.

56. Idem, pp. 304 e ss.

AS FRONTEIRAS SISTEMÁTICAS DA SIMULAÇÃO 163

(*i*) *sub-rogabilidade, em sentido econômico, entre o procedimento adotado pelas partes e aquele que constitui objeto da norma eludida*: a apreciação deste pressuposto deve ter como referência preponderante a dimensão econômica; porém, não se deve ignorar o aspecto jurídico-formal, porquanto importa aferir se a forma jurídica empregada não corresponde a mero artifício para a produção de específicos resultados práticos; e

(*ii*) *falta de interesse econômico ou empresarial*: o intérprete deve verificar se existe uma base econômica que legitima o negócio jurídico ou se, contrariamente, a estrutura negocial montada não se presta a qualquer outro fim que não a elusão de norma imperativa; tal análise deve levar em conta não apenas os interesses concretos das partes, mas também o ponto de vista do "cidadão médio", ou seja, a opinião vigente na comunidade a respeito da concretude de certo arranjo negocial, assim como sobre a recorrência do emprego deste como instrumento elusivo.

Para Morello[57] a fraude à lei configura verdadeira *cláusula geral* que autoriza, em caráter de exceção, o emprego da interpretação extensiva ou da analogia de maneira que possa incidir certa disciplina legal, prevista para uma conduta específica, sobre outros atos capazes de proporcionar resultados práticos idênticos ou semelhantes aos que aquela acarreta.[58] Conforme salienta, na mesma toada, Fichtner Pereira, a fraude à lei é deflagrada pela incompatibilidade entre uma norma permissiva que incide diretamente sobre determinada conduta e uma norma proibitiva que diga respeito aos efeitos de tal conduta, "situação geralmente não detectável em um primeiro e superficial exame, aí se pode penetrar no âmbito da fraude à lei, uma vez que estará o agente utilizando-se daquilo que o ordenamento permite para alcançar efeitos pelo mesmo ordenamento proibidos".[59]

Um exemplo pode ser útil, neste passo, para melhor se compreender o mecanismo da fraude à lei. Constitui ato lícito o desmembramento de área de terras por parte do seu proprietário, nos termos do item 4 do inciso II do art. 167 da Lei 6.015/1973. Se, no entanto, o proprietário de terras, tendo ciência de que estas serão desapropriadas, pratica o mesmo ato jurídico a fim de que passe cada lote desmembrado a possuir área menor do que a que a lei permite ao Poder Público desapropriar

---

57. U. Morello, *Frode alla Legge*, cit., pp. 299 e ss. Intuição, esta, mais recentemente resgatada por G. Cricenti (*Frode alla Legge*, cit., 2ª ed., pp. 38-41).

58. F. Di Marzio, *La Nullità del Contratto*, Pádua, CEDAM, 1999, pp. 322-324.

59. R. Fichtner Pereira, *A Fraude à Lei*, Rio de Janeiro, Renovar, 1994, p. 31.

164 A SIMULAÇÃO NO DIREITO CIVIL

para fins de reforma agrária, se poderá cogitar de fraude à lei.[60] Nesta hipótese o desmembramento do imóvel terá o propósito precípuo de, ao menos formalmente, prevenir a incidência da norma que autoriza a desapropriação. Contudo, dado que não se constate diferença substancial entre a condição inicial do terreno e sua situação final, sobretudo porque não exista justificativa econômica ou jurídica para a divisão daquele em áreas menores, ficará patente o intento elusivo, autorizador da desconsideração dos atos realizados.

Outro exemplo a que faz referência Fichtner Pereira relaciona-se ao art. 573 do CC de 1916, correspondente ao artigo 1.301 do CC de 2002, cujo *caput* estabelece que: "É defeso abrir janelas, ou fazer eirado, terraço ou varanda, a menos de metro e meio do terreno vizinho". O § 2º deste dispositivo, por sua vez, estatui que: "As disposições deste artigo não abrangem as aberturas para luz ou ventilação, não maiores de 10 (dez) centímetros de largura sobre 20 (vinte) de comprimento e construídas a mais de 2 (dois) metros de altura de cada piso". "O proprietário – explica Fichtner Pereira – não pode abrir frestas em seu imóvel a menos de metro e meio de distância do terreno contíguo. Não é muito raro, contudo, ver vizinhos abrindo a menos de metro e meio não uma ou algumas, mas inúmeras frestas, uma posicionada ao lado da outra, cada qual dentro das medidas fixadas (em lei). O resultado dessa manobra é que o posicionamento do conjunto de várias frestas, uma ao lado da outra, torna devassável o prédio vizinho".[61]

Tratando, agora, de um caso de fraude à lei envolvendo a celebração de negócio jurídico, o caso mais emblemático parece ser o da compra e venda com pacto de retrovenda cujos efeitos econômicos são equivalentes aos do mútuo sob juros superiores ao limite legal. Esta situação foi já explicada, pela doutrina e pela jurisprudência, de diversas maneiras, alguns designando-a simulação, outros asseverando tratar-se de negócio indireto. Pensamos, contudo, que a técnica que mais adequadamente se aplica para a repressão de abusos eventualmente praticados por meio deste mecanismo seja a da fraude à lei, pois não vislumbramos nisto os elementos da ilusão negocial e, de mais a mais, a figura do negócio indireto – como veremos mais adiante – não possui mais a mesma força explicativa de outrora (reduzindo-se, em última instância, a um negócio atípico). Há fraude à lei nesta instância porque existe norma proibitiva, que se aplica a um estado de fato (cobrança

60. Idem, p. 30.
61. Idem, p. 32.

AS FRONTEIRAS SISTEMÁTICAS DA SIMULAÇÃO

abusiva de remuneração por empréstimo de dinheiro), cuja aplicação é, pretensamente, eludida em vista da adoção de um tipo negocial economicamente permutável com aquele citado na lei (empréstimo + juros/ compra e venda com pacto de retrovenda), cuja escolha pelas partes não é justificada por outro fator que não a intenção de não se submeter à norma proibitiva. Note-se que a permutabilidade econômica entre os tipos negociais impede a requalificação do negócio, razão pela qual, a um só tempo, deixa de fazer sentido cogitar de falsa qualificação e de simulação. Há negócio corretamente qualificado, cuja feição típica deve, no entanto, ser desconsiderada, pois aquele foi empregado com vistas a atentar contra o império da lei.

No cenário que assim se descortina afigura-se-nos possível reconhecer a autonomia dogmática da fraude à lei, reputando-a presente sobretudo nos casos em que a requalificação do negócio jurídico não é possível (porque há permutabilidade em sentido econômico entre o negócio típico celebrado pelas partes e o vedado pela norma imperativa, ou porque as partes se valem de uma série de negócios jurídicos que não se pode reconduzir a uma única estrutura negocial) e nas situações em que não existe um fundamento autônomo, de natureza jurídica ou econômica, a justificar a adoção pelas partes de um esquema negocial em detrimento de outro (objeto da norma eludida).[62] Deveras, se a requalificação do negócio jurídico não é possível, a princípio, porque há sub-rogabilidade em sentido econômico que não permite precisar qual estrutura negocial deve prevalecer (a adotada explicitamente pelas partes ou aquela vedada pela norma imperativa), a caracterização da fraude à lei aflora da inexistência de um interesse autônomo quanto ao tipo negocial eleito; melhor dizendo, de um interesse que transcende a pura elusão. Assim, se as partes podem valer-se, igualmente, de dois diferentes meios para chegar a um resultado, e o Direito rejeita este resultado, fazendo referência textual a apenas um destes, deve-se indagar se o meio alternativo (não proibido expressamente) empregado possui uma justificativa econômico-social consistente. Se a resposta é negativa, ou seja, se a escolha do meio se mostra orientada preponderantemente pelo fim de descaracterizar o pressuposto de aplicação da norma proibitiva ou restritiva, o diagnóstico da fraude a lei deve ser positivo.

A distinção entre a fraude à lei e a simulação passa, então, a apresentar contornos mais claros (em confirmação, portanto, ao dado apontado já pela literal alteridade verificada no confronto entre o inciso

---

62. V., a propósito: F. Di Marzio, *La Nullità del Contratto*, cit., pp. 325-326.

166 A SIMULAÇÃO NO DIREITO CIVIL

VI do art. 166 e o art. 167 do CC). Nesta sede, permanecem corretas a lições de Ferrara, segundo as quais o negócio fraudulento, ao contrário do simulado (diríamos: ao contrário do "negócio aparente"[63]), é perfeitamente sério; as partes o querem tal qual ele se realiza, com todas as consequências derivadas da forma jurídica escolhida,[64] e dele se valem para modificar o *estado de fato* regulado pela lei, a fim de que ela se torne inaplicável.[65]

A simulação, por seu turno, "nem põe nem tira nada ao negócio realizado: afastando o véu enganador, aparece o negócio na sua verdadeira essência, na sua realidade nua e crua; e, se este negócio se encontrar em contradição com uma lei proibitiva, tem-se um *contra legem agere*, não um *in fraudem legis agere*".[66]

Nota-se, neste diapasão, que a simulação se concretiza pela simples criação da ilusão negocial (que é, independentemente do seu conteúdo, uma infração direta à lei, não indireta). Mas não só isso: vê-se, outrossim, que a fraude à lei se materializa quando, a despeito de se conhecer integralmente o comportamento negocial das partes, é impossível dizer que ele se encontra mal qualificado, razão pela qual a norma eludida somente poderia ser aplicada após a desconsideração do negócio jurídico; e a simulação, por seu turno, não é expediente que se combate com a desconsideração, pois, uma vez descobertos os índices de significação produzidos pelas partes mas mantidos em sigilo, a ilusão negocial se desfaz pela via da requalificação ou da interpretação corretiva, nada restando a ser desconsiderado.

Esta última comparação merece ser ressaltada: na fraude à lei há um negócio que não pode ser requalificado em razão de ser economicamente equivalente a outro tipo (geralmente o que é mencionado pela norma proibitiva), e, por esta razão, a aplicação da norma eludida depende de uma disposição legal arbitrária, que autoriza sujeitar o negócio jurídico

---

63. V., a respeito da distinção entre negócio simulado e "negócio aparente", o *tópico 4.2.*

64. F. Ferrara, *A Simulação dos Negócios Jurídicos*, cit., p. 91.

65. Idem, p. 93: "Estas imagens dão uma ideia bastante exacta da fraude: os contratantes propõem-se fugir à aplicação duma norma jurídica, conformando a sua conduta de tal modo que não possa ser diretamente reprovada e que, com o conjunto de meios oblíquos empregados, venha a conseguir-se o resultado que a lei queria impedir. É, pois, um elemento de conduta fraudulenta a intenção das partes de se subtraírem à força coactiva do Direito, mas não é essencial a consciência de que se tenta alcançar um fim proibido".

66. F. Ferrara, *A Simulação dos Negócios Jurídicos*, cit., pp. 95-96.

AS FRONTEIRAS SISTEMÁTICAS DA SIMULAÇÃO 167

a outra disciplina, *como se fosse* de outro tipo.[67] Tudo isto é estranho à simulação, em que a aparência é em si lícita, assim como os resultados práticos a que ela remete; embora o que os olhos do público captem seja apenas uma parte do que os simuladores fazem, e, por conta disto, o comportamento delas é mal compreendido.

Um exemplo que pode deixar mais evidente a distinção entre simulação e fraude à lei extrai-se da jurisprudência tributária – na verdade, de um desacerto desta. O Conselho Administrativo de Recursos Fiscais/ CARF analisou, em inúmeras ocasiões, uma operação societária que se costuma designar "casa e separa". Por meio desta, uma empresa que pretende alienar um ativo a outra recebe um aumento de capital com ágio (diferença entre o valor patrimonial e o custo de aquisição do investimento), subscrito por esta última; após a concretização do aumento de capital, com a observância de todas as formalidades legalmente estipuladas para o ato, a sociedade alienante submete-se a cisão parcial, por efeito da qual a sociedade adquirente torna-se titular de outra sociedade (resultante da cisão) que detém o ativo que aquela pretendia comprar. Desta feita, como resultado da cisão, a sociedade alienante fica com o dinheiro aportado, e a sociedade adquirente com as cotas representativas do capital social de uma empresa cujo patrimônio se restringe ao bem que, desde o princípio, pretendia adquirir.

A jurisprudência tributária consolidou-se no sentido de que o "casa e separa" seria um caso de simulação.[68] O principal fundamento deste entendimento, como se extrai do Acórdão 9101002.049 proferido em 11.11.2014 pela Câmara Superior de Recursos Fiscais-CSRF – órgão de uniformização de jurisprudência no âmbito do CARF –, é a divergência entre a vontade e a declaração. "O conjunto de atos combinados entre

---

67. A fraude à lei que acarreta a desconsideração do negócio jurídico é apenas uma das técnicas pelas quais pode manifestar-se o instituto. O art. 50 do CC, ao prever a desconsideração da personalidade jurídica, vale-se desta técnica. A regra geral vigente em nosso Direito, no entanto, é a de que a fraude à lei acarreta a nulidade do negócio jurídico. Esta é outra técnica de combate à fraude à lei, que visa mais a reprimir o intento elusivo do que a assegurar o império da norma imperativa eludida. Em qualquer caso, todavia, a distinção entre a simulação e a fraude à lei é a mesma. Mesmo quando a fraude à lei é remediada pela nulidade do negócio jurídico ela envolve uma infração indireta à norma imperativa, que se há de constatar com base no confronto entre o resultado prático do negócio celebrado pelas partes e o âmbito de incidência da proibição. A simulação, por seu turno, depende sobretudo da ilusão negocial para restar configurada.

68. V., dentre outros, os seguintes precedentes: Acórdão CARF-1401-00.155; Acórdão CARF-1102-000.157; Acórdão CC-108-09.037; Acórdão CC-107-08.837.

168 A SIMULAÇÃO NO DIREITO CIVIL

as partes" – assevera o voto-condutor desse aresto – "teve como único objetivo dar à operação de compra e venda uma outra aparência, com o propósito de mascarar a real intenção para fins de obter economia ilícita de tributos. A vontade real não é o que o conjunto dos atos praticados quer fazer crer".

Ora, vimos algumas linhas acima (*tópico 3.1*) o quão frágil é a descrição da simulação a partir da vontade. Mas, para além disso, o equívoco da tendência jurisprudencial em exame consiste em ignorar que no "casa e separa" não há ilusão negocial, pois toda a discussão gira em torno da interpretação dos efeitos dos atos ostensivamente praticados pelas partes. Deveras, os negócios celebrados pelos envolvidos, e formalizados segundo as diretrizes do direito societário, inclusive no que tange à publicidade de que os atos societários devem se revestir, passaram a ser criticados pelo Fisco com base na sua própria aparência, não em quaisquer condutas ocultas, sub-repticiamente engendradas pelas partes.

A situação do "casa e separa" é semelhante à da compra e venda com preço irrisório; a última, contudo, pode sujeitar-se à imediata requalificação (*falsa demonstrativo non nocet*), mas o primeiro não, porque os efeitos, a substância econômica, a causa concreta, enfim, todo o significado prático do conjunto de atos societários, de um lado, e da compra e venda, de outro, são equivalentes. Na compra e venda por valor irrisório o negócio oneroso não é equivalente ao negócio gratuito, razão pela qual a requalificação mostra-se possível; no "casa e separa", diversamente, o modelo negocial adotado pelas partes leva ao mesmo lugar que a compra e venda, inexistindo, a princípio, justificativa para que o intérprete prefira um rótulo em detrimento do outro. Por conseguinte, não é possível por mero expediente interpretativo corrigir a classificação de tais operações societárias, de modo a que a sequência da subscrição de capital, integralização do capital subscrito e cisão seja tomada como se um único negócio de compra e venda fosse.

O Fisco tem razão ao dizer que o "casa e separa" é uma estrutura negocial que os particulares elegem com vistas a atingir seus desígnios, sobretudo porque é capaz de assegurar tratamento fiscal mais favorecido (pois, não se concluindo a compra e venda, torna-se descabida a apuração de ganho de capital tributável). Não se sustenta, todavia, a alegação do Fisco – que seria, em última instância, acolhida pela jurisprudência tributária – de que o "casa e separa" funda-se no mecanismo da simulação, pois os mesmos objetivos que tal arranjo permite implementar são viabilizados pela compra e venda, suposto negócio dissimulado. Não poderia haver maior disparate: admitir, no âmbito de uma discussão sobre

AS FRONTEIRAS SISTEMÁTICAS DA SIMULAÇÃO 169

a natureza do contrato, que o negócio simulado e o negócio dissimulado produzam os mesmíssimos efeitos.

Daí a conclusão de que o "casa e separa" deveria ter sido avaliado pela jurisprudência tributária segundo a técnica da fraude à lei, não pela da simulação. A questão que este caso suscita é a seguinte: pode o contribuinte escolher um dentre dois arranjos negociais, intercambiáveis em sentido econômico, com base no critério da menor carga tributária? Não se põe em jogo o engano, a traição, da confiança; não se depara com a ilusão negocial. O que se verifica é uma situação-limite, em que a simples interpretação não dá conta de ajustar o rótulo da transação porque os índices de qualificação objetivos não permitem, por si, indicar qual, dentre as qualificações rivais, deve prevalecer. A operatividade da fraude à lei consiste, precisamente, em permitir a desconsideração do negócio jurídico a partir da própria aparência que se revela, sem necessidade de recorrer a qualquer investigação sobre parcela do comportamento negocial mantida nas sombras. É verdade que, se seguissem esta via, os julgadores tributários teriam que enfrentar outro problema, qual seja: o da possibilidade legal de aplicar o instituto da fraude à lei para fins fiscais. Mas isto não seria desculpa para adotar a solução errada, de chamar de simulado o que, a rigor, não o é.[69]

9.5 Negócio indireto e negócio fiduciário

Majoritariamente define-se o *negócio indireto* como o negócio típico do qual as partes se utilizam com vistas a atingir resultados atípicos ou pertencentes a outro tipo. Segundo Ascarelli, no negócio indireto "as partes recorrem a um determinado negócio jurídico, mas o escopo prático visado não é, afinal, o normalmente realizado através do negócio adotado, mas um escopo diverso, muitas vezes análogo àquele de outro negócio ou sem forma típica própria no sistema jurídico".[70] Para Rubino o negócio indireto proporciona um resultado jurídico alheio ao negócio utilizado, o qual substitui no todo ou em parte o efeito típico daquele.[71]

---

69. Para uma análise mais pormenorizada do problema do "casa e separa" do ponto de vista da simulação e da fraude à lei, v.: E. S. A. Madeira e L. C. de Andrade Júnior, "Caso Klabin: o 'casa e separa' revisto à luz da 'técnica da simulação'", *Revista Direito Tributário Atual* 28/43-71, 2012.

70. T. Ascarelli, *Problemas das Sociedades Anônimas e Direito Comparado* (1945), Campinas, Bookseller, 2001, p. 156.

71. D. Rubino, *Il Negozio Giuridico Indiretto* (1937), trad. esp. de L. Rodriguez-Arias, *El Negocio Jurídico Indirecto*, Madri, Editorial Revista de Derecho Privado, 1953, p. 25.

170   A SIMULAÇÃO NO DIREITO CIVIL

Seriam exemplos de negócios indiretos: o mandato para fins de cessão, doação ou venda; a representação para fins de associação em participação ou arrendamento; o *negotium mixtum cum donatione*; a venda, permuta ou transação entre coerdeiros para fins de divisão; a liquidação para fins de fusão; e, no mais, todas as "sociedades anômalas".[72]

Também se incluem na classe dos negócios indiretos os chamados *negócios fiduciários*.[73] Com o *negócio fiduciário* as partes celebram, além do negócio jurídico, um pacto adjeto (*pactum fiduciæ*) que vincula sua eficácia à consecução de uma finalidade específica. Os elementos caracterizantes da fidúcia são a *efetividade da transmissão* e a possibilidade do *abuso do fiduciário*.[74] Ajusta-se, por exemplo, que a transmissão da propriedade deve servir como instrumento a que o adquirente realize atos de administração no interesse do alienante; ou, ainda, que a propriedade permaneça sob a titularidade do adquirente apenas enquanto perdurar sua relação creditícia com o alienante.[75] A nota característica do negócio fiduciário é a de que este pressupõe um efeito jurídico (*e.g.*, transmissão de propriedade) cujo efeito é parcialmente neutralizado por uma convenção entre as partes.[76] Por outras palavras: o negócio fiduciário implica como regra a transcendência dos meios sobre os efeitos, pois

72. Idem, p. 19.

73. T. Ascarelli, *Problemas das Sociedades Anônimas e Direito Comparado*, cit., p. 159. Contra: L. Cariota Ferrara, *I Negozi Fiduciari – Trasferimento, Cessione e Girata a Scopo di Mandato e di Garanzia. Processo Fiduciario* (1933), Pádua, CEDAM, 1978, p. 40; N. Distaso, *La Simulazione dei Negozi Giuridici*, cit., pp. 118-120.

74. C. M. Bianca, *Diritto Civile*, cit., vol. III, p. 712. Ocorrendo o abuso do fiduciário, não restaria ao fiduciante outra solução que não o pleito da reparação pelas perdas e danos (L. Cariota Ferrara, *I Negozi Fiduciari – Trasferimento, Cessione e Girata a Scopo di Mandato e di Garanzia. Processo Fiduciario*, cit., p. 17).

75. A fidúcia assim descrita é a de ascendência *romana*; caracteriza-se por uma limitação do escopo prático a que se presta a transmissão do direito mediante um vínculo obrigacional. Distancia-se, assim, da fidúcia *germânica*, caracterizada pela transmissão de um direito que, por si, já seria limitado (limitação real), por força de uma condição resolutiva. Como explica L. Cariota-Ferrara (*I Negozi Fiduciari – Trasferimento, Cessione e Girata a Scopo di Mandato e di Garanzia. Processo Fiduciario*, cit., pp. 10-17), a concepção germânica do negócio fiduciário não poderia ser acolhida, pois se funda numa presunção de que toda operação desta espécie submete-se a uma condição resolutiva. Por conseguinte, dever-se-ia preferir a formulação romana, de base obrigacional. No Direito Brasileiro, diferentemente, a fidúcia germânica parece ter se tornado possível a partir da positivação do direito real de *propriedade fiduciária* (arts. 1.361 e ss. do CC).

76. T. Ascarelli, *Problemas das Sociedades Anônimas e Direito Comparado*, cit., p. 159.

AS FRONTEIRAS SISTEMÁTICAS DA SIMULAÇÃO 171

envolve a consensual restrição do escopo negocial para o atendimento de uma finalidade específica.[77] Tradicionalmente, a distinção entre a simulação e o negócio indireto é estabelecida com base na vontade. Diz-se, neste particular, que no caso do negócio indireto as partes realizam o que querem, pois não deixam de se submeter à disciplina típica do negócio celebrado. Os contraentes não desdenham os efeitos típicos do negócio jurídico adotado, pois a produção destes é pressuposta à realização dos efeitos indiretos.[78] "Na simulação as partes, para alcançar o fim visado, declaram o que não corresponde à vontade delas, regulando, no entanto, clandestinamente as próprias relações jurídicas de modo conforme à vontade real; no negócio indireto, ao contrário, o fim prático visado pelas partes é alcançado justamente por meio do negócio adotado e declarado".[79] Sustenta-se, ademais, que a simulação não se presta a explicar a frequente extralegalidade (atipicidade) do escopo indireto; e que no que tange às hipóteses em que o resultado indireto é dotado de tipicidade (isto é, corresponde aos efeitos de outro negócio típico) não há razões para crer que o negócio-meio não é querido, pois quem quer os resultados indiretos também há de querer os meios necessários a alcançá-lo.[80]

Relativamente ao negócio fiduciário a doutrina diverge. Para alguns ele é uma espécie de negócio simulado, uma vez que a limitação imposta à eficácia da transmissão efetuada evidencia que ela jamais teria sido querida.[81] Por outra via defende-se que a diferença entre o negócio fiduciário e o negócio simulado reside na vontade, presente no primeiro mas ausente no segundo; o negócio fiduciário é real porque querido, ao passo que o negócio simulado é irreal, pois carente de vontade.[82] Do ponto de vista da teoria da declaração o confronto em tela dá-se no momento em que ocorre a "destruição" da declaração ostensiva; enquanto na simulação ela ocorre *ab initio* – excluindo toda a efetividade da transmissão

---

77. L. Cariota Ferrara, *I Negozi Fiduciari – Trasferimento, Cessione e Girata a Scopo di Mandato e di Garanzia. Processo Fiduciario*, cit., p. 40.

78. T. Ascarelli, *Problemas das Sociedades Anônimas e Direito Comparado*, cit., p. 179.

79. Idem, ibidem.

80. D. Rubino, *Il Negozio Giuridico Indiretto*, cit., pp. 76-77.

81. G. Stolfi, *Teoria del Negozio Giuridico* (1947), trad. esp. de Jaime Santos Briz, *Teoría del Negocio Jurídico*, Madri, Editorial Revista de Derecho Privado, 1959, p. 154, nota 3.

82. M. A. Domingues de Andrade, *Teoria Geral da Relação Jurídica*, cit., vol. II, pp. 175-179.

172 A SIMULAÇÃO NO DIREITO CIVIL

ajustada –, no negócio fiduciário ela se processa em momento posterior, assumindo a feição de uma modificação *ex nunc* dos termos convencionados.[83] Afirma-se, ainda, que a alteridade do negócio fiduciário em face do negócio simulado decorre da irrelevância externa do *pactum fiduciæ*, o qual não impede a efetividade da transmissão efetuada em favor do fiduciário, que se torna, *erga omnes*, titular do direito real atinente ao bem.[84]

Diante desse rico quadro doutrinário, parece-nos que a distinção entre a simulação, de um lado, e os negócios indireto e fiduciário, de outro, possa ser estabelecida com base naquele elemento que, segundo temos defendido, constitui a essência da simulação: a *ilusão negocial*.

A produção de efeitos indiretos por um negócio jurídico pode bem implicar a atipicidade da sua causa concreta ou, a depender da gravidade do desvio, justificar sua requalificação. No primeiro caso somente cabe falar de negócio indireto, sendo certo que a denominação assim empregada não passa de um rótulo dado a situações manejáveis mediante técnicas hermenêuticas; aqui o negócio indireto não é mais que um simples negócio atípico. No segundo caso a designação original do negócio jurídico perde relevância em virtude da nova qualificação jurídica que lhe é atribuída, razão pela qual seus resultados práticos já não se podem considerar indiretos.

É de se notar que os autores que se debruçaram sobre o tema do negócio indireto no passado recorrentemente descreviam o fenômeno com base numa incongruência entre o escopo prático e o negócio "adotado" pelas partes. Ora, o que seria o negócio "adotado" pelas partes? Seria aquele indicado no título ou no preâmbulo do instrumento? Ainda que se pudesse crer, naquele tempo, que a denominação do negócio jurídico, ou, mais precisamente, a estipulação literal do tipo realizada pelas partes, fosse suficiente para a "adoção" de determinado esquema negocial, deve-se reconhecer que tal entendimento se encontra, hoje, superado.

Como salienta Santoro-Passarelli, os fins ulteriores perseguidos pelas partes do negócio indireto não justificam a caracterização deste como categoria jurídica autônoma.[85] Com inatacável precisão, Bianca sublinha que os referidos fins ulteriores agem sobre a causa concreta, tornando-a

---

83. L. Cariota Ferrara, *I Negozi Fiduciari – Trasferimento, Cessione e Girata a Scopo di Mandato e di Garanzia. Processo Fiduciario*, cit., pp. 43-51.

84. N. Distaso, *La Simulazione dei Negozi Giuridici*, cit., pp. 127-131.

85. F. Santoro-Passarelli, *Dottrine Generali del Diritto Civile* (1966), 9ª ed., Nápoles, Jovene, 1983, p. 182.

AS FRONTEIRAS SISTEMÁTICAS DA SIMULAÇÃO 173

incompatível com a causa abstrata eleita pelos contraentes. Esta incompatibilidade, porém, não dura muito tempo, pois, como se sabe, a causa concreta orienta a qualificação da relação jurídica; logo, determina seu enquadramento típico. Por conseguinte, é forçosa a conclusão de que, se o negócio indireto desempenha a função prático-individual de outro negócio jurídico típico, é ao tipo deste que deverá ser reconduzido; haveria, em tais circunstâncias, mera falsa qualificação. Por outro lado, se os resultados práticos buscados pelos particulares são absolutamente inovadores, o negócio indireto haverá de se reputar simplesmente atípico, diante da denominação indicada no instrumento.[86]

Seja como for, o negócio indireto não é capaz de iludir a fé pública. Não há, aí, engano ou falta de recognoscibilidade. O mesmo, assinale--se, ocorre com o negócio fiduciário.[87] Enquanto o alienante simulado permanece titular do direito de que aparenta dispor, o alienante fiduciante efetivamente perde a condição de proprietário,[88] e tal circunstância não é desmentida por qualquer índice de significação oculto. A eficácia da transmissão efetuada pelo alienante fiduciante é temperada por um componente obrigacional cuja operatividade compõe a causa concreta do negócio jurídico. O fiduciário é proprietário dos bens que lhe são transferidos; contudo, não pode usar, fruir e gozar de tais bens de maneira discricionária. Encontra-se obrigado a exercer tais faculdades segundo diretivas previamente definidas no *pactum fiduciæ*.

Vale registrar, por fim, que, a despeito da distinção acima traçada, não é impossível que o negócio simulado tenha por fim dissimular o negócio indireto ou o negócio fiduciário. Isto ocorre sempre que os fins indiretos ou o *pactum fiduciæ* não se tornem imediatamente recognoscíveis pelo público. Neste particular, Bianca ressalta que "é usual que as partes não qualifiquem abertamente a alienação como fiduciária, mas a mascarem sob o esquema da venda, simulando a prestação do preço".[89] Quando isto sucede a comunidade encontra-se fadada a identificar um negócio jurídico absolutamente típico, sem ter condições de identificar o pacto fiduciário dissimulado. *Mutatis mutandis*, é possível que o negócio indireto ou o negócio fiduciário sejam simulados, absoluta ou relativamente, bastando que as partes explicitamente formalizem o negócio jurídico sob tais roupagens, mantendo, contudo, em sigilo a causa concreta

86. C. M. Bianca, *Diritto Civile*, cit., vol. III, p. 486.
87. A. von Tuhr, *Derecho Civil – Teoría General del Derecho Civil Alemán*, cit., vol. II, p. 506.
88. C. M. Bianca, *Diritto Civile*, cit., vol. III, p. 713.
89. Idem, ibidem.

174 A SIMULAÇÃO NO DIREITO CIVIL

de um negócio típico ou atípico que não coincida com a causa abstrata (indireta ou fiduciária) submetida à apreciação do público.

9.6 Abuso de direito

O Código Civil positivou a figura do *abuso de direito*, da qual já tinha conhecimento a jurisprudência pátria anteriormente a 2002, mas que não contava com regramento legal específico. O art. 187,[90] como salienta Boulos, veicula um dos *vetores da socialidade*, e, por conseguinte, deve ser interpretado da maneira mais ampla possível, de modo a abranger os direitos subjetivos patrimoniais (direitos de crédito e direitos reais), os direitos-deveres (poderes-deveres), os poderes funcionais, as liberdades, os ônus jurídicos, os direitos potestativos, os poderes, as exceções – enfim, qualquer situação jurídica ativa ou permissão genérica de atuação.[91]

Historicamente, o confronto entre simulação e abuso de direito tem sido orientado pela distinção, traçada por Betti, entre *abuso do negócio* e *abuso de direito*. Para o autor a simulação implica um abuso da função instrumental do negócio jurídico, ou seja, um abuso do negócio, que não se confunde com o abuso de direito. O negócio jurídico pressupõe interesses a regular nas relações com outros, mas não necessariamente relações jurídicas anteriores a modificar. Assim, pode haver negócio jurídico sem direito subjetivo a se exercer, como no caso da assunção de dívida. Por outro lado, o exercício de um direito subjetivo relaciona-se a uma situação previamente criada; ele realiza o estado de fato correspondente a uma preexistente proteção legal, com ou sem a cooperação de outrem. Em face disso, para Betti o abuso do direito não equivale ao abuso do negócio, ainda que se entenda por "direito" qualquer "poder", em sentido genérico.[92]

Voltando o olhar ao nosso Direito, a separação entre simulação e abuso de direito pode não parecer tão simples de se empreender. Afinal de contas, como assinalamos linhas acima (*tópico 3.3*), a simulação envolve uma manifestação anômala ou oblíqua da autonomia privada.

---

90. CC de 2002: "Art. 187. Também comete ato ilícito o titular de um direito que, ao exercê-lo, excede manifestamente os limites impostos pelo seu fim econômico ou social, pela boa-fé ou pelos bons costumes".

91. D. M. Boulos, *Abuso do Direito no Novo Código Civil*, São Paulo, Método, 2006, pp. 150-155.

92. E. Betti, *Teoria Generale del Negozio Giuridico* (3ª ed. 1960), Nápoles, Edizioni Scientifiche Italiane, 2002, p. 75 (383).

AS FRONTEIRAS SISTEMÁTICAS DA SIMULAÇÃO 175

Ademais, como se tem reconhecido, o abuso de direito, tal qual descrito no art. 187 do CC, constitui cláusula geral, que abrange, além dos direitos subjetivos, outras classes de poderes e liberdades, inclusive a liberdade de negociar.[93] De modo que não seria absurdo, à primeira vista, supor que o exercício de autonomia privada que caracteriza a simulação poderia reputar-se ilícito em virtude de exceder "manifestamente os limites impostos pelo seu fim econômico ou social, pela boa-fé ou pelos bons costumes", razão pela qual seria desnecessário que o art. 167 previsse sua nulidade – ou, então, que, ao fazê-lo, o art. 167 seria redundante.

As dúvidas que surgem a partir destas suposições, e que devem ser enfrentadas para verificar se a simulação se confunde, ou não, com o abuso de direito, são as seguintes:

>*(i)* Seria o abuso de direito um elemento negativo de existência do negócio jurídico – isto é, seria o negócio abusivo inexistente? E:

>*(ii)* O fato de o negócio simulado corresponder a um exercício anormal de autonomia privada o torna originariamente abusivo – logo, nulo?

As duas indagações devem ser respondidas negativamente.

A primeira das indagações, esclareça-se, mira a circunstância de que o negócio simulado existe, enquanto manifestação de autonomia; eventualmente, caso se concluísse que o negócio abusivo sequer entra no mundo jurídico, já por aí seria possível distinguir a simulação do abuso de direito. Sucede, todavia, que o abuso de direito, por definição, não exclui o exercício do direito, somente lhe confere um atributo (a ilicitude). O art. 187, de fato, não desqualifica o direito nem o exercício deste, até porque se assim fosse não haveria direito de que se abusar.

Este tema sempre foi problemático nos marcos da teoria do abuso. Afirmou-se que, se o exercício abusivo de um direito fosse repelido pela ordem normativa, a situação que o caracteriza já não constituiria um direito. Nestes termos, a figura do abuso de direito configuraria verdadeira *contradictio in terminis*.[94] Com vistas a superar tal impasse, a doutrina passou a sustentar que a abusividade decorre do exercício do direito de modo a colocá-lo em confronto com as diretrizes informativas

---

93. A. Menezes Cordeiro, *Tratado de Direito Civil*, vol. V, Coimbra, Livraria Almedina, 2011, pp. 372-374.

94. V., a propósito de um exame crítico das teorias internas e externas do abuso, as ponderações de A. Menezes Cordeiro, *Tratado de Direito Civil*, cit., vol. V, pp. 351 e ss.

176 A SIMULAÇÃO NO DIREITO CIVIL

do sistema jurídico. Trata-se de exercício assistemático – *disfuncional*[95] – *de uma posição jurídica*.[96] Esta abordagem programática, de jaez teleológico, tem o mérito de conciliar o direito com o abuso, uma vez que a assistematicidade não implica a desnaturação do direito, mas o choque deste com os princípios regentes da ordem jusprivatística.

Nesta esteira, tratando-se de "abuso da autonomia privada", ou seja, abuso do direito de celebrar negócios jurídicos, a posição jurídica de que se abusa, isto é, o negócio jurídico, não deixa de existir, pois é desta existência que depende a possibilidade lógica do abuso – mais especificamente, a assistematicidade que o caracteriza. Não é, pois, o abuso de direito um elemento negativo de existência do negócio jurídico.

Se a resposta à primeira indagação deixa em suspenso o juízo sobre a aproximação entre simulação e abuso de direito, o enfrentamento da segunda elimina aquela possibilidade. Tal aproximação, com efeito, somente poderia ser admitida caso a simulação fosse encarada por um ângulo que, como temos nos esforçado em demonstrar, não é o mais adequado. Se o programa simulatório pressupusesse a celebração do "negócio aparente"[97] e a simulação fosse um efeito deste, poder-se-ia sustentar que os simuladores abusam da liberdade negocial, exercendo-a de maneira assistemática, contrariamente às diretrizes basilares do ordenamento jurídico. Todavia, o negócio simulado não se confunde com o "negócio aparente"; é a ilusão negocial um efeito da simulação, não o contrário. O negócio simulado é aquele que cria a aparência ou contém declaração não verdadeira; é a fonte da ilusão negocial.

Bem por isto não parece plausível subsumir a simulação ao modelo do abuso de direito. Se houvesse um "direito de simular", nos casos genéricos de simulação, ele não seria exercido assistematicamente pelas partes; o negócio simulado seria o que se esperaria que fosse, ou seja, um instrumento da ilusão negocial. Quando se afirma que a simulação corresponde a uma manifestação anômala ou oblíqua da autonomia privada não se quer dizer que ela é o resultado de um exercício assistemático de um direito de celebrar negócios jurídicos; a anomalia, neste contexto, é sinônimo de "anormalidade" (em sentido estatístico), mais precisamente de "diferença" ou "especialidade": a simulação é uma manifestação "especial" de autonomia privada. A questão, que se mostra decisiva para

95. A. Menezes Cordeiro, *Tratado de Direito Civil*, cit., vol. V, pp. 366-369.

96. P. Roubier, *Droits Subjectifs et Situations Juridiques* (1963), Paris, Dalloz, 2005, pp. 47 e ss.

97. V., a respeito da distinção entre negócio simulado e "negócio aparente", o *tópico 4.2*.

AS FRONTEIRAS SISTEMÁTICAS DA SIMULAÇÃO 177

a formulação de um juízo negativo a respeito da validade do negócio simulado, é, todavia, que não existe um "direito de simular", o que se dá precisamente porque o art. 167 do CC comina ao negócio simulado a sanção de nulidade. Assim, o que torna o negócio simulado ilegal não é o fato de ele contrariar o espírito da lei, como sucede nos casos de abuso de direito em geral, mas a circunstância de ele ser explicitamente nulo.

Frise-se um pouco mais este ponto, para que dúvidas não persistam: a disciplina do art. 187 aplica-se ao ato a princípio legítimo que se torna ilícito em virtude do abuso;[98] o negócio simulado, todavia, se não fosse explicitamente considerado nulo, seria válido e não seria abusivo, pois não implicaria qualquer exercício irregular do "direito de simular". O raciocínio dos que tentassem ver na simulação uma instância de abuso de direito cairia no erro de confundir o "negócio aparente" com o negócio simulado. Dir-se-ia: este negócio – o "aparente" – foi celebrado pelas partes para cumprir função distinta (enganar) da sua finalidade original (e.g., prestação e tomada de serviços mediante remuneração). Mas não é isto que se observa na simulação: o "negócio aparente" não é celebrado pelas partes, somente o simulado; o "negócio aparente" somente existe na cabeça do público.

É de se esperar que o acolhimento da explicação acima ofertada enfrente alguma resistência, pois normalmente nos inclinamos a examinar a simulação pensando na simulação nocente, isto é, aquela que causa prejuízo a alguém ou implica infração à lei imperativa. Assim, por injustificado preconceito, tendemos a associar a palavra "simulação" a tudo de pior, e tomamos como que por uma questão de honra incluí-la no campo do abuso. Não devemos nos esquecer, porém, de que a nocividade é um *plus* da simulação, sobretudo após a entrada em vigor do Código Civil de 2002, que não fez constar dentre os elementos do suporte fático do negócio simulado o *animus nocendi*, como fazia o Código Civil de 1916. A simulação "pura", por conseguinte, resulta apenas, e tão somente, da atividade dos particulares voltada ao estabelecimento da ilusão negocial; ela é absolutamente neutra do ponto de vista dos danos.

Considere-se o seguinte negócio inocentemente simulado: "A" quer fazer uma caridade a "B", doando-lhe um fogão em substituição ao antigo, perdido em uma enchente ("B" mora numa das regiões mais pobres da cidade, que sofre com falta de estrutura de saneamento básico e com enchentes nas épocas de chuvas); "B" aceita de bom grado a ajuda, mas diz a "A" que ficaria envergonhado perante seus familiares se estes o

98. D. M. Boulos, *Abuso do Direito no Novo Código Civil*, cit., p. 162.

178 A SIMULAÇÃO NO DIREITO CIVIL

vissem recebendo ajuda de terceiro; obstinado a fazer o bem, "A" concorda em simular com "B" a compra e venda do fogão, revestindo da aparência de negócio oneroso o negócio gratuito. Qual seria a função econômico-social do negócio jurídico, neste caso? A de implementar a atribuição patrimonial gratuita sob a aparência de um negócio oneroso. Haveria, *in casu*, abuso de direito? Não; se o abuso surge quando o titular, ao exercer o direito, "excede manifestamente os limites impostos pelo seu fim econômico ou social, pela boa-fé ou pelos bons costumes", não parece que a "mentira" perpetrada pelas partes do exemplo extrapole a margem de insinceridade de que a vida social naturalmente se cerca. Mas seria nulo o negócio jurídico em questão? Sim; não por ser abusivo, mas porque é simulado, *ex vi* do artigo 167.

Vê-se, nestes moldes, que a simulação e o abuso de direito não se confundem. Enquanto aquela funda-se na ilusão negocial, que é diretamente reputada ilegal pela ordem jurídica, este surge em contextos de exercício assistemático de posições jurídicas, as quais bem poderiam ser exercidas legitimamente, mas, contingentemente, não o são. A posição jurídica de quem simula não pode jamais ser exercida legitimamente; por esta razão, não é a assistematicidade que torna nulo o negócio simulado, mas, pelo contrário, a ordem estabelecida pelas normas pertinentes. A simulação é ilegal porque a norma explicitamente assim estabelece, não porque ela representa abuso de qualquer espécie.

10
OS LIMITES DA SIMULAÇÃO

10.1 Atos formais. 10.2 Títulos de crédito. 10.3 Atos não negociais. 10.4 Negócios unilaterais. 10.5 O debate sobre a simulação da sociedade (personificada). 10.6 Simulação e desconsideração da personalidade jurídica. 10.7 Deliberações de órgãos da pessoa jurídica. 10.8 Atos familiares.

Neste capítulo concluiremos a elaboração do conceito de *simulação* examinando seus limites. *O que pode ser simulado, e o que não pode?* É a esta indagação que procuraremos responder, examinando os casos que maiores dificuldades oferecem ao intérprete.

Neste mister, examinaremos a simulabilidade dos *negócios formais* (*tópico 10.1*), dos *atos não negociais* (*tópico 10.3*) e dos *negócios unilaterais* (*tópico 10.4*), para concluir que a simulação é, nestes casos, possível. Assentaremos, ademais, a impossibilidade da simulação dos *títulos de crédito* (*tópico 10.2*); da constituição da *sociedade personificada* e das *deliberações da pessoa jurídica* (*tópicos 10.5 a 10.7*); da maioria dos *atos familiares* (*tópico 10.8*).

Dois temas sobressairão, nas linhas que seguem, pela dificuldade hermenêutica de que se encontram rodeados. Um deles é a simulabilidade dos *negócios unilaterais* (*tópico 10.4*), que, segundo sustentaremos, é possível desde que a prévia identificação dos contrainteressados na declaração também o seja. O outro é a simulabilidade da constituição da sociedade, que será avaliada em confronto com o instituto da *desconsideração da personalidade jurídica* (*tópico 10.6*).

10.1 Atos formais

Não raramente a forma negocial é considerada pelo Direito como fato bastante ao estabelecimento da relação jurídica correlata. Em tais instâncias, a forma exaure o suporte fático, excluindo a possibilidade de se levar em consideração quaisquer outras condutas das partes para

180 A SIMULAÇÃO NO DIREITO CIVIL

a definição da "realidade" daquele. Diz-se, neste contexto, que a forma é elemento de existência do negócio jurídico A simulação torna-se, em tais contextos, inviável, pois não resta espaço para a segregação entre o plano da aparência e o da realidade. Sobretudo quando as partes não dispõem de controle sobre a eficácia de seus atos, bem como quando o negócio jurídico se encontra sujeito a requisitos de *forma interna*, a aparência e a realidade fundem-se, sendo, assim, impossível a criação da aparência negocial.

A respeito disso, Auricchio nota que há certos negócios jurídicos que assumem relevância exclusivamente por força da forma prevista na lei. Nestas situações não é pertinente para a investigação de outros materiais interpretativos (como, por exemplo, as tratativas, as condutas sucessivas e as circunstâncias negociais), e os efeitos negociais são produzidos independentemente da intenção das partes de paralisá-los. Sempre que isto acontece a simulação não tem como se concretizar.[1]

No mesmo sentido, Marani destaca que a *disponibilidade dos efeitos*, entendida como relação entre ato e efeito determinada pela relevância que a norma atribui ao regulamento de interesses (para além da pura forma), é um pressuposto da simulação.[2] Nas hipóteses em que os efeitos do ato são determinados unicamente pela forma não há autonomia privada, nem, por conseguinte, ambiente propício para a simulação.[3]

Tendo-se em vista a relação que se verifica entre simulação e disponibilidade dos efeitos, a definição dos limites daquela dá-se em função da possibilidade de os particulares criarem elementos do suporte fático apenas como índices de significação, isto é, como imagens parciais que, embora comuniquem uma mensagem quando observadas a partir de um particular ponto de vista, não chegam a formar o quadro total do agir das partes – apenas *aparentam* fazê-lo.

É necessário prestar reforçada atenção aos pressupostos de incidência da norma, que por vezes podem atribuir relevância jurídica exclusiva a um específico ato. Em tais hipóteses toda a substância jurídica dele ultima-se absorvida pela respectiva forma, vale dizer, apenas um aspecto fático é levado em conta para que se dê a incidência do modelo regulativo correlato. Há, aí, vinculação extrema entre a forma e o conteúdo, a

1. A. Auricchio, *La Simulazione nel Negozio Giuridico – Premesse Generali*, Nápoles, Jovene, 1957, p. 76.
2. F. Marani, *La Simulazione negli Atti Unilaterali*, Pádua, CEDAM, 1971, p. 122.
3. Idem, p. 118 (120).

OS LIMITES DA SIMULAÇÃO   181

ponto de ambos praticamente se confundirem. Isto ocorre geralmente quando a lei prescreve uma forma interna, que participa do ato a ponto de, sem ela, este não existir.[4] É o caso, por exemplo, da letra de câmbio e do cheque, cujas formas internas são detalhadamente descritas nas respectivas Leis Uniformes e em outros dispositivos legais correlatos.

A forma interna opõe-se à *forma externa*, que é aquela de que o ato simplesmente se reveste, sem que sua existência seja por ela determinada; seja *ad probationem* ou *ad solemnitatem*, a forma externa acresce ao ato, mas não participa da sua essência.[5] É exemplo de forma externa a escritura pública no contrato de compra e venda de imóvel.[6] A forma interna é absoluta, vale por si, porque pertence ao próprio tipo do ato ou do negócio, e, portanto, não permite redução teleológica. A forma externa, ao contrário, é funcional, finalisticamente determinada; por isso, pode ser objeto de redução teleológica se assim justificarem, designadamente, a boa-fé ou o fim social ou econômico que tenha determinado sua exigência.[7]

4. P. Pais de Vasconcelos, *Teoria Geral do Direito Civil*, 6ª ed., Coimbra, Livraria Almedina, 2010, p. 705.

5. M. A. Domingues de Andrade, *Teoria Geral da Relação Jurídica*, vol. II, Coimbra, Livraria Almedina, 2003 (reimpr.), p. 142. V. também: F. C. Pontes de Miranda, *Tratado de Direito Privado*, t. 3, São Paulo, Ed. RT, 2012, p. 444.

Nos termos do artigo 107, os negócios jurídicos submetem-se ao princípio da liberdade da forma, ou do consensualismo:

"Art. 107. A validade da declaração de vontade não dependerá de forma especial, senão quando a lei expressamente a exigir".

Há, entretanto, situações em que o direito exige determinada forma para efeito de prova. Neste caso, fala-se que negócio sujeito a *forma ad probationem*. Um exemplo pode ser extraído do artigo 227:

"Art. 227. Salvo os casos expressos, a prova exclusivamente testemunhal só se admite nos negócios jurídicos cujo valor não ultrapasse o décuplo do maior salário mínimo vigente no País ao tempo em que foram celebrados.

Parágrafo único. Qualquer que seja o valor do negócio jurídico, a prova testemunhal é admissível como subsidiária ou complementar da prova por escrito".

Os negócio jurídicos sujeitam-se, por outro lado, a *forma ad solemnitatem*, nas situações em que uma dada forma é exigida sob pena de nulidade. Confira-se um exemplo, extraído do artigo 108:

"Art. 108. Não dispondo a lei em contrário, a escritura pública é essencial à validade dos negócios jurídicos que visem à constituição, transferência, modificação ou renúncia de direitos reais sobre imóveis de valor superior a trinta vezes o maior salário mínimo vigente no País".

6. P. Pais de Vasconcelos, *Teoria Geral do Direito Civil*, cit., 6ª ed., pp. 705-706.

7. Idem, p. 706.

182 A SIMULAÇÃO NO DIREITO CIVIL

Para concretizarem a simulação as partes devem dispor da liberdade de criar suportes fáticos complexos, não atrelados a uma determinada forma interna, de modo que os índices de significação ostentados aos olhos do público não encerrem a totalidade do pressuposto de incidência da norma. Com isto torna-se viável a *duplex interpretatio* de que depende a instalação da ilusão negocial.

Nesta ordem de ideias, a simulação pressupõe a possibilidade de uma relação jurídica se constituir com base em elementos que não integram um suporte fático encerrado, pela lei, em uma específica forma. Eis o critério com base no qual devem ser traçados seus limites. Se a forma ostensiva circunscreve a integralidade do suporte fático valorado pela norma, exclui-se a disponibilidade dos efeitos; logo, também a praticabilidade da simulação.

Quanto aos negócios formais – aqueles para os quais a lei prevê forma (externa) obrigatória –, poder-se-ia supor que a forma obrigatória, sobretudo o instrumento público, torna inviável a simulação. Os negócios celebrados mediante instrumento público não podem, certamente, ser considerados simulados em virtude de antedata ou pós-data (art. 167, § 1º, III, do CC). O mesmo parece poder-se afirmar relativamente a outras circunstâncias negociais (por exemplo, o lugar de celebração). Contudo, não parece haver empecilhos a que eles sejam simulados nos moldes do que dispõem os incisos I e II do § 1º do art. 167 (simulação subjetiva e simulação objetiva, respectivamente).[8]

Como bem frisa Carresi, no caso da simulação a *realidade* do negócio jurídico deve investigar-se para além de qualquer limitação formal.[9] Isto significa que o conteúdo convencional que notabiliza a substância do negócio jurídico pode extrapolar a forma especial criada; consequentemente, esta pode ser convertida em mero índice de significação.

Por outras palavras: o simples dado de o negócio jurídico vir formalizado por escritura pública ou ter se submetido a registro não impede a má qualificação pressuposta pela simulação. Assim, por exemplo, o negócio oneroso revestido de forma especial pode mostrar-se, na realidade, gratuito, pois a forma externa, qualquer que seja, não impede a investigação de outros materiais interpretativos, consistentes sobretudo no comportamento concludente, nem exclui a relevância jurídica que estes podem apresentar. Daí a possibilidade de a escritura pública ser utilizada

8. Cf. F. Ferrara, *A simulação...* cit., p. 467.
9. F. Carresi, "Apparenza e realtà del contratto", *Rivista Trimestrale di Diritto e Procedura Civile*, 1963, Milão, pp. 499-500.

OS LIMITES DA SIMULAÇÃO   183

apenas como índice de significação, capaz de induzir o público a erro sobre aspectos subjetivos ou objetivos do negócio jurídico.

10.2 Títulos de crédito

A doutrina é praticamente unânime ao asseverar a impossibilidade de se simular o título de crédito. Variam as justificativas: alguns dizem que isto decorre da abstração do título de crédito;[10] outros entendem que a circunstância de o título de crédito ser espécie de negócio unilateral não receptício impede a formação do acordo simulatório.[11] A nosso ver, contudo, o título de crédito não pode ser simulado, em regra, porque se sujeita a exigências de forma interna. A natureza formal dos negócios cambiais cria uma realidade única; logo, não há simulação possível.[12]

O formalismo jurídico[13] dos títulos de crédito expressa-se em razão de seus caracteres fundamentais: a *literalidade*, a *autonomia* e a *abstração*.[14] Tem prevalecido o entendimento de que o título de crédito surge no ato da sua *criação*,[15] o qual implica uma "duplicação" da declaração, em virtude da qual a "declaração fundamental" separa-se da "declaração cartular", que assume plena autonomia.[16] A obrigação materializa-se no documento previsto e descrito na lei (pelo quê, ademais, deixa de coinci-

---

10. T. Ascarelli, *Teoria Geral dos Títulos de Crédito*, 2ª ed., São Paulo, Saraiva, 1969, p. 108.

11. S. Pugliatti, "La simulazione dei negozi giuridici unilaterali", in *Diritto Civile – Metodo – Teoria – Pratica*, Milão, Giuffrè, 1951, pp. 580-583.

12. Cf.: N. Distaso, *La Simulazione dei Negozi Giuridici*, Turim, UTET, 1960, p. 320.

13. Fran Martins, *Títulos de Crédito*, 15ª ed., Rio de Janeiro, Forense, 2010, pp. 12-13.

14. N. Distaso, *La Simulazione dei Negozi Giuridici*, cit., p. 309.

15. A declaração cambiária é perfeita com a simples criação do título; que ele saia das mãos do devedor é simples fator de eficácia da obrigação, mas o negócio é perfeito desde a criação do documento, e, portanto, as exceções relativas à emissão não podem ser opostas ao terceiro possuidor de boa-fé. Nesse sentido, o art. 16 do Anexo I da Lei Uniforme em Matéria de Letras de Câmbio e Notas Promissórias (incorporada ao Direito Brasileiro por meio do Decreto 57.663/1966) reconhece que mesmo quando ocorra extravio ou furto da letra ou da nota o portador considera-se seu legítimo proprietário: "(...). Se uma pessoa foi por qualquer maneira desapossada de uma letra, o portador dela, desde que justifique o seu direito pela maneira indicada na alínea precedente, não é obrigado a restituí-la, salvo se a adquiriu de má-fé ou se, adquirindo-a, cometeu uma falta grave".

16. T. Ascarelli, *Teoria Geral dos Títulos de Crédito*, cit., 2ª ed., p. 30 (44).

184 A SIMULAÇÃO NO DIREITO CIVIL

dir com a obrigação resultante da relação fundamental[17]). Tal documento é o suporte fático suficiente e, mais que isto, exclusivo do ato jurídico que representa.[18] Daí a inocuidade da atividade dos simuladores destinada a estabelecer a ilusão negocial, a qual requer ao menos a possibilidade da produção de um suporte fático complexo, do qual parte possa ser mantida em sigilo sem que seu sentido global se desnature.

Nesta linha de ideias, tem-se reconhecido que as chamadas "firmas de favor" não implicam a simulação da letra. Muito frequentemente são apostas assinaturas em cambiais não tendo quem assina a menor intenção de pagar no vencimento. O objetivo da assinatura consiste, no mais das vezes, apenas em facilitar a circulação da cambial no interesse de outro obrigado, que se compromete, perante o signatário de favor, a evitar que este – apesar da sua assinatura – seja compelido a efetivar o pagamento. O favor caracteriza-se justamente pela aposição da firma como um fim em si. Sob tais circunstâncias, o negócio cambiário não é simulado; quem assina por favor assume, inevitavelmente, o risco de pagar a cambial; o caráter de favor da firma decorre de uma convenção extracartular. As partes se propõem a criar uma realidade jurídica, a obrigação cambiária, que vale e opera no mundo externo com todos os efeitos próprios, ainda que elas não queiram. Assim, longe de criar uma aparência contrária à realidade, a subscrição de favor desenvolve todas as suas normais funções.[19]

Cumpre registrar, por oportuno, que a aposição de assinatura falsa também não prejudica a validade da letra ou nota, nem causa a insubsistência das demais obrigações cartulares incorporadas no mesmo documento. O sujeito que tem a assinatura falsificada não é compelido a efetuar o pagamento, simplesmente por não ter participado da relação cambial.[20] A falsidade da assinatura pode surgir de maneiras diversas. Por exemplo: pode o *primus* (sacador) assinar com o nome de terceiro, com ou sem o consentimento deste; pode, ainda, o *primus* (sacador)

17. Idem, p. 57.
18. Idem, p. 23.
19. T. Ascarelli, *Teoria Geral dos Títulos de Crédito*, cit., 2ª ed., pp. 107-108; N. Distaso, *La Simulazione dei Negozi Giuridici*, cit., pp. 319-320.
20. A propósito, o art. 7º do Anexo I da Lei Uniforme em Matéria de Letras de Câmbio e Notas Promissórias estatui que: "Se a letra contém assinaturas de pessoas incapazes de se obrigarem por letras, assinaturas falsas, assinaturas de pessoas fictícias, ou assinaturas que por qualquer outra razão não poderiam obrigar as pessoas que assinaram a letra, ou em nome das quais ela foi assinada, as obrigações dos outros signatários nem por isso deixam de ser válidas".

OS LIMITES DA SIMULAÇÃO   185

apor a assinatura de aceite com vistas a obrigar o *secundum* (aceitante); ou pode, por último, o *secundum* (aceitante) adulterar o documento para que a assinatura do *primus* (sacador) pareça ser de *tertius* (beneficiário/ endossante). Em qualquer caso, o último signatário da cadeia de endossos permanecerá obrigado perante o portador, a despeito da eventual falsidade das assinaturas e dos figurantes anteriores. Deste modo, se a assinatura viciada for a do *primus* (sacador) e o título tiver de ser aceito e circular, o portador, conquanto não possa exigir o pagamento daquele que tiver a assinatura falsificada, poderá fazê-lo em face do avalista, dos eventuais endossantes e dos respectivos avalistas; *mutatis mutandis*, se a assinatura falsificada for a do *secundum* (aceitante) o título de crédito não terá devedor principal, embora todos os demais que nele tenham comparecido continuem vinculados pela obrigação; e, por fim, se o endossante tiver a assinatura falsificada, apenas contra ele o portador não poderá demandar o pagamento.[21]

Também não induz a simulação do título de crédito a antedata ou a pós-data. Neste particular, a Lei do Cheque (Lei 7.357/1985) assinala, no parágrafo único do art. 32, que: "O cheque apresentado para pagamento antes do dia indicado como data de emissão é pagável no dia da apresentação".[22] Na mesma direção, o STJ já decidiu que: "A emissão de cheque pós-datado, popularmente conhecido como cheque pré-datado, não o desnatura como título de crédito, e traz como única consequência a ampliação do prazo de apresentação".[23] Raciocínio semelhante aplica-se aos demais títulos de crédito "típicos", pois que, de tão atrelados à forma interna, não podem ser reputados meramente aparentes; a modificação da data pode trazer consequências jurídicas, como a mudança do prazo de apresentação ou de prescrição, mas não desqualifica o título de crédito enquanto tal.

Por fim, uma advertência mostra-se pertinente: tudo o que acima foi dito sobre a simulação do título de crédito não deve levar à conclusão – que seria errada – de que a relação fundamental não pode ser simulada. Como salienta Ascarelli, o título de crédito pode ser criado com vistas a difundir a percepção de que a relação fundamental existe, a despeito de não existir.[24] Tal situação, em regra, produz consequências apenas entre os figurantes da relação fundamental, mas pode implicar a nulidade do

---

21. L. E. F. da Rosa Júnior, *Títulos de Crédito*, 5ª ed., Rio de Janeiro, Renovar, 2007, pp. 161-165.

22. Fran Martins, *Títulos de Crédito*, cit., 15ª ed., pp. 306-307.

23. STJ, REsp 612.423, rela. Min. Nancy Andrighi, *DJU* 26.6.2006.

24. T. Ascarelli, *Teoria Geral dos Títulos de Crédito*, cit., 2ª ed., p. 108.

A SIMULAÇÃO NO DIREITO CIVIL

próprio título de crédito caso este seja *causal*.[25] Nesta sede, a simulação da relação fundamental prejudica indiretamente a validade do título de crédito, pois este se mostra, em última instância, carente de causa.

Costuma-se considerar exemplo de simulação da relação fundamental a chamada "duplicata simulada". Tal denominação, no entanto, tem sido empregada indiscriminadamente aos casos em que a relação fundamental inexiste[26] (*e.g.*: "A" saca duplicata em face de "B" sem que qualquer operação comercial tenha ocorrido) e àqueles em que a relação fundamental é efetivamente simulada (*e.g.*: "A" e "B" celebram simuladamente contrato de fornecimento de mercadorias e, com base nisto, "A" saca a duplicata em face de "B"). Em qualquer dos casos a executorieda-

25. Idem, p. 129. Contra: I. Gaino, *A Simulação dos Negócios Jurídicos*, 2ª ed., São Paulo, Saraiva, 2012, pp. 168-169 – que admite em geral a nulidade do título quando se encontra em debate apenas a relação *inter partes*, ou seja, quando o título não tenha circulado.

26. V., por exemplo, o acórdão do STJ relativo ao REsp 774.304-MT, de 5.10.2010, assim ementado: "Direito comercial – Duplicata de prestação de serviços – Emissão irregular – Simulação – Inoponibilidade das exceções pessoais a endossatários de boa-fé – Não aplicação – Vício formal intrínseco. 1. O que o ordenamento jurídico brasileiro veda – e isso desde o Decreto n. 2.044/1908, passando-se pelo Código Civil de 1916 e, finalmente, chegando-se à Lei Uniforme de Genebra – é a oposição de exceções de natureza pessoal a terceiros de boa-fé, vedação que não abarca os vícios de forma do título, extrínsecos ou intrínsecos, como a emissão de duplicata simulada, desvinculada de qualquer negócio jurídico e, ademais, sem aceite ou protesto a lhe suprir a falta. 2. Em relação à duplicata – é até ocioso ressaltar –, a Lei n. 5.474/1968 condiciona a sua emissão à realização de venda mercantil ou prestação de serviços, bem como a aceitação do sacado ou, na ausência, o protesto acompanhado de comprovante da realização do negócio subjacente, sem os quais estará configurado o vício de forma intrínseco, o qual poderá ser oposto pelo sacado a qualquer endossatário, ainda que de boa-fé. 3. Recurso especial conhecido e improvido".

No voto-condutor do aresto, o Relator, Min. Luís Felipe Salomão, assevera: "Deveras, o que o ordenamento jurídico brasileiro veda – e isso desde o Decreto n. 2.044/1908, passando-se pelo Código Civil de 1916 e, finalmente, chegando-se à Lei Uniforme de Genebra – é a oposição de exceções de natureza pessoal a terceiros de boa-fé, vedação que não abarca os vícios de forma do título, extrínsecos ou intrínsecos, como a emissão de duplicata simulada, desvinculada de qualquer negócio jurídico e, ademais, sem aceite ou protesto a lhe suprir a falta. Em realidade, tal prática foi erigida há muito a ilícito penal (art. 172 do CP – emitir fatura, duplicata ou nota de venda que não corresponda à mercadoria vendida, em quantidade ou qualidade, ou ao serviço prestado).

"Em relação à duplicata – é até ocioso ressaltar –, a Lei n. 5.474/1968 condiciona a sua emissão à realização de venda mercantil ou prestação de serviços, bem como à aceitação do sacado ou, na ausência, o protesto acompanhado de comprovante da realização do negócio subjacente, sem os quais estará configurado o vício

OS LIMITES DA SIMULAÇÃO

de da duplicata resta excluída; porém, apenas na segunda das referidas hipóteses há simulação (da relação fundamental, não da duplicata).[27]

10.3 Atos não negociais

A questão referente à simulabilidade dos atos não negociais torna-se relevante em vista do art. 185 do CC, segundo o qual: "Aos atos jurídicos lícitos, que não sejam negócios jurídicos, aplicam-se, no que couber, as disposições do Título anterior". O "Título anterior" a que se refere este dispositivo é o "Título I" do "Livro III", dedicado ao negócio jurídico. Neste inclui-se o art. 167, que faz referência apenas ao negócio simulado.

Muito já se discutiu sobre os fatores que diferenciam o negócio jurídico do ato não negocial. Em geral afirma-se que, enquanto a eficácia do negócio jurídico é *autônoma* (pois surge já no tráfico social, e é tão somente reconhecida ou recepcionada pela ordem jurídico-positiva), a eficácia do ato não negocial é *heterônoma*, pois decorre exclusivamente da juridicização do respectivo suporte fático.[28]

Segundo Mirabelli, os atos não negociais podem ser de três espécies:[29]

> *(i) Atos exteriores* – são atos captados pela ordem normativa como meros fatos, isto é, com total desprezo a qualquer inclinação psicológica que possa estar à sua base; são exemplos, dentre outros: a especificação, a invenção de tesouro, a instauração da posse, a presença, a ausência e a convivência.
>
> *(ii) Atos de expressão de um elemento interior* – são atos apreciados pela lei não somente como fatos, mas como expressão de um elemento psíquico interior; são exemplos, dentre outros: a fixação e a transferência de domicílio, a apreensão, o ato devido (adimplemento) e a gestão de negócios. E:

de forma intrínseco, o qual poderá ser oposto pelo sacado a qualquer endossatário, ainda que de boa-fé.

"(...).

"No caso ora em exame, a toda evidência, cuida-se de duplicatas simuladas, sem lastro em nenhuma venda mercantil ou prestação de serviços, constituindo tal vício óbice à própria perfectibilização do título como cambiariforme."

27. I. Gaino, *A Simulação dos Negócios Jurídicos*, cit., 2ª ed., pp. 170-171.

28. Sobre o tema, v.: A. Falzea, "L'atto negoziale nel sistema dei comportamenti giuridici", *Rivista di Diritto Civile* 1996, 1ª Parte, Pádua, pp. 1-55.

29. G. Mirabelli, *L'Atto Non Negoziale nel Diritto Privato Italiano*, Nápoles, Jovene, 1955, pp. 18 e ss.

188 A SIMULAÇÃO NO DIREITO CIVIL

(iii) Atos de participação – são atos que comunicam um pensamento do declarante a outrem; bipartem-se entre participações de representação (que expressam eventos passados) e participações de vontade (que veiculam eventos futuros); são exemplos, dentre outros: a notificação, a oferta, o convite e a confissão.

Para Mirabelli a simulação não é compatível com os atos não negociais. Ele admite que alguns atos jurídicos *stricto sensu* podem se revestir de relevância negocial, mormente se as partes preveem que, além dos efeitos legais, eles devem produzir outros, por elas eleitos. Ainda assim – explica o autor – não cabe aí cogitar da possibilidade da simulação. "Dizer, por exemplo, que é simulado um ato de constituição em mora, no caso em que o credor acorda com o devedor no sentido de que ele emitirá a intimação para fazer crer, aos terceiros, que ele provoca a atuação do seu direito, mas considerará não verificados, no que diga respeito a este último, os efeitos da mora, significa dizer que ao ato falta a intenção do agente de dar a conhecer a outrem uma própria exigência (...)"[30] (tradução livre).

Diversamente, Dagot defende a possibilidade da simulação de atos jurídicos em sentido estrito, valendo-se do seguinte exemplo: "Uma sociedade, para afastar a jurisdição de um tribunal ou para adquirir uma nacionalidade, ou ainda para beneficiar-se de reduções fiscais concedidas pelo governo a empresas cuja sede estava nas colônias, pode usar dois procedimentos jurídicos: realmente instalar sua sede social no lugar e nos Países listados nos estatutos, e a operação será irrepreensível; ou instalar um conjunto mínimo de corpos administrativos, mantendo a gestão da empresa em outro lugar, onde então será a sede social real, não passando o lugar especificado nos estatutos de uma sede social fictícia"[31]

---

30. Idem, pp. 433-435. No original: "Dire, ad esempio, che viene simulato un atto di costituzione in mora, nel caso che il creditore si accordi con il debitore nel senso che egli emetterà l'intimazione per far credere ai terzi che egli provoca l'attuazione del suo diritto, ma riterrà non verificatisi, per quanto lo concerne, gli effetti della mora, significa dire che nell'atto manca l'intenzione dell'agente di far conoscere all'altro una propria esigenza (...)".

31. M. Dagot, *La Simulation en Droit Privé*, Paris, LGDJ, 1965, pp. 230-231. No original: "Une société, pour écarter la compétence d'un tribunal, ou pour acquérir telle nationalité, ou encore pour bénéficier des réductions d'impôt accordées par le gouvernement aux sociétés dont le siège social était aux colonies, peut utiliser deux procédés juridiques: soit installer effectivement son siège social au lieu, et dans le Pays indiqués par les statuts, et l'opération est irréprochable, soit n'y installer qu'un minimum d'organes d'administration, les organes de direction de la société se trouvant en un autre lieu où se trouve alors le vrai siège social; le lieu indiqué dans les statuts comme siège social n'est plus alors qu'un siège social fictif".

OS LIMITES DA SIMULAÇÃO 189

(tradução livre). Para o autor há, na espécie, dois atos distintos, um ostensivo e outro oculto, aptos a caracterizarem a insinceridade na fixação do domicílio, própria da simulação.

No mesmo sentido, Pontes de Miranda entende que os atos não negociais podem ser simulados. Aduz o autor que a comunicação da outorga de poder, a denúncia, a derrelição[32] e a transmissão da posse *longa manu* podem ser anuladas por conta da simulação.[33]

Para solucionar o dilema suscitado por este embate doutrinário, ao que nos parece, não é necessário grande esforço: a resposta encontra-se na literalidade da lei. Como antecipamos (*tópico 8.3* e neste mesmo tópico), a confissão é ato não negocial (mais precisamente, uma declaração de ciência e um ato de participação) e, explicitamente, vem prevista como um dos possíveis alvos da simulação. Ora, se ela pode ser simulada, por qual razão não poderiam sê-lo outros atos não negociais? Do art. 167 do CC não conseguimos extrair nenhuma, parecendo-nos lícito, pois, concluir, ao lado de Pontes de Miranda, que no Direito Brasileiro os atos não negociais podem ser simulados.

Mas, para que melhor se possa justificar esta tomada de posição, é oportuno retomar uma passagem da obra de Mirabelli em que ele reconhece que a formação de um acordo tendente a modificar a eficácia dos atos não negociais pode induzir o público ao engano. O exemplo dado pelo próprio autor para ilustrar esta ocorrência é o seguinte: Caio é proprietário de um terreno no qual se encontram materiais de construção de propriedade de Tício; Caio acorda com Tício que utilizará os referidos materiais de construção e que, uma vez concluída a obra, a propriedade desta não lhe será transferida, mas permanecerá sob a titularidade de Tício; eles acordam, ainda, que este pacto deve ser mantido em segredo, para que terceiros possam acreditar que Caio se terá tornado proprietário do prédio.[34] Nem mesmo neste caso Mirabelli admite a simulação de atos não negociais. Todavia – adverte o autor –, terceiros que tiram conclusões inexatas a partir do ato podem ser tutelados nos limites da eventual relevância da sua boa-fé.[35]

Uma vez que se entenda que a simulação é fruto de operação negocial voltada a iludir a confiança do público, não há como deixar de

32. Atualmente disciplinada pelo art. 1.276 do CC.

33. F. C. Pontes de Miranda, *Tratado de Direito Privado*, t. 4, atualizado por M. Bernardes de Melo e Marcos Ehrhardt Júnior, São Paulo, Ed. RT, 2012, pp. 522-523.

34. G. Mirabelli, *L'Atto Non Negoziale nel Diritto Privato Italiano*, cit., pp. 147-148.

35. Idem, pp. 343-435.

190 A SIMULAÇÃO NO DIREITO CIVIL

vislumbrar numa situação como a acima descrita o engano que constitui o escopo do negócio simulado. O acordo que, no exemplo de Mirabelli, modifica a eficácia do ato não negocial é o próprio negócio simulado; aquele que, como diz a lei, "aparenta", transmite uma mensagem "não verdadeira". O negócio simulado, com seu peculiar conteúdo convencional, converte o ato não negocial em índice de significação, induzindo, deste modo, o público a formar uma equivocada representação da realidade. Desse modo, embora o ato não negocial não deixe de produzir seus efeitos "automáticos", é possível que ele venha acompanhado de outros que podem, inclusive, neutralizar ou modificar os primeiros.

Em situações normais o negócio simulado cria a ilusão de que existe outro negócio jurídico, o "negócio aparente".[36] Tratando-se a aparência enganadora da imagem de um ato não negocial, não cabe falar de "negócio aparente", nem mesmo de "ato aparente", pois o ato negocial tem seus efeitos atribuídos diretamente pela lei. O que sucede, no entanto, é que o regulamento de interesses adota o ato não negocial como pressuposto de efeitos negociais, e o desconhecimento desta avença por terceiros, que as partes asseguram mantendo o sigilo, é o que desencadeia o engano.

10.4 Negócios unilaterais

É controversa a possibilidade de configurar-se a simulação de negócios unilaterais.

Na Alemanha o § 117 do CC[37] estabelece que somente são simuláveis os atos unilaterais receptícios, isto é, aqueles cuja eficácia depende de que a declaração seja dirigida e levada a conhecimento de certa pes-

---

36. V., a respeito da distinção entre negócio simulado e "negócio aparente", o tópico 4.2.
37. CC alemão:
"§ 117. Negócio simulado
"(1) Uma declaração de vontade é nula quando seja dirigida a outra pessoa, com o acordo desta, apenas aparentemente.
"(2) Quando o negócio aparente esconda um outro aplicam-se, a este, os preceitos vigentes" (tradução livre).
No original:
"§ 117. Scheingeschäft
"(1) Wird eine Willenserklärung, die einem anderen gegenüber abzugeben ist, mit dessen Einverständnis nur zum Schein abgegeben, so ist sie nichtig.
"(2) Wird durch ein Scheingeschäft ein anderes Rechtsgeschäft verdeckt, so finden die für das verdeckte Rechtsgeschäft geltenden Vorschriften Anwendung."

OS LIMITES DA SIMULAÇÃO 191

soa. Em vista disso, a doutrina alemã tem uniformemente restringido o âmbito da simulação dos negócios unilaterais aos que possuem destinatário determinado.[38] Na Itália o terceiro parágrafo do art. 1.414 do *Codice Civile* estatui que as disposições ali contidas também se aplicam "aos atos unilaterais destinados a uma pessoa determinada, que sejam simulados por acordo entre o declarante e o destinatário".[39] A despeito da aparente univocidade do texto normativo, diversas teorias têm surgido acerca de sua aplicação. A posição doutrinária majoritária, fiada na literalidade da norma, defende, assim como os alemães, que apenas os negócios unilaterais receptícios seriam simuláveis.

Em sentido diverso, embora sob inspiração do Código Civil italiano de 1865, Ferrara sustentava ser impossível a simulação de todo e qualquer ato unilateral: "Como a simulação requer o concurso de várias partes contratantes, está excluída do campo dos actos unilaterais, e, se o

38. L. Enneccerus e H. C. Nipperdey, *Allgemeiner Teil des Bürgerlichen Rechts*, trad. esp. de Blas Péres González e José Alguer, *Derecho Civil (Parte General)*, vol. II, Primeira Parte, Barcelona, 1981, p. 319, nota 6; W. Flume, *Allgemeiner Teil des Bürgerlichen Rechts*, vol. 2: *Das Rechtsgeschäft*, vol. 2: *Das Rechtsgeschäft*, 4ª ed., *Enzyklopädie der Rechts-und Staatswissenschaft* (1992), trad. esp. de J. M. M. González e E. G. Calle, *El Negocio Jurídico*, Madri, Fundación Cultural del Notariado, 1998, p. 483; A. von Tuhr, *Der allgemeine Teil des deutschen bürgerlichen Rechts*, trad. esp. de T. Ravà, *Derecho Civil – Teoría General del Derecho Civil Alemán* (1910-1918), vol. II ("Los Hechos Jurídicos"), Madri, Marcial Pons, 2005, p. 503.

39. CC italiano:

"Art. 1.414. *Efeitos da simulação entre as partes*

"O contrato simulado não produz efeito entre as partes.

"Se as partes quiserem concluir um contrato diferente daquele aparente, tem efeito entre estas o contrato dissimulado, desde que subsistam os seus requisitos de substância e de forma.

"As disposições precedentes aplicam-se também aos atos unilaterais destinados a uma pessoa determinada que sejam simulados por acordo entre o declarante e o destinatário" (tradução livre).

No original:

"Art. 1.414. *Effetti della simulazione tra le parti*

"Il contratto simulato non produce effetto tra le parti.

"Se le parti hanno voluto concludere un contratto diverso da quello apparente, ha effetto tra esse il contratto dissimulato, purché ne sussistano i requisiti di sostanza e di forma.

"Le precedenti disposizioni si applicano anche agli atti unilaterali destinati a una persona determinata, che siano simulati per accordo tra il dichiarante e il destinatario."

192 A SIMULAÇÃO NO DIREITO CIVIL

declarante tem uma vontade oposta ao que declara, isto constitui reserva mental e não simulação".[40]

Para Pugliatti o juízo sobre a simulabilidade dos negócios unilaterais depende da verificação dos efeitos do acordo simulatório firmado entre o declarante e o terceiro destinatário da declaração. O autor adota como ponto de partida a diferença entre os negócios unilaterais receptícios e os não receptícios. No caso dos primeiros pressupõe-se a individualização do terceiro destinatário da declaração; já, os segundos produzem efeitos perante uma esfera ampla de interessados (*rectius*: efeitos sobre a esfera jurídica do declarante que podem, porém, tornar-se de interesse de um número indeterminado de terceiros). Nessa linha de raciocínio, relativamente aos negócios unilaterais receptícios é concebível um acordo simulatório envolvendo o emitente da declaração e o sujeito preventivamente individualizado como terceiro destinatário da declaração.[41] No caso dos negócios unilaterais não receptícios, diversamente, isto não é possível, porque o terceiro não tem como ser parte do negócio simulado – ou seja: alguém só pode ser parte do acordo simulatório se também puder ser parte do negócio simulado.[42]

A opinião de Pugliatti, acima descrita, é uma decorrência direta da sua concepção do acordo simulatório como negócio nominado, dotado de causa típica, consistente em destruir ou modificar a causa do negócio simulado.[43] Produz, contudo, certa apreensão ao leitor do ensaio desse magnífico jurista a contradição entre a autonomia por ele conferida ao acordo simulatório e sua conclusão de que apenas nos negócios receptícios o terceiro pode figurar como parte da simulação. Com efeito, se o acordo simulatório e o negócio simulado são "congruentes", como quer fazer crer Pugliatti, o que impossibilitaria que um terceiro figurasse como parte exclusivamente do acordo simulatório? E por que, neste caso, não haveria simulação?

Este aspecto não escapou à argúcia de Giampiccolo, que defende, contrariamente à literalidade do art. 1.414 do CC italiano, que também os negócios unilaterais não receptícios podem ser simulados. Segundo o autor, mais do que se apegar à literalidade do texto legal, o intérprete

---

40. F. Ferrara, *Della Simulazione dei Negozi Giuridici* (1922), trad. port. de A. Bossa, *A Simulação dos Negócios Jurídicos*, São Paulo, Saraiva, 1939, p. 143.

41. S. Pugliatti, "La simulazione dei negozi giuridici unilaterali", cit., in *Diritto Civile – Metodo – Teoria – Pratica*, p. 570.

42. Idem, ibidem.

43. Idem, pp. 571-572.

OS LIMITES DA SIMULAÇÃO   193

deve perseguir a *ratio* que o orienta.[44] A partir do exame da *Relazione* ao Código Civil italiano, Giampiccolo estatui que o legislador italiano não concebeu o terceiro destinatário da declaração como colaborador da atividade negocial, mas como *contrainteressado* na repercussão da simulação.[45]

Além disso, o autor enfatiza que o critério da recepticiedade da declaração foi mal compreendido pela doutrina.[46] O caráter receptício de uma declaração deve ser investigado a partir da natureza e do conteúdo desta, não sendo determinante o simples fato de ela ser *endereçada* a um terceiro. Toda declaração é por si destinada ao conhecimento de terceiros, mas nem por isso todas serão endereçadas (dirigidas) a alguém. Dentre as declarações endereçadas, nem todas são receptícias, pois tal qualificação somente se pode atribuir à declaração que deve chegar ao conhecimento de terceiros para que seus efeitos sejam produzidos.[47]

Com base em tal aproximação é possível identificar dois grupos de declarações receptícias. O primeiro deles engloba aquelas declarações quanto às quais o conhecimento do terceiro é condição necessária a que possam exercer sua função prática; a exigência de uma direção ao terceiro é interna à estrutura do ato. No segundo dos referidos grupos estão compreendidas as declarações que, embora possam ser produzidas solitariamente, em virtude de serem destinadas a influir, ainda que reflexamente, sobre a esfera de direitos de terceiros, devem chegar ao conhecimento destes; aqui, a direção ao terceiro exerce função instrumental. No primeiro dos mencionados grupos estão, por exemplo, a oferta e a notificação; já, no segundo encontram-se a escolha do objeto da declaração alternativa, a revogação de proposta comercial e as instruções do contratante de transporte. São não receptícias, por outro lado, as declarações de ciência, como a confissão, e as declarações endereçadas que não precisam do conhecimento do terceiro para que produzam efeitos, como o testamento epistolar e a aceitação de herança comunicada aos coerdeiros.

Na opinião de Giampiccolo o terceiro destinatário da declaração somente coopera, quando muito, passivamente com o aperfeiçoamento do ato. Por conseguinte, é idêntica a posição do terceiro quanto a toda

---

44. G. Giampiccolo, *La Dichiarazione Recettizia* (1959), Nápoles, Edizioni Scientifiche Italiane, 2011, p. 247.

45. Idem, p. 253.

46. Idem, pp. 43 e ss.

47. Idem, p. 29.

194 A SIMULAÇÃO NO DIREITO CIVIL

declaração unilateral endereçada, seja receptícia ou não receptícia.[48] O paradigma da recepticiedade não apresenta perfeita correspondência com a hipótese de determinação subjetiva do terceiro interessado no ato: do mesmo modo que se dão declarações receptícias *in incertam personam* (*e.g.*, promessa ao público), bem pode ser não receptícia uma declaração a contrainteressado determinado (*e.g.*: reconhecimento de débito).[49]

Nessa ordem de ideias, Giampiccolo entende que o tema da simulabilidade dos negócios unilaterais há de ser examinado levando-se em conta a possibilidade de a parte celebrar um "acordo de ficção" com um contrainteressado determinado.[50] Conforme expõe o autor, o discrímen da recepticiedade não desempenha papel decisivo, e a norma do terceiro parágrafo do art. 1.414 do CC italiano deve ser interpretada de maneira extensiva, considerando-se aplicável a todo negócio unilateral, seja a declaração receptícia ou não receptícia.[51]

Seguindo direção semelhante, Marani sustenta que o parâmetro a orientar a análise da simulabilidade dos negócios unilaterais não deve ser a recepticiedade da declaração, pois na simulação é requerida a participação ativa do terceiro destinatário da declaração, de modo a formar-se *positivamente* o acordo.[52] Para o autor a simulação caracteriza-se pela exclusão da vinculatividade mediante o emprego do aparato negocial para fins não negociais. No caso de negócios unilaterais este resultado somente pode ser atingido mediante o acordo entre o declarante e o contrainteressado, que deve ser determinado *preventivamente*.[53] Para que o referido acordo surja não é necessário que a declaração seja receptícia, bastando, a tanto, que alguém seja, antes mesmo da realização do ato, individualizado enquanto contrainteressado na declaração.

Marani, todavia, não admite que possa haver contrainteressado previamente identificado em todos os casos de declaração unilateral.[54] Na hipótese de promessa ao público (declaração receptícia a sujeito indeterminado), por exemplo, o autor entende que o negócio unilateral cria uma obrigação ao declarante independentemente da prévia identificação

48. Idem, p. 249.
49. Idem, p. 255.
50. Idem, p. 251.
51. Idem, ibidem.
52. F. Marani, *La Simulazione negli Atti Unilaterali*, cit., pp. 177-178.
53. Idem, p. 178.
54. Idem, pp. 179-180, 190 e ss., 202 e ss. e 228 e ss.

OS LIMITES DA SIMULAÇÃO 195

de qualquer sujeito ativo. Assim, assumindo o declarante a condição de sujeito passivo antes mesmo que seja determinado o sujeito ativo, mostra-se impossível a formação do acordo simulatório.[55]

Esta opinião – vale sublinhar – é exatamente a oposta à sustentada por Pontes de Miranda, para quem a promessa ao público pode ser simulada, absoluta ou relativamente: "O que simula promessa de recompensa para doar está exposto a que o interessado no objeto da recompensa, que satisfaça o que se exigiu, promova a anulação; *e.g.*, trata-se do executor testamentário que tinha de fazer promessa ao público em que a recompensa seria quadro célebre, e em verdade doou a alguém que instruiu para se utilizar da simulação, ou apenas, sem acordo, fez ser o único beneficiável".[56]

Em vista deste embate de soluções, sobretudo porque todas se afiguram plausíveis em linha de partida, é desafiadora a tarefa de tomar partido. Nada obstante, parece-nos que os subsídios teóricos apresentados no decorrer deste trabalho são suficientes para esboçarmos algumas formulações.

Conforme já assinalamos (*tópico 4.2*), não se mostra logicamente consistente assumir os contornos substanciais do "negócio aparente" como fatores limitantes da simulação, mormente porque aquele, entendido como produto da ilusão negocial, consiste tão somente na representação ideal que os terceiros são capazes de formular a partir dos índices de significação criados pelos simuladores. A questão que se deve enfrentar, portanto, relaciona-se às restrições que se impõem à síntese dos próprios índices de significação necessários à propagação da imagem (enganadora) de um negócio unilateral.

Evidentemente, um simulador não é capaz de, agindo sozinho, se valer de uma declaração unilateral enquanto mero índice de significação; se isto ocorre, há, quando muito, reserva mental, a qual, se desconhecida do público, não apresenta qualquer relevância jurídica. Porém, se o declarante ajusta com um terceiro – que é, portanto, preventivamente individualizado – o estabelecimento de um programa simulatório, disto pode surgir uma *ruptura no plano da realidade jurídica*, permanecendo, naquilo que é levado ao conhecimento do público, a simples aparência, que pode ser, inclusive, a de um negócio unilateral.

A simulação, todavia, apenas pode criar a aparência de um negócio unilateral se o acordo simulatório se mostrar hábil a cobrir toda a *área*

---

55. Idem, pp. 228-229.
56. F. C. Pontes de Miranda, *Tratado de Direito Privado*, cit., t. 4, p. 521.

196 A SIMULAÇÃO NO DIREITO CIVIL

dos interesses em jogo, ou seja, se todos os potenciais contrainteressados na declaração tomarem parte dele. Podem ser contrainteressados na declaração os terceiros que se encontram no raio de eficácia do (pretenso) negócio unilateral.[57] Deveras, se uma declaração unilateral pode, potencialmente, ter como contrainteressados os sujeitos "A", "B" e "C" mas somente o sujeito "B" é preventivamente individualizado como tal, a simulação não se aperfeiçoa, pois para os demais sujeitos, a declaração unilateral não deixa de ser efetiva nem de produzir os regulares efeitos. É o que explica Giampiccolo:

> Se o elemento central da simulação é, de fato, o acordo simulatório com o contrainteressado, é evidente que a hipótese é por si concebível tanto no negócio bilateral ou plurilateral, como no negócio unilateral; depende, sobretudo do fato de um acordo idôneo a cobrir a inteira área dos interesses em jogo poder-se concretamente realizar se uma simulação será, ou não, configurável: até que seja alcançado, de fato, o acordo entre todos os interessados, o ato de autonomia conserva íntegra a sua função e, por consequência, o negócio não se pode definir aparente ou, caso se queira, simulado.[58] [*Tradução livre*]

Para compreendermos melhor este mecanismo da simulação do negócio unilateral voltemos ao exemplo, já abordado, da promessa ao público, que é, como antevisto, negócio unilateral receptício (*in incertam personam*). Considere-se que o declarante ajusta com um terceiro a simulação absoluta do negócio jurídico: entre o declarante e este terceiro fica claro que a declaração emitida não deve implicar

---

57. Assim não fosse, seria impossível tornar a declaração negocial um índice de uma relação jurídica meramente aparente. Pense-se novamente na promessa de recompensa endereçada aos associados de um clube social: de que adiantaria o declarante compartilhar, por exemplo, com um tio seu a intenção de simular se este não fosse associado ao clube social? Não haveria, neste caso, espaço para o que acima denominamos *ruptura no plano da realidade jurídica*, porquanto, considerando-se todos os interesses em jogo (isto é, os interesses do declarante assim como aqueles dos associados ao clube social), a promessa realizada figuraria como firme, válida e eficaz, não como índice de uma ilusão negocial.

58. G. Giampiccolo, *La Dichiarazione Recettizia*, cit., pp. 251-252. No original: "Se l'elemento centrale della simulazione è infatti l'intesa simulatoria col controinteressato, è evidente che l'ipotesi è per se concepibile tanto nel negozio bilaterale o plurilaterale quanto nel negozio unilaterale; dipende semmai dal fatto che un accordo idoneo a coprire l'intera area degli interessi in gioco si possa in concreto realizzare, se una simulazione sarà, poi, il meno, configurabile: finché non si raggiunge, infatti, l'intesa fra tutti gli interessati, l'atto di autonomia conserva integra la sua funzione e, per conseguenza, il negozio non può definirsi apparente o, se si vuole, simulato".

OS LIMITES DA SIMULAÇÃO   197

qualquer consequência jurídica, e ninguém mais fica sabendo disso; porém, qualquer outra pessoa que cumpre a condição para o pagamento da recompensa pode exigi-lo perante o promitente. Neste cenário não há simulação, porque o acordo simulatório, que sequer chega a se formar propriamente, não abrange os interesses de todos os potenciais envolvidos. A conclusão deve, contudo, ser diversa no caso em que a promessa é endereçada a um grupo restrito (*e.g.*, os associados de um clube social), e todos os seus integrantes concordam com a não vinculação do declarante, ao passo que se comportam como se a promessa fosse genuína, com o objetivo de enganar outros terceiros. Vislumbra-se aí a simulação, que produz a ilusão de que uma promessa eficaz teria sido feita ao público.

Algo semelhante ocorreria na situação (tal qual a aludida por Pontes de Miranda no trecho transcrito linhas acima) em que o declarante pretende revestir da aparência de promessa ao público a doação do bem a um sujeito específico (simulação relativa). Nesta instância, a identificação preventiva do contrainteressado na declaração não é determinada pelo negócio simulado, mas pelo negócio dissimulado. Para atingir seus objetivos o declarante faz constar do instrumento negocial uma condição que somente pode ser atendida pelo pretenso donatário. O negócio jurídico assim celebrado, a despeito de sua bilateralidade, afigura-se aos olhos do público como um negócio unilateral. A dissimulação limita, a bem se ver, a área dos interesses em jogo, pois os demais destinatários da promessa passam a figurar como terceiros enganados pela ilusão negocial. Assim, a declaração unilateral ostenta a condição de índice de significação, enquanto a realidade negocial subjacente – a doação –, a um só tempo, dita o teor da relação global estabelecida entre os simuladores e torna inócua (desprovida de potencial eficacial) a promessa endereçada ao público, em razão da eleição de uma condição que somente pode ser atendida por um sujeito.

Note-se que um mecanismo tal qual o acima descrito pode ser posto em operação ainda que a declaração negocial seja não receptícia, como no caso do legado, do ato de instituição de fundação, da aceitação de herança etc. Basta que exista uma esfera limitada de contrainteressados, que podem, portanto, tornar-se partes do acordo simulatório, comprometendo-se a tomar os índices de significação criados pelo declarante, correspondentes ao negócio unilateral, como fontes de efeitos jurídicos.

De modo que, à luz de todas estas ponderações, concluímos que a simulação de negócios unilaterais, receptícios ou não receptícios, é

198 A SIMULAÇÃO NO DIREITO CIVIL

possível, mas depende da adesão dos contrainteressados na declaração, assim como da preventiva identificação destes.[59]

Não interessa exatamente se o conhecimento destes é essencial para a eficácia do ato (ou seja: se a declaração é receptícia), mas se, quando eles se depararem com a declaração, eles concordarão em lhe atribuir o significado diverso do ostensivo, previamente informado pelo declarante. Observadas estas premissas, perfilhamos o entendimento de Pontes de Miranda,[60] segundo o qual é possível simular não apenas a promessa ao público, como também o testamento, a outorga de poder e a revogação, dentre outros negócios unilaterais.[61]

10.5 O debate sobre a simulação da sociedade (personificada)

A simulação da sociedade (personificada) tem suscitado acirrados debates.[62]

Na Itália parte dos autores entende que a sociedade não pode ser simulada, parte sustenta opinião contrária.

Para os que negam a possibilidade da simulação da sociedade esta é considerada não apenas como contrato, mas como sujeito de direito (pessoa jurídica). A criação da pessoa jurídica – destacam – não pode ser feita apenas aparentemente, porque nela intervém uma autoridade pública; "mesmo supondo que os contraentes não tenham a intenção de realizar o acto e queiram simplesmente produzir a sua aparência, o oficial público ignora as suas secretas resoluções e a elas se conserva estranho, pelo quê o acto tem plena eficácia, existindo somente uma dupla reserva mental, não uma simulação, que exigiria um acordo de todas as partes na ficção posta em prática".[63] Diante do conflito entre a vontade de praticar a si-

---

59. À mesma conclusão, mas com base em outros fundamentos, chega A. B. Menezes Cordeiro (*Da Simulação no Direito Civil*, Coimbra, Livraria Almedina, 2014, p. 72).

60. F. C. Pontes de Miranda, *Tratado de Direito Privado*, cit., t. 4, p. 522.

61. No mesmo sentido: L. B. Geri, "Appunti in tema di simulazione del testamento", *Rivista Trimestrale di Diritto e Procedura Civile*, 1962, Mião, pp. 1.278-1.280; S. Romano, "Contributo esegetico allo studio della simulazione (l'art. 1.414 c.c.)", *Rivista Trimestrale di Diritto e Procedura Civile*, 1954, pp. 60-61. Contra: F. Ferrara, *A Simulação dos Negócios Jurídicos*, cit., pp. 143 e ss.; N. Distaso, *La Simulazione dei Negozi Giuridici*, cit., pp. 301 e ss.

62. Este tópico e o seguinte serão dedicados ao exame deste tema, sendo certo que a sociedade a que se fará alusão, a não ser quando o contrário seja explicitado, é a personificada.

63. F. Ferrara, *A Simulação dos Negócios Jurídicos*, cit., pp. 125-127.

OS LIMITES DA SIMULAÇÃO 199

mulação e a vontade de realizar o ato societário, esta última prepondera, razão pela qual com a completude do ato constitutivo da sociedade, mediante os trâmites requeridos à sua publicidade, o surgimento da pessoa jurídica é inevitável.[64] Segundo esta vertente teórica, o direito positivo considera necessária e suficiente a integrar a causa típica do contrato de sociedade a declaração de dois ou mais sujeitos de querer exercitar uma atividade econômica com fim de lucro. Em contrapartida, não se requer que a declaração corresponda, na realidade concreta, à realização de qualquer atividade econômica. A intervenção da autoridade pública no procedimento complexo de constituição da sociedade é determinante para sua existência. A criação de um novo sujeito de direito, à qual dá ensejo o registro dos atos constitutivos da sociedade, não pode ser eliminada por um pacto extrassocial, como o acordo simulatório. Deveras, como a autoridade não tem condições de verificar, no ato do registro, se efetivamente o quanto declarado pelos sócios fundadores pode ser desnaturado pela existência de uma contradeclaração em sentido oposto, o direito civil, privilegiando os ideais de certeza e previsibilidade, exclui *a priori* a simulação da sociedade.[65] As partes, por conseguinte, não se mostram hábeis a simular a vontade de constituir a sociedade, porque, mesmo se tentam fazê-lo, acabam inevitavelmente realizando todos os atos a que a lei vincula o efeito da constituição da sociedade.[66]

Para ilustrar este ponto de vista Santa Maria lança mão de dois exemplos. O primeiro deles é o da chamada "sociedade de prateleira": duas secretárias de um escritório de comercialistas constituem uma sociedade, com a observância de todas as formalidades pertinentes, para que possa acolher clientes do mencionado escritório como futuros sócios. O segundo deles é o da chamada "sociedade de proveito" (*società di godimento*): duas ou mais pessoas constituem uma sociedade que adquire a titularidade de bens imóveis entregues por um dos sócios a título de integralização de capital e se limita a dá-los em locação ao referido sócio, o mais das vezes sem prestar quaisquer serviços complementares. De acordo com o autor tais situações não dão azo à simulação, pois quando duas pessoas concordam em dar vida, segundo as disposições

64. P. Greco, "Le società di 'comodo' e il negozio indiretto", *Rivista del Diritto Commerciale e del Diritto Generale delle Obbligazioni* XXX/766-767, 1ª Parte, Milão, 1932.
65. L. Santa Maria, "Società e simulazione, società e comunione di godimento", *Rivista Trimestrale di Diritto e Procedura Civile* 1/212, Milão, março/1995.
66. Idem, pp. 213 e ss.

200 A SIMULAÇÃO NO DIREITO CIVIL

da lei, a uma sociedade torna-se totalmente inócua a vontade de que isto não ocorra. Uma vez constituída, a sociedade existe, e se os sócios quisessem extingui-la deveriam deliberar sua dissolução. O autor assinala, ainda, que a divergência entre a atividade declarada e a atividade desempenhada não obsta à validade do registro. O que interessa para a existência e a validade da sociedade é o objeto indicado no estatuto, não aquele efetivamente exercitado. Desse modo, apenas a atividade declarada perante o registro de comércio importa para a constituição da sociedade.[67]

Em sentido diverso, há autores italianos que sustentam a possibilidade da simulação da sociedade, tanto a de pessoas como a de capital. De acordo com eles a participação da autoridade pública no processo de criação da pessoa jurídica tem feição meramente declaratória, e, como tal, não passa de um requisito imposto à regularidade do contrato de sociedade. A sociedade surge em virtude da manifestação da vontade dos sócios fundadores, razão pela qual a simulação é, neste contexto, possível e não é sanada pelo registro.[68] Pode-se, pois, aduzir em juízo que, simuladamente, tenha sido constituída a *organização societária* – ou, até mesmo, um grupo de sociedades. É possível demonstrar, se for

67. Idem, ibidem. Nada obstante, o fato de a sociedade ter sido legalmente constituída não impediria que o intérprete procedesse à superação da personalidade jurídica em particulares condições. Quando a sociedade é constituída instrumentalmente com o fim precípuo (não declarado) de eludir direitos de terceiros, sua existência não deve constituir obstáculo a que o intérprete procure uma solução alternativa, capaz de privilegiar os interesses de terceiros. Para explicar como isto se daria, L. Santa Maria vale-se de outro exemplo: um tal Sr. White é titular de 94% das ações da sociedade de capital "X" (a qual tem capital social de 5 milhões de Dólares) e da totalidade das ações da sociedade de capital "Z&B" (cujo capital social remonta a 200 mil Dólares) As duas sociedades têm como presidente e administrador o Sr. White, são sediadas no mesmo endereço e contam com o mesmo grupo de empregados. A sociedade "X" adquire um lote edificável, e sucessivamente contrata a sociedade "Z&B" para construir o prédio. Todos os pagamentos devidos a fornecedores de materiais para a obra são realizados com recursos disponibilizados pela sociedade "X", sem que surja a necessidade de a sociedade "Z&B" recorrer a empréstimos bancários. Por fim, uma parte dos débitos da sociedade "Z&B" não é paga, e um dos credores pretende que a sociedade "X" arque com a dívida inadimplida, sustentando que, na realidade, a sociedade "Z&B" teria sido constituída com o objetivo de limitar a sujeição patrimonial da sociedade "X". Neste caso, a fraude perpetrada pela sociedade "X" autorizaria a desconsideração da personalidade jurídica da sociedade "Z&B". Não seria possível alegar simulação, pois a desconsideração da personalidade jurídica seria a solução cabível diante do abuso da constituição da sociedade.

68. A. Butera, *Della Simulazione nei Negozi Giuridici e degli Atti "in Fraudem Legis"*, Turim, UTET, 1936, pp. 136 e ss.; N. Distaso, *La Simulazione dei Negozi Giuridici*, cit., pp. 283 e ss.

OS LIMITES DA SIMULAÇÃO

o caso, que a atividade empreendedora indicada no ato constitutivo da sociedade é explorada por uma única pessoa (empresário individual), a qual deve responder ilimitadamente pelas obrigações assumidas no seu exercício; ou, ainda, que sócios aparentes não exercem qualquer atividade empresarial em comum, sendo, porém, coproprietários de um direito real sobre um ou mais bens.[69]

Assinala Schermi, a propósito, que os sujeitos que estipulam a simulação de um contrato de sociedade não pretendem realizar e conservar ao menos um dos seus efeitos – a constituição da pessoa jurídica –, ainda que por limitado arco de tempo. O contrato é um acordo voltado ao desempenho de uma função concreta; uma autorregulamentação de interesses caracterizada e individualizada pela sua causa concreta. A causa concreta do ato constitutivo de uma sociedade é a criação de uma organização que, efetivamente, proporciona o exercício de uma atividade empreendedora. Apenas se esta causa concreta se torna operativa entre as partes pode-se atribuir ao contrato a qualificação e a disciplina jurídica típicas do contrato de sociedade.[70] No caso da simulação, esta causa concreta resta desnaturada.

Na França a doutrina majoritária reconhece a possibilidade da simulação da sociedade, tanto a de pessoas quanto a de capital. Segundo Dagot, uma vez admitida a natureza contratual da sociedade, a simulação deve reputar-se viável, mormente porque a sua disciplina mostra-se plenamente capaz de proteger os interesses de terceiros em face dos pretensos sócios. A hipótese mais frequente de *société fictive* é aquela em que falta a *affectio societatis*.[71] Sobre o tema são esclarecedoras as palavras de Dubois-de Luzy:

> Mesmo que a realidade seja diferente, a sociedade fictícia apresenta--se à plena luz jurídica como real: as formalidades de constituição, incluindo a publicidade, foram concluídas, o nome e a sede foram selecionados, os órgãos da sociedade agem em seu nome. No entanto, a empresa fictícia na verdade não existe (...). Nestes fantasmas legais, a vontade de participar de uma empreitada comum para compartilhar os benefícios que disto podem resultar é completamente ausente: não há *affectio societatis*.[72] [Tradução livre]

69. A. Schermi, "Simulazione e gruppi di società", *Giustizia Civile* XLVII/335 e ss., Milão, junho/1997.

70. Idem, ibidem.

71. J. Abeille, *De la Simulation dans le Droit des Sociétés*, cit., p. 165.

72. A. Dubois-de Luzy, *Interposition de Personne*, Paris, LGDJ, 2010, pp. 93-94. No original: "Alors même que la réalité est autre, la société fictive se présente

202   A SIMULAÇÃO NO DIREITO CIVIL

A sociedade pode ser simulada com vistas a, artificialmente, proporcionar a separação de parte do patrimônio dos sócios ou, ainda, para dissimular a presença de um outro contrato, como o de prestação de serviços ou de trabalho.[73] Segundo Abeille, a simples *exteriorização*, desacompanhada da *materialização*, torna a sociedade instrumento de uma *ilusão de ótica*. Há de se distinguir, de um lado, a constituição legal e, de outro, a constituição real da sociedade; se falta a segunda, a sociedade reputa-se apenas aparente, pois a realidade do contrato, assim como a do ente moral, requer mais que a simples validade formal.[74]

Ainda segundo Abeille, é de se esperar que a sociedade simulada revista-se da aparência de validade, pois é contrário ao objetivo dos simuladores que ela possa ser impugnada com base na invalidade exterior de sua constituição. Comprovada a simulação, a sociedade fictícia é declarada *inexistente*, ao passo que a relação jurídica dissimulada é tida como *existente*.[75] As principais manifestações da sociedade simulada, conforme informa o autor, são as seguintes:

(i) Sociedade unipessoal – uma sociedade apresenta todas as características de uma sociedade real e regular mas, na verdade, todas as suas atividades são voltadas à satisfação de um único associado.[76] E:

(ii) Grupo de sociedades fictícias – uma sociedade *holding* pode tornar-se titular de uma ou mais "subsidiárias de fachada"; isto sucede quando inexiste qualquer "conflito de interesses" entre a sociedade controladora e a sociedade controlada, ou seja, esta não dispõe de qualquer autonomia, econômica ou jurídica.[77]

à pleine lumière juridique comme réelle: les formalités de constitution, e compris de publicité, ont été accomplies, l'appellation et le siège social ont été choisis, les organes de la société agissent en son nom. Pourtant, la société fictive n'existe pas réellement (...). Dans ces fantômes juridiques, la volonté de s'associer à une œuvre commune en vue de partager le bénéfice qui pourrait en résulter fait complément défaut: il n'y a aucune *affectio societatis*".

73. M. Dagot, *La Simulation en Droit Privé*, cit., pp. 64 e ss.

74. J. Abeille, *De la Simulation dans le Droit des Sociétés*, cit., pp. 165 e ss.

75. Idem, pp. 179 e ss.

76. Idem, pp. 187 e ss.

77. Idem, pp. 211 e ss. O autor lança mão do seguinte exemplo para ilustrar o caso: uma sociedade imobiliária foi criada em 1920, e anos mais tarde entrou em processo de falência. A insolvência decorria do fato de quase todo o ativo da referida sociedade ter sido transferido a subsidiárias, as quais desempenhavam a mesma atividade que sua controladora, e era administrada por uma pessoa de confiança escolhida pelos sócios desta.

OS LIMITES DA SIMULAÇÃO 203

A sociedade simulada – defende Deboissy – não possui substância; é simples aparência destinada a enganar os terceiros.[78] Evidenciam a precariedade da organização social, além da falta de pluralidade de sócios, a ausência de exploração efetiva do objeto social e a carência de autonomia patrimonial. Existe – salienta a autora – uma relação entre a simulação e a racionalidade econômica da sociedade; sempre que esta falta, aquela pode manifestar-se.[79] No terreno societário a aparência enganadora pode também referir-se a certos atributos da sociedade, como, por exemplo, a composição do quadro de quotistas ou acionistas (na hipótese de interposição fictícia), a atividade econômica explorada como objeto social e a fixação de sedes e escritórios.[80]

Entre os autores portugueses a possibilidade de simular a sociedade também é acolhida. Para Ferrer Correia o especial interesse do pretenso sócio na constituição da sociedade deve importar, além do desejo de constituí-la, a vontade específica de assumir a condição de sócio. Esta intenção pressupõe "a consciência de se ficar juridicamente vinculado, ante a própria sociedade, ao cumprimento dos deveres estatutários de sócio".[81] Demais disso, é "da essência de toda relação associativa o constituir-se para perdurar o seu desenvolvimento no tempo. Querer constituir uma sociedade e querer simultaneamente a instauração posterior imediata de uma situação de fato que é a negação da mesma ideia de sociedade seriam termos antitéticos".[82] Neste contexto, a constituição de uma sociedade que não venha a explorar uma atividade econômica à qual são voltados os interesses comuns dos sócios ou que tenha existência efêmera deve reputar-se simulada.

Ferrer Correia não nega – frise-se – que a sociedade, posto que simulada, constitui-se formalmente. O autor admite, pois, que do contrato de sociedade, devidamente registrado, sempre decorrem efeitos, tais como a separação patrimonial e a entrada em vigor de um regulamento aplicável às relações entre os sócios. Tais efeitos são queridos pela totalidade dos subscritores, mas não excluem a simulação, sobretudo nos casos em que um ou mais sócios não querem sujeitar-se ao regime societário.[83]

78. F. Deboissy, *La Simulation en Droit Fiscal*, Paris, LGDJ, 1997, p. 86.
79. Idem, pp. 94 e ss.
80. F. Durand, *L'Apparence en Droit Fiscal*, Paris, LGDJ, 2009, pp. 99-100.
81. A. Ferrer Correia, *Sociedades Fictícias e Unipessoais*, Coimbra, Atlántida, 1948, p. 163.
82. Idem, p. 146.
83. Idem, pp. 158-151.

204 A SIMULAÇÃO NO DIREITO CIVIL

Na Argentina, Mosset Iturraspe também opina favoravelmente à simulabilidade do contrato de sociedade. Ele distingue os casos de simulação *da sociedade* e simulação *na sociedade*.[84] A simulação *da sociedade* corresponde ao fenômeno da *sociedade fictícia*; a própria constituição do ente personificado é simulada, com vistas a acobertar a falta de pluralidade de sócios, a irrealidade de elementos da organização societária (*e.g.*: a sede social, o objeto social, o tipo da sociedade etc.) ou a realização de um contrato de outra natureza (*e.g.*: prestação de serviços, compra e venda, locação, mútuo etc.).[85] Já, a simulação *na sociedade* não surge no momento da constituição, mas durante a vida da sociedade; ela pode ter por escopo ocultar a eliminação da pluralidade de sócios ou, ainda, fazer parecerem reais operações societárias que não produzem efeitos materiais, como a transformação, a fusão e a cisão.[86]

10.6 Simulação e desconsideração da personalidade jurídica

Em vista do intrincado quadro doutrinário descrito no tópico anterior, *quid juris* à luz do Código Civil?

Na doutrina produzida no Brasil a questão praticamente não foi examinada. Dentre as poucas manifestações existentes encontram-se as de Ascarelli,[87] Pontes de Miranda[88] e Gaino,[89] que são a favor da simulabilidade da sociedade (personificada); e a de Carvalhosa,[90] que é contra.

Em nossa opinião, a constituição da sociedade bem como outros negócios jurídicos que se submetem a regime jurídico eminentemente societário (*e.g.*: fusão, cisão, incorporação etc.) não podem ser simulados.[91] A demonstração desta asserção, como o leitor verá, requer um

84. J. Mosset Iturraspe, *Contratos Simulados y Fraudulentos*, t. I ("Contratos Simulados"), Santa Fé, Rubinzal-Culzoni, 2008, p. 137.

85. Idem, pp. 139-142.

86. Idem, pp. 147-150.

87. T. Ascarelli, *Problemas das Sociedades Anônimas e Direito Comparado* (1945), Campinas, Bookseller, 2001, pp. 195-196.

88. F. C. Pontes de Miranda, *Tratado de Direito Privado*, t. 50, atualizado por A. A. Gonçalves Neto. São Paulo, Ed. RT, 2012, p. 222 (229).

89. I. Gaino, *A Simulação dos Negócios Jurídicos*, cit., 2ª ed., p. 130.

90. M. Carvalhosa, *Comentários à Lei de Sociedades Anônimas*, 4ª ed., vol. 2, São Paulo, Saraiva, 2008, p. 74.

91. Após mais detidas reflexões decidimos rever a opinião que anteriormente expusemos sobre o tema (v. E. S. A. Madeira e L. C. de Andrade Júnior, "Caso Klabin: o 'casa e separa' revisto à luz da 'técnica da simulação'", *Revista Direito Tributário Atual* 28/43-71, 2012).

OS LIMITES DA SIMULAÇÃO 205

considerável esforço analítico, cujo ponto de partida é a constatação de uma dificuldade: nas últimas décadas, normas editadas com vistas a positivar a teoria da *desconsideração da personalidade jurídica*[92] *passaram a dialogar com o estatuto da simulação, tornando fluidas as fronteiras entre os dois institutos; para saber se é possível a simulação da sociedade é necessário, então, verificar se e em que medida a norma especial da disregard* deixa algum espaço para a aplicação do regime geral previsto no art. 167 do CC ao fenômeno societário.

Não é este o espaço para dissertar sobre o rico desenvolvimento teórico da desconsideração da personalidade jurídica.[93] Nada obstante, algumas ponderações deverão ser feitas a respeito deste assunto, para que possamos formular um juízo a respeito da simulabilidade da sociedade. Adotemos como ponto de partida a distinção entre a *teoria maior* e a *teoria menor* da desconsideração, para tornar mais evidente a tensão que há entre a simulação e a desconsideração.

Consoante a *teoria maior da desconsideração*, a autonomia patrimonial da pessoa jurídica pode ser superada em virtude de abuso, notadamente nas hipóteses de desvio de finalidade e confusão patrimonial. Nestes termos, dispõe o art. 50 do CC: "Em caso de abuso da personalidade jurídica, caracterizado pelo desvio de finalidade, ou pela confusão patrimonial, pode o juiz decidir, a requerimento da parte, ou do Ministério Público quando lhe couber intervir no processo, que os efeitos de certas e determinadas relações de obrigações sejam estendidos aos bens particulares dos administradores ou sócios da pessoa jurídica". Por sua vez, a *teoria menor da desconsideração* contempla a mitigação da eficácia da personalidade jurídica em situações de insolvência. Sob tais moldes, o art. 28 do CDC estabelece que "(...). A desconsideração também será efetivada quando houver falência, estado de insolvência, encerramento ou inatividade da pessoa jurídica provocados por má administração"; e o art. 4º da Lei 9.605/1998 determina que: "Poderá

---

92. Um esboço do confronto entre a simulação e a desconsideração da personalidade jurídica pode ser encontrado em: J. Mosset Iturraspe, *Contratos Simulados y Fraudulentos*, cit., t. I, pp. 189-190; E. O. Andrade Filho, *Desconsideração da Personalidade Jurídica no Novo Código Civil*, São Paulo, MP, 2005, pp. 94-97.

93. V., a respeito: R. Requião, "Abuso de direito e fraude através da personalidade jurídica", *RT* 416/12 e ss., São Paulo, Ed. RT, 1969; J. L. Corrêa de Oliveira, *A Dupla Crise da Pessoa Jurídica*, São Paulo, Saraiva, 1979, *passim*; S. E. C. Koury, *A Desconsideração da Personalidade Jurídica ("Disregard Doctrine") e os Grupos de Empresas*, Rio de Janeiro, Forense, 1993, pp. 63-96; P. H. T. Bianqui, *Desconsideração da Personalidade Jurídica no Processo Civil*, São Paulo, Saraiva, 2011, pp. 23-86.

206 A SIMULAÇÃO NO DIREITO CIVIL

ser desconsiderada a pessoa jurídica sempre que sua personalidade for obstáculo ao ressarcimento de prejuízos causados à qualidade do meio ambiente".

Como se pode notar, a teoria menor da desconsideração emposta--se sobre terreno distinto daquele em que se manifesta a simulação; por isto, ela se mostra pouco útil aos nossos propósitos. A teoria da maior da desconsideração, entretanto, tende a aplicar-se em casos nos quais se pode, com igual consistência, cogitar da simulação. Faz-se notar, pois, uma zona cinzenta entre a teoria maior da desconsideração e a simulação. De fato, é costumeira a afirmação de que a personalidade jurídica pode ser superada quando a sociedade atua em favor de interesses que se confundem com os dos sócios, como se fizesse as vezes deles.[94] La- martine Corrêa destaca, neste particular, que a desconsideração depende da resposta à seguinte indagação: "No caso em exame, foi realmente a pessoa jurídica que agiu, ou foi ela mero instrumento nas mão de outras pessoas, físicas ou jurídicas?"[95] Ora, não poderia esta mesma pergunta orientar o diagnóstico da interposição fictícia, da interposição real em fraude à lei ou, quiçá, da simulação da própria constituição do ente so- cietário? Parece que sim.

Daí a dificuldade de encontrar um espaço no sistema normativo do direito civil reservado à simulação. Vejamos se, analisando com maior profundidade os pressupostos da desconsideração da personalidade jurídica, conseguimos identificar a linha que separa esta da simulação. Vale a pena, para esta finalidade, recobrar os moldes sob os quais foram elaboradas as teorias *unitarista* e *pluralista* da desconsideração da per- sonalidade jurídica.

A teoria unitarista vislumbra na personalidade jurídica um fenô- meno homogêneo caracterizado por uma essência pré-jurídica (análoga à da pessoa física) e pela autonomização do patrimônio da sociedade com relação ao patrimônio dos sócios. Esta corrente dogmática divide- -se em subgrupos que se inclinam a conceber a desconsideração por um viés *subjetivo* ou *objetivo-institucional*. Dentre os subjetivistas encontra-se Serick, para quem a desconsideração deve operar segundo o sistema *regra-exceção*: a regra é a autonomia patrimonial da pessoa jurídica, e a exceção, fundamentada no intento fraudulento ou abusivo, é a extensão da sujeição patrimonial da pessoa jurídica aos bens de

94. A. Couto Silva, "Desconsideração da personalidade jurídica", *RT* 780/54, São Paulo, Ed. RT, 2000; C. Ramalhete, "Sistema de legalidade na 'desconsideração da personalidade jurídica'", *RT* 586/14, São Paulo, Ed. RT, 1984.

95. J. L. Corrêa de Oliveira, *A Dupla Crise da Pessoa Jurídica*, cit., p. 613.

OS LIMITES DA SIMULAÇÃO 207

titularidade dos sócios.[96] Para os objetivistas, como Immenga, a desconsideração deve basear-se sobre dados concretos, independentes do ânimo pessoal dos sócios, como, por exemplo, a utilização da sociedade de maneira contrária aos seus estatutos e a desvirtuação da função da pessoa jurídica.[97]

Para a maior parte dos autores a teoria unitarista não dá conta de explicar o fenômeno da desconsideração da personalidade jurídica, pois, em última instância, tem sua aplicabilidade restrita aos casos de falência.[98] Diante disto, abre-se espaço para a defesa de uma teoria pluralista (ou *antiunitarista*) alicerçada na concepção da pessoa jurídica como *centro de imputação*. Sob este marco teórico, a desconsideração não se limita aos casos de fraude, podendo abranger outras situações em que, em face da importância e do objetivo da norma aplicável, se mostra conveniente mitigar a eficácia da personalidade jurídica. Justificam-se, nestes termos:

> *(i)* a *desconsideração atributiva*, assim entendida a atribuição de determinadas relações jurídicas diretamente à pessoa dos sócios, mormente quando características, comportamentos ou conhecimentos pessoais destes sejam confundidos com as da sociedade;
>
> *(ii)* a *desconsideração para fins de responsabilidade*, sobretudo quando existe *confusão de esferas* (isto é, quando a denominação, a organização ou o patrimônio da sociedade e dos seus membros não são claramente distinguíveis) ou *subcapitalização* (isto é, a insuficiência do capital social, que pode ser evidente – subcapitalização *qualificada* – ou culposa – subcapitalização *simples*);
>
> *(iii)* a *desconsideração em sentido inverso*, notabilizada pela atribuição à sociedade de certas relações jurídicas formalmente estabelecidas por seus membros; e, por fim:
>
> *(iv)* a *desconsideração em favor do sócio*, especialmente nos casos em que apenas este possui legitimidade para pleitear um direito formalmente detido pela sociedade (um exemplo da adoção deste raciocínio no Direito Brasileiro extrai-se da Súmula 486 do STF, que permite o despejo para uso da sociedade de um imóvel do sócio único).[99]

96. R. Serick, *Rechtsform und Realität juristischer Personen – Eins rechtsvergleichender Beitrag zur Frage des Durchgriffs auf die Personen oder Gegenstände hinter der juristischen Person* (1955), trad. it. de M. Vitale, *Forma e Realtà della Persona Giuridica*, Milano, Giuffrè, 1966, pp. 275 e ss.

97. C. Salomão Filho, *O Novo Direito Societário*, 4ª ed., 2ª tir., São Paulo, Malheiros Editores, 2015, p. 235.

98. Idem, pp. 237-240.

99. Idem, pp. 241-251.

208 A SIMULAÇÃO NO DIREITO CIVIL

O art. 50 do CC prevê a desconsideração da personalidade jurídica exclusivamente para fins de responsabilidade patrimonial,[100] o que deve ocorrer com supedâneo em fundamentos que englobam aspectos subjetivos e objetivos: o *desvio de finalidade* e a *confusão patrimonial*.[101]

O desvio de finalidade não se deve confundir com a prática de atos *ultra vires* (atos praticados pelos administradores com inobservância dos limites impostos pelo objeto social e desrespeito aos poderes designados no contrato social). Perante terceiros de boa-fé os atos *ultra vires* permanecem válidos, e a sociedade por eles responde (embora tenha direito de regresso contra os administradores faltosos).[102] O método da desconsideração da personalidade jurídica, na realidade, não diz respeito a atos, mas a *atividades*.[103] Como a organização societária é posta a serviço de um objetivo anormal, o desvio de finalidade caracteriza-se pela disfunção da pessoa jurídica,[104] ou seja, pelo descasamento entre a atividade e a finalidade do ente coletivo. Toda pessoa jurídica é criada para o desempenho de funções determinadas. A função geral da personalização consiste na criação de um núcleo de interesses autônomo. A causa na constituição da sociedade equivale ao estabelecimento de esferas patrimoniais distintas, cujos ativos e passivos não devem confundir-se. Tal segregação justifica-se pela necessidade de atender ao objeto social; por conseguinte, a personalidade jurídica somente se mantém enquanto se mostra útil à consecução do escopo representado pelo objeto social.

---

100. Idem, p. 258.

101. A. Pagani de Souza, *Desconsideração da Personalidade Jurídica – Aspectos Processuais*, 2ª ed., São Paulo, Saraiva, 2011, p. 93: "Por fim, é importante observar que atualmente não se atribui à teoria da desconsideração da personalidade jurídica caráter exclusivamente objetivista ou subjetivista. Ou seja, para se configurar a hipótese necessária para a aplicação da teoria não se exige que ocorra a confusão patrimonial, o que seria um enfoque exclusivamente objetivista. Assim, se não houver confusão patrimonial, mas se verificarem outras hipóteses de aplicação da teoria (tais como a intenção de fraudar, o abuso de direito etc.), a desconsideração da personalidade jurídica deve ser decretada. Em suma, as formulações objetiva e subjetiva da teoria da desconsideração da personalidade jurídica são compatíveis entre si e devem conviver harmoniosamente".

102. A. Couto Silva, "Desconsideração da personalidade jurídica", cit., *RT* 780/49.

103. C. Salomão Filho, *O Novo Direito Societário*, cit., 4ª ed., 2ª tir., p. 262. Sobre a noção de *atividade*, v.: T. Ascarelli, *Corso di Diritto Commerciale*, Capítulo VII (1962), trad. port. de E. V. Azevedo e Novaes França, "A atividade do empresário", *RDM* 132/203-215, São Paulo, Malheiros Editores, 2003.

104. R. Barros Monteiro Filho *et al.*, *Comentários ao Novo Código Civil*, vol. I ("Das Pessoas – Arts. 1º a 78"), Rio de Janeiro, Forense, 2010, pp. 788-799.

OS LIMITES DA SIMULAÇÃO   209

Quando o comportamento do sócio ou a relação estabelecida tornam inútil ou ineficaz a organização societária, anômala se torna a função desempenhada pela pessoa jurídica.[105]

Já, a confusão patrimonial caracteriza-se pela impossibilidade de distinguir se o uso e a disposição de determinados bens dão-se pela sociedade ou pelos seus membros; ou, melhor dizendo, se o patrimônio é empregado de modo a satisfazer interesses de uma ou de outros. Configura-se, por exemplo, quando a sociedade utiliza imóveis pertencentes aos sócios, emprega veículos destes para o desempenho de suas atividades operacionais ou paga suas contas pessoais.[106] A confusão patrimonial pode, ademais, relacionar-se a uma situação de controle, especialmente nos grupos econômicos de subordinação, em que as sociedades controladas perdem grande parte de sua autonomia de gestão empresarial em razão da atuação "soberana" da sociedade *holding*.[107]

Por tudo o que já dissemos a respeito da simulação e em especial acerca do mecanismo da ilusão negocial, as ocorrências de desvio de finalidade e confusão patrimonial deveriam ser sintomas da simulação da sociedade e, mais que isto, da própria pessoa jurídica. Esta solução, contudo, a lei não nos permite abraçar. Se a sociedade se tornasse simulada em virtude daquelas circunstâncias dar-se-ia a *despersonalização* do ente como corolário da nulidade. Nada obstante, o que a lei prevê para estas hipóteses é a desconsideração, que oferece remédios indiretos para o problema, pois mantém intacta a personalidade jurídica.[108]

O que nos revelam estas constatações? Que o Direito Brasileiro, seguindo tendência manifestada nos ordenamentos modernos, não admite a aplicação ao fenômeno societário da disciplina da nulidade.[109] Por conseguinte, a técnica da desconsideração da personalidade jurídica vem juntar-se ao mecanismo da *dissolução societária* para cobrir integralmente o terreno em que se localizam as anomalias da constituição

---

105. F. K. Comparato e C. Salomão Filho, *O Poder de Controle na Sociedade Anônima*, 4ª ed., Rio de Janeiro, Forense, 2005, pp. 351 e 356-357.

106. A. Pagani de Souza, *Desconsideração da Personalidade Jurídica – Aspectos Processuais*, cit., 2ª ed. p. 92.

107. F. K. Comparato e C. Salomão Filho, *O Poder de Controle na Sociedade Anônima*, cit., 4ª ed., pp. 355-361: "Ora, essa perda da autonomia de gestão empresarial traduz-se, frequentemente, se não sempre, pelo sacrifício dos interesses de cada sociedade ao interesse global do grupo. Os patrimônios sociais tendem a confundir--se, e tudo se passa nesse campo, como frisou um autor, analogamente ao princípio dos vasos comunicantes".

108. C. Salomão Filho, *O Novo Direito Societário*, cit., 4ª ed., 2ª tir., p. 263.

109. C. Angelici, *La Società Nulla*, Milão, Giuffrè, 1975, p. 256.

210 A SIMULAÇÃO NO DIREITO CIVIL

e do funcionamento da sociedade. As consequências que disto resultam são três: em primeiro lugar, a disciplina legal torna-se mais coerente, uma vez que se evita a aplicação de um regramento muito geral, previsto para todos os negócios jurídicos, a um ramo do direito privado repleto de especificidades como o direito societário; em segundo lugar, amplia-se o âmbito de pertinência da desconsideração da personalidade jurídica;[110] e, por fim, o que mais importa ao presente estudo: aquele espaço que esperávamos identificar, em que a simulação pudesse aplicar-se a fenômenos societários, simplesmente deixa de existir: *torna-se impossível no nosso Direito a simulação da sociedade*.[111]

Percebe-se, nesta toada, que erra quem pretende examinar a simulabilidade da sociedade sem levar em conta as peculiaridades do fenômeno societário. A constituição da sociedade não pode ser encarada como simples negócio jurídico, porque a norma a valora de maneira diferente: não como ato, mas como *procedimento* dotado de um *nexo de funcionalidade* que produz a *organização societária*.[112] O que seria um vício do ato, sob a perspectiva negocial, transforma-se em vício da organização, sob a ótica societária.[113] A pretensa simulação do contrato social até pode acarretar consequências, mas elas já não serão suficientes para tornar não verdadeiro o juízo sobre a existência da sociedade (art. 167, § 1º, II, do CC), pois repercutirão no plano da organização, justificando a desconsideração da personalidade jurídica e, eventualmente, a dissolução.[114]

Veja-se o que sucede com a sociedade unipessoal pretensamente dissimulada. O fato de um ou mais sócios comparecerem como "testas de ferro" no ato constitutivo não será causa de nulidade da sociedade, mas de dissolução (art. 1.033, IV, do CC[115]). A lei não admite que a sociedade seja tida como ilusória,[116] pois: "Nos casos de dissolução da

---

110. F. K. Comparato e C. Salomão Filho, *O Poder de Controle na Sociedade Anônima*, cit., 4ª ed., pp. 353-354.

111. Cf., a respeito, F. K. Comparato e C. Salomão Filho, *O Poder de Controle na Sociedade Anônima*, cit., 4ª ed., p. 446.

112. F. K. Comparato e C. Salomão Filho, *O Poder de Controle na Sociedade Anônima*, cit., 4ª ed., p. 445.

113. C. Angelici, *La Società Nulla*, cit., pp. 230-284.

114. Idem, pp. 261-262, nota 270.

115. CC de 2002: "Art. 1.033. Dissolve-se a sociedade quando ocorrer: (...); IV – a falta de pluralidade de sócios, não reconstituída no prazo de 180 (cento e oitenta) dias; (...)".

116. Registre-se a opinião contrária de F. C. Pontes de Miranda (*Tratado de Direito Privado*, t. 49, atualizado por A. A. Gonçalves Neto, São Paulo, Ed. RT, 2012, p. 149), a qual, contudo, foi emitida em momento histórico diferente do presente,

OS LIMITES DA SIMULAÇÃO   211

pessoa jurídica ou cassada a autorização para seu funcionamento, ela subsistirá para os fins de liquidação, até que esta se conclua" (art. 51).[117] O Código Civil prevê que, diante da anulação da "constituição", a sociedade deve dissolver-se, para, então, se sujeitar à liquidação (art. 1.034, I,[118] c/c art. 1.036[119]). Como se vê, não há menção à anulação do "ato constitutivo" (pois o que se disciplina ali é um procedimento, não um ato); do mesmo modo, os arts. 206, II, "a",[120] e 285 da Lei 6.404/1976[121] referem-se tão somente à anulação da "constituição", com idêntica determinação de que, em tais circunstâncias, se proceda à dissolução e à liquidação da companhia.

Aqui vale ressaltar o que significa a sujeição da anulação da constituição da sociedade ao regime da dissolução. Mantém-se coerente o ordenamento ao prever que, diante de um vício do consentimento, como o erro, o dolo ou a coação, torna-se cabível a despersonalização com eficácia *ex nunc*, a qual se verifica apenas a partir da conclusão da liquidação. É verdade que a anulação de negócio jurídico não se equipara à dissolução da sociedade; mas os resultados de uma e de outra são compatíveis, razão pela qual não se mostra assistemático aceitar que uma sociedade possa ter sido constituída em virtude de dolo, por exemplo;

à luz de outras premissas dogmáticas: "O contrato social é nulo se infringe regra jurídica cogente ou se, por ser nulo ou anulado o ato de participação de algum sócio, deixou de haver o mínimo de sócios, que a lei exige".

117. Assinale-se que, precisamente porque não haveria simulação nem nulidade, não caberia cogitar da extraversão de uma pressuposta empresa individual de responsabilidade limitada/EIRELI (art. 980-A do CC).

118. CC de 2002: "Art. 1.034. A sociedade pode ser dissolvida judicialmente, a requerimento de qualquer dos sócios, quando: I – anulada a sua constituição; (...)".

119. CC de 2002:

"Art. 1.036. Ocorrida a dissolução, cumpre aos administradores providenciar imediatamente a investidura do liquidante, e restringir a gestão própria aos negócios inadiáveis, vedadas novas operações, pelas quais responderão solidária e ilimitadamente.

"Parágrafo único. Dissolvida de pleno direito a sociedade, pode o sócio requerer, desde logo, a liquidação judicial."

120. CC de 2002: "Art. 206. Dissolve-se a companhia: (...); II – por decisão judicial: a) quando anulada a sua constituição, em ação proposta por qualquer acionista; (...)".

121. Lei 6.404/1976:

"Art. 285. A ação para anular a constituição da companhia, por vício ou defeito, prescreve em 1 (um) ano, contado da publicação dos atos constitutivos.

"Parágrafo único. Ainda depois de proposta a ação, é lícito à companhia, por deliberação da assembleia-geral, providenciar para que seja sanado o vício ou defeito."

212 A SIMULAÇÃO NO DIREITO CIVIL

deveras, tanto a anulação do negócio jurídico quanto a da dissolução da sociedade, resultante deste defeito, apresentariam desdobramentos jurídicos e práticos análogos. De outra sorte, tendo em vista que a simulação é, sob a égide do Código Civil de 2002, hipótese de nulidade, mostra-se inconsistente, sob a perspectiva da interpretação sistemática, admitir que a disciplina genérica reservada à nulidade, que implica a restituição das partes ao *statu quo ante*, não seja aplicável apenas no caso da sociedade (supostamente) simulada. Tal dificuldade hermenêutica não seria enfrentada, sublinhe-se, quando da vigência do Código Civil de 1916, período em que a simulação figurava dentre os defeitos do negócio jurídico, e não havia estatuto normativo positivado acerca da desconsideração da pessoa jurídica. Agora, no contexto atualmente verificado, o regime jurídico da anulação da constituição da sociedade assume um papel importante para a análise conceitual necessária à delimitação da expressão da simulação no terreno societário. Dessa feita, o fato de o regime jurídico reclamado pela nulidade não encontrar acolhida no âmbito da anulação da constituição da sociedade ratifica a constatação da escolha do legislador, qual seja, a de que os casos de abuso da personalidade jurídica devem resolver-se pelo emprego da técnica da desconsideração, não pela da simulação.

Neste estado de coisas, cumpre ainda destacar que, a falta de *affectio societatis* (elemento que importa tão somente à estabilidade das sociedades de pessoas) não autoriza a conclusão de que a sociedade seja fictícia. Registre-se, neste passo, que os arts. 1.001 a 1.009 do CC, ao tratarem dos direitos e das obrigações dos sócios, mal chegam a tangenciar a questão da *affectio societatis*. O art. 1.001 estabelece que: "As obrigações dos sócios começam imediatamente com o contrato, se este não fixar outra data, e terminam quando, liquidada a sociedade, se extinguirem as responsabilidades sociais"; e o art. 1.004, o único a tratar, explicitamente, dos deveres dos sócios, limita-se a dispor que: "Os sócios são obrigados, na forma e prazo previstos, às contribuições estabelecidas no contrato social, e aquele que deixar de fazê-lo, nos 30 (trinta) dias seguintes ao da notificação pela sociedade, responderá perante esta pelo dano emergente da mora". A vontade de assumir a condição de sócio, de acordo com as disposições do Código Civil, apresenta feição eminentemente objetiva: a falta grave cometida pelo sócio (que pode consistir, eventualmente, em retirar-se, de fato, da sociedade, deixando de adotar medidas necessárias à manutenção da organização societária) não implica a simulação, mas autoriza a dissolução parcial, conforme preceitua o art. 1.030: "Ressalvado o disposto no art. 1.004 e seu parágrafo único,

OS LIMITES DA SIMULAÇÃO   213

pode o sócio ser excluído judicialmente, mediante iniciativa da maioria dos demais sócios, por falta grave no cumprimento de suas obrigações, ou, ainda, por incapacidade superveniente". E o art. 1.085: "Ressalvado o disposto no art. 1.030, quando a maioria dos sócios, representativa de mais da metade do capital social, entender que um ou mais sócios estão pondo em risco a continuidade da empresa, em virtude de atos de inegável gravidade, poderá excluí-los da sociedade, mediante alteração do contrato social, desde que prevista neste a exclusão por justa causa".

Nem se caia no equívoco de se deixar seduzir pelo argumento de que a efemeridade da sociedade a torna simulada. A lei não requer que a sociedade tenha duração mínima; muito pelo contrário: o parágrafo único do art. 981 do CC estabelece que: "A atividade pode restringir-se à realização de um ou mais negócios determinados". Assim sendo, uma sociedade que seja constituída em um determinado dia para a prática de um único negócio, e dissolvida no mesmo dia, após a realização do referido negócio, deve ser tida como válida e eficaz. É importante assinalar que a lei se refere à realização de um ou mais negócios determinados, sem especificar a natureza destes; desta feita, a sociedade que seja constituída exclusivamente para realizar um negócio societário (*e.g.*: recebimento de bens e dinheiro como realização de capital, aportados, respectivamente, pelos sócios "A" e "B"; e posterior cisão, com a versão dos bens à sociedade resultante desta operação de que participe o sócio "B" – o "casa e separa" a que aludimos ao final do *tópico 9.4*) não pode ser considerada simulada.

A sociedade de pessoas da qual um ou mais sócios deixam de manifestar *affectio societatis*, ou qualquer organização societária que tenha duração efêmera, pode servir a propósitos elusivos ou fraudulentos ou ocasionar a confusão patrimonial. Se tal suceder, sem prejuízo da dissolução, que, quando cabível, depende da iniciativa do sócio para requerê-la (art. 1.034, tratando-se de dissolução judicial) ou para requerer a liquidação (art. 1.033, c/c art. 1.036, parágrafo único, no caso de dissolução de pleno direito), podem eventuais credores pleitear a desconsideração da personalidade jurídica, com fulcro no art. 50.[122] Não há neste

---

122. Dentre estes credores encontra-se, por óbvio, a Fazenda Pública, mas exclusivamente no que diz respeito a obrigações tributárias constituídas independentemente da desconsideração da personalidade jurídica, e desde que sejam observadas as regras dispostas na legislação específica (*e.g.*: art. 124, art. 134, VII, art. 135, I, e art. 137 do CTN). Nada obstante, se a desconsideração da personalidade é pressuposto da caracterização do fato gerador da obrigação tributária, esta somente pode dar-se com fundamento no art. 116, parágrafo único, do CTN, do qual não trataremos neste trabalho.

214 A SIMULAÇÃO NO DIREITO CIVIL

contexto, porém, fundamentos para pleitear a declaração da nulidade da constituição da sociedade sob a alegação de que seria simulada.

Também pode ensejar a desconsideração da personalidade jurídica – mas não a simulação – a inatividade da sociedade ou a exploração de objeto distinto daquele descrito no contrato social. Deveras, se a sociedade não desempenha atividade econômica ou desempenha atividade econômica diversa daquela para o exercício da qual foi constituída, a organização societária deixa de se mostrar capaz de atender à sua função própria, e, neste caso, somente pode satisfazer interesses dos próprios sócios. Outrossim, pode dar-se a desconsideração da personalidade jurídica diante do estabelecimento de subsidiárias que careçam de autonomia gerencial ou econômica; em casos como este pode-se constatar a confusão patrimonial a que faz referência o art. 50.

Em face das precedentes observações, parece-nos acertada a conclusão de que a simulação da sociedade não é admitida pelo nosso Direito.

Isto não nos autoriza a deixar de ressalvar, entretanto, que podem ser simulados determinados atos praticados pela sociedade, como o pagamento de dividendos. Considere-se, a título de exemplo, que um dos sócios tenha resolvido, de comum acordo com os demais, tornar-se empregado da sociedade: passa a receber mensalmente, a título de dividendos, uma quantia fixa (que faz as vezes do salário); não participa de quaisquer assembleias; passa, enfim, a se sujeitar às normas ordinariamente impostas aos demais empregados (*e.g.*: horários de trabalho, hierarquia, risco de dispensa etc.). Embora não seja possível dizer que esta sociedade é simulada, nem que o sujeito em questão perde a condição de sócio, não há como negar que esta condição, precisamente, presta-se a ocultar algo; não exatamente o contrato de trabalho, que não é dissimulado no sentido técnico (já que não seria possível requalificar o contrato de sociedade), mas a natureza dos pagamentos que lhe são realizados.

Pode ocorrer, ainda – na verdade, acontece muito frequentemente –, de uma sociedade ser utilizada como "laranja" de negócios praticados diretamente pelos sócios ou por outra sociedade. Há, nestes casos, interposição fictícia da pessoa jurídica, embora esta não possa ser considerada, em si, simulada. A sociedade existe, ainda que não tenha instalações físicas, empregados, máquinas e materiais de escritório. A bem se ver, todos estes indícios somente confirmam que ela não possui capacidade econômica ou técnica de efetivamente ser parte de certos atos de comércio, e que a verdadeira parte deve ser alguém que resolveu se esconder por trás da pessoa jurídica, explorando-a como interposta pessoa.

OS LIMITES DA SIMULAÇÃO 215

10.7 Deliberações de órgãos da pessoa jurídica

Também não podem ser simuladas as deliberações de órgãos da pessoa jurídica.

A deliberação é negócio jurídico *coletivo*. Embora sua produção dependa da manifestação de diversas vontades, ela encerra uma vontade única, atribuível, em última instância, à sociedade. O *ato colegial* é responsável pela formação da vontade do ente personificado; é um "diálogo" da sociedade consigo própria.[123] O exame da simulabilidade do ato colegial deve dar-se em dois planos distintos: no primeiro destes, insta verificar se o próprio ato, formado pelo concurso de múltiplas vontades, amalgamadas sob o *princípio majoritário*, é simulado; no segundo, cabe analisar se cada manifestação de vontade, individualmente considerada, pode ser simulada (hipótese de "vício do voto").

No que se refere à simulação da deliberação social, apreendida enquanto ato coletivo, Ascarelli defende que ela não é simulável, pois configura negócio unilateral não receptício.[124] Tendo-se em mente, porém, as ponderações acima aduzidas acerca da simulação dos negócios unilaterais (*tópico 10.4*), parece-nos que a deliberação social não seja simulável por outra razão, a saber: não existe a possibilidade de definir preventivamente um contrainteressado na declaração, diferente da própria sociedade. Como vimos, tratando-se de negócios unilaterais, a simulação somente é possível quando existe uma área de interesses em jogo, na qual interagem as vontades de sujeitos distintos, que podem ser contrainteressados na declaração. Como, porém, a deliberação societária tem como destinatário a própria sociedade, ela pode ser acometida, no máximo, pela reserva, como assevera Distaso.[125]

Não convém, pois, deixar-se enganar pelo que dispõem o parágrafo único do art. 48 (que estabelece o prazo decadencial de três anos para a anulação de decisões de órgãos colegiais quando restar caracterizada a simulação[126]) e o § 3º do art. 1.078 do CC (segundo o qual a aprovação

---

123. T. Ascarelli, *Problemas das Sociedades Anônimas e Direito Comparado*, cit., pp. 532-534; E. V. Azevedo e Novaes França, *Invalidade das Deliberações de Assembleia das S/A*, São Paulo, Malheiros Editores, 1999, pp. 41 e ss.

124. T. Ascarelli, "Sulla simulazione in materia di società e sulla simulazione di modificazione statutaria (trasformazione di società)", in Tullio Ascarelli, *Studi in Tema di Società*, Milão, Giuffrè, 1952, pp. 215-221.

125. N. Distaso, *La Simulazione dei Negozi Giuridici*, cit., p. 249.

126. CC de 2002:

216 A SIMULAÇÃO NO DIREITO CIVIL

do balanço patrimonial e do de resultado econômico exonera de responsabilidade os membros da administração e do conselho fiscal, salvo erro, dolo ou simulação[127]). A simulação a que se referem tais dispositivos não se materializa no plano do ato colegial, mas ao nível das manifestações de vontade individuais que o compõem.[128] Trata-se, destarte, de simulação do voto, o qual, conquanto unilateral e não receptício, pode direcionar-se a contrainteressados, a saber: os demais membros do colegiado; demais disso, não há como descartar a hipótese de o voto ser manifestado por meio de documento antedatado ou pós-datado ou, ainda, mediante o expediente da interposição fictícia.

Desse modo, não há que se confundir a simulação da deliberação social, que, se fosse possível, atingiria diretamente o ato colegial, com a

"Art. 48. Se a pessoa jurídica tiver administração coletiva, as decisões se tomarão pela maioria de votos dos presentes, salvo se o ato constitutivo dispuser de modo diverso.

"Parágrafo único. Decai em 3 (três) anos o direito de anular as decisões a que se refere este artigo, quando violarem a lei ou estatuto, ou forem eivadas de erro, dolo, simulação ou fraude."

127. CC de 2002:

"Art. 1.078. A assembleia dos sócios deve realizar-se ao menos uma vez por ano, nos 4 (quatro) meses seguintes ao término do exercício social, com o objetivo de: (...).

"(...).

"§ 3º. A aprovação, sem reserva, do balanço patrimonial e do de resultado econômico, salvo erro, dolo ou simulação, exonera de responsabilidade os membros da administração e, se houver, os do conselho fiscal."

128. A distinção entre vícios da assembleia, vícios da deliberação e vícios do voto foi bem traçada por E. V. Azevedo e Novaes França (*Invalidade das Deliberações de Assembleia das S/A*, cit., p. 85), como segue: "Impende distinguir agora, por amor à clareza, aquilo que, na defeituosa redação do art. 286, aparece indevidamente confundido. Repita-se a dicção do mencionado dispositivo: 'Art. 286. A ação para anular as deliberações tomadas em assembleia-geral ou especial, irregularmente convocada ou instalada, violadoras da lei ou do estatuto, ou eivadas de erro, dolo, fraude ou simulação, prescreve em 2 (dois) anos, contados da deliberação'. Logo se verifica que o legislador confundiu, na referida disposição legal, *três* espécies diversas de vícios, a saber: (a) *vícios da própria assembleia* – que pode ter sido irregularmente *convocada* (ou mesmo não convocada) ou *instalada*, por força de violação da lei ou do estatuto, hipótese em que o vício, obviamente, atingirá *todas as deliberações* que nela forem tomadas; (b) *vícios das deliberações* – nessa hipótese, os vícios dizem respeito às próprias deliberações assemblares, que podem ter sido tomadas, todas ou algumas delas apenas, com *violação da lei ou do estatuto*; (c) *vícios do voto* – nessa hipótese, um ou alguns dos votos que concorreram para a formação da deliberação (ou mesmo todos eles, em alguns casos) podem ter sido viciados em razão de erro, dolo, fraude ou simulação (...)'".

OS LIMITES DA SIMULAÇÃO 217

simulação do voto,[129] que apenas mediatamente pode macular a deliberação social, na medida em que vem a desqualificar a maioria formada por meio do conclave. Vê-se, pois, que a aplicação do regime da anulabilidade, prevista no art. 48, não é simples exceção, assistemática e caprichosa, ao regime instituído pelo art. 167, mas uma decorrência da descaracterização da maioria formada com o cômputo de votos simulados.

10.8 Atos familiares

No que tange aos atos regrados pelo direito de família a autonomia privada encontra limitada expressão. A lei atribui relevância precípua à declaração consubstanciada na forma legalmente prevista – forma interna, no caso. Assim ocorre, por exemplo, com o divórcio, o reconhecimento de filho e a adoção, que não são simuláveis.[130] Contudo, divergências na doutrina e na jurisprudência colocam em dúvida a exclusão completa da simulação no terreno do direito de família.

Na Itália, por exemplo, após a reforma do direito de família daquele País pela Lei de 19.5.1975, n. 151, alguns autores passaram a admitir a simulação do casamento.[131] O fundamento desta opinião consistiria na nova redação que a referida lei teria dado ao art. 123 do CC italiano, o qual passou a aludir expressamente ao casamento simulado.[132]

129. T. Ascarelli, Problemas das Sociedades Anônimas e Direito Comparado, cit., p. 551, nota 1.180.

130. Cf. A. von Tuhr, Derecho Civil – Teoría General del Derecho Civil Alemán (1910-1918), cit., vol. II, p. 505.

131. O. T. Scozzafava, "Il matrimonio simulato nell'ordinamento civile", Rivista di Diritto Civile 5/657-664, Pádua, setembro-outubro/1990.

132. CC italiano:
"Art. 123. Simulação
"O casamento pode ser impugnado por qualquer dos cônjuges quando os nubentes convencionaram não adimplir as obrigações e não exercitar os direitos daquele decorrentes. A ação não pode ser proposta se decorrido 1 (um) ano da celebração do casamento ou então no caso em que os contraentes conviveram como cônjuges sucessivamente à referida celebração" (tradução livre).
No original:
"Art. 123. Simulazione
"Il matrimonio può essere impugnato da ciascuno dei coniugi quando gli sposi abbiano convenuto di non adempiere agli obblighi e di non esercitare i diritti a esso discendenti. L'azione non può essere proposta decorso un anno dalla celebrazione del matrimonio ovvero nel caso in cui i contraenti abbiano convissuto come coniugi successivamente alla celebrazione medesima."

218 A SIMULAÇÃO NO DIREITO CIVIL

No Direito Brasileiro não há, em norma alguma, referência ao casamento simulado. Nada obstante, conferindo maior amplitude à manifestação da autonomia privado no campo do direito de família, parte da doutrina admite sua possibilidade. Cite-se, por exemplo, a opinião de Rizzardo:

> Outro vício do consentimento amiúde aventado é a simulação que leva duas pessoas a contraírem núpcias apenas como aparência, sem que jamais se estabeleça a real comunhão que leva à vida matrimonial. Com o casamento desejam, na verdade, os cônjuges alcançar finalidades que podem ser consideradas secundárias, ou apenas colaterais, em geral de fundo econômico ou previdenciário. Não passa o enlace matrimonial de mero pretexto para outros objetivos.[133]

Também a jurisprudência já se manifestou favoravelmente à simulabilidade do casamento, como se depreende do acórdão proferido na Ap. 0105213-97.2014.8.21.7000, prolatado pela 7ª Câmara Cível do TJRS (rel. Des. Sérgio Fernando de Vasconcellos Chaves, j. 24.9.2014).[134]

A história do caso é curiosa. O Sr. Edeal (já falecido quando do ajuizamento da demanda) era companheiro da Sra. Delícia, e, sem que houvesse rompimento do relacionamento com esta, casou-se com a Sra. Isabel, filha da Sra. Delícia. Segundo o voto-condutor do aresto: "(...) os efeitos do casamento, que é ato jurídico *stricto sensu*, são dados pela lei e não pelos nubentes, e sua finalidade evidentemente não pode se restringir à pensão previdenciária *post mortem*. (...). No caso, restou evidenciado que houve simulação na intenção de casar, pois o único efeito almejado pelos nubentes era mesmo a percepção de pensão previdenciária por Isabel após a morte de Edeal, que era 45 anos mais velho do que ela e era companheiro da mãe dela".

A conclusão acerca da simulação do casamento do Sr. Edeal com a Sra. Isabel foi fundamentada pela Corte do Rio Grande do Sul a partir dos seguintes elementos:

(i) O Sr. Edeal tinha, à época do casamento, 83 anos, e a Sra. Isabel, 38 anos; isto é, ele era 45 anos mais velho que ela.

---

133. A. Rizzardo, *Direito de Família*, 2ª ed., Rio de Janeiro, Forense, 2004, p. 142. Contra: I. Gaino, *A Simulação dos Negócios Jurídicos*, cit., 2ª ed., pp. 162-164.

134. Assim ementado: "Ação de nulidade de casamento Simulação – Vício comprovado. Comprovado que o casamento da autora com o *de cujus* foi simulado, com o objetivo de obtenção por ela de pensão previdenciária, correta a sentença que declarou a nulidade do ato jurídico, não havendo que se falar em prescrição – Inteligência do art. 167, § 1º, II, do CC – Recurso desprovido".

OS LIMITES DA SIMULAÇÃO   219

(ii) O irmão do *de cujus*, entrevistado no âmbito de estudo social realizado com vista a instruir o processo, afirmou que o último "vivia com Delícia há mais de 20 anos e que a finalidade do casamento com Isabel (...) foi somente pela pensão, pois não viviam maritalmente e que mesmo depois de casados nunca morou no endereço onde ele residia e só apareceu uma ou duas vezes por lá". E:

(iii) Apesar de a Sra. Isabel ter afirmado que a mãe residiria na casa do Sr. Edeal porque trabalharia ali como empregada doméstica, verificou--se que, com a morte do companheiro, a Sra. Delícia alienou o imóvel.

Em tal contexto, decidiu o TJRS que o casamento em debate deveria ser considerado nulo: "Como o negócio jurídico que a parte autora pretende anular foi realizado já na vigência do Código Civil de 2002, segundo o qual a simulação não é causa de anulação, mas de nulidade, seu reconhecimento é imprescritível".

Outrossim, o estabelecimento de união estável tem sido considerado passível de simulação, como se deu no julgamento dos EI 0007741-45.2010.8.19.0064, realizado pela 21ª Câmara Cível do TJRJ (rel. Des. André Ribeiro, j. 21.10.2014). Nessa assentada asseverou-se:

As circunstâncias que envolvem o presente caso, a saber, a diferença de idade do Sr. João e da Sra. Marília (71 anos), o estado debilitado de saúde do falecido anterior à suposta união estável, a convivência por mais de 20 anos da autora com a família do *de cujus*, somadas ao fato de que todas as provas documentais foram produzidas pouco tempo antes da morte do servidor falecido e que as únicas testemunhas da alegada relação amorosa havida por mais de dois anos são a filha do falecido, a qual se beneficiaria de eventual pensão por morte recebida pela autora, e um amigo do irmão da demandante, levam a crer que, na verdade, nunca houve relação amorosa entre a autora e o finado com a intenção de constituir família, havendo, talvez, um vínculo empregatício ou uma relação de amizade entre as famílias.

(...).

Deste modo, tem-se que o negócio jurídico consubstanciado na declaração de união estável encontra-se eivado pelo vício da simulação, vez que a escritura pública difere da vontade externa das partes, estando em dissonância com a realidade fática, impedindo a produção de seus efeitos.

(...).

Restou claro que a autora pretende o reconhecimento da união estável tão somente para fins previdenciários, não podendo o Poder Judiciário corroborar com a conduta da parte que não só prejudica a prestação do serviço executado pelo réu, com também traz prejuízo a toda a coletividade ante o bem jurídico protegido.

A SIMULAÇÃO NO DIREITO CIVIL

Nesta esteira, vemos que, apesar das dificuldades técnicas que se opõem à caracterização da simulação no ramo do direito de família, a doutrina e a jurisprudência têm-se inclinado a vislumbrar o emprego de alguns atos familiares com vistas à ocultação de outros negócios jurídicos. As soluções que têm sido dadas a estes casos parecem, porém, criticáveis, sobretudo no que tange à constituição supostamente fictícia do casamento, pois a técnica da simulação não é natural a contextos de limitada expressão da autonomia privada. Melhor seria, nestas instâncias, recorrer à técnica da fraude à lei, reservando a simulação para os casos de união estável aparente.

Pensamos, pois, junto com Gaino, que a simulação não deve reputar-se possível quanto ao casamento, à separação, ao divórcio, à adoção e ao reconhecimento de filho. Como bem salienta o autor, tais atos não podem ser simulados, pois se revestem de forma solene (diríamos: forma interna) e exigem, para seu aperfeiçoamento, a intervenção integrativa da autoridade pública ou sentença judicial.

SEGUNDA PARTE

A DISCIPLINA DA SIMULAÇÃO

11
A NULIDADE DO NEGÓCIO SIMULADO

11.1 A existência do negócio simulado. 11.2 A nulidade especial prescrita no art. 167 do CC. 11.3 Alegabilidade da nulidade do negócio simulado. 11.4 Desdobramentos da declaração de nulidade do negócio simulado. 11.5 Nulidade parcial. 11.6 Prescrição e decadência.

O objetivo deste capítulo é o de abordar algumas das principais questões relacionadas à nulidade do negócio simulado.

Em primeiro lugar, examinaremos a localização do negócio simulado no plano tripartite do negócio jurídico, para então concluir que ele se insere no *plano da existência* (*tópico 11.1*), a despeito de não possuir a potencialidade de produzir efeitos regulares, que notabiliza o plano da validade. Dessa feita, toda simulação, seja nocente ou inocente, absoluta ou relativa, acarreta a nulidade do negócio jurídico.

Na sequência cuidaremos da natureza da nulidade do negócio simulado, a qual descreveremos como *nulidade especial* (*tópico 11.2*). O negócio simulado, como veremos, não é nulo porque defeituoso, isto é, dotado de uma deficiência estrutural ou funcional. Sua nulidade decorre de disposição legal expressa, que veicula um juízo de valor sobre o mecanismo de autonomia privada com base no qual se manifesta a simulação. Não é por conta do conflito entre vontade e declaração, ou pela ausência de causa, que o negócio simulado é nulo; ele o é, sobretudo, porque a lei valora negativamente a ilusão negocial, enquanto efeito de um autorregulamento de interesses que é, pois, íntegro, embora imperfeito, porque rejeitado pela ordem normativa.

Após, abordaremos o tema da *alegabilidade da simulação* (*tópico 11.3*), que tanto debate gerou durante a vigência do Código Civil de 1916. A tendência atual é a de se considerar que "qualquer pessoa" pode aduzir a nulidade do negócio simulado em juízo, mas esta conclusão não parece correta. O art. 168 do CC de 2002, com efeito, prevê que a nulidade pode ser invocada por qualquer *interessado*, não "qualquer

224 A SIMULAÇÃO NO DIREITO CIVIL

um". A correta exegese do texto legal requer, pois, que se precise qual é o *interesse* de que depende a *legitimidade* para alegar a simulação. A princípio, tanto os simuladores quanto terceiros podem nutrir este interesse; as circunstâncias em que ele surge, todavia, podem variar, como descreveremos mais detalhadamente.

Seguindo adiante, enfrentaremos a questão dos *desdobramentos da declaração de nulidade do negócio simulado* (*tópico 11.4*). Declarada a nulidade do negócio jurídico, nos termos do art. 182 do CC, deve-se restituir as partes ao estado em que antes dele se achavam, e, não sendo isto possível, indenizá-las com o equivalente. O negócio simulado, por ter como principal efeito a produção da ilusão negocial, não implica transformações efetivas na situação patrimonial dos contraentes. No entanto, é possível que dentre os índices de significação aparentes de que lançam mão as partes para difundir o engano se encontrem atos materiais, tais como a entrega de uma coisa, que precisam ser "desfeitos" após declaração de nulidade. Em outras situações é possível que as partes incorram em despesas ou experimentem perdas em razão da implementação do programa simulatório; cumprirá, nesta sede, verificar se a declaração de nulidade do negócio simulado pode dar azo à reparação dos prejuízos sofridos e sob quais circunstâncias isto pode ser admitido.

Comentaremos após, brevemente, a questão da *nulidade parcial do negócio simulado* (*tópico 11.5*). Constataremos, fazendo reenvio às considerações que ainda serão apresentadas acerca da relação entre o negócio simulado e o negócio dissimulado (*tópico 12.2*), que no caso de simulação relativa, caso ocorra a extraversão do negócio dissimulado, a nulidade será sempre parcial. Por outro lado, não teremos dificuldades em atestar que, sendo absoluta a simulação, é possível que a nulidade abranja apenas uma ou algumas das cláusulas do negócio jurídico.

Por fim, cuidaremos da aplicação das regras de *prescrição* e *decadência* acerca do pleito de declaração de nulidade do negócio simulado (*tópico 11.6*). A despeito da literal disposição do art. 169 ("O negócio jurídico nulo não é suscetível de confirmação, nem convalesce pelo decurso do tempo"), há quem defenda que a perene incerteza a respeito da invalidade do negócio jurídico não se pode admitir, razão pela qual mesmo a declaração de nulidade se sujeitaria a um prazo prescricional. Tal modo de ver as coisas, sustentaremos, não se justifica, pois, ainda que houvesse boas explicações, baseadas em princípios ou outras superstições jurídicas, que apontassem para a aplicabilidade de um prazo prescricional (*rectius*: decadencial) nestas circunstâncias, não é dado ao intérprete violentar o texto da lei, fazendo a norma vigorar, conforme o

A NULIDADE DO NEGÓCIO SIMULADO 225

seu arbítrio, para além da sua máxima tessitura semântica. A demanda pela declaração de nulidade do negócio jurídico não se encontra, portanto, submetida a qualquer prazo decadencial. Isto não quer dizer, todavia, que a passagem do tempo não possa fazer desaparecer o interesse de agir do autor da ação (que pode não mais obter qualquer utilidade com a declaração de nulidade, a depender de quanto tempo tenha passado desde a celebração do negócio simulado); nesta hipótese a nulidade não poderia ser declarada, não por conta da decadência caracterizada, mas em virtude da ausência de uma das condições da ação. De resto, valerá a pena determo-nos, ainda que brevemente, na apreciação da aplicação das regras de prescrição e decadência relativamente às vicissitudes que possam importar ao negócio dissimulado, como, por exemplo, um vício do consentimento que o venha a afligir ou uma pretensão a reparação civil que dele decorra.

11.1 A existência do negócio simulado

O Código Civil de 1916 disciplinava a simulação nos arts. 102 a 105.[1] Enquanto a simulação nocente figurava como causa de anulabilidade, o art. 103 estabelecia tratamento diferenciado para a simulação inocente, que não deveria considerar-se defeito do negócio jurídico.[2] A

1. CC de 1916:
"Art. 102. Haverá simulação nos atos jurídicos em geral:
"I. Quando aparentarem conferir ou transmitir direitos a pessoas diversas das a quem realmente se conferem, ou transmitem.
"II. Quando contiverem declaração, confissão, condição, ou cláusula não verdadeira.
"III. Quando os instrumentos particulares forem antedatados, ou pós-datados.
"Art. 103. A simulação não se considerará defeito em qualquer dos casos do artigo antecedente, quando não houver intenção de prejudicar a terceiros, ou de violar disposição de lei.
"Art. 104. Tendo havido intuito de prejudicar a terceiros, ou infringir preceito de lei, nada poderão alegar, ou requerer os contraentes em juízo quanto à simulação do ato, em litígio de um contra o outro, ou contra terceiros.
"Art. 105. Poderão demandar a nulidade dos atos simulados os terceiros lesados pela simulação, ou representantes do Poder Publico, a bem da lei, ou da Fazenda".
2. No Projecto Primitivo inexistia uma previsão equivalente à que viria a plasmar-se no referido art. 103. Os dispositivos do Projecto Primitivo que tratavam da matéria eram os seguintes:
"Da Simulação e da Reserva Mental
"Art. 102. Haverá vício de simulação nos actos entre vivos:

226 A SIMULAÇÃO NO DIREITO CIVIL

dicotomia entre simulação inocente e simulação nocente daria origem a debates sobre a condição jurídica do negócio simulado, mais especificamente a respeito da sua qualificação como *anulável* ou *inexistente*.

A propósito do tema, Clóvis Beviláqua defendia que o negócio inocentemente simulado seria *existente* e *válido*, apesar da simulação.[3] Espínola, conquanto conhecesse bem a categoria da inexistência, afirmava, enigmaticamente, que o negócio licitamente simulado "se annulla, se

"1º. Quando as partes praticarem um acto sem intenção de dar-lhe efficiencia, ou para annullarem-no em seguida.

"2º. Quando o acto apparente occultar um outro que as partes não queiram.

"3º. Quando não fôr verdadeira a data do instrumento comprobatorio do acto.

"Art. 103. A simulação não póde ser invocada por nenhuma das partes coniventes, para eximir-se de obrigação que tenha assumido no acto simulado; mas qualquer terceiro prejudicado poderá promover a sua anullação, em tanto quanto baste para ressarcir o seu direito.

"Art. 104. Se a simulação tiver sido commettida exclusivamente em fraude da lei prohibitiva ou fiscal, cabe ao Ministerio Publico promover a annullação do acto, no primeiro caso, e, no segundo, a cobrança dos impostos devidos.

"Art. 105. A declaração de vontade subsiste valida, ainda que o declarante haja feito a reserva mental de não querer o que declara, salvo se a pessoa, a quem fôr dirigida, tiver conhecimento da reserva."

Quando submetido à apreciação da Comissão Revisora, o capítulo dedicado à simulação sofreu importantes alterações. Em reunião ocorrida em 7.5.1900 os membros da Comissão, então presidida pelo Dr. Epitácio Pessoa, concluíram que a seção constante do *Projecto Primitivo* era omissa, em razão de abordar apenas a simulação dos atos entre vivos, e não disciplinar, especificamente, a simulação lícita. Diante disso, propôs o Dr. Barradas a substituição dos artigos do *Projecto Primitivo* pelos arts. 521 a 527 do *Esbôço* de Teixeira de Freitas (v. *Código Civil Brasileiro – Trabalhos Relativos à sua Elaboração*, Rio de Janeiro, Imprensa Nacional, 1918).

3. C. Beviláqua, *Código Civil dos Estados Unidos do Brasil*, vol. 1, Rio de Janeiro, Francisco Alves, 1916, p. 381: "Esta disposição não se encontrava no Projecto Primitivo, porque, se as partes recorrem aos expedientes da simulação, o acto não tem a seriedade exigida pelo Direito, e faz presumir intenção maliciosa. Prevaleceu a opinião contrária, que se apoia no Direito Romano, por se entender que, não havendo prejuízo de terceiro, nem offensa á lei, nem erro de uma das partes, *o acto, embora simulado, é innocente*, e deve produzir effeito. Teixeira de Freitas dava ações ás partes para o acto ser annullado, ou valer com o seu caracter verdadeiro (*Consol.*, nota 17 ao art. 358). *O Código não considera defeito a simulação inocente*; portanto, deve subsistir o acto, apezar della".

Opinião semelhante foi defendida por Sílvio Rodrigues (*Curso de Direito Civil*, 32ª ed., vol. 1 ("Parte Geral"), São Paulo, Saraiva, 2002, p. 301): "Dispunha o art. 103 que se não considerava defeito a simulação quando inocente. Ora, se a simulação inocente não representava defeito, o ato jurídico dela oriundo não podia ser infirmado, porque era perfeito. Parece evidente que, se um negócio não apresenta qualquer vício, não pode ser desfeito, a não ser pelo consenso das partes. Disso

A NULIDADE DO NEGÓCIO SIMULADO

considera inexistente";[4] mas em outra passagem, esclarecia: a simulação, inocente ou nocente, acarretaria a anulação do negócio simulado.[5] Já, Pontes de Miranda considerava o negócio inocentemente simulado inexistente, pois a ele faltaria o *animus nocendi*, elemento do suporte fático da *simulação invalidante*.[6]

Para Pontes de Miranda no caso de simulação inocente não haveria ato jurídico, pois somente o suporte fático que embutisse a intenção de prejudicar terceiros ou frustrar a aplicação da lei entraria no mundo jurídico.[7] A simulação inocente seria, portanto, *preexcludente de juridicidade*,[8] ainda que se tratasse de simulação relativa.[9] Os arts. 102 a 105 – dizia o autor – somente disciplinariam a simulação invalidante, não a simulação inocente, porque o legislador não repetira a regra da

decorre que, se inocente o fingimento, o ato simulado prevalece ainda que revelada a simulação".

Embora sustentasse este ponto de vista, o autor concederia à posição doutrinária majoritária, concluindo ser possível o desfazimento do negócio licitamente simulado pelas próprias partes, com base numa interpretação *a contrario sensu* do art. 104 do CC de 1916.

4. E. Espínola, *Manual do Código Civil Brasileiro*, vol. III ("Parte Geral – Dos Factos Jurídicos, Parte 1"), Rio de Janeiro, Jacintho Ribeiro dos Santos, 1923, p. 504: "Não nos parece admissivel a interpretação do egregio Dr. Clóvis Beviláqua, ao affirmar que o acto simulado innocente 'deve produzir effeito', 'deve subsistir, apezar da simulação'. Se assim fosse, teríamos que, de accôrdo com o art. 104, não poderiam os contrahentes allegar a simulação, porque fraudulenta; e, de acordo com o art. 103, também o não poderiam porque, sendo inocente o acto simulado, deveria subsistir. (...). Era presunção de que fosse sempre intuito das partes, ao empregar a simulação, illudir a lei ou prejudicar a terceiro. Condemnava-se, desse modo, a simulação sem indagar do intuito dos contrahentes. Praticaram um acto simulado, soffram-lhe as consequencias".

5. E. Espínola, *Manual do Código Civil Brasileiro*, cit., vol. III, p. 504.

6. F. C. Pontes de Miranda, *Tratado de Direito Privado*, t. 4, atualizado por M. Bernardes de Melo e Marcos Ehrhardt Júnior, São Paulo, Ed. RT, 2012, p. 521.

7. Idem, p. 500.

8. Idem, ibidem: "Entre os figurantes, o ato aparente, sem ofensa, não existe. Aparece, porém não entrou no mundo jurídico. Para qualquer dêles fazer ressaltar a pura aparência, isto é, para mostrar que não houve ato jurídico, basta alegar que só se trata de ato jurídico aparente (= não ato jurídico). A decisão, a respeito, é declarativa negativa".

9. F. C. Pontes de Miranda, *Tratado de Direito Privado*, cit., t. 4, p. 532: "O ato jurídico é, *ex hypothesi*, inexistente, pois a simulação foi inocente; e o ato jurídico dissimulado talvez satisfaça os pressupostos de existência e de validade. De modo que a vinda 'à tona depende de poder ser e valer o ato dissimulado: não basta que *seja*; é preciso que *valha*. Os pressupostos de validade são elevados a pressupostos de existência".

228 A SIMULAÇÃO NO DIREITO CIVIL

simulação preexcludente de juridicidade constante do art. 524 do *Esbôço* de Teixeira de Freitas;[10] isto é, o fato de os citados dispositivos tratarem apenas da simulação nocente é sintoma de que a regra preexcludente de juridicidade é um pressuposto elíptico do capitulo dedicado à simulação. Desse modo, apenas a simulação com *animus nocendi* constituiria suporte fático das normas do Código Civil.

O cenário normativo acima descrito transformou-se com a entrada em vigor do Código Civil de 2002. O art. 167 estabelece que o negócio simulado é nulo, sem prever qualquer exceção a esta cominação. Nem todos, porém, entendem que este marco normativo impõe o abandono à tese da inexistência do negócio simulado. Para alguns, como Marcos Bernardes de Mello[11] e Humberto Theodoro Júnior,[12] a simulação inocente continua acarretando a inexistência do negócio jurídico; para outros, como Gaino,[13] o negócio simulado pode ser inexistente quando

---

10. F. C. Pontes de Miranda, *Tratado de Direito Privado*, cit., t. 4, pp. 499-500. Cf. o texto do dispositivo: "Art. 524. Se a simulação for absoluta, sem que tenha havido intenção de prejudicar a terceiros, ou de violar disposições da lei, e assim se provar a requerimento de algum dos contraentes: jugar-se-á que nenhum ato existira".

11. M. Bernardes de Mello, *Teoria do Fato Jurídico – Plano da Validade*, 12ª ed., São Paulo, Saraiva, 2012, pp. 174-175. O autor sustenta que não é justificável lançar na "vala comum" da nulidade todas as espécies de negócio simulado. Na simulação relativa inocente o negócio jurídico deve considerar-se *válido* em atenção ao *princípio da conservação dos negócios jurídicos* (a *extraversão* proporciona simples desconsideração do negócio simulado, para que se passe a considerar a validade do negócio dissimulado; daí cogitar o autor, em tais circunstâncias, de *nulidade putativa*). Todavia, tratando-se de simulação absoluta inocente está-se diante de *inexistência*, por falta de elemento essencial à formação do fato jurídico (= manifestação consciente de vontade). A nulidade, propriamente dita, somente tem lugar nas hipóteses de simulação nocente.

12. Humberto Theodoro Júnior, *Comentários ao Novo Código Civil*, 4ª ed., vol. III, t. I (arts. 138-184), Rio de Janeiro, Forense, 2008, pp. 485-487. Para o autor, no caso de simulação absoluta inocente prevalece a autonomia da vontade. A aparência negocial é criada voluntariamente pelos figurantes, mas não chega a repercutir na esfera jurídica. A inexistência premeditada do negócio aparente não é mais que um reflexo da intenção das partes. Na hipótese de simulação relativa inocente não há nulidade mormente porque, afora as partes, ninguém mais nutre interesse quanto à declaração da simulação. O que entra no mundo jurídico é tão somente o negócio dissimulado, cuja validade não é influenciada, em qualquer medida, pelo negócio aparente. Por conseguinte, somente há nulidade na nas hipóteses de simulação nocente.

13. I. Gaino, *A Simulação dos Negócios Jurídicos*, 2ª ed., São Paulo, Saraiva, 2012, p. 110. Para o autor o fato de o negócio ser simulado não impede que este seja considerado inexistente, em razão da ausência de elementos considerados essenciais

A NULIDADE DO NEGÓCIO SIMULADO

fundado em documento falso. A conclusão de que o negócio simulado pode ser tido como inexistente sob determinadas circunstâncias traz importantes consequências, dentre as quais se destaca a impossibilidade lógica de se assegurar, nestes casos, a proteção aos direitos de terceiros de boa-fé, prevista no § 2º do art. 167.[14]

De nossa parte, nada obstante, consideramos que o negócio simulado é *sempre* nulo, seja a simulação nocente ou inocente, absoluta ou relativa.[15] A clareza e a univocidade do comando ventilado no *caput* do art. 167 não abrem margens a construções alternativas. O pensamento contrário incorre naquele vício do qual padece a jurisprudência dos conceitos: a pretensão de extrair normas de concepções puramente dogmáticas. À doutrina cumpre racionalizar o sentido da norma, não ditá-lo a partir de suposições arbitrárias; ao intérprete não cabe inventar a lei, ainda que deseje muito ter uma para chamar de sua.

De efeito, a cominação da nulidade implica um juízo de valor por parte do legislador, notadamente o de que o negócio simulado existe enquanto negócio jurídico. O afastamento desta conclusão não se mostra oportuno nem adequado no presente; é inoportuno porque diminui a relevância da novidade trazida pelo Código Civil de 2002, e inadequado porque se divorcia do texto legal sem qualquer justificativa plausível.

É importante, ao abordar esta matéria, ter em vista, com absoluta clareza, a distinção entre a disciplina legal conferida à simulação pelo Código Civil de 1916 e pelo Código Civil de 2002. O Código Civil de 1916 não contemplava a hipótese de preexclusão de juridicidade (art. 524 do *Esbôço* de Teixeira de Freitas), mas, como se a sombra daquela disposição permanecesse recaindo sobre o sistema, somente previa a anulabilidade derivada da simulação nocente; fazia sentido, então, durante sua vigência, cogitar da inexistência do negócio inocentemente simulado, porquanto havia uma zona cinzenta que tornava ao menos possível esta interpretação. Com a entrada em vigor do Código Civil de 2002, porém, a lacuna deixa de existir. O art. 167 considera invalidante toda e qualquer simulação; este dispositivo apresenta, portanto, abran-

---

pela lei. Isto sucede, por exemplo, no caso de falsificação do traslado de escritura pública relacionada a contrato de compra e venda, uma vez que ali faltam a forma e o consentimento expresso perante o tabelião.

14. I. Gaino, *A Simulação dos Negócios Jurídicos*, cit., 2ª ed., p. 110.

15. Cf. entendimento adotado durante a *III Jornada de Direito Civil* do Conselho da Justiça Federal, plasmado no Enunciado 152, que assim estabelece: "Toda simulação, inclusive a inocente, é invalidante".

230 A SIMULAÇÃO NO DIREITO CIVIL

gência maior que a do art. 103 do CC de 1916, cobrindo a totalidade do fenômeno simulatório.[16]

Explique-se melhor. O art. 103 do CC de 1916 incluía o *animus nocendi* dentre os elementos do suporte fático da simulação invalidante.[17] Daí a viabilidade da tese de que, se ausente aquele, nem mesmo negócio jurídico haveria.[18] Em contrapartida, o art. 167 do CC de 2002 não con-

16. É nulo o negócio simulado mesmo no caso em que a ilusão negocial deriva de uma contratação sob nome falso ("nome fantástico"). A dúvida sobre a existência do negócio simulado nesta hipótese foi levantada por G. A. Nuti (*La Simulazione del Contratto nel Sistema del Diritto Civile*, Milão, Giuffrè, 1986, pp. 221 e ss. (269 e ss.)), segundo o qual, se um ou ambos os contraentes contratassem fazendo constar do instrumento um nome fictício, seria impossível a conclusão formal do negócio jurídico, uma vez que lhe faltaria um dos elementos do suporte fático. Para o autor a indicação de um sujeito inexistente interrompe o nexo de coligação com a imputação jurídica, sem o qual o figurante não pode ser considerado titular nem mesmo da vontade de declarar.

É de se assinalar, neste mister, que, fosse impossível atribuir a declaração prestada sob nome alheio a qualquer sujeito, então, por coerência, dever-se-ia concluir que o negócio jurídico celebrado em data não verdadeira não se vincula, como fato histórico, a qualquer data. Essa elaboração, contudo, não se afigura promissora. Assim como soaria absurdo estatuir que o negócio jurídico não pertence a qualquer momento temporal, é dificilmente sustentável a suposição de que uma declaração socialmente recognoscível não possui autor (como se fosse possível uma declaração surgir por obra do acaso, como fenômeno da Natureza). A existência de um autor da declaração é um corolário da cognição realizada pelo público; logo, precisar sua identidade em nada difere da descoberta do efetivo conteúdo da declaração (no caso de declaração não verdadeira de que trata o inciso II do § 1º do art. 167) ou do efetivo titular do bem ou direito objeto do negócio jurídico (no caso da interposição fictícia).

Enfim, constatar a verdadeira identidade do declarante inclui-se no trâmite de desvelamento da simulação ou, melhor dizendo, de evidenciação da dissimulação, a que se pode sujeitar todo e qualquer negócio relativamente simulado.

17. Em vista da peculiar configuração da disciplina atribuída à simulação pelo Código Civil de 1916, Vicente Ráo (*Ato Jurídico*, 4ª ed., São Paulo, Ed. RT, 1997, pp. 186-187) chegou a defender que não haveria conflito entre vontade e declaração se não houvesse *animus nocendi*. Entenda-se bem: o autor não sustenta que haveria simulação, porém esta não invalidaria ou infirmaria o negócio jurídico; diz, diversamente, que sequer se configuraria o fenômeno simulatório, pois "conflito verdadeiro e próprio não pode causar a discordância consensual e consciente entre a vontade de um lado e a declaração de outro lado, sem enganar ou causar dano ao direito alheio e sem violar a lei". Interessantemente, o autor, conquanto se fiasse nas lições de Ferrara para desenvolver seu raciocínio, chega à singular conclusão de que na simulação *inocente* sequer haveria conflito entre vontade e declaração.

18. Como, aliás, se defendia minoritariamente no estrangeiro: L. Cagneta, "Simulazione" (verbete), in *Digesto Italiano*, vol. 21, Turim, UTET, 1902, p. 411; F. Carresi, *Il Contratto*, t. 1, Milão, Giuffrè, 1987, p. 394; F. Del Bono, *Dichiarazione Riproduttiva – Contributo alla Dottrina del Documento Contrattuale*, Milão, Giuf-

A NULIDADE DO NEGÓCIO SIMULADO 231

sidera o *animus nocendi* integrante do suporte fático da simulação; pelo contrário, reconhece a existência, ou seja, a relevância jurídica, do negócio simulado independentemente desse elemento. Isto somente pode significar que o objeto da regulação passou a ser uma atividade negocial específica (não uma determinada causa de dano): um regulamento de interesses que deve reputar-se íntegro (posto que nulo) pelo simples fato de *aparentar* conferir ou transmitir direitos a pessoas diversas daquelas às quais realmente se conferem ou transmitem; expressar declaração, confissão, condição ou cláusula não verdadeira; ou encontrar-se plasmado em instrumento particular antedatado ou pós-datado.

Cumpre, neste passo, ressalvar que a constatação da existência do negócio simulado não impede que se tenha por inexistente a relação jurídica de cuja aparência ele se reveste (o "negócio aparente"[19]). Se a compra e venda, por exemplo, se reveste da aparência de locação, a locação é inexistente; ou, então, se a absoluta inércia jurídica se reveste da aparência de empréstimo, o empréstimo é inexistente. Advirta-se, todavia, que a inexistência da relação jurídica de cuja aparência se reveste o negócio simulado não se confunde com a inexistência da ilusão negocial. Esta, enquanto incorreta representação da realidade formada pela razão do público, existe sempre que a simulação também existir. Dizendo de outro modo: o "negócio aparente" somente existe enquanto o que é, isto é, pura aparência.

Diante do exposto, constatamos que, seja qual for a modalidade da simulação, o negócio simulado deve reputar-se nulo. Assim, em todo caso de simulação aplica-se a proteção aos direitos de terceiros de boa--fé, consagrada pelo § 2º do art. 167 do CC.

11.2 A nulidade especial prescrita no art. 167 do CC

Com a entrada em vigor do Código Civil de 2002 a disciplina da simulação foi deslocada do capítulo dos defeitos para o da *invalidade* do negócio jurídico. Durante a vigência do Código Civil de 1916 o negócio

---

frè, 1948, pp. 17-19; D. Ferreira, *Negócio Jurídico Condicional*, Coimbra, Livraria Almedina, 1998, pp. 126-127.

Seguindo raciocínio semelhante, G. Messina ("La simulazione assoluta", in *Scritti Giuridici (1907-1908)*, vol. V, Milão, Giuffrè, 1948, pp. 92-95) e M. Dagot (*La Simulation en Droit Privé*, Paris, LGDJ, 1965, pp. 57-58) afirmam que o negócio simulado é um fato jurídico em sentido estrito.

19. V., a respeito da distinção entre negócio simulado e "negócio aparente", o *tópico 4.2*.

232 A SIMULAÇÃO NO DIREITO CIVIL

simulado era considerado anulável (se a simulação fosse nocente); agora, ele se reputa nulo.

A invalidade costuma associar-se ao vício de algum dos elementos essenciais do negócio jurídico ou de algum dos pressupostos constitutivos do tipo a que este pertence.[20] Esta classe abrange duas distintas categorias: a *nulidade* e a *anulabilidade*. Em termos genéricos, as *características da nulidade* são as seguintes:[21]

(i) Tutela interesses gerais, aplicando-se a situações que a ordem pública reputa perniciosas.

(ii) Opera de pleno direito; não é necessária uma sentença judicial para desconstituir o negócio jurídico, o qual é nulo desde a sua formação.

(iii) Pode ser alegada por qualquer interessado; pode, ainda, ser reconhecida *ex officio*, em processo judicial que envolva o negócio jurídico viciado (art. 168).

(iv) Previne que o negócio jurídico produza quaisquer dos seus efeitos típicos. E:

(v) Não é suprível, sanável pelo decurso do tempo ou passível de confirmação pelos interessados; o pleito da declaração da nulidade não se sujeita a decadência (art. 169).

Por outro lado, a *anulabilidade* notabiliza-se, genericamente, pelos seguintes traços:[22]

(i) Protege interesses individuais de uma das partes do negócio jurídico.

(ii) Não opera *ipso jure*; é indispensável a ação judicial voltada à decretação da anulação, a qual, ademais, não pode ser reconhecida *ex officio*.

(iii) Somente pode ser alegada pelos sujeitos em benefício e no interesse dos quais foi prevista.

(iv) Apenas aproveita ao interessado que a alega, salvo nos casos de solidariedade e indivisibilidade (art. 177).

(v) Não impede que o negócio jurídico produza efeitos enquanto não for anulado. E:

20. E. Betti, *Teoria Generale del Negozio Giuridico* (3ª ed. 1960), Nápoles, Edizioni Scientifiche Italiane, 2002, p. 457.

21. Custódio da Piedade Ubaldino Miranda, *Teoria Geral do Negócio Jurídico*, 2ª ed., São Paulo, Atlas, 2009, p. 154; Z. Veloso, *Invalidade do Negócio Jurídico – Nulidade e Anulabilidade*, 2ª ed., Belo Horizonte, Del Rey, 2005, pp. 313-314.

22. Custódio da Piedade Ubaldino Miranda, *Teoria Geral do Negócio Jurídico*, cit., 2ª ed., p. 155.

A NULIDADE DO NEGÓCIO SIMULADO   233

(vi) É sanável pelo decurso do tempo (art. 179) ou pela confirmação dos interessados (arts. 172-176).

É de se observar, no entanto, que a enumeração das hipóteses de nulidade e de anulabilidade não possui inspiração científica,[23] e a distinção entre elas não pode ser colhida do simples cotejo entre as respectivas consequências,[24] pois os regimes jurídicos correlatos não seguem sempre o mesmo padrão.[25] Assim sucede com o negócio simulado, que, conquanto nulo, não se submete exatamente ao regime jurídico genérico da nulidade, pois pode o "negócio aparente"[26] permanecer eficaz perante terceiros de boa-fé. Nulo e anulável são, a bem se ver, meros "nomes" que podem ser associados a regimes jurídicos variados.

Daí a dificuldade para identificar, com base em esquematismos abstratos, a justificativa da nulidade cominada ao negócio simulado. O exame sistemático da legislação confirma, a princípio, que a simulação não exclui a capacidade das partes (art. 166, I, do CC), não vicia nem torna ilícito o objeto (art. 166, II), não acarreta a ilicitude do motivo comum determinante (art. 166, III), nem pressupõe a preterição de formalidades ou solenidades previstas em lei (art. 166, IV e V). A solidez destas constatações deriva do simples fato de que, fosse o negócio simulado inquinado por uma das referidas imperfeições, não seria necessário que o art. 167 lhe cominasse a nulidade. Não nos parece, com efeito, adequado supor que o legislador tenha descuidado da coerência do sistema ao prescrever a disciplina jurídica do negócio simulado.

23. Orlando Gomes, *Introdução ao Direito Civil*, 6ª ed., Rio de Janeiro, Forense, 1979, pp. 532 e ss.
24. Algumas das diferenças entre a nulidade e a anulabilidade têm sido relativizadas pela doutrina mais recente. Neste mister, tem-se afirmado que o Direito Brasileiro não acolheu a figura da nulidade de pleno direito; na realidade, tanto a nulidade quanto a anulabilidade devem ser declaradas judicialmente. Além disso, tem-se defendido que o art. 182 do CC se aplica indistintamente aos negócios nulos e anuláveis, de modo que também a anulabilidade desconstitui a relação jurídica desde o início (cf.: L. Mattietto, "Invalidade dos atos e negócios jurídicos", in G. Tepedino (coord.), *A Parte Geral do Código Civil – Estudos e Perspectivas do Direito Civil Constitucional*, Rio de Janeiro, Renovar, 2007, pp. 343-348; Humberto Theodoro Júnior, *Comentários ao Novo Código Civil*, cit., 4ª ed., vol. III, t. I, p. 425 (618).
25. L. Mattietto, "Invalidade dos atos e negócios jurídicos", cit., in G. Tepedino (coord.), *A Parte Geral do Código Civil – Estudos e Perspectivas do Direito Civil Constitucional*, p. 345.
26. V., a respeito da distinção entre negócio simulado e "negócio aparente", o *tópico 4.2.*

234　　A SIMULAÇÃO NO DIREITO CIVIL

Vale retomar, neste passo, uma advertência que já apresentamos linhas acima (*tópico 4.3*). Poder-se-ia arguir, com efeito, que a simulação é em si ilícita, em virtude de um desvio constatável *a priori*, relacionado ao objeto ou aos motivos comuns determinantes do negócio jurídico.[27] Esta ilicitude seria suficiente para atestar a nulidade do negócio simulado mediante a aplicação direta do art. 166. Tal formulação, todavia, encontra-se fragilizada por uma inescusável petição de princípio.

O art. 166, ao determinar a nulidade do negócio jurídico cujo objeto ou cujos motivos comuns determinantes sejam ilícitos, não se ocupa de delimitar as hipóteses em que tais ilicitudes restam caracterizadas. Nenhum objeto ou motivo comum determinante é ilícito porque se subsome diretamente ao art. 166, pois ali não se define a ilicitude. A ilicitude é sempre descrita em regras específicas, às quais o art. 166 faz *remissão*. Deve-se, pois, invariavelmente, ler os incisos II e III do art. 166 como reclamantes de um complemento: é nulo o negócio cujo objeto seja ilícito, *nos termos da norma "tal"*; é nulo o negócio jurídico cujos motivos determinantes sejam ilícitos, *nos termos da norma "tal"*. Ocorre, todavia, que não existe norma qualquer que qualifique como ilícita a simulação; nem mesmo no art. 167 se identifica a linguagem da ilicitude, sendo certo que a nulidade ali prevista não passa, em última instância, de uma *nulidade especial*, nos exatos termos do que dispõe o inciso VII do art. 166: é nulo o negócio jurídico quando "a lei taxativamente o declarar nulo".

Veja-se que não é errado concluir que, no final das contas, o art. 166 incide nos casos de simulação. Mas não se lhes aplicam os incisos II ou III daquele dispositivo, mas seu inciso VII – o qual, dentre todos, é o mais vazio, porquanto desprovido de conteúdo autoaplicável. Nem poderia ser diferente, pois a sujeição do negócio simulado aos incisos II ou III do art. 166 requer a pressuposição de que a ilicitude daquele jaz no mundo dos fatos, e que o direito positivo já a encontra pronta e acabada. Mas isto não é possível, porque a ilicitude é um atributo normativo, e daí decorre, precisamente, a petição de princípio antes denunciada.

Não se está a insinuar, é claro, que a simulação não possa ser ilícita, sobretudo quando implica lesão a direitos de terceiros ou o descumprimento de normas imperativas. Mas é fato que, assim como sucedia durante a vigência do Código Civil de 1916, a simulação pode igualmente ser inocente, caso em que haverá *ilegalidade* (porquanto esta seja coro-

---

27. Humberto Theodoro Júnior (*Comentários ao Novo Código Civil*, cit., 4ª ed., vol. III, t. I, p. 470), por exemplo, defende que a simulação enseja uma ilicitude do objeto.

A NULIDADE DO NEGÓCIO SIMULADO 235

lário da nulidade), mas não haverá ilicitude. Desse modo, muito embora o *exaurimento* da simulação possa acarretar ilicitude, a simulação "pura" não tem, por si, este condão – ela é neutra quanto ao aspecto da licitude ou da ilicitude.

Nesta esteira, sustentamos que o art. 167 ventila hipótese de *nulidade especial* (art. 166, VII). A nulidade especial é geralmente prevista como forma de tutela de determinados interesses que não são protegidos com base no regime jurídico genérico da nulidade. A nulidade especial prevista no art. 167 afigura-se como instrumento de proteção da confiança do público; é uma medida normativa que visa a "valorizar a verdade".[28]

Não há no Direito Brasileiro uma regra que vede indiscriminadamente o sigilo das relações particulares; aliás, em alguns casos o segredo mostra-se digno de específica proteção, como ocorre, por exemplo, com o segredo industrial. O ordenamento jurídico não permite, todavia, que o segredo prevaleça de modo a iludir a comunidade, levando esta a crer em aparências que não correspondem aos negócios praticados.[29] A confiança do público não pode ser *traída*; eis um importante contraponto à garantia fundamental da privacidade, cuja aplicabilidade irrestrita pode levar a situações de injustificável insegurança, sobretudo no âmbito da atividade negocial.

É, ademais, interessante notar que a nulidade do negócio simulado não constitui uma *penalização* aos simuladores.[30] A caracterização da nulidade como sanção já é, em si, controversa.[31] No caso do negócio simulado, todavia, mostra-se acima de dúvidas o papel que desempenha a nulidade: menos que uma sanção aos simuladores, ela neutraliza os conflitos de interesses instaurados em torno do negócio simulado.

Com a nulidade as expectativas das partes são atendidas (com exceção da manutenção da ilusão negocial), pois se garante, entre elas, a ineficácia da relação jurídica aparente e se elimina a incerteza sobre a

---

28. Acerta, neste particular, Humberto Theodoro Júnior (*Comentários ao Novo Código Civil*, cit., 4ª ed., vol. III, t. I, p. 490).

29. L. Mattietto, "Invalidade dos atos e negócios jurídicos", cit., in Gustavo Tepedino (coord.), *A Parte Geral do Código Civil – Estudos e Perspectivas do Direito Civil Constitucional*, p. 348.

30. Como esclarece, na Itália, A. Luminoso, *Il Mutuo Dissenso*, Milão, Giuffrè, 1980, pp. 218 e ss.

31. Sobre a discussão relativa ao tema, v.: E. A. Zannoni, *Ineficacia y Nulidad de los Actos Jurídicos*, Buenos Aires, Astrea, 1986, pp. 160-162; M. Bernardes de Mello, *Teoria do Fato Jurídico – Plano da Validade*, cit., 12ª ed., pp. 86 e ss.

236 A SIMULAÇÃO NO DIREITO CIVIL

alegabilidade da simulação.[32] Do ponto de vista dos terceiros a nulidade prestigia os interesses que tenham sido preteridos pela ilusão negocial, embora a norma preveja que os direitos de terceiros de boa-fé não podem ser prejudicados em virtude do desvelamento da aparência enganadora (art. 167, § 2º). Esta multifacetada composição corrobora o perfil apaziguador da nulidade do negócio simulado, que é produto de uma valoração preocupada com a mitigação dos efeitos negativos que a simulação pode ocasionar em diversos planos: o das partes, o dos terceiros interessados na nulidade e o dos terceiros interessados na eficácia da aparência negocial.

11.3 Alegabilidade da nulidade do negócio simulado

Sob a vigência da codificação de 1916 um acalorado debate desenrolou-se em torno da alegabilidade da simulação. Dois principais tópicos ocuparam a agenda da doutrina neste particular:

(i) a possibilidade de alegar a simulação inocente, diante da previsão contida no art. 103 do CC de 1916; e

(ii) a possibilidade de a simulação nocente ser alegada pelas partes, em vista da vedação veiculada no art. 104 do CC de 1916.

Quanto à *alegabilidade da simulação inocente*, San Tiago Dantas entendia que a anulação do ato simulado poderia ser requerida ainda

---

32. Esclarecedoras, nesse sentido, são as ponderações de G. D. Kallimopoulos (*Die Simulation im bürgerlichen Recht – Eine rechtsdogmatische Untersuchung*, Munique, Versicherungswirtschaft Verlag, 1966, p. 109), a propósito do § 117 do CC alemão: "Diferentemente se mostra a situação no caso de um negócio aparente puro: não se quer, desde o começo, originar qualquer consequência jurídica, que corresponde às declarações externalizadas. Quer-se permanecer na situação antiga e se age 'jurídico-negocialmente', por almejar outros objetivos, os quais podem ser alcançados apenas ou ao menos mediante o engano de terceiros. Essas intenções das partes, que não se podem assumir sempre oriundas de motivos ilícitos, são consideradas pelo ordenamento jurídico, vez que ele, como as partes almejam, confere ao negócio aparente todo efeito jurídico no sentido das declarações entregues pelas partes, encarando-o como nulo" (tradução livre).
No original: "Anders gestaltet sich die Lage bei den reinen Scheingeschäften: Man will von Anfang an keine Rechtsfolgen bewirken, die den geäußerten Erklärungen entsprechen. Man will beim alten bleiben und betätigt sich 'rechtsgeschäftlich', um anderer Zwecke willen, die sich nur oder zumindest leichter durch Täuschung Dritter erreichen lassen. Diesen Parteiabsichten, die nicht immer aus unlauteren Gründen zu erklären sind, trägt die Rechtsordnung Rechnung, indem sie, wie von den Parteien gewünscht, dem Scheingeschäft jede Rechtswirkung im Sinne der abgegebenen Erklärungen abspricht und es als nichtig betrachtet".

A NULIDADE DO NEGÓCIO SIMULADO 237

que este fosse inocente, tanto pelas partes como por terceiros, em virtude da ausência, em todo caso, de uma declaração séria de vontade.[33] Clóvis Beviláqua, a seu turno, defendia que nada poderia ser alegado diante da simulação inocente, pois esta não viciaria o negócio jurídico.[34] Já, Espínola sustentava que, como quem pode o mais pode o menos, seria facultado às partes tanto realizar o ato inocentemente simulado como postular sua anulação.[35] Pontes de Miranda, que classificava a simulação inocente como preexcludente de juridicidade, afirmava que, dado o caráter declaratório da sentença que reconhece a inexistência, qualquer das partes bem como terceiros poderiam aduzi-la em juízo.[36] Por fim, segundo Antônio Junqueira de Azevedo, uma leitura *a contrario sensu* do art. 104 do CC de 1916 revelaria que a simulação inocente poderia ser alegada pelas partes ou por terceiros (pois apenas se houvesse "intuito de prejudicar a terceiros" incidiria a vedação contida naquele dispositivo).

No que tange à *alegabilidade da simulação nocente*, Clóvis Beviláqua defendia que apenas os terceiros prejudicados ou o Ministério Público, quando admitido a intervir, poderiam alegá-la.[37] No mesmo sentido, Pontes de Miranda dizia que a regra do art. 104 do CC de 1916 não comportaria exceções: os simuladores não poderiam, de modo algum, alegar a simulação nocente, uns em face dos outros.[38] Espínola, sem divergir desta linha de opinião, destacava que o adágio *nemo*

33. San Tiago Dantas (*Programa de Direito Civil – Aulas Proferidas na Faculdade Nacional de Direito*, Rio de Janeiro, ed. Rio, 1979, p. 283) afirmava, nesse sentido: "Em primeiro lugar o negócio simulado aparente é sempre anulável. Não existe aí uma declaração séria da vontade, porque, ao mesmo tempo em que se está manifestando a vontade conducente a certo ato jurídico, sabe-se que o que existe é uma vontade diversa dirigida num outro sentido".

34. Clóvis Beviláqua, *Código Civil dos Estados Unidos do Brasil*, cit., vol. 1, p. 381.

35. E. Espínola, *Manual do Código Civil Brasileiro*, cit., vol. III, p. 504.

36. F. C. Pontes de Miranda, *Tratado de Direito Privado*, cit., t. 4, pp. 529-530.

37. Clóvis Beviláqua, *Teoria Geral do Direito Civil* (1928), 2ª ed., Campinas, Servanda, 2007, pp. 311-312. Os simuladores não poderiam fazê-lo "porque ninguém pode alegar o próprio dolo, *nemo auditur turpitudinem suam allegans*, e na simulação, se o ato é bilateral, ambas as partes são conhecedoras do artifício fraudulento; se é unilateral, o agente é também autor do dolo". V., no mesmo sentido: M. Garcez, *Nulidades dos Actos Jurídicos*, 2ª ed., vol. 1, Rio de Janeiro, Jacintho Ribeiro dos Santos Editor, 1910, p. 244; A. Chaves, *Tratado de Direito Civil*, 3ª ed., vol. I ("Parte Geral"), t. II, São Paulo, Ed. RT, 1982, pp. 1.445-1.446.

38. F. C. Pontes de Miranda, *Tratado de Direito Privado*, cit., t. 4, pp. 526-527.

238 A SIMULAÇÃO NO DIREITO CIVIL

auditur turpitudinem suam allegans não se aplicaria à simulação, pois, na realidade, o que a lei pretenderia ao vedar o "arrependimento" dos simuladores seria evitar que eles pudessem, ao mesmo tempo, ocultar uma ilicitude e escapar aos efeitos do ato simulado (o que implicaria a perpetuação da violação da lei).[39] Antônio Junqueira de Azevedo admitia a alegação da simulação por uma das partes, especialmente na hipótese de um dos simuladores (a "parte mais fraca") ter sido ludibriado ou coagido pelo outro (circunstância que excluiria o acordo sobre o *animus nocendi*).[40] E Custódio da Piedade Ubaldino Miranda, embora chegasse a conclusão semelhante, destacava que não seria o fato de um simulador ser "inocente" que a simulação poderia por ele ser alegada (pois a simulação, sobretudo se nocente, consistiria em procedimento complexo, cuja consecução requereria a cooperação de ambas as partes),[41] mas porque em algumas situações se mostraria mais grave, sob a perspectiva do império da lei, preservar o negócio simulado que aniquilá-lo.[42]

Este rico debate deixa, com efeito, de se justificar com a entrada em vigor do Código Civil de 2002, que não repete a vedação constante do art. 104 do CC de 1916. No contexto que assim desponta a doutrina tem considerado admissível a alegação da simulação pelas partes e por terceiros como decorrência mesma da nulidade prevista no art. 167, à qual se aplica a regra do art. 168: "As nulidades dos artigos antecedentes

39. E. Espínola, *Manual do Código Civil Brasileiro*, cit., vol. III, p. 550. A justificativa dessa vedação consistiria, segundo o autor, nem tanto na vedação ao comportamento contraditório, mas no raciocínio segundo o qual o ato simulado ilícito representaria uma violação *consumada* (como um cristal quebrado, cujos cacos já não seria possível reunir); permitir seu desfazimento não beneficiaria de qualquer modo a lei violada, apenas os próprios simuladores, que poderiam livrar-se de um problema (isto é, do ato que teria servido para o único propósito de proporcionar a elusão da aplicação da norma), e, desse modo, cumprir o *ciclo da simulação* da maneira mais proveitosa possível: com todos os bônus e nenhum ônus.

40. Antônio Junqueira de Azevedo, *Negócio Jurídico – Existência, Validade e Eficácia*, 4ª ed., São Paulo, Saraiva, 2010, p. 95. O autor refere-se, a título de exemplo, a negócios de compra e venda ou compromisso de compra e venda simulados com o propósito de encobrir empréstimos usurários. Desse modo, existindo no negócio simulado um contraente agindo de boa-fé e outro agindo de má-fé, aplicar-se-ia a este a interpretação da forma proposicional direta derivada do enunciado do art. 104 do CC de 1916 (isto é, a vedação à alegação da simulação), e ao primeiro o entendimento *a contrario sensu* (isto é, a permissão à alegação, diante da inexistência de *animus nocendi* por parte deste contraente do negócio jurídico).

41. Custódio da Piedade Ubaldino Miranda, *A Simulação no Direito Civil Brasileiro*, São Paulo, Saraiva, 1980, p. 129.

42. Idem, pp. 132-134.

A NULIDADE DO NEGÓCIO SIMULADO 239

podem ser alegadas por qualquer interessado, ou pelo Ministério Público, quando lhe couber intervir".[43]

Isto não quer dizer, todavia, que seja facultado a "qualquer pessoa" alegar a nulidade do negócio simulado; deveras, a *legitimidade* para fazê-lo depende, a teor do art. 168, da demonstração de especial *interesse* na medida.[44] Aliás, como já ponderava Pontes de Miranda sob a vigência do Código Civil de 1916: "O poder ser arguida pelo próprio causador do nulo a nulidade não dispensa que se lhe inquira do interesse (...) inclusive o de evitar multa ou outras penas (...)".[45] Note-se, pois, que também em caso de nulidade (não apenas no de anulabilidade) se exige do litigante um interesse legítimo, vale dizer, que não seja frívolo ou abusivo,[46] correspondente à *utilidade*[47] *que a declaração de nulidade pode trazer. Tal interesse, bem se vê, coincide, em termos técnicos, com o interesse de agir* previsto pela lei processual como condição da demanda.[48]

43. J. C. Moreira Alves, *A Parte Geral do Projeto de Código Civil (Subsídios Históricos para o Novo Código Civil Brasileiro)*, 2ª ed., São Paulo, Saraiva, 2003, p. 119; E. Nobre Júnior, "Simulação e sua arguição pelos simuladores", *Revista da Escola de Magistratura Federal da 5ª Região* 18/11-26, Recife, 2008. O tema foi também debatido durante a *IV Jornada de Direito Civil* do Conselho da Justiça Federal, em que foi aprovado o Enunciado 294, que assim estabelece: "Sendo a simulação uma causa de nulidade do negócio jurídico, pode ser alegada por uma das partes contra a outra".

44. Humberto Theodoro Júnior, *Comentários ao Novo Código Civil*, cit., 4ª ed., vol. III, t. I, p. 514: "Uma empresa, por exemplo, não pode pretender a declaração de nulidade por simulação de um contrato de terceiro, apenas com o propósito de afastar concorrente ou de melhorar sua posição na concorrência. O seu interesse, *in casu*, seria puramente econômico, porque os autores da pretensa simulação não teriam violado relação alguma mantida com o demandante, cuja eficácia pudesse ser afetada ou lesada. Mesmo aquele que tenha um vínculo contratual com o simulador não pode restringir-se a invocá-lo; terá de comprovar que, *in concreto*, a simulação causou prejuízo jurídico à referida relação de direito material (...)".

45. F. C. Pontes de Miranda, *Tratado de Direito Privado*, cit., t. 4, p. 307.

46. P. Pais de Vasconcelos, *Teoria Geral do Direito Civil*, 6ª ed., Coimbra, Almedina, 2010, p. 744.

47. Idem, ibidem.

48. P. Pais de Vasconcelos, *Teoria Geral do Direito Civil*, cit., 6ª ed., p. 745; M. A. Domingues de Andrade, *Teoria Geral da Relação Jurídica*, vol. II, Coimbra, Livraria Almedina, 2003 (reimpr.), p. 417; M. Bernardes de Mello, *Teoria do Fato Jurídico – Plano da Validade*, cit., 12ª ed., p. 289.

Convém não confundir a legitimidade *processual* com a legitimidade *substantiva*. A legitimidade processual corresponde à de exercer determinada ação perante o juízo. Já, a legitimidade substantiva consiste na qualidade da posição do sujeito que o torna apto a exercícios jurídicos materiais, como, por exemplo, a prática de um

240   A SIMULAÇÃO NO DIREITO CIVIL

Interesse é aquele estado de fato que qualifica a posição jurídica sobre a qual o sujeito busca o provimento jurisdicional. *Legitimidade*, por seu turno, é a titularidade da relação jurídica em si, que, por seus próprios méritos, autoriza o sujeito a demandar perante o juízo. Enquanto a legitimidade decorre de uma adequação abstrata entre o sujeito e a causa, o interesse corresponde à face concreta da causa, isto é, à utilidade que o sujeito espera obter por meio da demanda. Dinamarco[49] explica a diferença entre tais noções aludindo à hipótese do indivíduo que impetra um mandado de segurança contra a Banca organizadora de um concurso público pretendendo que esta o admita no certame; contudo, o faz após a realização dos exames. Ainda que o autor pudesse ser considerado, neste exemplo, parte legítima (porque haveria adequação abstrata entre o sujeito e a causa), ele haveria de ser tido por carecedor da ação, diante da falta de interesse (porquanto o provimento postulado se mostraria inapto a proporcionar ao autor o bem da vida pedido).

Numa situação normal as partes são os únicos legitimados a pleitear a declaração da nulidade[50] (pois, como o negócio nulo não produz efeitos perante terceiros, somente as partes lhe são de algum modo vinculadas, mormente porque dão causa à nulidade[51]). Sem embargo, a norma do art. 168 estende a legitimidade aos interessados,[52] elevando o interesse à condição de fator determinante da legitimidade ativa *ad causam*. Com isto, as partes, que originariamente possuem legitimidade, perdem-na se não apresentarem interesse; e os terceiros, originariamente, não possuem legitimidade, adquirem-na se apresentarem interesse.

Em vista deste quadro, é possível conceber as seguintes formulações acerca da legitimidade das *partes* para pleitear a declaração de nulidade do negócio simulado:

ato negocial. São exemplos de legitimidade processual a de alegar a prescrição (art. 193 do CC) e a de alegar a nulidade do negócio jurídico (art. 168). Por outro lado, são exemplos de legitimidade substantiva a de renunciar à prescrição (art. 191), a de gerir negócios alheios sem autorização (art. 861), a de exercer o poder familiar (art. 1.634), a de administrar e dispor dos bens próprios sujeitos ao regime de comunhão parcial (art. 1.665) – dentre outras (cf. A. Menezes Cordeiro, *Tratado de Direito Civil*, vol. V, Coimbra, Livraria Almedina, 2011, pp. 15 e ss.).

49. C. R. Dinamarco, *Instituições de Direito Processual Civil*, 6ª ed., vol. II, São Paulo, Malheiros Editores, 2009, p. 307.

50. Idem, p. 313.

51. F. Peccenini, "Della nullità del contratto", in VV.AA., *Commentario del Codice Civile Scialoja-Branca – A Cura di Francesco Galgano*, Libro Quarto ("Delle Obbligazioni" – Art. 1.421"), Bolonha/Roma, Zanichelli/Del Foro Italiano, 1998, pp. 165 e ss.

52. Idem, ibidem.

A NULIDADE DO NEGÓCIO SIMULADO 241

(i) Via de exceção – há interesse dos simuladores se a nulidade é pleiteada pela via de exceção; o provimento jurisdicional, nestas circunstâncias, é necessário a que o demandado não se submeta aos efeitos do "negócio aparente"[53] (por exemplo, se o outro simulador lhe formula a cobrança de uma obrigação que somente existe enquanto ilusão negocial).

(ii) Via de ação (principal ou incidental) – se a nulidade é pleiteada pela via de ação, o interesse dos simuladores deve ser aferido levando-se em conta o caráter nocente ou inocente da simulação.

(a) *Simulação nocente* – se a simulação é nocente, o interesse dos simuladores deve ser considerado presente; a utilidade do provimento jurisdicional consiste, neste caso, em fazer cessar a ilicitude, prevenindo danos a terceiros e a aplicação de sanções.

(b) *Simulação inocente* – em regra, aqueles que celebram o negócio com simulação inocente não possuem interesse na decretação de nulidade;[54] não se exclui, porém, a possibilidade de, em virtude das peculiaridades do caso concreto, constatar-se o interesse, desde que ele não se limite à mera confirmação da ineficácia do "negócio aparente" ou à simples causação de um prejuízo ao outro simulador.[55]

Relativamente à legitimidade dos terceiros, insta sublinhar que a verificação do interesse não depende da demonstração da boa-fé, que é somente exigida para atribuição de eficácia excepcional ao "negócio aparente". Como salienta Carvalho Fernandes, seria incoerente exigir dos terceiros algo que não se requer nem mesmo dos simuladores; nada justificaria a previsão de tal tratamento mais gravoso.[56]

53. V., a respeito da distinção entre negócio simulado e "negócio aparente", o *tópico 4.2*.

54. Humberto Theodoro Júnior, *Comentários ao Novo Código Civil*, cit., 4ª ed., vol. III, t. I, p. 486.

55. Não se caia no equívoco de cogitar que o arrependimento do simulador teria o mérito, neste caso, de contemplar o interesse da coletividade, cuja confiança teria sido traída pela ilusão negocial. A relação processual, no âmbito em que se discute a nulidade do negócio privado, não visa a tutelar imediatamente o interesse público, sendo certo que mesmo o Ministério Público somente pode alegar a simulação quando autorizado a intervir no curso da demanda, como se extrai da literalidade do art. 168. Para precisar o interesse do simulador é irrelevante indagar sobre a utilidade que a declaração de nulidade poderia ocasionar a quaisquer terceiros estranhos ao processo; importa verificar – isto, sim – o resultado prático que o provimento jurisdicional pode trazer ao autor da demanda.

56. L. A. Carvalho Fernandes, *Estudos sobre a Simulação*, Lisboa, Quid Juris, 2004, p. 80.

242 A SIMULAÇÃO NO DIREITO CIVIL

Isto posto, deve-se considerar interessado[57] na declaração de nulidade do negócio simulado o terceiro que:

(i) sofre ou corre o risco de sofrer prejuízo associado à (ou resultante da) eficácia do "negócio aparente"; ou

(ii) se torna titular de posição jurídica[58] (direito – atual ou eventual –, obrigação – atual ou eventual –, ou outras situações jurídicas que não se incluam, tecnicamente, nas categorias dos direitos ou obrigações) que possa estar sob perigo, em razão da incerteza resultante da simulação.

Neste mister, salienta Ferrara que o interesse legítimo associado à declaração de nulidade do negócio simulado depende da titularidade, pelo sujeito, de um direito subjetivo ou de uma posição jurídica ameaçada pelo negócio fictício; ou consumação de um prejuízo em virtude da perplexidade ocasionada pela simulação, a respeito da efetiva feição do negócio jurídico entabulado pelas partes. Dessa feita, pontua o autor, "quem não possui, de qualquer maneira, um direito próprio atual sobre uma posição jurídica que se crê ameaçada pela simulação, não pode agir".[59]

Para que melhor se compreenda as formulações acima propostas, vale a pena examinar alguns exemplos:

(i) Credor – "A" é credor de "B"; "B" celebra compra e venda simulada com "C" tendo por objeto o bem "X", com vistas a frustrar a execução do crédito de "A":

57. A relatividade da legitimidade de terceiros para alegar a simulação tem sido acolhida pela jurisprudência, como se observa no acórdão prolatado pela 12ª Câmara Cível do TJRJ relativo à Ap. Cível 0019281-43.2010.8.19.0209 (rel. Des. Cherubin Schwartz, j. 7.4.2015). Da íntegra do voto-condutor do julgado extrai-se o seguinte elucidativo trecho:

"Sustenta a apelante que o negócio jurídico firmado entre os réus tinha o caráter de simular a venda do bem descrito na inicial, já que constou na escritura pública que o preço pago pelo mesmo teria sido de R$ 30.000,00, o que corresponderia a 10,72 % do valor de mercado do bem, que à época era de R$ 280.000,00.

"No caso dos autos, embora alegue a simulação e que a mesma tinha o intuito de lesar a apelante, bem como o seu filho, fruto do relacionamento existente com o segundo apelado, indaga-se: qual a legitimidade do apelante para propositura da presente demanda? A mesma admite que propôs ação de reconhecimento de união e dissolução de união estável, a qual foi julgada improcedente. Ora, se a mesma não era companheira, qual a legitimidade que a mesma detém para buscar o reconhecimento da simulação?"

58. Cf. A. B. Menezes Cordeiro, *Da Simulação no Direito Civil*, Coimbra, Livraria Almedina, 2014, pp. 90-91.

59. F. Ferrara, *A Simulação dos Negócios Jurídicos*, cit., p. 466.

A NULIDADE DO NEGÓCIO SIMULADO 243

(a) para que surja o interesse de "A" não é necessário que a simulação o tenha levado à insolvência, nem mesmo lhe tenha causado prejuízo efetivo; basta que o provimento jurisdicional possa propiciar-lhe uma utilidade prática, como, por exemplo, a preservação da garantia representada pelo patrimônio do devedor;[60] com efeito, se o negócio simulado implica o esvaziamento do patrimônio do devedor, tem o credor todo o interesse em vê-lo restabelecido, para que sobre ele possa, eventualmente, fazer recair a pretensão em caso de inadimplemento;

(b) tal interesse – vale esclarecer – nutre qualquer credor, independentemente do momento em que tenha ocorrido a constituição do crédito (isto é, antes ou após a simulação);

(c) deste interesse não carece, ademais, o credor beneficiado por garantia real, porquanto esta constitui mero reforço da obrigação e não assegura o pagamento.[61]

(ii) Subadquirente (negócio simulado anterior à aquisição ajustada com o alienante simulado) – "A" e "B" celebram compra e venda simulada tendo por objeto o bem "X"; posteriormente, "A" aliena o bem "X" a "C":

(a) nesta situação, "C" tem interesse em ver declarada a nulidade, de modo a que o negócio simulado não prejudique sua aquisição do bem "X";

(b) na hipótese de o contrato entre "A" e "C" se tornar eficaz antes do contrato entre "A" e "B", em virtude do registro (se bem imóvel) ou da tradição, "C" não tem interesse na declaração de nulidade do negócio simulado.[62]

(iii) Subadquirente (negócio simulado posterior à aquisição ajustada com o alienante simulado) – "A" aliena o bem "X" a "B"; posteriormente, "A" simula com "C" compra e venda antedatada do mesmo bem "X":

(a) "B" tem interesse em demonstrar a nulidade do negócio antedatado, o qual, se prevalecesse, poderia prejudicar sua aquisição do bem "X";

(b) na hipótese de o contrato entre "A" e "B" se tornar eficaz antes do contrato entre "A" e "C", em virtude do registro (se bem imóvel) ou da tradição, "B" não tem interesse na declaração de nulidade do negócio simulado.[63]

(iv) Herdeiro: "A" simula compra e venda do bem "X" com "B"; posteriormente, "A" morre; "C" é herdeiro de "A":

(a) a despeito da simulação, os herdeiros continuam sendo titulares de expectativas próprias quanto à herança, e, por isso, não é adequado

60. C. A. da Mota Pinto, *Teoria Geral do Direito Civil*, 4ª ed., atualizada por A. Pinto Monteiro e P. Mota Pinto, Coimbra, 2005, p. 479; M. A. Domingues de Andrade, *Teoria Geral da Relação Jurídica*, cit., vol. II, pp. 204-205.

61. L. A. Carvalho Fernandes, *Estudos sobre a Simulação*, cit. (nota 559), p. 92-95.

62. L. A. Carvalho Fernandes, *Estudos sobre a Simulação*, cit., p. 91.

63. Idem, ibidem.

244 A SIMULAÇÃO NO DIREITO CIVIL

considerá-los privados do interesse, que em nada difere daquele que teriam se houvessem conhecido da simulação ainda enquanto o simulador estivesse vivo;[64]

(b) em tal contexto, os herdeiros do alienante simulado possuem natural interesse em postular a nulidade do negócio simulado do qual tenha resultado a diminuição da herança; por coerência, os herdeiros do adquirente simulado não ostentam esse interesse, já que a aquisição, conquanto simulada, teria acrescido à herança.[65]

(v) *Preferente*: "A" é preferente quanto à aquisição do bem "X", de propriedade de "B"; visando a frustrar a preferência de "A", "B" simula com "C" a doação do bem "X"[66] ou a venda deste por um preço superior ao máximo que "A" poderia pagar:

(a) o preferente tem interesse em requerer a declaração de nulidade quando a simulação exclui ou prejudica o exercício do seu direito;

(b) este interesse pressupõe a simulação relativa, pois, sendo absoluta, não há como se exercer a preferência;[67]

(c) a referida simulação relativa deve ter por objeto o preço do negócio jurídico ou a caracterização de uma liberalidade (ou outro negócio diverso daquele que autoriza o exercício da preferência) aparente, com vistas a encobrir a alienação que autoriza o exercício da preferência; nestas hipóteses, o preferente obteria uma utilidade por meio da declaração de nulidade do negócio simulado, tornando-se apto a exercer a preferência.

64. Idem, p. 95-101.

65. Idem, ibidem.

66. V., a propósito, interessante caso analisado pelo TJRS envolvendo a simulação de contrato de permuta de imóvel rural empreendida com o fito de dissimular a compra e venda do mesmo imóvel, da qual decorreria o direito de preferência dos respectivos arrendatários: 10ª Câmara Cível, Ap. 0383640-27.2014.8.21.7000 (rel. Des. Paulo Roberto Lessa Franz, *DJe* 9.12.2014). No voto-condutor do aresto salientou-se que o direito de preferência em questão, previsto no art. 92, § 3º, da Lei 4.504/1964 e no art. 44 do Decreto 59.566/1966, ficaria excluído na hipótese de realização de permuta no lugar de compra e venda.

V. também, sobre o tema, a decisão do TJRJ prolatada nos autos da Ap. 0089276-54.2011.8.19.0001 (12ª Câmara Cível, rel. Des. Jaime Dias Pinheiro Filho, j. 30.10.2014), em que os proprietários de um imóvel ajustaram com terceiro determinado valor para a alienação do bem, assim como a emissão, por este, de uma proposta de compra simulada por valor superior, pelo qual, em última instância, o preferente efetuou a aquisição. Na espécie, entendeu a Corte que a proposta de compra emitida por valor superior àquele previamente ajustado entre o proprietário do bem e o terceiro além da notificação enviada ao preferente com a indicação do valor pelo qual deveria exercer a opção de compra (nos termos do art. 27 da Lei 8.245/1991), teriam sido simuladas; logo, seriam nulas.

67. L. A. Carvalho Fernandes, *Estudos sobre a Simulação*, cit., p. 102.

A NULIDADE DO NEGÓCIO SIMULADO   245

Às nossas considerações – segundo as quais tanto os simuladores quanto os terceiros somente podem alegar a simulação se nutrirem legítimo interesse quanto à declaração de nulidade – poder-se-ia, porém, levantar uma problemática objeção, de cujo enfrentamento não podemos nos furtar: o art. 168 estabelece que a nulidade pode ser alegada por qualquer interessado mas também dispõe que ela deve ser reconhecida de ofício pelo juiz quando este conhece do negócio jurídico e dos seus efeitos; ora, se a previsão da oficiosidade, neste capítulo, significa que o poder-dever do juiz de declarar a nulidade é condicionado apenas ao prévio conhecimento do negócio jurídico e dos seus efeitos, então, a exigência do interesse legítimo do demandante perderia toda a relevância.[68]

Considere-se, por exemplo, que o Ministério Público intervém em um processo sem autorização para tanto, e ao fazê-lo traz elementos suficientes para demonstrar a simulação do negócio jurídico. Deveria o juiz declarar a nulidade *ex officio*? Ora, se assim o fizesse, ele não converteria em letra morta o comando, contido no próprio art. 168, segundo o qual o Ministério Público não possui legitimidade para alegar a nulidade quando não esteja autorizado a intervir no processo? Como resolver este impasse? Parece-nos que a solução do enigma precisa dar conta de conciliar a exigência do interesse legítimo com o poder-dever da declaração *ex officio*,[69] e, consequentemente, preservar a coerência interna do art. 168.

Esta disposição de pensamento leva-nos a supor que ao elaborar o art. 168 o legislador assumiu a premissa de que a nulidade do negócio jurídico necessariamente interessaria a *algum* dos litigantes. Com isto, o parágrafo único não conflitaria com o conjunto das disposições contidas no art. 168, pois, ainda que sobreviesse uma situação absurda (*e.g.*: um terceiro completamente estranho à relação processual "atravessa" uma petição contendo evidências hábeis a comprovar a nulidade do negócio jurídico em discussão), o juiz deveria declarar a nulidade conhecida e provada, com a certeza de que esta solução atenderia ao interesse de pelo menos uma das partes.

Sucede, no entanto, que aquela premissa não tem se mostrado absoluta, havendo, no campo das nulidades, exemplos de partes não interessadas. Em vista disso, sendo possível ao juiz concluir que a declaração

---

68. Problema que bem reconhece P. Pais de Vasconcelos, *Teoria Geral do Direito Civil*, cit., 6ª ed., p. 745.

69. F. Galgano, *Il Negozio Giuridico*, 2ª ed., Milão, Giuffrè, 2002, p. 342.

246 A SIMULAÇÃO NO DIREITO CIVIL

de nulidade do negócio jurídico não seria útil a qualquer das partes, ele deve abster-se de declará-la. Deveras – voltando os olhos para a simulação –, nem sempre as partes terão interesse na declaração de nulidade, como se pode verificar sobretudo em casos de simulação inocente. Sob tais condições, ausentes partes interessadas na declaração de nulidade do negócio simulado, não se justifica que o juiz declare de ofício a nulidade, ainda que conte com elementos que a comprovem.

O poder-dever do juiz de declarar a nulidade do negócio simulado *ex officio*, portanto, deve ser entendido como supletivo da legitimidade. O magistrado deve mover-se pelo interesse que, conquanto esteja presente no seio da relação processual, não tenha sido exercitado por omissão da parte. Somente esta linha de pensamento, ao que nos parece, permite racionalizar o conteúdo do art. 168, primando, ainda, pela preservação de preceitos tão caros à lei e à ciência processuais, sobretudo a condição da demanda consistente no interesse de agir.

11.4 Desdobramentos da declaração de nulidade do negócio simulado

Declarada a nulidade do negócio jurídico, restituem-se as partes ao estado em que antes dele se achavam; e, não sendo possível restituí-las, serão indenizadas com o equivalente. É o que dispõe o art. 182 do CC.[70]

O negócio simulado geralmente não acarreta qualquer alteração na condição jurídica dos simuladores além daquela associada ao compromisso que eles assumem acerca da produção da ilusão negocial. O contrário, porém, pode eventualmente ocorrer, na medida em que a criação dos índices de significação aparentes, sobre os quais repousa a ilusão negocial, implique a transferência da detenção de bens ou direitos. O negócio simulado que, por exemplo, cria a aparência de uma compra e venda pode vir acompanhado da troca, no sentido físico, da coisa pelo preço; o negócio simulado que cria a aparência de um mútuo pode implicar a disponibilização dos montantes emprestados e a devolução destes. Nestas circunstâncias a declaração de nulidade do negócio simulado impõe aos simuladores a obrigação de desconstituir, sob a perspectiva material (fática) – "desfazer" –, os índices de significação aparentes anteriormente criados.

---

70. CC de 2002: "Art. 182. Anulado o negócio jurídico, restituir-se-ão as partes ao estado em que antes dele se achavam, e, não sendo possível restituí-las, serão indenizadas com o equivalente".

A NULIDADE DO NEGÓCIO SIMULADO 247

A declaração de nulidade do negócio simulado revela a imateria-lidade do "negócio aparente",[71] que se reputa inexistente, assim como todos os seus pretensos resultados. Por conseguinte, as titularidades que os simuladores eventualmente tenham exercido com base no "negócio aparente" bem como os atos derivados destas e os efeitos de tais atos tornam-se insubsistentes. Nestes termos, os direitos e, em geral, as posições jurídicas fundadas no "negócio aparente" deixam de apresentar qualquer relevância.

É bem verdade que nem todos os desdobramentos fáticos e jurídicos do negócio simulado serão desfeitos quando se trata de simulação relativa; nesta hipótese, parte deles pode corresponder, precisamente, ao cumprimento do negócio dissimulado que venha a se extraverter. Tratando-se, contudo, de simulação absoluta, a reconstituição do *statu quo ante* deve ser integral.

No cenário que assim se descortina dúvidas podem surgir sobre a possibilidade de repetição de valores eventualmente "pagos" por um simulador ao outro, uma vez que os arts. 882[72] e 883[73] do CC vedam a devolução do pagamento de prestação judicialmente inexigível e de coisas dadas com vistas à obtenção de fim ilícito, imoral, ou proibido por lei. Tais normas, no entanto, não devem aplicar-se no caso de *pagamentos aparentes*. Não havendo seriedade nos pagamentos efetuados, estes não devem receber tal qualificação, mantendo-se, portanto, à margem do âmbito de incidência dos arts. 882 e 883.

Problemas ainda podem ser enfrentados relativamente a eventual pleito de indenização em circunstâncias diversas daquela aludida no art. 182. Consoante este dispositivo, é cabível a indenização do equivalente, no caso específico da simulação, quando o desfazimento de um índice de significação aparente – por exemplo, a devolução de uma coisa entregue como cumprimento da "compra e venda aparente" – não se mostra possível em razão de uma circunstância superveniente, como o perecimento do bem. Agora, outra situação é aquela em que, por conta da titularidade aparente assumida em virtude da simulação, um dos contraentes incorre, perante terceiros, em despesas relacionadas, por exemplo, à preservação do bem ou ao pagamento de impostos. Declarada a nulidade do negócio

---

71. V., a respeito da distinção entre negócio simulado e "negócio aparente", o *tópico 4.2*.

72. CC de 2002: "Art. 882. Não se pode repetir o que se pagou para solver dívida prescrita, ou cumprir obrigação judicialmente inexigível".

73. CC de 2002: "Art. 883. Não terá direito à repetição aquele que deu alguma coisa para obter fim ilícito, imoral, ou proibido por lei".

248 A SIMULAÇÃO NO DIREITO CIVIL

simulado, teria o sujeito que arcasse com tais custos o direito de ser ressarcido dos montantes despendidos? Como se sabe, o art. 150 do CC[74] veda que uma das partes peça indenização em face da outra na hipótese de dolo concorrente. Mas a analogia com a simulação, neste mister, não se mostra cabível, pois, como vimos (*tópico 11.3*), os simuladores podem alegá-la (se tiverem interesse legítimo para tanto), o que já não se faculta na hipótese de dolo.

A nosso ver, a indenização acima aventada pode ser concedida pelo juiz nos casos de simulação inocente. Em tais circunstâncias, não tendo havido a intenção de prejudicar direitos alheios nem o intuito de frustrar a aplicação de normas imperativas, a restituição dos simuladores ao *statu quo ante* deve abranger, igualmente, os "custos da simulação", assim entendidos os gastos que uma das partes tenha assumido exatamente por conta da titularidade aparente em que se funda a ilusão negocial. A rigor, tais custos deveriam ter sido honrados pelo efetivo titular do bem ou direito que os teria gerado, e a negativa ao direito de indenização do simulador que os tenha circunstancialmente assumido fatalmente acarretaria nova ilegalidade, consistente no *enriquecimento sem causa* da contraparte do negócio simulado. A aplicação do art. 182 nestes termos representa uma concretização do princípio da vedação ao enriquecimento sem causa.[75]

No que se refere aos casos de simulação nocente a questão mostra-se mais complexa. Permaneceria, nestas situações, a potencialidade do enriquecimento sem causa de um dos simuladores; contudo, a simulação poderia ter sido adotada exatamente com o propósito de elidir o pagamento do custo que, em última instância, viesse a dar origem ao pedido de indenização. O princípio que há de reger a resolução de discussões relativas a tais hipóteses, segundo nos parece, é o da eliminação das vantagens decorrentes da simulação quanto a todos que dela participam. Vejamos isto com mais clareza a partir de um exemplo.

Tome-se uma transação comercial realizada entre duas empresas, "A" e "B". Com vistas a oferecer seu produto por um preço mais competitivo, "A" resolve concluir a operação mediante a interposição fictícia da empresa "C", que integra seu grupo econômico e goza de um incentivo fiscal consistente na isenção do IPI. De modo que, em aparência,

---

74. CC de 2002: "Art. 150. Se ambas as partes procederem com dolo, nenhuma pode alegá-lo para anular o negócio, ou reclamar indenização".

75. G. E. Nanni, *Enriquecimento sem Causa*, 3ª ed., São Paulo, Saraiva, 2012, p. 392.

A NULIDADE DO NEGÓCIO SIMULADO 249

"B" adquire mercadorias fornecidas por "C", enquanto, efetivamente, tais mercadorias são fornecidas por "A". Em virtude desta triangulação, "B" logra adquirir os produtos de seu interesse por um preço menor; em contrapartida, "A" não sofre qualquer perda econômica com a venda assim processada, pois a redução no preço praticado equivale ao montante do imposto não recolhido. Pois bem: algum tempo depois o Fisco Federal instaura uma auditoria tendo por objeto esta negociação. Após a colheita de evidências e a condução de detalhada investigação, constata a presença de índices que permitiriam concluir ter havido simulação por interposição de pessoa. Consequentemente, exige em face de "A", o interponente, o pagamento do imposto não recolhido por "C", o interposto.

Se a transação comercial do exemplo não tivesse sido simulada, "A" recolheria o imposto normalmente e o adicionaria ao preço da mercadoria. Com o rumo que os acontecimentos tomaram, porém, nada obstante "B" tenha se valido da economia correspondente ao não recolhimento do imposto, "A" terá de pagá-lo aos cofres públicos, arcando, portanto, com o custo que deveria ter sido repassado ao seu cliente. Diante deste cenário, cabe indagar se a restituição das partes ao *statu quo ante* não autorizaria "A" a obter o ressarcimento do custo tributário decorrente do desvelamento do esquema simulatório.

A solução, a nosso ver, deve ser afirmativa. Ainda que a simulação tenha sido manejada pelas partes com vistas a lesar o Fisco – ou, talvez, exatamente por isso –, não seria adequado negar o direito à indenização pleiteada por "A" na medida em que isto implicaria a *perpetuação do locupletamento* gozado por "B". Uma das principais preocupações da doutrina, de longa data, tem sido a de que o *exaurimento* da simulação nocente não pode dar azo a vantagens aos simuladores ("ganhos", que não se confundem com a "utilidade" de que depende o interesse legítimo na declaração de nulidade). A restituição ao *statu quo ante* deve significar tão somente o desfazimento dos atos praticados no curso do programa simulatório. Se assim não fosse, se o benefício ilicitamente buscado por um dos partícipes da simulação se ultimasse consolidado, a nulidade não desempenharia com plenitude seu papel; a ilusão negocial teria servido para alguma coisa, pois ao menos um dos mentores do estratagema simulatório se safaria com as benesses indevidas perseguidas. Tratando--se de simulação tributária, "A" sofreria a imposição de penalidade pela evasão fiscal, a qual, obviamente, não haveria de ser indenizada. Seria sua pena por ter se metido com a artimanha. O benefício econômico gozado por "B", às custas do empobrecimento de "A" – correspondente ao imposto devido –, deveria, porém, ser indenizado. Não apenas porque

250 A SIMULAÇÃO NO DIREITO CIVIL

o enriquecimento de "B" careceria de causa, mas sobretudo porque teria *causa ilícita*.

11.5 Nulidade parcial

A nulidade parcial do negócio jurídico encontra-se atualmente disciplinada no art. 184 do CC. Segundo este dispositivo, a invalidade parcial de um negócio jurídico não o prejudicará na parte válida, se esta for separável.[76] Há quem entenda que nos casos em que apenas um dos elementos do negócio jurídico é simulado (*e.g.*: o preço, uma condição, a data etc.) somente a parcela viciada deveria ser tida como nula.[77] Têm razão os que assim pensam.

Antes de tudo, há de se reconhecer que sempre que a simulação for relativa e for possível a extraversão do negócio dissimulado a nulidade será parcial. Deveras, como será evidenciado mais adiante (*tópico 12.1*), o negócio simulado e o negócio dissimulado são uma única entidade, de modo que a subsistência do último equivale, em última instância, à subsistência do primeiro (*tópico 12.2*). Nesse sentido, aliás, já decidiu o STJ no REsp 1.102.938-SP (4ª Turma, rel. Min. Raul Araújo, *DJe* 24.3.2015).

Para os casos de simulação absoluta a nulidade parcial afigura-se igualmente possível. Se, por exemplo, uma das cláusulas de um contrato previr condição simulada, somente ela deverá ser declarada nula.

11.6 Prescrição e decadência

A questão do prazo disponível para a alegação da nulidade já suscitou diversos debates. Sob a vigência do Código Civil de 1916 a jurisprudência chegou a adotar o entendimento de que a nulidade "prescreve" no maior prazo previsto em lei (que era de 20 anos).[78] Acolhendo este entendimento já à luz do Código Civil de 2002, Mattietto sustenta que:

---

76. CC de 2002: "Art. 184. Respeitada a intenção das partes, a invalidade parcial de um negócio jurídico não o prejudicará na parte válida, se esta for separável; a invalidade da obrigação principal implica a das obrigações acessórias, mas a destas não induz a da obrigação principal".

77. I. Gaino, *A Simulação dos Negócios Jurídicos*, cit., 2ª ed., p. 114.

78. Um retrospecto da jurisprudência sobre o tema pode ser encontrado em Y. S. Cahali, *Prescrição e Decadência*, 2ª ed., São Paulo, Ed. RT, 2012, pp. 75 e ss. Especificamente sobre a prescrição aplicada à declaração de simulação, v. a resenha jurisprudencial apresentada por L. Mattietto, "Negócio jurídico simulado (notas ao art. 167 do Código Civil)", in Mário Luiz Delgado e Jones Figueirêdo Alves (coords.),

A NULIDADE DO NEGÓCIO SIMULADO 251

"Não parece correto insistir, como faz parte da doutrina, sobretudo a menos recente, que a nulidade seja imprescritível, ficando as situações em aberto por mais de 10 anos, que é o prazo prescricional geral, podendo ser agitadas a qualquer tempo".[79] Este posicionamento deve ser analisado com ponderação, porquanto esbarra em um obstáculo de ordem técnica: o prazo a que se sujeitaria o pedido de declaração de nulidade – se fosse o caso – é o de *decadência*, não o de prescrição. Quem alega a nulidade do negócio jurídico e requer sua declaração em juízo não exerce *pretensão*, mas um *direito potestativo*. Por isto, exclui-se de antemão a possibilidade de submetê-lo ao prazo "prescricional geral" de 10 anos. As hipóteses taxativas de prescrição são aquelas do art. 206 do CC. Em contrapartida, a decadência encontra-se prevista de modo esparso no Código, como, por exemplo, no art. 178. Em vista disto, estender às nulidades o prazo geral de prescrição, conquanto possa afigurar-se interpretação imbuída de "boas intenções", corromperia a coerência que o legislador deliberadamente procurou imprimir ao sistema composto pelas regras que disciplinam prescrição e decadência.[80] Demais disso, não nos parece legítimo o intérprete violentar o texto da lei de tal forma, fazendo a norma vigorar, conforme seu arbítrio, para além da sua máxima tessitura semântica.

A interpretação mais correta, segundo nosso juízo, é a de que *a nulidade do negócio simulado pode ser alegada a qualquer momento*.[81] Se

---

Questões Controvertidas – Parte Geral do Código Civil, São Paulo, Método, Série Grandes Temas de Direito Privado – vol. 6, 2007, pp. 478-479.

79. L. Mattietto, "Negócio jurídico simulado (notas ao art. 167 do Código Civil)", cit., in Mário Luiz Delgado e Jones Figueirêdo Alves (coords.), *Questões Controvertidas – Parte Geral do Código Civil*, p. 478.

80. Ao descrever a diretriz da *operabilidade*, uma das mais importantes a inspirar o Código Civil de 2002, Miguel Reale utiliza-se do seguinte exemplo (*História do Novo Código Civil*, São Paulo, Ed. RT, 2005, p. 40): "Nessa ordem de ideias, o primeiro cuidado foi eliminar as dúvidas que haviam persistido durante a aplicação do Código anterior. Exemplo disso é o relativo à distinção entre *prescrição* e *decadência*, tendo sido baldados os esforços no sentido de se verificar quais eram os casos de uma ou de outra, com graves consequências de ordem prática. Para evitar esse inconveniente, resolveu-se enumerar, na Parte Geral, em *numerus clausus*, sendo as hipóteses de decadência previstas em imediata conexão com a disposição normativa que a estabelece. Assim, por exemplo, após o artigo declarar qual a responsabilidade do construtor de edifícios pela higidez da obra, é estabelecido o prazo de decadência para ela ser exigida".

81. Nesse sentido tem se pronunciado a jurisprudência: TJSP, AI 2007988-87.2013.8.26.0000, rel. Des. Walter Barone, j. 11.12.2013; TJSP, Ap. 0001925-89.2011.8.26.0246, rel. Des. Miguel Brandi, j. 25.9.2013; TJSP, Ap. 0030709-

252 A SIMULAÇÃO NO DIREITO CIVIL

há, contudo, resistência quanto a aceitar uma indefinição perene sobre a questão da simulação, no lugar de buscar uma saída assistemática como a prescrição no maior prazo existente, talvez seja razoável, e não agrida a organicidade do ordenamento jurídico, recorrer à saída que, ainda sob a vigência do Código Civil de 1916, propunha Custódio da Piedade Ubaldino Miranda. Este autor afirmava que a imprescritibilidade da ação declaratória de simulação (agora diríamos: a não sujeição ao prazo de decadência) deve ser entendida *cum grano salis*: "É que a ação só pode ser proposta enquanto perdurar o interesse de agir do autor".[82]

Quem quer que alegue a nulidade do negócio simulado deve demonstrar o interesse de agir. Em circunstâncias nas quais tenha transcorrido longo período de tempo é possível – embora não seja mandatório – que o interesse de agir não persista. O aspecto temporal ligado à inércia do autor da demanda poderá, portanto, manifestar-se aos olhos do juiz, evidenciando, de maneira concreta – mediante o desaparecimento do interesse de agir –, o perecimento do direito potestativo que se pretenderia exercer.

Pode acontecer, ainda, em tal contexto, de uma parte pretender exercer pretensão subjacente ao negócio simulado. Por exemplo, se um dos simuladores formula uma cobrança em face do outro tendo por objeto um crédito derivado do negócio dissimulado que, ao tempo do ajuizamento da demanda, já se encontra prescrito (o que pode suceder sob certas circunstâncias, consoante aduziremos linhas adiante). Nestas circunstâncias, o juiz deve extinguir o processo sem resolução de mérito, o que se justifica não exatamente pela "prescrição" da declaração de nulidade do negócio simulado, mas porque falta o interesse de agir do autor. Ora, como a cobrança do crédito depende, nesta espécie, da declaração de nulidade do negócio simulado (e da extraversão do negócio dissimulado), estando já prescrita a pretensão, o provimento jurisdicional não se mostra útil ao autor; daí o porquê de não dever o juiz declarar nulo o negócio simulado.[83]

43.2011.8.26.0451, rel. Des. Donegá Morandini, j. 15.1.2013; TJSP, Ap. 0020016-09.2009.8.26.0309, rel. Des. Pereira Calças, j. 6.12.2011; TJRS, Ap. 70048919468, rel. Des. Ângelo Maraninchi Giannakos, j. 22.8.2012; TJRS, Ap. 70022565782, rel. Des. José Aquino Flores de Camargo, j. 26.3.2008; TJRJ, Ap. 2008.001.09277, rel. Des. Carlos Santos de Oliveira, j. 1.4.2008.

82. Custódio da Piedade Ubaldino Miranda, *A Simulação no Direito Civil Brasileiro*, cit., p. 150.

83. Humberto Theodoro Júnior, *Comentários ao Novo Código Civil*, cit., 4ª ed., vol. III, t. I, p. 517.

A NULIDADE DO NEGÓCIO SIMULADO 253

Contra esta linha de entendimento poder-se-ia arguir que o art. 48, parágrafo único, do CC estabelece prazo de decadência de três anos para a anulação das decisões da administração da pessoa jurídica quando configurada a simulação.[84] Regra semelhante pode ser encontrada no art. 286 da Lei 6.404/1976: "ação para anular as deliberações tomadas em assembleia-geral ou especial, irregularmente convocada ou instalada, violadoras da lei ou do estatuto, ou eivadas de erro, dolo, fraude ou simulação, prescreve em 2 (dois) anos, contados da deliberação".[85] Poder-se-ia, com efeito, tentar extrair destas regras fundamentos para a conclusão de que a declaração de simulação pode, ao menos em tese, sujeitar-se à decadência. Tal tentativa, contudo, não seria bem-sucedida.

A doutrina comercialista acentua, neste particular, que os vícios da vontade apontados como fundamentos para a anulação da deliberação de órgão de ente coletivo não se referem propriamente ao ato colegial, mas aos atos individuais que o formam. Cabe, portanto, diferenciar o *vício da deliberação* do *vício do voto* (v. *tópico 10.7*). Fraudulentos ou simulados podem ser os votos do membro do colegiado, não o ato colegial em si. Em vista disto, a deliberação torna-se anulável não porque seja simulada, mas porque um ou mais votos se mostram nulos, daí decorrendo a desqualificação da maioria previamente formada. Vê-se, portanto, que se trata, nesta seara, de anulabilidade da deliberação resultante da desnaturação do consenso majoritário; ou, dizendo mais claramente, da superveniente deslegitimação do resultado do conclave.

Esta interpretação permite, como se nota, conciliar o teor do art. 48 com os arts. 167 e 169 do CC. A deliberação não é anulável porque simulada, mas porque eventualmente fundada numa maioria que não se sustenta, em razão da simulação de um ou mais votos. Se a simulação de votos não for suficiente para alterar a maioria formada entre os

---

84. CC de 2002:
"Art. 48. Se a pessoa jurídica tiver administração coletiva, as decisões se tomarão pela maioria de votos dos presentes, salvo se o ato constitutivo dispuser de modo diverso.
"Parágrafo único. Decai em 3 (três) anos o direito de anular as decisões a que se refere este artigo, quando violarem a lei ou estatuto, ou forem eivadas de erro, dolo, simulação ou fraude."

85. Esse dispositivo possui ampla aplicabilidade, pois são inúmeros os atos societários dependentes de deliberações assembleares, tais como, por exemplo, a constituição da companhia, exceto no caso de constituição por escritura pública (arts. 87, 88 e 95 da Lei 6.404/1976); a reforma do estatuto, eleição de administradores, autorização de emissão de debêntures e aprovação de operações de transformação, fusão, incorporação e cisão (art. 122 da Lei 6.404/1976).

254 A SIMULAÇÃO NO DIREITO CIVIL

integrantes do órgão não se torna anulável a deliberação, mantendo-se, pois, hígido o ato de vontade que ela consubstancia. Diversamente, se a imprestabilidade dos votos simulados for suficiente para alterar o resultado da votação, a anulabilidade configura-se e se sujeita à decadência.

Não dizem respeito apenas ao negócio simulado, todavia, as dificuldades relacionadas à aplicação das regras de prescrição e decadência; também o negócio dissimulado pode ver-se envolto em discussões desta natureza, sobretudo se ele der origem a uma pretensão ou, então, se encontrar maculado por um defeito (vício do consentimento ou fraude contra credores). A complexidade do assunto – vale salientar – liga-se ao entendimento, defendido por alguns, de que antes da extraversão o negócio dissimulado não possui relevância jurídica autônoma. Por conseguinte, seria impossível que antes dela tivesse início o cômputo do prazo prescricional ou decadencial. A relevância do negócio dissimulado será examinada de maneira detalhada no *tópico 12.1*; por ora insta assinalar que uma pretensão pode surgir antes de processada a extraversão, e que nesta fase, igualmente, pode caracterizar-se um defeito do negócio jurídico.

Como adiantado linhas acima, para exercer uma pretensão derivada do negócio dissimulado a parte interessada precisa antes requerer a declaração da nulidade do negócio simulado, para que, então, operando-se a extraversão, o negócio dissimulado possa ser diretamente valorado como causa de pedir. Se a declaração de nulidade não for pleiteada antes da prescrição da pretensão fundada no negócio dissimulado, não apenas esta resultará extinta, como também o autor carecerá de interesse de agir relativamente à alegação da nulidade.

Tal conclusão parece aplicar-se sem ressalvas do ponto de vista dos simuladores, já que entre eles não existe segredo. As partes, de fato, bem conhecem a aparência que quiseram criar, assim como os direitos e obrigações que, sub-repticiamente, adquiriram e assumiram. Assim, não é possível vislumbrar justificativas para que o cômputo do prazo de prescrição deixe de principiar com a violação do direito, ainda que esta não possa ser conhecida por terceiros.

Agora, do ponto de vista do público, algo diferente sucede. Pois se existe uma pretensão que, eventualmente, possa ser exercitada por um terceiro a partir do negócio dissimulado, então, se deve levar em conta o princípio da *actio nata*,[86] segundo o qual a inércia do credor

---

86. Sobre o tema, v. G. Pugliese, *La Prescrizione nel Diritto Civile*, 4ª ed., Turim, UTET, 1924, "Parte Seconda – La Prescrizione Estintiva", pp. 98 e ss.

A NULIDADE DO NEGÓCIO SIMULADO 255

pressupõe o conhecimento da violação ao seu direito. Ou, então, para que fique mais claro: somente se pode considerar juridicamente inerte o sujeito que saiba possuir um direito e que tenha condições de tomar conhecimento da violação deste. Tratando-se de negócio dissimulado, caso este dê origem a uma pretensão em favor de terceiro, não existe a possibilidade, objetivamente aferível, de este incorrer em inércia, pois um conhecimento seguro sobre o negócio dissimulado, incluindo suas consequências jurídicas, somente se torna acessível com a extraversão. Vale dizer: ainda que o terceiro nutra sérias suspeitas sobre a existência do negócio dissimulado, estas somente serão dignas de tutela jurídica a partir da extraversão (isto é, da data em que se torna definitiva a decisão judicial que a determina); de modo que enquanto ela não sobrevier não cabe cogitar de inércia.

Deve-se, por fim, voltar os olhos para a aplicação dos arts. 178[87] e 179[88] do CC quanto ao negócio dissimulado. Ora, o negócio simulado é, como já se assinalou, sempre nulo, mas o negócio dissimulado pode ser, a seu turno, válido, nulo ou anulável.

Sendo certo que apenas os simuladores podem alegar a coação, o erro, o dolo, o estado de perigo e a lesão, os prazos decadenciais pertinentes devem computar-se de acordo com a ordinária aplicação do art. 178. Isto, pois os simuladores possuem pleno conhecimento da relação jurídica entre eles entabulada, inclusive dos vícios que eventualmente a acometem; logo, nada impede que possam, desde o dia em que cessar a coação ou a partir da data de celebração do negócio jurídico, conforme o caso, demandar a declaração de nulidade do negócio simulado e a anulação do negócio dissimulado.

A posição de terceiros eventualmente prejudicados pela fraude contra credores ou outras causas de anulabilidade, por seu turno, requer tratamento diferenciado. A situação com que se depara neste mister é curiosa: enquanto não declarada a nulidade do negócio simulado e não operada a extraversão do negócio dissimulado os terceiros não têm nem mesmo como desconfiar de que pode ter havido fraude contra credores

---

87. CC de 2002: "Art. 178. É de 4 (quatro) anos o prazo de decadência para pleitear-se a anulação do negócio jurídico, contado: I – no caso de coação, do dia em que ela cessar; II – no de erro, dolo, fraude contra credores, estado de perigo ou lesão, do dia em que se realizou o negócio jurídico; III – no de atos de incapazes, do dia em que cessar a incapacidade".

88. CC de 2002: "Art. 179. Quando a lei dispuser que determinado ato é anulável, sem estabelecer prazo para pleitear-se a anulação, será este de 2 (dois) anos, a contar da data da conclusão do ato".

256 A SIMULAÇÃO NO DIREITO CIVIL

– até porque, para todos os efeitos, o bem permanece no patrimônio do devedor (fato que justificaria o interesse dos terceiros quanto à preservação do "negócio aparente"); igualmente, não podem conhecer de outras causas de anulabilidade porventura caracterizadas. Pode suceder, porém, de se operar a extraversão à revelia dos credores, e o juiz confirmar a transferência de titularidade do bem derivado do negócio dissimulado. Pode, ainda, acontecer de somente posteriormente os credores se darem conta de que o devedor se tornara insolvente (ou os terceiros notarem a presença de outra causa de anulabilidade). Seria possível, neste contexto, cogitar de computar o prazo decadencial a partir da conclusão do negócio dissimulado (quando ele nasce imbricado com o negócio simulado), nos termos dos arts. 178 e 179? A nosso ver, soaria absurdo responder afirmativamente a esta pergunta. Deveras, se a finalidade do prazo decadencial é a de sancionar a inércia do agente, prestigiando a estabilidade das relações, não faz sentido considerar como data de celebração do negócio dissimulado, para fins de cômputo do prazo decadencial aplicável à alegação da fraude contra credores, outra data que não seja a do trânsito em julgado da decisão judicial que determina a extraversão.

Em síntese, portanto, eventual prazo prescricional ou decadencial contra os simuladores relativo ao negócio dissimulado deve ter como termo *a quo* a data da conclusão do negócio simulado conjuminado com o negócio dissimulado. Do ponto de vista de terceiros, eventual prazo prescricional ou decadencial deve ter como termo inicial a data da extraversão.

12
A VALIDADE
DO NEGÓCIO DISSIMULADO

12.1 A relação entre negócio simulado e negócio dissimulado. 12.2 A extraversão do negócio dissimulado. 12.3 Os requisitos de substância. 12.4 Os requisitos de forma. 12.5 Exame de caso: extraversão de doação de imóvel dissimulada.

Este capítulo será dedicado ao exame do mecanismo pelo qual, uma vez declarada a nulidade do negócio simulado, pode subsistir o negócio dissimulado.

Segundo o art. 167 do CC, é nulo o negócio simulado, *mas subsiste o que se dissimulou, se válido em substância e em forma.* A primeira questão com a qual se depara o intérprete ao examinar este comando normativo concerne à *relação, ou vínculo, que se estabelece entre o negócio simulado e o dissimulado.* É esta relação com o negócio simulado que atribui ao negócio dissimulado sua natureza peculiar. A questão é das mais complexas, uma vez que sua solução pressupõe o enfrentamento, antes de mais, do dilema afeto à autonomia do negócio dissimulado. Constataremos, a este respeito (*tópico 12.1*), que há *unidade* entre o negócio simulado e o negócio dissimulado.

Mas não é sem mais nem menos que o negócio dissimulado sobrevive à declaração de nulidade do negócio simulado. Deveras, se há unidade entre uma coisa e outra, como pode o que se dissimula subsistir à nulidade? Tal, com efeito, opera-se mediante a *extraversão* (*tópico 12.2*), mecanismo pelo qual se levanta o véu da ilusão negocial, revelando-se ao público a natureza da operação global posta em prática pelas partes. Mas não apenas isso: o intento simulatório, declarado nulo, é eliminado do negócio jurídico, e a extraversão combina a interpretação corretiva e a requalificação com a exclusão de parcela do regulamento de interesses (referente à *causa simulandi* em sentido estrito), analogamente ao que se dá no caso de nulidade parcial.

258   A SIMULAÇÃO NO DIREITO CIVIL

A extraversão, porém, somente se mostra possível se o negócio dissimulado atender aos respectivos *requisitos de substância* (*tópico 12.3*) *e forma* (*tópico 12.4*). No que tange à substância, deve-se assinalar que não é necessário que entre o negócio dissimulado e o negócio simulado se estabeleça uma relação de continência; a extraversão permite a integração entre o conteúdo oculto e a forma simuladora, de modo que, ainda que o "negócio aparente" não contenha já os elementos da relação jurídica que deve subsistir, é possível investigá-los nas demais parcelas do comportamento negocial e, resgatando-os da sub-repticiedade, assegurar sua validade e sua eficácia. De todo modo, se o conteúdo dissimulado, investigado na parcela não revelada do comportamento negocial, apresentar traços de ilegalidade ou ilicitude a extraversão não deverá concretizar-se. Do ponto de vista formal, demonstraremos que a norma não requer que o negócio dissimulado, caso submetido a exigências especiais, seja já diretamente formalizado de acordo com elas. A extraversão, neste mister, possibilita que o negócio dissimulado se aproveite da forma simuladora mesmo após a declaração de nulidade do negócio simulado.

12.1   A relação entre negócio simulado e negócio dissimulado

O art. 167 do CC, ao disciplinar o negócio dissimulado, estatui, especificamente quanto à simulação relativa, que "subsistirá o que se dissimulou, se válido for na substância e na forma". Antes de aderirmos a uma posição sobre qual a melhor interpretação a ser dada a este enunciado normativo, é oportuno expor, no quanto essencial, o teor dos debates que a doutrina tem travado a respeito da relação entre negócio simulado e negócio dissimulado.

Segundo parte dos autores, negócio simulado e negócio dissimulado são completamente distintos. A *dualidade* entre eles aperfeiçoa-se por meio de uma *coligação negocial*,[1] levada a efeito pelo acordo simulatório. Disto resulta, ademais, a alteridade entre o negócio dissimulado e o próprio acordo simulatório.[2]

---

1. F. Messineo, *Il Contratto in Genere*, t. 2º, Milão, Giuffrè, 1972, p. 475.

2. Idem, pp. 477-478. Para justificar seu ponto de vista o autor aponta quatro justificativas, a seguir sintetizadas: (i) o acordo simulatório poderia valer por si (no período que precedesse a celebração do negócio simulado); (ii) o acordo simulatório pode ser anterior ao negócio dissimulado – aliás, seria comum que assim ocorresse; (iii) se o acordo simulatório e o negócio dissimulado fossem uma só coisa, a invalidade do último acarretaria a do primeiro; isto, contudo, não aconteceria; e (iv) seria possível existir o acordo simulatório sem o negócio dissimulado, como bem demonstraria a hipótese de simulação absoluta.

A VALIDADE DO NEGÓCIO DISSIMULADO   259

Perfilhando a corrente dualista, Nuti desenvolve uma intrincada teoria sobre a simulação relativa, baseada na ideia de *cisão da vontade*. O autor entende que o negócio jurídico não suporta uma *dupla causalidade*, isto é, não pode ser, ao mesmo tempo, simulado e dissimulado – sob pena de rompimento de sua integridade estrutural. Disso decorre a distinção ontológica entre o negócio simulado e o dissimulado.[3]

Com base nesta premissa, Nuti busca demonstrar que, ao contrário do que ocorre na simulação absoluta – em que as partes não querem o negócio simulado, pura e simplesmente –, na simulação relativa as partes pretendem forjar a eficácia do negócio simulado em face de terceiros; entre as partes, contudo, deve ser eficaz o negócio dissimulado, o qual não se presta a produzir quaisquer efeitos perante terceiros. Desse modo, a simulação relativa envolve a celebração de um negócio dissimulado, eficaz entre as partes, e de um negócio "não dissimulado", eficaz perante terceiros.[4]

Nuti insiste quanto à circunstância de que o negócio "não dissimulado" é, em verdade, um negócio jurídico querido, ou seja, estrutural e funcionalmente íntegro, ao menos no confronto com o público.[5] O negócio "não dissimulado" é, pois, perfeitamente eficaz perante terceiros (como se não fosse simulado), mas deliberadamente inerte no âmbito da relação entre os simuladores, pois disto depende a relevância *inter partes* do negócio dissimulado.

Há, no entanto – prossegue o autor –, uma interdependência entre os dois negócios. O negócio dissimulado é o pressuposto da celebração do negócio "não dissimulado" (isto é, o evento jurídico subjacente à determinação volitiva das partes). O acordo simulatório coliga o negócio "não dissimulado" àquele pressuposto; assim, as partes podem paralisar sua eficácia (a do negócio "não dissimulado"), com a certeza de que o negócio dissimulado supre, entre elas, a ausência de efeitos decorrente desta deliberação.[6]

Do outro lado do debate, aderindo à tese *unitarista*, Auricchio critica fortemente o entendimento de que na simulação relativa o suporte fático do negócio dissimulado é diferente daquele do negócio simulado. Para este autor tal concepção é insustentável, pois não satisfaz a neces-

3. G. A. Nuti, *La Simulazione del Contratto nel Sistema del Diritto Civile*, Milão, Giuffrè, 1986, p. 183.
4. Idem, pp. 184-185.
5. Idem, p. 193.
6. Idem, pp. 208-212.

260 A SIMULAÇÃO NO DIREITO CIVIL

sidade dogmática de diferenciar a simulação relativa da simulação absoluta, uma vez que a ocultação da relação jurídica dissimulada se daria – caso esta contasse com um suporte fático independente – em virtude de um fato absolutamente externo à simulação.[7]

Para elucidar sua posição Auricchio vale-se do exemplo das partes que celebram um contrato de compra e venda por instrumento particular e paralelamente ajustam um contrato de doação por instrumento público. Neste caso – diz ele – existiria simulação absoluta, não relativa; a compra e venda seria absolutamente simulada, e a doação válida por si só, não porque teria sido dissimulada. Levando em conta que, segundo a lei italiana, o contrato de doação requer forma especial, o autor assevera: "Seria, de fato, desprovida de fundamento a pretensão de negar qualquer direito ao donatário com base na consideração de que o contrato de compra e venda não teria a forma requerida para o negócio de doação; é, enfim, muito óbvio que, neste caso, o ato de liberalidade teria, em si, todos os requisitos de validade e eficácia para produzir os seus efeitos"[8] (tradução livre).

Com este exemplo Auricchio pretende lançar por terra a ideia de que é possível que algo externo ao negócio simulado (isto é, um acordo simulatório autônomo) possa vinculá-lo a outro negócio, tornando este último dissimulado. Por outras palavras: ou o negócio simulado e o dissimulado nascem juntos, a partir de um só suporte fático, ou, então, a simulação relativa é uma quimera. O negócio dissimulado é, nesse diapasão, concebido como um regulamento de interesses instituído pelas partes sem que ocorra a correspondente declaração negocial. Trata-se de uma espécie de "vontade nua", um núcleo de eficácia pura, que somente é incorporado ao suporte fático do negócio simulado – o único criado pelas partes – por efeito da declaração de simulação pelo juiz.[9]

Também Romano conclui que na simulação, absoluta ou relativa, não se pode cogitar da existência de outra declaração negocial além daquela atinente ao negócio simulado. Fosse o caso de pressupor que o ne-

---

7. A. Auricchio, *La Simulazione nel Negozio Giuridico – Premesse Generali*, Nápoles, Jovene, 1957, p. 165.

8. Idem, ibidem. No original: "Sarebbe infatti priva di fondamento la pretesa di negare ogni diritto al donatario in base alla considerazione che il contratto di compravendita non ha la forma richiesta per il contratto di donazione; è fin troppo ovvio che in questo caso l'atto di liberalità ha in se tutti i requisiti di validità e di efficacia per produrre i suoi effetti".

9. A. Auricchio, *La Simulazione nel Negozio Giuridico – Premesse Generali*, cit., pp. 170-177.

A VALIDADE DO NEGÓCIO DISSIMULADO 261

gócio dissimulado implica a criação de elementos extrínsecos ao negócio simulado, estes acabariam dando vida a um novo e distinto negócio jurídico, dotado, desde a origem, de todos os requisitos de validade. Este arranjo negocial, entretanto, não se mostra compatível com o conteúdo do art. 1.414 do CC italiano, de acordo com o qual o negócio dissimulado tem efeito entre as partes desde que lhe subsistam os requisitos de substância e de forma.[10] Nessa linha de raciocínio, Romano defende que a simulação relativa é um fenômeno unitário; a relação jurídica dissimulada, portanto, é *extraída* do comportamento executivo das partes.[11]

Mirando agora o art. 167 do CC brasileiro, parece-nos que a teoria unitarista é a que pode descrever de maneira mais consistente a relação entre o negócio simulado e o negócio dissimulado. É importante atentar, como temos advertido no decorrer deste trabalho, ao juízo de valor expresso pela norma. O legislador, que não estabeleceu uma norma inútil ou contraditória, comunica, na segunda parte do *caput* do art. 167, uma tomada de posição a respeito da simulação relativa. Assume que o negócio dissimulado integra-se ao negócio simulado de tal forma que, se não existisse a previsão normativa ali instituída, a nulidade de um acarretaria, inexoravelmente, a do outro. Por isso viu a necessidade de ressalvar a validade do negócio dissimulado.[12]

---

10. CC italiano:
"Art. 1.414. *"Efeitos da simulação entre as partes"*
"O contrato simulado não produz efeito entre as partes.
"Se as partes quiseram concluir um contrato diferente daquele aparente, tem efeito entre estas o contrato dissimulado, desde que subsistam os seus requisitos de substância e de forma.
"As disposições precedentes aplicam-se também aos atos unilaterais destinados a uma pessoa determinada, que sejam simulados por acordo entre o declarante e o destinatário." (tradução livre).
No original:
"Art. 1.414. *"Effetti della simulazione tra le parti"*
"Il contratto simulato non produce effetto tra le parti.
"Se le parti hanno voluto concludere un contratto diverso da quello apparente, ha effetto tra esse il contratto dissimulato, purché ne sussistano i requisiti di sostanza e di forma.
"Le precedenti disposizioni si applicano anche agli atti unilaterali destinati a una persona determinata, che siano simulati per accordo tra il dichiarante e il destinatario."
11. S. Romano, "Contributo esegetico allo studio della simulazione (l'art. 1.414 c.c.)", *Rivista Trimestrale di Diritto e Procedura Civile*, 1954, Milão, p. 53.
12. Raciocínio análogo tem prevalecido nos mais recentes estudos sobre a exegese do segundo parágrafo do art. 1.414 do CC italiano, cuja semelhança com

262   A SIMULAÇÃO NO DIREITO CIVIL

Tal equivalência de regimes jurídicos não seria verificável se o negócio dissimulado fosse dotado de autonomia. Ainda que o negócio simulado e o negócio dissimulado fossem coligados, a nulidade do primeiro não induziria a do segundo, porquanto seus escopos negociais (abrangendo os respectivos objetos e causas) não seriam coincidentes.[13] Enquanto o negócio simulado teria por objeto o agir simulado e como causa a criação da ilusão negocial, o negócio dissimulado destinar-se-ia ao estabelecimento de uma relação jurídica distinta, não ilusória, posto que secreta.

a segunda parte do *caput* do art. 167 do nosso CC não diríamos tratar-se de mera coincidência. Ao se debruçar sobre o assunto, F. Anelli ("Simulazione e interposizione", in Maria Costanza (cur.), *Vincenzo Roppo – Trattato del Contrato*, vol. III ("Effetti"), Milão, Giuffrè, 2006, pp. 605-606) afirma: "Em efeito, falar do negócio simulado e do dissimulado como realidades contrapostas – e extrair disso rigorosas consequências sobre o plano da disciplina – não parece respeitar autenticamente o programa perseguido pelas partes, que não é aquele, simplesmente, de simular um negócio e, contextualmente, aperfeiçoar um diverso. Se assim fosse, o mesmo art. 1.414, segundo parágrafo, acabaria tendo um valor preceitual incerto: este não explicitaria mais que uma consequência de qualquer modo resultante da ineficácia, autonomamente cominada pelo primeiro parágrafo, do negócio simulado e da validade – se e enquanto por conta, precisamente, da perfeição estrutural – do contrato dissimulado. Não se compreenderia, em outros termos, por qual motivo o legislador teria expressamente afirmado a eficácia de um contrato em si completo, cuja única característica seria aquela de manter-se em segredo pelas partes; segredo que de nenhum modo obsta à validade e eficácia *inter partes* do contrato, incidindo, quando muito, sobre a oponibilidade do contrato aos terceiros (mais ainda neste caso por efeito da aplicação ordinária das regras em tema de oponibilidade das operações de circulação, restando estranhas ao problema as normas em tema de simulação). Uma eficácia, portanto, que não precisaria ser reafirmada" (tradução livre).

No original: "In effetti, parlare del negozio simulato e del dissimulato come realtà contrapposte – e trarne rigorose conseguenze sul piano della disciplina – non sembra rispecchiare autenticamente il programma perseguito dalle parti, che non è quello, semplicemente, di simulare un negozio e, contestualmente perfezionarne uno diverso. Se così fosse, lo stesso art. 1414, c. 2, finirebbe per avere una valenza precettiva incerta: esso non espliciterebbe altro che una conseguenza comunque risultate dall'inefficacia, autonomamente sancita dal primo comma, del contratto simulato, e da validità – se ed in quanto per conto proprio strutturalmente perfetto – del contratto dissimulato. Non si comprenderebbe, in altri termini, per quale motivo il legislatore avrebbe dovuto espressamente affermare l'efficacia di un contratto in se compiuto, la cui sola caratteristica sarebbe quella di essere tenuto segreto dai contraenti; segretezza che in alcun modo osta alla validità ed efficacia *inter partes* del contratto, incidendo, semmai, sulla sola opponibilità del contratto ai terzi (ma anche in questo caso per effetto dell'operare delle ordinarie regole in tema di opponibilità delle vicende circolatorie, restando estranee al problema le norme in tema di simulazione), e che pertanto non vi sarebbe necessità di riaffermare".

13. Sobre a nulidade de contratos coligados, v.: F. P. De C. Marino, *Contratos Coligados no Direito Brasileiro*, São Paulo, Saraiva, 2009, pp. 189 e ss.

A VALIDADE DO NEGÓCIO DISSIMULADO 263

Nesta ordem de ideias, há de se reconhecer a *unidade*, pressuposta pela lei, entre o negócio simulado e o negócio dissimulado.[14] O negócio simulado é aquele que possui a aptidão de disseminar a ilusão negocial. Sendo relativa a simulação, o conteúdo convencional consubstanciado no regulamento de interesses abrange, além da *causa simulandi* em sentido estrito, a causa de outra relação jurídica. A ilusão negocial, criada em virtude de uma deliberação não autônoma adjeta ao negócio dissimulado, reveste-o, sobrepondo-se à sua normal aparência. Por outras palavras: o negócio torna-se dissimulado à medida que é envolto pela ilusão negocial, isto é, à medida que se torna (também) simulado (isto é, produtor da ilusão negocial). É por isto que, em última instância, na simulação relativa o "negócio aparente"[15] e o negócio dissimulado são duas faces de um único fenômeno (o negócio simulado), se bem que encarados por perspectivas distintas: a do público, no que toca ao primeiro; a das partes, no que tange ao segundo.

Daí mostrar-se passível de acolhimento, à luz do nosso Direito, o ponto de vista de Distaso, segundo o qual não é possível estabelecer uma rígida divisão entre os diversos *momentos da simulação*.[16] Na simulação relativa o negócio que prevê a criação da ilusão negocial é o mesmo que também estabelece outra relação jurídica, que as partes querem que se torne entre elas eficaz. O negócio simulado, portanto, engloba o dissimulado, o incorpora – ou, dizendo de maneira mais clara: o negócio dissimulado não é mais que o próprio negócio simulado *reinterpretado* à luz do complexo programa do qual resulta sua celebração.[17]

12.2 A extraversão do negócio dissimulado

O art. 167 do CC, ao estatuir que o negócio dissimulado *subsiste* se "válido" for em substância e forma, não dita uma obviedade. Disciplina o mecanismo da *extraversão*, assim batizado por Pontes de Miranda sob a vigência do Código Civil de 1916.

14. V., no mesmo sentido, além dos autores já citados: F. Marani, *La Simulazione negli Atti Unilaterali*, Pádua, CEDAM, 1971, pp. 46-52.

15. V., a respeito da distinção entre negócio simulado e "negócio aparente", o *tópico 4.2*.

16. N. Distaso, *La Simulazione dei Negozi Giuridici*, Turim, UTET, 1960, p. 341.

17. Idem, p. 342. Cf., em sentido semelhante: F. C. Pontes de Miranda, *Tratado de Direito Privado*, t. 4, atualizado por M. Bernardes de Melo e Marcos Ehrhardt Júnior, São Paulo, Ed. RT, 2012, p. 534.

264 A SIMULAÇÃO NO DIREITO CIVIL

Não se deve – esclareça-se logo – associar a extraversão à *conversão substancial*.[18] O art. 170 prevê, a propósito desta, que, se "o negócio jurídico nulo contiver os requisitos de outro, subsistirá este quando o fim a que visavam as partes permitir supor que o teriam querido, se houvessem previsto a nulidade". A lei permite que o intérprete atribua às partes uma vontade que presumivelmente teriam manifestado se conhecessem da nulidade. Opera-se aí uma requalificação do negócio nulo com eficácia retroativa, sob o fundamento de que a qualificação alternativa somente não teria sido preferida pelos particulares porque não tinham a consciência da nulidade da relação jurídica originalmente criada.[19]

Na extraversão a situação com a qual se depara é muito distinta. Em primeiro lugar, descabe supor a ignorância das partes quanto à nulidade do negócio simulado, porquanto tal nulidade consiste, ela própria, num alvo (colateral) da deliberação dos contraentes.[20] Em segundo lugar, o negócio dissimulado não é aquele que as partes teriam celebrado se conhecessem da nulidade; trata-se, na realidade, de uma relação jurídica constituída *apesar da nulidade*. Isto, aliás, é decorrência imediata da unidade do programa simulatório, de que tratamos acima. Diante destas precisões, não se sustenta a crítica de Villaça Azevedo segundo a qual o *caput* do art. 167 sobrepõe-se, assistematicamente, ao art. 170;[21] extraversão e conversão não se confundem, pelo que a norma do *caput* do art. 167 desempenha um particular papel no sistema do direito privado.

Na opinião de Pontes de Miranda a extraversão é responsável por trazer o negócio dissimulado à tona. Os requisitos de validade deste identificam-se com seus elementos de existência; apenas no momento da extraversão pode-se dizer que o negócio dissimulado efetivamente entra no mundo jurídico. Se o negócio dissimulado fosse, por si, nulo, não

18. T. L. Soares, *A Conversão do Negócio Jurídico*, Coimbra, Livraria Almedina, 1986, pp. 74-75; J. A. S. Del Nero, *Conversão Substancial do Negócio Jurídico*, Rio de Janeiro, Renovar, 2001, pp. 396 e ss.; F. Marani, *La Simulazione negli Atti Unilaterali*, cit., pp. 66-68.

19. J. A. S. Del Nero, *Conversão Substancial do Negócio Jurídico*, cit., pp. 333-334.

20. K. Larenz, *Allgemeiner Teil des deutschen Bürgerlichen Rechts* (1975), trad. esp. de M. Izquierdo e Macías-Picavea, *Derecho Civil – Parte General*, Madrid, EDERSA, 1978, pp. 500-501; W. Flume, *Allgemeiner Teil des Bürgerlichen Rechts. Zweiter Band, Das Rechtsgeschäft*, vol. 2: *Das Rechtsgeschäft*, 4ª ed., *Enzyklopädie der Rechts-und Staatswissenschaft* (1992), trad. esp. de J. M. M. González e E. G. Calle, *El Negocio Jurídico*, Madri, Fundación Cultural del Notariado, 1998, p. 482.

21. Álvaro Villaça Azevedo, *Teoria Geral do Direito Civil – Parte Geral*, São Paulo, Atlas, 2012, p. 343.

A VALIDADE DO NEGÓCIO DISSIMULADO 265

haveria extraversão; se fosse apenas anulável, a extraversão equivaleria a uma confirmação.[22] Em vista disso – adiciona o autor –, enquanto não ocorre a extraversão a eficácia da relação jurídica dissimulada funda--se sobre um *estado de fato*, dado que a forma criada pelos particulares abrange tão somente a aparência enganadora (diríamos: o "negócio aparente"[23]). Nesta fase o negócio dissimulado não é mais que um *negócio virtual*.[24]

Segundo nos parece, a extraversão faz algo mais que dar à luz o negócio dissimulado. Relembre-se que durante a vigência do Código Civil de 1916 o negócio simulado era tido por anulável; logo, válido enquanto não fosse anulado. Nesse contexto fazia sentido considerar que o negócio dissimulado não existia até que se desse a extraversão, pois não havia como dois negócios, com espectros de validade contraditórios ou incompatíveis, vincularem, ao mesmo tempo, as mesmas partes. Era necessário que o negócio simulado saísse de cena para que o negócio dissimulado tomasse seu lugar. Com a entrada em vigor do Código Civil de 2002, no entanto, a análise assenta sobre paradigma distinto: o negócio simulado é nulo, e a norma menciona explicitamente que, ainda quando seja declarada tal nulidade, o negócio dissimulado "subsiste".

Dizer que o negócio dissimulado "subsiste" não é o mesmo que estatuir que ele "passa a existir". Segundo a perspectiva da norma, o negócio dissimulado é contemporâneo do negócio simulado, existe junto com ele. A extraversão, por conseguinte, não implica a entrada do negócio dissimulado no mundo jurídico (plano da existência), mas a garantia de que ele pode ingressar e permanecer no plano da validade a despeito de o negócio simulado não se mostrar apto a tanto.

A extraversão, portanto, resgata a relação jurídica dissimulada do âmago do negócio simulado, impedindo que ela seja lançada definitivamente no calabouço da nulidade. Para que este desiderato seja alcançado, a lei preconiza um mecanismo pelo qual o conteúdo do negócio dissimulado é segregado do restante do negócio simulado, bem como pode

22. F. C. Pontes de Miranda, *Tratado de Direito Privado*, cit., t. 4, p. 532.

23. V., a respeito da distinção entre negócio simulado e "negócio aparente", o *tópico 4.2*.

24. Noção que se aproxima à tese de A. Auricchio, segundo a qual o negócio dissimulado corresponde a uma "vontade nua", um núcleo de "eficácia pura", que somente é introjetado no suporte fático do negócio simulado por obra da declaração da simulação pelo juiz (cf. A. Auricchio, *La Simulazione nel Negozio Giuridico – Premesse Generali*, cit., pp. 170-177).

266 A SIMULAÇÃO NO DIREITO CIVIL

ser integrado à forma do "negócio aparente", sempre que disto dependa sua subsistência. O legislador assume a premissa de que a nulidade do negócio simulado também acarretaria a do negócio dissimulado; daí a necessidade de enunciar uma regra excepcional que, a um só tempo, possibilita que a "substância" do negócio dissimulado seja depurada da interferência negativa da simulação e estabelece que a forma aparente possa ser "aproveitada" pelo negócio extravertido.

A extraversão levanta o véu da ilusão negocial, revela ao público a natureza da operação global posta em prática pelas partes, mas não apenas isto. O intento simulatório, declarado nulo, é eliminado do negócio jurídico, e a extraversão combina a interpretação corretiva e a requalificação com a exclusão de parcela do regulamento de interesses (referente à *causa simulandi* em sentido estrito), analogamente ao que se dá no caso de nulidade parcial. Num contexto em que, a rigor, não seria possível separar o simulado do dissimulado, intervém o legislador para estabelecer um regime especial que viabiliza a persistência da parcela não ilusória do comportamento negocial.

Estas conclusões bem como o funcionamento da extraversão poderão ser apreendidos com maior clareza após examinarmos, nos tópicos seguintes, os requisitos de substância e de forma de que ela depende.

12.3 Os requisitos de substância

No que se refere aos *requisitos de substância* do negócio dissimulado, há quem defenda que eles somente são atendidos se entre o negócio simulado (diríamos: o "negócio aparente"[25]) e o negócio dissimulado há uma relação de *continência* (isto é, se o primeiro contiver, estruturalmente, o segundo). Romano assevera, nesse sentido, que o negócio simulado (diríamos: o "negócio aparente") contém não apenas os requisitos (de validade), mas até mesmo os elementos (de existência) do negócio dissimulado:

> Isto significa – para maior esclarecimento da hipótese legislativa – que o contrato simulado contém "quantitativamente" todos os elementos executivos, e os contém em uma medida maior com relação ao negócio dissimulado. Normalmente este subtrai do primeiro uma parte, deixando cair aquele ligado à causa do negócio simulado. Assim, na hipótese de uma compra e venda que dissimule uma doação, cai o preço indicado no contra-

25. V., a respeito da distinção entre negócio simulado e "negócio aparente", o *tópico 4.2.*

A VALIDADE DO NEGÓCIO DISSIMULADO 267

to simulado, não exigível segundo a intenção das partes e efetivamente não pago no comportamento executivo destas.[26] [*Tradução livre*]

Argumentação semelhante apresenta-nos Anelli. O autor refere--se ao exemplo do particular que, buscando preservar um bem de seu patrimônio do possível exercício de uma pretensão executória por parte de um credor, celebra um contrato de compra e venda simulado, entregando o bem em questão ao adquirente simulado; paralelamente, os simuladores firmam entre si um contrato de locação em virtude do qual o adquirente simulado se compromete a remunerar o alienante simulado pelo gozo do bem transferido. Em tal contexto há dois suportes fáticos distintos: o de uma compra e venda absolutamente simulada e o de uma locação (oculta), cada qual destinado a seguir a própria sorte. Não há aí, adverte Anelli, simulação relativa, pois não é possível identificar uma vontade de dissimular a locação por detrás de uma aparente compra e venda.[27] Diversa seria a situação – prossegue o autor – da compra e venda celebrada com o intuito de dissimular uma doação. Neste caso a eficácia atribuída ao negócio ostensivo presta-se, em alguma medida, a justificar a movimentação jurídica pretendida pelas partes; de fato, tanto a compra e venda como a doação implicam a efetiva transferência de um bem (ou a obrigação de fazê-lo). O caráter ilusório da avença emerge em virtude do ajuste quanto ao pagamento apenas aparente do preço. No complexo programa estabelecido entre as partes, estas buscam realizar uma operação dispositiva mediante a combinação dos efeitos, produzidos entre si e perante terceiros, do negócio oculto e do negócio simulado[28] (diríamos: do "negócio aparente").

Adotando estas premissas em parte, Marani sustenta que o negócio dissimulado pode adquirir relevância própria, independentemente de se encontrar contido no negócio simulado (diríamos: "negócio aparente"),

26. S. Romano, "Contributo esegetico allo studio della simulazione (l'art. 1.414 c.c.)", cit., *Rivista Trimestrale di Diritto e Procedura Civile*, 1954, p. 54.
No original: "Questo significa – a maggior chiarimento dell'ipotesi legislativa – che il contratto simulato contiene 'quantitativamente' tutti gli elementi esecutivi, e li contiene in una misura maggiore rispetto a quelli richiesti dal contratto dissimu-lato. Normalmente questo sottrae al primo solo una parte, lasciando cadere quelli legati alla causa del contratto simulato. Così, nell'ipotesi di una compra-vendita che dissimula una donazione, cade il prezzo indicato nel contratto simulato non esigibile nell'intento delle parti ed effettivamente non pagato nel comportamento esecutivo delle stesse".

27. F. Anelli, "Simulazione e interposizione", cit., in Maria Costanza (cur.), *Vincenzo Roppo – Trattato del Contrato*, vol. III, p. 606.

28. Idem, p. 607.

268 A SIMULAÇÃO NO DIREITO CIVIL

quando a simulação é relacionada à causa. Esta pode ser reconstruída com base no "pacto nu" firmado pelos contraentes, à margem da forma negocial ostensivamente criada. A referida reconstrução do negócio dissimulado, porém, não é possível quando se trata de simulação relativa afeita ao objeto ou aos sujeitos contratantes. Nestas hipóteses, o negócio dissimulado deve ser extraído do próprio negócio simulado (diríamos: do "negócio aparente"), pois uma elemento extratextual, como o aludido "pacto nu", não seria apto a juridicizar o objeto dissimulado ou conferir titularidade autônoma ao contratante dissimulado.[29]

Sempre remando contra a maré, embora compartilhasse da visão de que na simulação relativa existe apenas uma declaração negocial, Auricchio afirma ser inconcebível que o negócio simulado (diríamos: o "negócio aparente") contenha, *quantitativamente*, os elementos do negócio dissimulado. Ele aponta como exemplo a situação, não rara, em que se dissimula um preço maior que aquele indicado no negócio simulado (diríamos: "negócio aparente"). Nesta situação não se pode dizer que o preço maior está contido no preço menor declarado. Do mesmo modo, se a simulação se dá mediante interposta pessoa, a relação jurídica com a parte dissimulada não se extrai daquela estabelecida entre as partes do negócio simulado (diríamos: do "negócio aparente"). Mais gritante ainda é o caso da simulação do tipo negocial: "Como poder-se-ia sustentar que uma compra e venda contém a causa de uma locação?" – indaga o autor, em tom provocador.[30] Em face de tais ponderações, o autor defende que o negócio dissimulado não precisa estar contido no negócio simulado (diríamos: no "negócio aparente"), sendo possível investigá-lo em outro setor do comportamento das partes.

Seguindo tendência parecida, Carresi nega que exista entre o negócio simulado (diríamos: o "negócio aparente") e o negócio dissimulado uma necessária coincidência entre aspectos substanciais, de modo que o último pode ser deduzido do outro. Nada impede, por exemplo, que um contrato de compra e venda seja dissimulado sob a aparência de um contrato de locação, sendo certo que entre tais negócios jurídicos não há qualquer nexo de continuidade psicológica. A contradeclaração há de servir como fonte dos elementos necessários à reconstrução do negócio dissimulado precisamente porque a efetiva intenção das partes seria em vão pesquisada na aparência enganadora produzida pela simulação. E, uma vez que o negócio simulado é concebido como produto do empre-

29. F. Marani, *La Simulazione negli Atti Unilaterali*, cit., pp. 52 e ss.
30. A. Auricchio, *La Simulazione nel Negozio Giuridico – Premesse Generali*, cit., p. 169.

A VALIDADE DO NEGÓCIO DISSIMULADO 269

go de uma linguagem convencional ou alusiva, não há razões para se acreditar que entre a aparência e a realidade deve existir uma necessária vinculação substancial.[31]

A solução do dilema doutrinário assim delineado, segundo nos parece, deve ter como ponto de partida a constatação de que não é a dissimulação que se adiciona à simulação, como um elemento adjeto, mas bem o contrário. O negócio torna-se dissimulado porque passa a ostentar uma aparência que não é a sua; as partes primeiro deliberam os termos sob os quais querem vincular-se para, em momento logicamente ulterior, decidirem modificar, mediante a criação da ilusão negocial, o aspecto externo da relação jurídica. Como dissemos poucas linhas acima, o negócio torna-se dissimulado à medida que é envolto pela ilusão negocial, isto é, à medida que se torna (também) simulado (isto é, produtor da ilusão negocial). Fica, assim, evidente o descabimento da busca da totalidade dos elementos do negócio dissimulado no "negócio aparente" (pretensão que decorreria de uma inversão lógica indefensável).

Os particulares podem convencionar a celebração do contrato de locação bem como a manutenção de seus desdobramentos executivos (principalmente o pagamento dos alugueres) em segredo. Adicionalmente, podem pactuar que a esse contrato devem atribuir a aparência de um contrato de compra e venda, mediante a criação de índices de significação que remetem à validade deste último. Neste estado de coisas, a compra e venda aparente teria em comum com a locação dissimulada apenas a assunção da obrigação de transferir a posse do bem. Todos os demais índices, ostensivos ou ocultos, seriam evidências ou bem da criação da ilusão negocial, ou então do estabelecimento da relação jurídica dissimulada.

O negócio simulado, por conseguinte, em sua dimensão socialmente recognoscível (o "negócio aparente"), não contém, nem precisa conter, a materialidade da relação jurídica dissimulada, sendo certo que a extraversão pode envolver – e normalmente envolverá – a consideração de um conjunto de índices de significação ocultos positivos, não coincidentes com a ilusão negocial. Assim, os requisitos de substância a que faz referência a parte final do *caput* do art. 167 não devem ser investigados apenas no "negócio aparente", mas também no negócio dissimulado, isto é, na parcela oculta do comportamento total dos simuladores.

31. F. Carresi, "Apparenza e realtà del contratto", *Rivista Trimestrale di Diritto e Procedura Civile*, 1963, Milão, pp. 494 e ss.

270 A SIMULAÇÃO NO DIREITO CIVIL

De todo modo, se o conteúdo dissimulado, investigado na parcela não revelada do comportamento negocial, apresentar traços de ilegalidade ou ilicitude, a extraversão não deverá concretizar-se.

Aspecto interessante a ser enfrentado neste contexto refere-se à possibilidade de se ultimar a extraversão do *negócio dissimulado anulável*. É evidente que o negócio dissimulado nulo não pode subsistir, pois, se tal efeito decorresse do art. 167, os simuladores receberiam um prêmio por terem empreendido a ilusão negocial (isto é, a não aplicação da nulidade). A hipótese da anulabilidade, por outra senda, apresenta peculiaridades. Deveras, o negócio anulável é válido, até que seja anulado; pode, demais disso, ser confirmado pelas partes; e, por fim, convalesce com o passar do tempo. Em vista disto, deveria o juiz interromper a extraversão diante da constatação de uma causa de anulabilidade?

A resposta, em termos genéricos, é negativa. O *caput* do art. 167 determina que a extraversão depende do atendimento pelo negócio dissimulado dos seus requisitos de validade. A anulabilidade, quando presente, não é sintoma da exclusão do negócio jurídico do plano da validade, mas da possibilidade de que isto venha a ocorrer. Tanto assim que a anulação produz efeitos tão somente a partir do momento em que se torna definitiva (*ex nunc*). O negócio dissimulado, posto que viciado, é válido, muito embora possa deixar de sê-lo.

Tal entendimento não implica, porém, que automaticamente a extraversão equivalha à confirmação do negócio dissimulado anulável. Em primeiro lugar, deve-se considerar que a anulabilidade pode dizer respeito a interesses de terceiros que não participarão necessariamente do processo em que se discute a nulidade do negócio simulado e a extraversão do negócio dissimulado. Além disso, ainda que os interessados na anulabilidade sejam partes do processo, excluir a possibilidade de que eles possam alegar a anulabilidade posteriormente equivaleria a criar uma hipótese de preclusão não prevista em lei ou, então, a ampliar o alcance da coisa julgada de maneira injustificada. Por conseguinte, parece-nos certo que, embora a anulabilidade não impeça a extraversão, ela pode ser alegada posteriormente, em ação autônoma, observado o prazo de decadência aplicável (v., a propósito, o *tópico 11.6*).

12.4 Os requisitos de forma

Assentada a unidade entre o negócio simulado e o negócio dissimulado, surge a interessante questão acerca da possibilidade de extraverter o negócio dissimulado para cuja validade a lei impõe forma especial.

A VALIDADE DO NEGÓCIO DISSIMULADO 271

Neste particular, cabe indagar se os requisitos de forma mencionados na parte final do *caput* do art. 167 devem ser atendidos pelo próprio negócio dissimulado (teoria da forma da declaração[32]) ou se é suficiente, para que a extraversão se torne possível, que eles sejam cumpridos pelo "negócio aparente"[33] (teoria da forma do negócio[34]).

Vale esclarecer, em linha de partida, que a forma a que ora nos referimos é a *externa*.[35] Com efeito, conforme assinalamos anteriormente (*tópico 10.1*), os negócios jurídicos submetidos a exigência de forma interna sequer podem ser simulados.

Em Portugal o debate anterior ao Código Civil de 1966 polarizava-se com as opiniões de Beleza dos Santos e Domingues de Andrade. Para o primeiro a forma do negócio dissimulado deveria, ela própria, atender às respetivas exigências dispostas em lei.[36] Em contrapartida, o segundo defendia a possibilidade de a forma aparente, da qual se reveste o negócio simulado, ser aproveitada para conferir validade ao negócio dissimulado informal.[37]

O Supremo Tribunal de Justiça de Portugal, por meio do Assento de 23.7.1952, consagrou a doutrina restritiva de Beleza dos Santos: "Anulados os contratos de compra e venda de bens imóveis e de cessão onerosa de créditos hipotecários, que dissimulavam doações, não podem estas considerar-se válidas".[38]

Nos trabalhos preparatórios do Código Civil português o Projeto de Rui de Alarcão seguiu a tese de Domingues de Andrade e propôs a seguinte redação: "Sendo o negócio dissimulado de natureza formal, a sua validade supõe, na falta de uma contradeclaração com a forma legalmente requerida para o negócio, que as razões do seu formalismo se mostrem satisfeitas com a observância das formalidades revestidas pelo

---

32. Cf. A. B. Menezes Cordeiro, *Da Simulação no Direito Civil*, Coimbra, Livraria Almedina, 2014, pp. 111-114.

33. V., a respeito da distinção entre negócio simulado e "negócio aparente", o *tópico 4.2*.

34. Cf. A. B. Menezes Cordeiro, *Da Simulação no Direito Civil*, cit., pp. 114-116.

35. P. Pais de Vasconcelos, *Teoria Geral do Direito Civil*, 6ª ed., Coimbra, Livraria Almedina, 2010, pp. 691-692.

36. J. Beleza dos Santos, *A Simulação em Direito Civil* (1955), 2ª ed., São Paulo, Lejus, 1999, pp. 273 e ss.

37. M. A. Domingues de Andrade, *Teoria Geral da Relação Jurídica*, vol. II, Coimbra, Livraria Almedina, 2003 (reimpr.), pp. 192-194.

38. P. Pais de Vasconcelos, *Teoria Geral do Direito Civil*, cit., 6ª ed., p. 686.

272 A SIMULAÇÃO NO DIREITO CIVIL

negócio simulado". No final das contas, todavia, o Código Civil português adotou uma fórmula ambígua, que não pôs fim aos debates sobre o tema. No n. 2 do art. 241º ficou a constar que: "Se, porém, o negócio dissimulado for de natureza formal, só é válido se tiver sido observada a forma exigida por lei".[39]

Nesse cenário, Mota Pinto concebe o negócio dissimulado como um *negócio latente*,[40] o qual há de se revestir de forma própria, se a lei assim o requer. Segundo o autor há um argumento racional em favor da tese mais restritiva: os preceitos sobre a forma visam a finalidades específicas, sendo duvidoso que estas sejam atendidas com a simples observância das solenidades do negócio simulado (diríamos: do "negócio aparente"). Em razão disso, no caso de negócios dissimulados formais, se não são instrumentalizados em separado e de acordo com as exigências legais aplicáveis, deve-se reputá-los nulos por vício de forma.[41]

Hörster salienta, neste mister, que o preceito *falsa demonstratio non nocet* não pode ser utilizado como ferramenta técnica para integrar a forma do negócio simulado (diríamos: do "negócio aparente") com o conteúdo do negócio dissimulado. Para o autor a figura da *falsa demonstratio* tem lugar no plano da interpretação, sobretudo no contexto em que a obscuridade da declaração negocial não é capaz de acarretar o dissenso entre os contraentes. "A *falsa demonstratio* tem a ver com a eventual dificuldade das partes em exprimir-se bem; no negócio dissimulado, porém, as partes sabem exprimir-se muito bem, tão bem que até simulam para enganar terceiros (...)".[42] A avaliação acerca da validade ou invalidade do negócio dissimulado sujeito a forma especial tem que ver com a compatibilidade da declaração negocial, assim como consta do instrumento, com a forma de que, segundo a lei, ela deve se revestir. "É este o resultado da avaliação da declaração negocial, feita de acordo com os interesses públicos, legitimadores da forma legal. Não está em causa a satisfação da vontade real das partes, mas sim a vontade da lei em ver respeitadas as suas normas imperativas".[43]

---

39. Idem, pp. 686-687.
40. C. A. Mota Pinto, *Teoria Geral do Direito Civil*, 4ª ed., atualizada por A. Pinto Monteiro e P. Mota Pinto, Coimbra, 2005, pp. 473-474.
41. Idem, pp. 474-476. No mesmo sentido: F. Galgano, *Il Negozio Giuridico*, 2ª ed., Milão, Giuffrè, 2002, pp. 371-372.
42. H. E. Hörster, *A Parte Geral do Código Civil Português – Teoria Geral do Direito Civil*, Coimbra, Livraria Almedina, 1992, p. 546. V. também: L. A. Carvalho Fernandes, *Estudos sobre a Simulação*, Lisboa, Quid Juris, 2004, pp. 36-38.
43. H. E. Hörster, *A Parte Geral do Código Civil Português – Teoria Geral do Direito Civil*, cit., pp. 546-747.

A VALIDADE DO NEGÓCIO DISSIMULADO 273

Seguindo direção oposta, Pais de Vasconcelos defende que o negócio dissimulado pode preservar-se válido, ainda que não tenha sido celebrado em conformidade com os respectivos requisitos de forma. O autor aduz que a exigência legal de forma para os negócios jurídicos, sob cominação de nulidade (forma *ad substantiam*), não é arbitrária, pois responde a uma específica intencionalidade. A forma legal destina-se a assegurar a ponderação das partes, a titularidade do ato e a respectiva publicidade. No caso da simulação relativa a ponderação das partes e a titularidade do ato são asseguradas pelo respeito à forma do negócio simulado (diríamos: do "negócio aparente"). Apenas as necessidades de cognoscibilidade do ato por terceiros restam frustradas. Mas os simuladores pretendem isto mesmo: enganar o público.[44] Agora, a partir do momento em que a simulação é descoberta e judicialmente declarada, até esta última finalidade da forma legal passa ser atendida, razão pela qual nada obsta à integração entre a forma aparente e o conteúdo oculto.

Ora, em vista de tão discrepantes opiniões, *quid juris* à luz do art. 167? Dentre nós, a mais relevante opinião sobre a matéria é a de Pontes de Miranda, que defende a impossibilidade da extraversão do negócio dissimulado sujeito a exigência de forma especial. Para o autor é possível provar-se a simulação por qualquer meio, mas não se admite a prova por instrumento particular do negócio dissimulado que se devesse formalizar por escritura pública.[45]

É importante salientar, entretanto, que esta opinião de Pontes de Miranda foi concebida à luz do Código Civil de 1916, o qual sujeitava o negócio simulado ao regime da anulabilidade. Em tal contexto o autor tinha boas razões para descartar a contemporaneidade entre o negócio simulado e o negócio dissimulado, pois enquanto não ocorresse a extraversão somente o negócio simulado existiria; tanto assim que, se viesse a se tornar impossível a anulação deste, em razão da decadência, por exemplo, o negócio dissimulado jamais assumiria qualquer relevância jurídica. Por conta disso, a extraversão implicaria uma espécie de *substituição* do negócio simulado (que, sendo anulado, cederia lugar ao negócio dissimulado), razão pela qual afigurava-se plausível a exigência de que o negócio dissimulado, para extraverter-se, atendesse autonomamente aos respectivos requisitos formais.

A nulidade cominada no art. 167, porém, altera o cenário em consideração do qual a questão deve ser analisada. O direito positivo, ade-

---

44. P. Pais de Vasconcelos, *Teoria Geral do Direito Civil*, cit., 6ª ed., p. 689.
45. F. C. Pontes de Miranda, *Tratado de Direito Privado*, cit., t. 4, pp. 532-533.

274 A SIMULAÇÃO NO DIREITO CIVIL

mais, não faz referência a uma substituição, mas à subsistência, ou seja, à continuidade ou manutenção de algo que já existia.

Neste estado de coisas, duas razões de ordem lógica nos induzem a concluir que a forma do "negócio aparente" pode aproveitar à validade do negócio dissimulado (ou seja, não é necessário, ao sucesso da extraversão, que o negócio dissimulado seja originariamente celebrado em conformidade com os respectivos requisitos de forma especial):

> *(i)* se o negócio dissimulado tivesse de se revestir da forma pública, quando a lei assim exigisse, ele já não seria dissimulado, pois a dissimulação é avessa à publicidade; e

> *(ii)* se os negócios formais não pudessem ser dissimulados (porque deveriam tornar-se públicos), então, não haveria sentido algum na exigência de observância de requisitos de forma para que se processasse a extraversão.

Com efeito, a forma adotada no negócio jurídico, tal como os simuladores lhe dão aparência, jamais pode revelar a totalidade do negócio dissimulado. Tal exteriorização é incompatível com a simulação.[46] Do contrário não apenas cairia por terra a concepção unitária da simulação relativa como, ademais, se mostraria inviável a dissimulação dos negócios formais, que se revestem de forma especial para que se garanta, dentre outras coisas, sua publicidade. O texto legal, contudo, não dá a entender que os negócios formais não podem ser dissimulados; pelo contrário, tanto admite esta possibilidade, que disciplina o trâmite da extraversão relativamente aos requisitos de forma.

A bem se ver, se a dissimulação do negócio formal não fosse possível, careceria de todo sentido a alusão na parte final do *caput* do art. 167 aos requisitos de forma. O simples fato de a norma se referir aos requisitos de forma do negócio dissimulado indica que o pressuposto desta é a possibilidade de se dissimular negócios formais. Demais disso, sendo certo que a publicização do negócio jurídico exclui a ilusão negocial, uma leitura coerente da norma revela que ela não exclui que o negócio dissimulado possa se revestir de outras formas, tais como a declaração oral, o instrumento particular (contradeclaração) ou até mesmo o comportamento concludente, e ainda assim atender ao requisito de forma a que estivesse sujeito. Mas como seria isto possível? Como poderia um negócio dissimulado, formalizado por escritura particular, por exemplo, atender a um requisito de forma especial se a escritura

---

46. Idem, ibidem.

A VALIDADE DO NEGÓCIO DISSIMULADO 275

pública, por hipótese, contemplasse em seu conteúdo apenas o "negócio aparente"?

Ora, aquele negócio dissimulado, que não é contemplado pela escritura pública – pois, se o fosse, não seria dissimulado –, deve de algum modo ser integrado à forma do "negócio aparente", pois é disto que depende sua subsistência. À norma, pois, interpretada de modo a manter sua lógica interna, somente pode ser atribuído, no que tange à temática ora discutida, um sentido: é possível que o negócio dissimulado venha a se aproveitar da forma do "negócio aparente", uma vez que se processe a extraversão. O art. 167, portanto, ao ressalvar a validade do negócio dissimulado, autoriza que o negócio oculto reencarne na forma utilizada na criação da aparência.[47]

Com a extraversão, veiculada por meio da competente decisão judicial, dá-se a *integração* entre o conteúdo dissimulado e a forma simuladora. Os elementos do contrato dissimulado que não estejam cobertos pela forma do "negócio aparente" tornam-se expressos na sentença que declara a simulação, cuja certidão deve poder ser averbada para fins de retificação do registro do ato.[48] *A extraversão supre o vácuo entre o "negócio aparente" e o negócio dissimulado, decorrente da declaração judicial da simulação, afigurando-se, por conseguinte, como um fato jurídico suplementar desta declaração, capaz de imputar o conteúdo dissimulado à forma simuladora.*[49]

Vale adicionar, ainda, que, segundo a lógica consagrada pela norma, a extraversão tem ainda o condão da sanar a nulidade formal do negócio dissimulado – que não atendida originariamente aos respectivos

47. Tese semelhante foi defendida por F. Carresi, "Apparenza e realtà del contratto", cit., *Rivista Trimestrale di Diritto e Procedura Civile*, 1963, p. 494.

48. P. Pais de Vasconcelos, *Teoria Geral do Direito Civil*, cit., 6ª ed., p. 691. A propósito, vale conferir também as lições de Sílvio de Salvo Venosa (*Direito Civil*, 12ª ed., vol. I, "Parte Geral", São Paulo, Atlas, 2012, p. 523): "Voltemos à situação na qual a mulher objetiva anular aquisição de imóvel feita pelo marido, por meio de amigo íntimo, ou testa de ferro. Qual foi a finalidade real do negócio? Fazer com que o objeto da aquisição não ingressasse na comunhão de bens e, portanto, não houvesse a comunicação ao patrimônio da mulher. Ao julgar procedente a ação simulatória, o juiz deve extaverter o ato, isto é, determinar que o negócio efetivamente desejado, ou seja, a compra em nome do marido, tenha plena eficácia. Deverá, então, o julgador determinar que se proceda às devidas anotações no registro de imóveis para que a aquisição conste em nome do verdadeiro adquirente e não mais em nome do 'testa de ferro' (...)".

49. À mesma conclusão, mas por fundamentos diferentes, chega, em Portugal, A. B. Menezes Cordeiro, *Da Simulação no Direito Civil*, cit., p. 129.

276 A SIMULAÇÃO NO DIREITO CIVIL

requisitos de forma – de maneira *retroativa*. Tal efeito não deve causar espécie a quem se sensibilize com o preceito segundo o qual as nulidades em geral são insanáveis. É que a nulidade do negócio dissimulado é *iminente*, isto é, apenas *potencial*, pois a norma não admite solução de continuidade na transição entre a simulação e a extraversão; o negócio dissimulado "subsiste", ou seja, sobrevive à extraversão com a mesma feição que, "presumivelmente", sempre tivera, desde a sua celebração. Isto permite aferir que a condição de nulidade em que se encontra o negócio dissimulado antes da extraversão é normativamente valorada como diversa das nulidades em geral; a lei, ao ressalvar a "subsistência", compromete-se, não exatamente com uma presunção, mas com a *ficção* de que o negócio dissimulado permanecerá válido, após a extraversão, como se o fora desde sempre. É tal ficção, adotada como pressuposto da dinâmica normativa da extraversão, que autoriza a cogitar-se de uma nulidade iminente, meramente potencial, logo, passível de saneamento. Ela possui estes atributos porque é pessuposta, pela norma, como um *devir*, isto é, um estado de coisas jurídico que não se *estabiliza* enquanto não deflagrada a extraversão.

Nessa ordem de ideias, não chegamos a afirmar, como fez Pontes de Miranda, que, antes da extraversão, o negócio dissimulado limita-se a um *estado de fato*, algo como um *negócio virtual*, pois, conforme demonstramos, ele nasce juntamente com o negócio simulado, ainda que seja predestinado a resistir à queda deste. O negócio dissimulado é verdadeiramente um negócio jurídico, que a princípio não se desvencilha do negócio simulado (que o absorve visceralmente), mas que se torna deste distinto por ocasião da extraversão; enquanto esta não se concretiza, se ele é formal, permanece iminentemente nulo, posto que eficaz entre as partes. A nulidade potencial é, porém, removida desde a origem pela extraversão, que saneia a validade do negócio dissimulado *ex tunc*.

Registre-se, por fim, que esta formulação também se compatibiliza com o princípio da *conservação do negócio jurídico*.[50] O que se dissimulou subsiste se a extraversão se mostrar viável, isto é, se, integrado o conteúdo dissimulado à forma simuladora, esta satisfizer as exigências formais legalmente previstas à validade do regulamento de interesses remanescente após a extirpação do intento simulatório. Os requisitos de validade relativos à forma, portanto, devem ser verificados no próprio

---

50. P. Pais de Vasconcelos, *Teoria Geral do Direito Civil*, cit., 6ª ed., p. 691. Cf., ademais, o acórdão da 6ª Câmara Cível do Tribunal de Justiça do Distrito Federal e dos Territórios relativo à Ap. 0021863-32.2013.8.19.0008 (rela. Desa. Teresa de Andrade, j. 2.12.2015).

A VALIDADE DO NEGÓCIO DISSIMULADO 277

"negócio aparente", posto que em confronto com a norma aplicável ao negócio dissimulado, sem que seja necessária a produção de um suporte fático independente para o negócio dissimulado.

12.5 Exame de caso: extraversão de doação de imóvel dissimulada

Uma eficaz ilustração das noções que abordamos nos tópicos anteriores pode ser obtida mediante a análise do acórdão proferido pela 4ª Turma do STJ quando da apreciação do REsp 1.102.938-SP (rel. Min. Raul Araújo, DJe 24.3.2015), cuja ementa, transcrita em excerto, é a seguinte:

> Recurso especial – Ação condenatória e declaratória de nulidade de negócio jurídico simulado, cumulada com pedido de reintegração de posse – Cessão de direitos sobre bem imóvel celebrada entre a ré e a ex-cônjuge do autor, a fim de dissimular doação – Sentença de parcial procedência, na qual se declarou a nulidade parcial do negócio jurídico – Decisum mantido pela Corte de origem – Inteligência do disposto no art. 167, caput, do Código Civil – Distinção entre simulação absoluta e relativa – Negócio jurídico dissimulado (doação) válido na parte que não excedeu à parcela disponível do patrimônio da doadora/ofertante (art. 549 do Código Civil), considerada a substância do ato e a forma prescrita em lei – Recurso especial não provido.
>
> Pretensão voltada à declaração de nulidade absoluta de negócio jurídico, consistente em cessão de direitos sobre bem imóvel, a fim de ocultar doação – Instâncias ordinárias que reconheceram a existência de simulação, declarando, no entanto, a nulidade parcial da avença, reputando parcialmente válido o negócio jurídico dissimulado (doação), isto é, na fração que não excedia à legítima. (...).
>
> 3. O negócio jurídico simulado pode ter sido realizado para não produzir qualquer efeito, isto é, a declaração de vontade emitida não se destina a resultado algum; nessa hipótese, visualiza-se a simulação absoluta. Diversamente, quando o negócio tem por escopo encobrir outro de natureza diversa, destinando-se apenas a ocultar a vontade real dos contraentes e, por conseguinte, a avença de fato almejada, há simulação relativa, também denominada de dissimulação.
>
> 3.1 De acordo com a sistemática adotada pelo novo CC, notadamente no art. 167, em se tratando de simulação relativa – quando o negócio jurídico pactuado tem por objetivo encobrir outro de natureza diversa –, subsistirá aquele dissimulado se, em substância e forma, for válido.
>
> 3.2 No caso em tela, o magistrado singular, bem como a Corte de origem, ao entender preenchidos os requisitos de validade – forma e substância – em relação ao negócio dissimulado (doação), ainda que em parte,

278 A SIMULAÇÃO NO DIREITO CIVIL

declarou a nulidade parcial do negócio jurídico celebrado entre a ré e a ex-cônjuge do autor.

3.3 O negócio jurídico dissimulado apenas representou ofensa à lei e prejuízo a terceiro (no caso, o recorrente) na parte em que excedeu o que a doadora, única detentora dos direitos sobre o bem imóvel objeto do negócio, poderia dispor (doação inoficiosa).

4. Recurso especial conhecido em parte e, na extensão, não provido.

Para melhor compreensão deste precedente vale a pena sumarizar os fatos que ele envolve, conforme se pode extrair do relatório do acórdão. Tais fatos são os seguintes:

(i) M. A. L. (autor) fora casado com D. K., união da qual resultou um filho, tendo-se dissolvido o vínculo matrimonial no ano de 2004 (ano do divórcio), quando foi pactuado que um apartamento ficaria, integralmente, com D. K. (cônjuge virago).

(ii) Em 1.6.2005, D. K., por meio de uma escritura pública, alienou o imóvel à sua irmã (ré), pela quantia de R$ 85.000,00 – negócio jurídico que o autor pretendia fosse reputado nulo.

(iii) Segundo M. A. L., a alienação do imóvel teria sido simulada, pois "a ré jamais pagou o preço declarado na escritura pela cessão dos direitos sobre o imóvel. Aliás, sequer teria condições de fazê-lo (...)".

(iv) Em 30.6.2005 D. K. teria cometido o homicídio do filho do casal, e, posteriormente, ter-se-ia suicidado; a criança faleceu posteriormente a D. K., motivo pelo qual o autor, na condição de seu herdeiro, teria interesse em ver declarada a nulidade da alienação simulada do imóvel.

(v) Em contestação, a ré alegou a ilegitimidade ativa do autor e a inexistência de simulação; defendeu ainda, *ad argumentandum tantum*, que, caso fosse declarada a nulidade da alienação do imóvel, ao menos deveria subsistir a doação dissimulada, porquanto teria sido inocente a suposta simulação. E:

(vi) O magistrado singular julgou parcialmente procedentes os pedidos deduzidos pelo autor, declarando a nulidade parcial da doação de imóvel, vale dizer, dos 50% que excederam a parte disponível do patrimônio de D. K. (doação inoficiosa), o que fez com fulcro nos arts. 167, *caput*, e 549; em segunda instância os termos da sentença foram ratificados.

Ao apreciar o recurso do autor, o STJ acolheu a nulidade da alienação do apartamento declarada pelas instâncias inferiores, bem como confirmou a subsistência de 50% da doação efetuada. Adentrando o exame do mérito, o voto-condutor do acórdão não tratou da configuração genérica da simulação, passando diretamente ao enfrentamento das questões associadas à disciplina da simulação relativa. Inicialmente

A VALIDADE DO NEGÓCIO DISSIMULADO 279

enfrentou a alegação do autor de que a conservação de 50% da doação dissimulada configuraria julgamento *extra petita* (pois o pedido do autor era o de que o negócio simulado fosse declarado integralmente nulo, e a apreciação da subsistência de 50% da doação – negócio dissimulado – alcançaria matéria estranha à lide), reproduzindo, para tanto, um trecho do acórdão do tribunal de origem, que, pelo teor elucidativo, também trazemos à colação:

A questão fulcral foi corretamente observada nos fundamentos da r. sentença recorrida. Basta a leitura do pedido deduzido na inicial para bem se perceber que com a tutela reclamada objetivava o autor a declaração da anulação da compra e venda de imóvel, realizada por sua ex-mulher, em favor da irmã, sob a alegação de negócio jurídico simulado.

A douta Magistrada *a quo*, com inteiro acerto, reconhecendo negócio jurídico simulado (compra e venda que, na verdade, mascarou doação inoficiosa), houve por bem declarar a nulidade de 50% da simulação de alienação do imóvel descrito na exordial, entendimento que ora se ratifica.

Evidente – até porque a própria ré e também apelante confessa que não possuía condições de pagar o valor de R$ 85.000,00 (declinado como preço da venda do bem) – que compra e venda não houve, mas sim doação simulada, o que leva à nulidade, nos termos do art. 167 do CC. (...).

Não há que declarar, no entanto, a nulidade de todo o negócio (como pretende o autor/apelante), já que, como será analisado adiante, a mesma só atingirá a porção excedente.

A questão de direito é de simples solução. O art. 549 do atual CC (redação idêntica à do art. 1.176 do Código Civil de 1916) considera nula a doação feita quanto à parte que exceder a de que o doador, no momento da liberalidade, poderia dispor.

(...).

A par da regra acima mencionada, a do art. 1.789 do mesmo diploma legal (antigo art. 1.576 do Código de 1916) dispõe que o testador somente pode dispor da metade da herança caso tenha herdeiros necessários, sendo clara a infringência por parte da ex-mulher do autor ao simular doação da totalidade de um imóvel em favor da irmã (ré/apelante), em flagrante ofensa à legítima. Trata-se, portanto, de doação inoficiosa, e, portanto, nula no que se refere à metade excedente (como corretamente observado na r. sentença). (...). [*grifos nossos*]

Prosseguindo, o voto-condutor do acórdão estatui:

Nesse ponto, afasta-se o argumento deduzido pelo recorrente, no sentido de que não poderia ter sido declarada a nulidade parcial do negócio jurídico, tendo em vista que a pretensão por ele veiculada visava exclusivamente à declaração de nulidade absoluta. Isso porque, conquanto inexis-

280 A SIMULAÇÃO NO DIREITO CIVIL

tente pedido específico, ainda que subsidiário, de declaração de nulidade parcial, este está contido no âmbito da nulidade total. Ainda, as conclusões esboçadas pelas instâncias ordinárias foram pautadas pelos fatos alegados pelo próprio autor da ação, veiculados como causa de pedir.

Neste particular, é importante destacar o acerto da decisão do STJ. Como demonstramos (*tópico 12.1*), o negócio simulado não é distinto do negócio dissimulado; na realidade, o negócio simulado é uma relação jurídica complexa o bastante para conter o negócio dissimulado, o acordo simulatório, e, criando a ilusão negocial, suscitar a crença do público na existência do "negócio aparente". Metaforicamente, diríamos que o negócio simulado é como um *iceberg* cuja ponta, visível, consiste nos índices de significação associados ao "negócio aparente", e o restante de sua estrutura, oculto, corresponde ao negócio dissimulado e ao acordo simulatório. Por conseguinte, seria incorreto vincular a nulidade do negócio simulado e a subsistência (ainda que parcial) do negócio dissimulado a dois juízos (e a dois pedidos) autônomos. É verdade que o negócio dissimulado somente subsiste se válido for em substância e em forma, mas o exame concernente à extraversão não deixa de integrar o juízo sobre a nulidade do negócio simulado, considerado em toda a sua composição.

Não se trata, pois, a extraversão de um pedido diferente daquele voltado à declaração de nulidade do negócio simulado. Na falta de menção explícita a ela, não haveria, pois, julgamento *extra petita* ou cognição *ex officio* do juiz, não prevista em lei. A extraversão é, por assim dizer, um elemento negativo do juízo sobre a nulidade, pois este, ao se referir ao negócio simulado, abrange também, naturalmente, o negócio dissimulado. Determinar a preservação do negócio dissimulado, portanto, é uma maneira de negar parcialmente o pedido direcionado à declaração de nulidade do negócio simulado (repita-se: considerado em toda a sua composição). Por outras palavras: o negócio simulado, quando ocorre a extraversão, é sempre parcialmente nulo.

O fato, todavia, de o voto-condutor do acórdão acertar ao tratar da íntima relação entre a nulidade e a extraversão não o previne de, aparentemente, incorrer em contradição ao descrever a interação que se estabelece entre negócio simulado e negócio dissimulado. Veja-se:

> Na simulação relativa, portanto, existem dois negócios: o verdadeiro, dissimulado, destinado a valer entre as partes; e um outro: aparente, simulado, destinado à percepção dos terceiros. O primeiro traduz a vontade real das partes, destoando da vontade declarada no negócio jurídico, entabulado por meio de um acordo simulatório.

A VALIDADE DO NEGÓCIO DISSIMULADO 281

Ora, como pode o voto-condutor do acórdão segregar de tal maneira o negócio simulado do negócio dissimulado após ter, com precisão, reconhecido que o juízo positivo sobre a extraversão equivale a tornar parcial a nulidade do negócio simulado? De fato, como evidenciamos acima (*tópico 12.1*), há unidade entre o negócio simulado e o negócio dissimulado, embora para fins descritivos seja possível tratar separadamente de um e de outro. Consideremos, então, que esta tenha sido a intenção do voto-condutor do acórdão ao estabelecer a oposição entre negócio simulado e negócio dissimulado: separar para fins didáticos o negócio simulado e o negócio dissimulado, para melhor descrevê-los, mas sem se comprometer com a fixação de uma desconexão estrutural entre ambos.

Seguindo adiante, o voto-condutor do aresto destaca que, conforme decidido nas instâncias anteriores, a alienação do imóvel por D. K. teria sido relativamente simulada, restando dissimulada a doação. Assevera, ademais, que, nos termos do art. 167, *caput*, do CC, o negócio dissimulado deve prevalecer, se válido na forma e na substância; pelo quê passa a examinar o cumprimento destes requisitos pela doação dissimulada celebrada entre D. K. e a ré.

No que tange à substância do negócio dissimulado, vale conferir o trecho seguinte do voto condutor do acórdão:

(...).

No que concerne à substância do ato, não merece acolhida o argumento deduzido pelo autor/recorrente de que "só seria válida a doação se declarado na escritura pública o *animus donandi*", porquanto tal conduta seria incompatível com o próprio instituto da simulação. *Ora, se esta consiste justamente na declaração deliberadamente desconforme com a intenção, por óbvio que a vontade real será* [no caso, o aludido *animus donandi*] *omitida quando da formalização do negócio jurídico.*

Caso se entendesse em sentido diverso, a norma extraída da parte final do "caput" do art. 167 do CC seria inócua, pois nos negócios jurídicos simulados a declaração da real vontade dos contratantes jamais constará dos respectivos instrumentos; e é justamente essa a característica fundamental do instituto da simulação.

O mesmo argumento pode ser utilizado para afastar a tese de que, por ter constado da escritura pública o preço, sendo a doação caracterizada pela graciosidade e liberalidade, esta não poderia ter sido considerada válida, ainda que parcialmente.

(...). [*grifos nossos*]

Este trecho do voto condutor do acórdão é realmente precioso. Aqui, assevera-se que o conteúdo do negócio dissimulado não precisa

282 A SIMULAÇÃO NO DIREITO CIVIL

estar contido no conteúdo do negócio dissimulado, podendo ser investigado em outros materiais interpretativos, atinentes ao comportamento negocial das partes (como aduzimos no *tópico 12.3*). Ademais, com acerto, reconhece-se que a previsão de um preço na escritura pública que formaliza a compra e venda aparente não é capaz de acarretar a nulidade da doação. Nem poderia ser diferente, pois, deveras, o conteúdo do "negócio aparente", uma vez processada a extraversão, perde todo o relevo. A extraversão, como vimos (*tópico 12.2*), resgata a relação jurídica dissimulada do âmago do negócio simulado, e a salva da nulidade resultante da simulação. Ela levanta o véu da ilusão negocial, revela ao público a natureza da operação global posta em prática pelas partes; o intento simulatório, declarado nulo, é eliminado do negócio jurídico, e a extraversão combina a interpretação corretiva e a requalificação com a exclusão de parcela do regulamento de interesses (referente à *causa simulandi* em sentido estrito), analogamente ao que se dá no caso de nulidade parcial.

Do ponto de vista substancial, porém, como assinalamos (*tópico 12.3*), somente pode perseverar o negócio dissimulado que não esteja em desacordo com o ordenamento jurídico. No caso da doação dissimulada, celebrada entre D. K. e a ré, ela se mostrou inoficiosa (em desacordo com o art. 549), e, por conta disso, não subsistiu integralmente. Assevera, a propósito, o voto condutor do acórdão:

> No entanto, a aludida doação não pode ser considerada válida em sua totalidade, pois, no caso em tela, consoante fixado pelas instâncias ordinárias, tratava-se do único imóvel pertencente à ex-cônjuge ofertante, que possuía um descendente, seu filho e herdeiro necessário, nos termos do art. 1.845 do CC, a saber: "São herdeiros necessários os descendentes, os ascendentes e o cônjuge".

> *Partindo-se desse pressuposto, infere-se que a doação realizada não poderia ter recaído sobre a totalidade do bem – patrimônio da doadora –, porquanto em prejuízo à legítima, consubstanciando-se em doação inoficiosa. (...).*

> Com efeito, de acordo com os elementos delineados pelas instâncias ordinárias, o negócio jurídico dissimulado, no caso, a doação, é parcialmente válido, isto é, na fração em que não excedeu a parte disponível, nos termos do art. 549 do CC.

> *Isso porque o negócio jurídico dissimulado apenas representou ofensa à lei e prejuízo a terceiro (no caso, o recorrente) na parte em que excedeu o que a doadora, única detentora dos direitos sobre o bem imóvel objeto do negócio, poderia ter disposto por liberalidade.*

A VALIDADE DO NEGÓCIO DISSIMULADO 283

Portanto, afigura-se correto o deslinde dado ao caso pela Corte de origem, sendo insubsistentes as alegadas ofensas à legislação federal. [*grifos nossos*]

Como se vê, o acórdão somente admitiu a extraversão de parte da doação dissimulada, nomeadamente sua parcela que não superava a metade disponível do patrimônio da donatária. Assim, subsistiu o negócio jurídico naquilo que não infringiu a legislação nem causou prejuízo a qualquer terceiro.

Quanto à forma da doação, estatui o voto condutor do aresto:

Quanto à forma, como assevera o próprio recorrente e, também, consoante se depreende do acórdão recorrido e dos autos (fls. 115-121, e-STJ), o negócio jurídico formalizou-se por meio de escritura pública, satisfazendo os pressupostos dos artigos 108 e 541 do Código Civil, que dispõem: (...)

Note-se que, ao se pronunciar nestes termos, o voto condutor do acórdão não está se referindo à forma da doação, mas à da compra e venda. O negócio verbalizado na escritura pública é o "negócio aparente", não o negócio dissimulado. Daí ter o colegiado, na esteira do voto condutor, reconhecido e confirmado que, na extraversão, deve ser suficiente, à validade do negócio dissimulado, que a forma do "negócio aparente" seja a mesma que a lei requer para a validade do primeiro; ou, dizendo de outro modo, que, pela extraversão, o negócio dissimulado pode aproveitar-se da forma do "negócio aparente" (como sustentamos no *tópico 1.24*).

13

OS DIREITOS
DE TERCEIROS DE BOA-FÉ

*13.1 Os pressupostos da proteção aos direitos de terceiros de boa-fé.
13.2 Os direitos assegurados aos terceiros de boa-fé. 13.3 Conflitos
entre terceiros de boa-fé.*

A admissão da simulação como manifestação de autonomia privada
pode ocasionar efeitos colaterais negativos,nomeadamente prejuízos às
posições jurídicas ostentadas por terceiros. Atento a potenciais conflitos
de interesses entre estes e os simuladores, o legislador tratou de estabelecer critérios segundo os quais as tensões intersubjetivas eventualmente
surgidas devem ser apaziguadas.

Elemento fundamental da simulação, como se demonstrou acima, é a ilusão negocial, cuja característica é a capacidade de incutir
em terceiros a crença, fundada na confiança, acerca da efetividade da
relação jurídica estabelecida entre as partes. Com base nesta confiança, podem os terceiros realizar atos jurídicos ulteriores, assim como
considerar terem adquirido certos direitos ou assumido determinadas
obrigações.

Nesse contexto, descoberta a simulação, dois interesses distintos
podem levar os terceiros a se insurgirem contra os simuladores: (i) podem objetivar a declaração de que a nulidade do negócio simulado implique também a insubsistência do "negócio aparente", para que prevaleça
o cenário jurídico dissimulado; ou (ii) podem pretender que, a despeito
da simulação, o "negócio aparente" persista, a fim de que permaneçam
hígidos os direitos que tenham adquirido em razão da sua celebração.
A satisfação do primeiro grupo de interesses depende das regras relativas
à legitimidade dos terceiros para alegar e pleitear a decretação de nulidade do negócio simulado (*tópico 11.3*). O atendimento ao segundo grupo
de interesses depende, por sua vez, da observância dos critérios fixados
no § 2º do art. 167 do CC.

OS DIREITOS DE TERCEIROS DE BOA-FÉ   285

Neste capítulo examinaremos, em princípio, quais são os *pressupostos teóricos* que viabilizam a proteção dos interesses de boa-fé, notadamente quando tais interesses estejam fundados na eficácia do "negócio aparente" (*tópico 13.1*). Como ficará patente, o alicerce da citada proteção é a *teoria da aparência*, com base na qual é possível vislumbrar a conjugação da ilusão negocial com a boa-fé do terceiro enquanto suporte de um fato jurídico autônomo, do qual se irradia a eficácia, perante os terceiros protegidos, do "negócio aparente".

Linhas à frente trataremos dos *direitos assegurados aos terceiros de boa-fé* (*tópico 13.2*). Cumprirá consignar, neste passo, que nem sempre podem os terceiros de boa-fé valer-se da eficácia do "negócio aparente", pois a regra excepcional prevista no § 2º do art. 167 presta-se a prevenir que danos injustos sejam causados, não que novas e ilegítimas vantagens sejam conquistadas.

Por fim, analisaremos a questão afeita aos potenciais *conflitos entre terceiros de boa-fé* (*tópico 13.3*). Constataremos, neste mister, que a lei exclui a possibilidade de um terceiro invocar contra o outro a eficácia do "negócio aparente". A manutenção dos efeitos do "negócio aparente" somente é autorizada quando postulada por um terceiro em face dos simuladores. Entre terceiros com interesses contrapostos, uns querendo a eficácia, outros a ineficácia do "negócio aparente", prevalece a última posição, consentânea com a nulidade do negócio simulado. Sem prejuízo, terceiros lesados sempre poderão pleitear em face dos simuladores a reparação de danos decorrentes da ineficácia do "negócio aparente".

13.1 Os pressupostos da proteção aos direitos de terceiros de boa-fé

Partes do negócio simulado são os sujeitos que o estipulam, isto é, os simuladores. Dentre estes incluem-se as interpostas pessoas, no caso de o negócio simulado vir a ser concluído nos moldes do que preconiza o § 1º, I, do art. 167 do CC.[1]

Terceiros são todos aqueles que não são partes do negócio simulado, ou seja, que não participam como destinatários diretos do regulamento de interesses nele instituído. São espécies relevantes de terceiros: os *credores das partes do negócio simulado*, o *adquirente de bens alienados*

---

1. As partes do negócio simulado devem coincidir com as partes do acordo simulatório, sob pena de não se concretizar o "mecanismo técnico" da simulação (cf. F. Messineo, *Il Contratto in Genere*, t. 2º, Milão, Giuffrè, 1972, p. 447).

286 A SIMULAÇÃO NO DIREITO CIVIL

pela parte do negócio simulado, o *Fisco*, o *cônjuge da parte do negócio simulado*, os *herdeiros* e os *legatários da parte do negócio simulado* etc. Ao contrário de outras legislações (como a italiana), o Código Civil brasileiro não dispensa tratamento específico para casos individuais de terceiros, os quais são aludidos de maneira genérica. A propósito da matéria, o § 2º do art. 167 estabelece que estão a salvo os *direitos* dos *terceiros de boa-fé*.

Uma das justificativas dogmáticas mais comumente apontadas para a necessidade de proteger os direitos de terceiros de boa-fé é a *inoponibilidade da simulação*. Ferrara mostra certo desconforto ao examinar a questão, recorrendo, a princípio, a um arrazoado de ordem política: "Se a lei permite a simulação por parte dos contratantes para não violar a liberdade contratual, esta concessão deve ter, no entanto, um limite e uma medida, na protecção da boa-fé de terceiros e na segurança do comércio. Esta solução impõe-se como uma necessidade política".[2] Apesar de dar a entender que a eficácia do negócio simulado perante terceiros de boa-fé é fruto de uma arbitrária opção legislativa, o autor desenvolve a tese da *inoponibilidade da simulação* com fundamento na *teoria da responsabilidade*.

De acordo com Ferrara, assim como a reserva mental é ineficaz para o contratante que a ignora, também a simulação, reserva comum e consensual de ambos os contraentes, deve ser ineficaz perante terceiros. Os simuladores formam, agrupados, uma unidade diante do público, e emitem uma declaração mentirosa, reservada na sua mente, e até fazem constar de documento uma vontade oposta. Em tal caso deve-se aplicar, por analogia, o princípio da irrelevância da reserva mental. Valendo-se desta construção, Ferrara submete a disciplina externa da simulação ao princípio da responsabilidade, com base no qual se busca assegurar mínima segurança ao tráfico jurídico, na medida em que é atribuído aos simuladores o ônus de suportar os efeitos da relação jurídica tornada nula por sua culpa.

Esta construção teórica seria aprimorada sobretudo a partir da obra de Cariota Ferrara, para quem uma restrição atinente à legitimidade passiva acarreta a *inoponibilidade da própria nulidade*.[3] Também pensa assim Santoro-Passarelli, para quem a nulidade do negócio simulado pode

---

2. F. Ferrara, *Della Simulazione dei Negozi Giuridici* (1922), trad. port. de A. Bossa, *A Simulação dos Negócios Jurídicos*, São Paulo, Saraiva, 1939, p. 337.

3. L. Cariota Ferrara, *Il Negozio Giuridico nel Diritto Privato Italiano*, Nápoles, Morano, 1949, p. 328.

OS DIREITOS DE TERCEIROS DE BOA-FÉ   287

fazer-se valer em face das partes por todos os terceiros prejudicados (*e.g.*: os subadquirentes, os credores, os herdeiros legítimos do alienante simulado etc.), mas não pode ser oposta a estes terceiros, em virtude da *confiança* por eles depositada no negócio celebrado pelos simuladores.[4] Vê-se, nesta formulação dogmática, uma clara influência da *teoria da confiança*.

Vê-se, pois, que a inoponibilidade da simulação, independentemente de qual seja sua matriz doutrinária – a teoria da responsabilidade ou a teoria da confiança –, corresponde a uma limitação da abrangência subjetiva dos efeitos da nulidade cominada ao negócio simulado. Tal expediente não deixa de se aproximar de uma *ficção*, pela qual o ordenamento jurídico confere a certas classes de sujeitos tratamento análogo àquele que seria aplicável se a simulação nunca houvera sido praticada e, portanto, a nulidade não houvera maculado o negócio jurídico.

Contra esta linha de pensamento, defende-se que os terceiros são protegidos das consequências da simulação em razão do caráter *relativo* da nulidade do negócio simulado (tese da *nulidade relativa*). Neste mister, sustenta Betti que o negócio simulado não é absolutamente nulo; para ele há, aí, apenas nulidade relativa. Tal conclusão decorre do fato de que a invalidade não pode jamais prejudicar a titularidade de direitos de terceiros de boa-fé, e, por isso, o negócio simulado somente pode ser qualificado como nulo dentro dos limites da relação estabelecida entre as partes.[5] Há dois tipos de nulidade relativa: aquela que não pode ser alegada por certos sujeitos (limitação da nulidade sob a perspectiva da legitimidade ativa) e aquela que não se faz efetiva em face de certos sujeitos (limitação da nulidade sob a perspectiva da legitimidade passiva).[6] O negócio simulado, em especial, é descrito pelo autor como relativamente nulo sob a perspectiva da limitação da legitimidade passiva.

Tanto a tese da inoponibilidade (da simulação ou da nulidade) como a da nulidade relativa, embora por vias diversas, levam à conclusão de que o negócio simulado – ou, mais precisamente, o "negócio aparente"[7] – pode reputar-se válido perante terceiros de boa-fé. Sucede, no entanto, que o "negócio aparente" não pode nem mesmo ser tido como existente

4. F. Santoro-Passarelli, *Dottrine Generali del Diritto Civile* (1966), 9ª ed., Nápoles, Jovene, 1983, pp. 154-156.

5. E. Betti, *Teoria Generale del Negozio Giuridico* (3ª ed. 1960), Nápoles, Edizioni Scientifiche Italiane, 2002, p. 409.

6. Idem, p. 409, nota 13.

7. V., a respeito da distinção entre negócio simulado e "negócio aparente", o *tópico 4.2.*

288 A SIMULAÇÃO NO DIREITO CIVIL

(pois corresponde a uma representação equivocada da realidade, formulada pelo público), razão pela qual não parece plausível cogitar da sua validade, mesmo que excepcionalmente. Vê-se aqui mais um ponto em que a falta da distinção entre o negócio simulado (isto é, produtor da ilusão negocial) e o "negócio aparente" (isto é, produto da ilusão negocial) cria dificuldades teóricas. Se é verdade que o "negócio aparente" é uma imagem falseada da realidade projetada pela razão do público, que sentido há em cogitar da inoponibilidade? Aliás, de qual inoponibilidade se estaria tratando: da inexistência do "negócio aparente", daquilo que subjaz a ele, ou da sua nulidade (atributo que nem mesmo lhe pode ser vinculado)?

Ainda que fosse o caso de falar de inoponibilidade da nulidade do negócio simulado, as dificuldades não cederiam. Como ressalta Betti, a oponibilidade é um fenômeno pertencente ao campo da *ineficácia em sentido estrito*.[8] Ela se manifesta nas situações em que uma posição jurídica do terceiro se mostra incompatível com dada relação negocial pelo fato de os contraentes não terem observado um dever de legalidade que lhes incumbia, como o de publicidade.[9] Para se pensar em inoponibilidade da nulidade é necessário supor que o negócio nulo se torna insubsistente *por efeito* da nulidade; assim sendo, dir-se-ia que a ineficácia, entendida como efeito da nulidade, não se torna oponível aos terceiros. Ocorre, contudo, que a ineficácia do negócio nulo, assim como sua inaptidão de integrar o sistema jurídico positivo, não é um efeito da nulidade, mas a própria nulidade enquanto estado de coisas. Ora, falar de "efeito da nulidade" não faz sentido, tanto quanto não cabe cogitar de "existência da nulidade", e muito menos da "validade da nulidade". A tese da inoponibilidade da nulidade revela-se, nestes termos, falaciosa, porquanto o negócio nulo não nasce válido; a rigor, sequer se reveste da juridicidade – *eficiência*, como diria Pontes de Miranda – necessária à regular produção de consequências jurídicas.

Houvesse no Direito Brasileiro um dispositivo como o art. 291º do CC português,[10] seria defensável a aplicação da inoponibilidade da nulidade como ficção. Mas veja-se bem: tratar-se-ia de uma ficção resul-

---

8. E. Betti, *Teoria Generale del Negozio Giuridico*, cit., p. 457.
9. Idem, ibidem.
10. CC português:
"Art. 291º. *(Inoponibilidade da nulidade e da anulação)*
"1. A declaração de nulidade ou a anulação do negócio jurídico que respeite a bens imóveis, ou a bens móveis sujeitos a registo, não prejudica os direitos adquiridos sobre os mesmos bens, a título oneroso, por terceiro de boa-fé, se o registo da

OS DIREITOS DE TERCEIROS DE BOA-FÉ   289

tante do agir criativo do legislador – embora permanecesse tecnicamente criticável. Nada obstante, não se identifica no Código Civil uma menção sequer à inoponibilidade da nulidade. Nesse cenário, a inoponibilidade deveria limitar-se – se admitida –, no que concerne à simulação, aos efeitos dela mesma, isto é, à situação jurídica dissimulada ou à ausência de quaisquer efeitos (caso se trate de simulação absoluta).[11]

A confusão entre negócio simulado e "negócio aparente" também prejudica o acolhimento da tese da nulidade relativa como justificativa da proteção dos direitos de terceiros de boa-fé. Se bem que – registre-se – a própria noção de nulidade relativa é rechaçada por significativa parte da doutrina. Para Fedele, um de seus mais sagazes críticos, a nulidade relativa é tecnicamente inconsistente, pois a nulidade, por definição, deve acarretar a insubsistência do negócio jurídico perante todo e qualquer sujeito.[12] Já, Cariota Ferrara sublinha o grave equívoco em que consiste relativizar a nulidade com base na legitimidade passiva.[13] Segundo o autor a nulidade que existe para um e não para outro é conceito falso ou absurdo. O ser e o não ser são termos contrapostos; o negócio não pode, ao mesmo tempo, produzir e não produzir efeitos.[14]

A nosso aviso, a melhor fundamentação que se pode ligar à proteção dos direitos de terceiros de boa-fé no âmbito da simulação decorre da *teoria da aparência*. Referida teoria desenvolveu-se sobretudo graças à jurisprudência, diante de casos em que situações jurídicas aparentes induziam particulares a julgamentos equivocados sobre a realidade dos fatos e, por consequência, ao estabelecimento de relações jurídicas levando em consideração esses julgamentos.

Seguindo esta abordagem dogmática, Dagot defende que a disciplina da simulação amolda-se confortavelmente à teoria da aparência.[15]

aquisição for anterior ao registo da acção de nulidade ou anulação ou ao registo do acordo entre as partes acerca da invalidade do negócio.
"2. Os direitos de terceiro não são, todavia, reconhecidos se a acção for proposta e registada dentro dos 3 (três) anos posteriores à conclusão do negócio.
"3. É considerado de boa-fé o terceiro adquirente que no momento da aquisição desconhecia, sem culpa, o vício do negócio nulo ou anulável."
11. E. Betti, *Teoria Generale del Negozio Giuridico*, cit., p. 460.
12. A. Fedele, *La Invalidità del Negozio Giuridico di Diritto Privato*, Turim, Giappichelli, 1983, pp. 111 e ss.
13. L. Cariota Ferrara, *Il Negozio Giuridico nel Diritto Privato Italiano*, cit., p. 330. No mesmo sentido: F. Messineo, *Il Contratto in Genere*, cit., t. 2º, p. 494.
14. L. Cariota Ferrara, *Il Negozio Giuridico nel Diritto Privato Italiano*, cit., p. 330-331.
15. M. Dagot, *La Simulation en Droit Privé*, Paris, LGDJ, 1965, p. 131.

290 A SIMULAÇÃO NO DIREITO CIVIL

Conforme o art. 1.321 do CC francês, as *contre-lettres* não são eficazes em face de terceiros de boa-fé,[16] os quais podem, segundo a conveniência de seus interesses, escolher valer-se da relação jurídica aparente ou da contradeclaração.[17] No mesmo sentido, Danis-Fatôme sustenta que a simulação, em todo caso, implica o engano dos terceiros de boa-fé acerca da realidade do direito de um particular.[18] A teoria da aparência afigura-se para a autora plenamente aplicável para justificar a garantia conferida aos direitos de terceiros de boa-fé, pois esta acarreta o erro comum generalizado sobre a apreciação de uma relação jurídica, que se reputa, por efeito da lei, escusável.[19] Mencione-se, ainda, a opinião do italiano Bianca, para quem a regra do art. 1.415 do CC italiano[20] decorre do princípio da aparência, "que não deve entender-se como equivalência entre aparência e realidade, mas, diversamente, no sentido de que quem cria uma situação negocial aparente não pode fazer valer a situação real a prejuízo de terceiros de boa-fé".[21]

A adoção da teoria da aparência como fundamento teórico da norma inserta no § 2º do art. 167 do CC, além de permitir uma racionalização menos turbulenta do comando normativo (pois não enfrenta as críticas

16. CC francês: "Art. 1.321. As contradeclarações podem ter efeitos apenas entre as partes; elas não têm qualquer efeito contra terceiros" (tradução livre). No original: "Art. 1.321. Les contre-lettres ne peuvent avoir leur effet qu'entre les parties contractantes ; elles n'ont point d'effet contre les tiers".

17. M. Dagot, *La Simulation en Droit Privé*, cit., p. 129.

18. A. Danis-Fatôme, *Apparence et Contrat*, Paris, LGDJ, 2004, pp. 49-50.

19. Idem, p. 50.

20. CC italiano:
"Art. 1.415. *Efeitos da simulação com respeito a terceiros*
"A simulação não pode ser oposta nem pelas partes contraentes, nem pelos seus subadquirentes ou pelos credores do alienante simulado, aos terceiros que de boa-fé adquiriram direitos do titular aparente, ressalvados os efeitos da transcrição da demanda de simulação. Os terceiros podem fazer valer a simulação em confronto com as partes, quando esta prejudique os seus direitos" (tradução livre).
No original:
"Art. 1.415. *Effetti della simulazione rispetto ai terzi*
"La simulazione non può essere opposta né dalle parti contraenti, né dagli aventi causa o dai creditori del simulato alienante, ai terzi che in buona fede hanno acquistato diritti dal titolare apparente, salvi gli effetti della trascrizione della domanda di simulazione. I terzi possono far valere la simulazione in confronto delle parti, quando essa pregiudica i loro diritti".

21. C. M. Bianca, *Diritto Civile* (2ª ed. 2000), vol. III ("Il Contratto"), Milão, Giuffrè, 2007, p. 706. Em igual direção: G. De Ferra, *I Contratti Simulati del Fallito*, Milão, Giuffrè, 1957, pp. 4-8.

OS DIREITOS DE TERCEIROS DE BOA-FÉ 291

dirigidas às teses da inoponibilidade e da nulidade relativa), coaduna-se com a distinção, que tantas vezes já frisamos neste estudo, que se há de estabelecer entre o negócio simulado e o "negócio aparente". Isto pois, a rigor, a temática da proteção dos terceiros de boa-fé no contexto da simulação é impertinente ao plano da validade; uma coisa é a *aparência de vontade*, da qual decorre a nulidade do negócio simulado; outra, completamente diferente, é a *legitimidade aparente* que os terceiros de boa-fé atribuem aos simuladores.[22]

Sendo inexistente o "negócio aparente", os simuladores não chegam a ocupar as posições jurídicas que, segundo aquele sugere, estes deveriam ocupar. O fato de terceiros de boa-fé assumirem como válida a aparência não excepciona a inexistência do "negócio aparente". Para que isto ocorresse seria necessário que a aparência suplementasse os elementos do suporte fático do negócio jurídico, o que não é tecnicamente possível. O "negócio aparente" é externo ao negócio simulado (por óbvio, já que é tão somente aquilo que o público acredita estar vendo); logo, não é capaz de agir no plano da existência ou da validade. Não se descarta, no entanto, a possibilidade de a aparência causar repercussões no *plano da eficácia*.[23]

Assim, não é a excepcional validade do "negócio aparente" perante os terceiros de boa-fé que explica a preservação dos direitos destes, mas a relevância autônoma de que a aparência se reveste, por força da lei, enquanto fato jurídico independente. *Com efeito, o "negócio aparente", interagindo com a boa-fé, forma um suporte fático complexo,[24] o qual a norma toma como pressuposto exclusivo da eficácia dos direitos de terceiros de boa-fé.* Expliquemos melhor.

Do ponto de vista subjetivo, a boa-fé resume-se à ignorância acerca da não titularidade do simulador;[25] não é ela um pressuposto constitutivo do direito, mas a má-fé um fato impeditivo da sua aquisição[26] – logo, sob o prisma subjetivo, a boa-fé corresponde à ausência de má-fé. Pelo ângulo objetivo, pode-se atestar a boa-fé do terceiro quando demonstrada a confiança na titularidade aparente, ou seja, quando concretizada

22. L. Mengoni, *L'Acquisto "a Non Domino"*, Milão, Vita e Pensiero, 1949, pp. 110-111.

23. Idem, p. 111.

24. A. Falzea, *"Apparenza"*, in *Enciclopedia del Diritto*, vol. II, Milão, Giuffrè, 1958, p. 694.

25. C. A. da Mota Pinto, *Teoria Geral do Direito Civil*, 4ª ed., atualizada por A. Pinto Monteiro e P. Mota Pinto, Coimbra, 2005, p. 480.

26. L. Mengoni, *L'Acquisto "a Non Domino"*, cit., p. 117.

292 A SIMULAÇÃO NO DIREITO CIVIL

a *consumação do engano*[27] perante a generalidade dos terceiros,[28] em razão do que estes aceitam o "negócio aparente" como se fosse existente.

O "negócio aparente", tomado como efetivo por terceiros de boa-fé (ou, então, a crença que estes depositam naquele), é um fato passível de ser descrito isoladamente, ao qual a norma pode atribuir a condição de fato jurídico. É isto, precisamente, que preconiza o § 2º do art. 167 quando descreve o cenário em que à ilusão negocial se associa a boa-fé. Por conseguinte, embora não se possa dizer que o negócio simulado ou o "negócio aparente", isoladamente considerados, embasam qualquer posição jurídica dos terceiros de boa-fé, cabe reconhecer que a confiança que o público deposita na aparência enganadora tem este condão, pois é pressuposta, pela lei, como elemento de um fato jurídico autônomo.

Pelo exposto, sustentamos que a eficácia a que alude o § 2º do art. 167 não decorre do negócio simulado, mas da *cópula do "negócio aparente" com a boa-fé*. A aparência é, com efeito, um instrumento elástico, capaz de não só penetrar nos campos que o formalismo jurídico não alcança, mas também de proporcionar a proteção do interesse dos terceiros quando, imbuídos de boa-fé, sejam induzidos a erro na apreciação da existência de uma realidade jurídica. Ela faz gravitar o suporte fático do negócio jurídico em torno da tutela da confiança[29] – o que, no âmbito do art. 167, faz todo o sentido: se a simulação é, em si, um instituto que visa a proteger a confiança do público, a preservação dos direitos de boa-fé não é mais que uma radicalização desta proteção.

13.2 Os direitos assegurados aos terceiros de boa-fé

O § 2º do art. 167 ressalva os *direitos* de terceiros de boa-fé, sem opor qualquer qualificação ou restrição ao objeto da proteção ali estabelecida. Algumas dúvidas, porém, têm ocupado a atenção dos autores relativamente à tutela dos interesses de terceiros no âmbito da simulação.

Uma primeira indagação enfrentada concerne à necessidade de *prejuízo* para a concessão aos terceiros de boa-fé da tutela legal. Poderiam os terceiros de boa-fé buscar amparo na aparência negocial se disto eles extraíssem novas vantagens, ao invés da supressão de quaisquer

27. G. Messina, "La simulazione assoluta", in *Scritti Giuridici (1907-1908)*, vol. V, Milão, Giuffrè, 1948, pp. 95-98.

28. L. Mengoni, *L'Acquisto "a Non Domino"*, cit., p. 116.

29. A. Falzea, *"Apparenza"*, cit., in *Enciclopedia del Diritto*, vol. II, pp. 690-692.

OS DIREITOS DE TERCEIROS DE BOA-FÉ   293

perdas? A nosso ver, a resposta afirmativa não seria compatível com a *ratio* subjacente à norma. O § 2º do art. 167 protege os *direitos* de terceiros de boa-fé. O que explica tal regime jurídico é a necessidade de impedir que a invalidade do negócio simulado e, sobretudo, a inexistência do "negócio aparente" ponham em risco posições jurídicas legítimas assumidas com base na confiança. Entre a má-fé (objetiva) do simulador e a boa-fé do terceiro, deve esta prevalecer, de modo a se prevenir que o primeiro invoque a própria torpeza. Mas isto já não se aplica nos casos em que a preservação da eficácia do "negócio aparente" pode levar a um injustificado enriquecimento do terceiro.[30] Como bem salienta Mota Pinto a propósito do art. 243º do CC português,[31] a salvaguarda legal conferida aos terceiros de boa-fé tem como objeto tão somente a prevenção de prejuízos injustos. Desta feita feita, tendo ocorrido uma venda por 100, mas tendo-se declarado simuladamente um preço de 30, um preferente não poderia invocar a sua qualidade de terceiro de boa-fé para preferir pelo preço declarado. Ser-lhe-ia, facultado preferir pelo preço real, pois a prevalência do preço menor simulado implicaria uma vantagem indevida.[32]

Este entendimento torna-se ainda mais sólido em vista da formulação de Menezes Cordeiro segundo a qual a proteção concedida aos terceiros de boa-fé se restringe aos casos de potencial prejuízo, por imperativo do princípio da confiança: "A tutela da confiança só se justifica quando haja um *investimento de confiança*, isto é: quando o confiante adira à aparência e, nessa base, erga um edifício jurídico e social que não possa ser ignorado sem dano injusto. Ora, o preferente por valor simulado inferior ao real não fez qualquer investimento de confiança. A sua posição não pode invocar a tutela dispensada à aparência, pela boa-fé".[33]

30. L. A. Carvalho Fernandes, *Estudos sobre a Simulação*, Lisboa, Quid Juris, 2004, pp. 204-205.
31. CC português:
"Art. 243º. *(Inoponibilidade da simulação a terceiros de boa-fé)*
"1. A nulidade proveniente da simulação não pode ser arguida pelo simulador contra terceiro de boa-fé.
"2. A boa-fé consiste na ignorância da simulação ao tempo em que foram constituídos os respectivos direitos.
"3. Considera-se sempre de má-fé o terceiro que adquiriu o direito posteriormente ao registo da acção de simulação, quando a este haja lugar."
32. C. A. da Mota Pinto, *Teoria Geral do Direito Civil*, cit., 4ª ed., p. 481.
33. Menezes Cordeiro, *Tratado de Direito Civil Português*, 3ª ed., vol. I ("Parte Geral"), t. I, Coimbra, Livraria Almedina, 2011, pp. 848-850.

294 A SIMULAÇÃO NO DIREITO CIVIL

Diante do exposto, mostra-se mais condizente com as diretrizes regentes do direito privado – as quais incluem, dentre outras, a proteção da boa-fé objetiva e a proibição do abuso de direito – o entendimento de que a tutela dos direitos de terceiros de boa-fé somente pode autorizar a excepcional eficácia da aparência enganadora perpetrada pelos simuladores quando isto venha a poupá-los de um dano injusto. Consequentemente, não se afigura admissível que terceiros de boa-fé possam valer-se da aparência negocial com vistas unicamente a obter novas vantagens que, se prevalecesse a relação jurídica dissimulada, não permaneceriam disponíveis.

Outra dificuldade que merece, nesta sede, ser referida é aquela atinente à proteção de supostos direitos de *credores quirografários do adquirente simulado*. Há ordenamentos jurídicos, como o italiano, que estabelecem regras específicas para a proteção dos interesses dos credores das partes do negócio simulado (arts. 1.415 e 1.416 do CC italiano[34]). Este não é, contudo, o caso do Direito Brasileiro.

34. CC italiano:
"Art. 1415. *Efeitos da simulação com respeito a terceiros*
"A simulação não pode ser oposta nem pelas partes contraentes, nem pelos seus subadquirentes ou pelos credores do alienante simulado, aos terceiros que de boa-fé adquiriram direitos do titular aparente, ressalvados os efeitos da transcrição da demanda de simulação. Os terceiros podem fazer valer a simulação em confronto com as partes, quando esta prejudique os seus direitos" (tradução livre).
No original:
"Art. 1.415. *Effetti della simulazione rispetto ai terzi*
"La simulazione non può essere opposta né dalle parti contraenti, né dagli aventi causa o dai creditori del simulato alienante, ai terzi che in buona fede hanno acquistato diritti dal titolare apparente, salvi gli effetti della trascrizione della domanda di simulazione. I terzi possono far valere la simulazione in confronto delle parti, quando essa pregiudica i loro diritti".
"Art. 1.416. *"Relações com os credores"*
"A simulação não pode ser oposta pelos contraentes aos credores do titular aparente que de boa-fé concluíram atos de execução sobre bens que foram objeto do contrato simulado. Os credores do alienante simulado podem fazer valer a simulação que prejudique os seus direitos e, no conflito com os credores quirografários do adquirente simulado, preferem a estes, se o seu crédito é anterior ao ato simulado" (tradução livre).
No original:
"Art. 1.416. *"Rapporti con i creditori"*
"La simulazione non può essere opposta dai contraenti ai creditori del titolare apparente che in buona fede hanno compiuto atti di esecuzione sui beni che furono oggetto del contratto simulato. I creditori del simulato alienante possono far valere la simulazione che pregiudica i loro diritti, e, nel conflitto con i creditori chirografari

OS DIREITOS DE TERCEIROS DE BOA-FÉ 295

O legislador de 2002 certamente levou em consideração o dado, colhido da experiência, de que uma manifestação comum da simulação é aquela praticada contra interesses de credores. Nada obstante, optou por estabelecer uma regra única e genérica para a proteção dos direitos de terceiros de boa-fé. Os credores do adquirente simulado realmente nutrem a expectativa de se valer da garantia representada pelo patrimônio do devedor ao qual se teria acrescido um bem em virtude do negócio simulado. Mas esta expectativa não é um direito, nem mesmo eventual. Tais credores ostentam, quando muito, uma expectativa de fato quanto a poderem, na eventualidade de futuro descumprimento obrigacional, avançar sobre determinado bem para verem seu direito de crédito satisfeito. Não há aí, portanto, direito de terceiro de boa-fé a tutelar.[35]

O curioso a se notar é que, caso o adquirente simulado alienasse o bem objeto do negócio simulado antes de revelada a simulação e, por conta desta alienação, viesse à tona sua insolvência, seus credores quirografários poderiam demandar a anulação do negócio jurídico com fundamento na fraude contra credores configurada. Contudo, declarada a nulidade do negócio simulado, sendo a nulidade a causa do esvaziamento do patrimônio do adquirente simulado e ausente no Código Civil de 2002 uma regra *equitativa*[36] como a do art. 1.415 do CC italiano ou uma regra ampla como a do art. 243º, n. 1, do CC português,[37] ficariam os credores na incômoda situação de depender da assiduidade do devedor, até porque voluntariamente assumiram a condição de credores quirografários.

13.3 Conflitos entre terceiros de boa-fé

Tema recorrentemente abordado nos textos relativos à simulação é a possível instauração de conflitos entre terceiros de boa-fé.[38]

del simulato acquirente, sono preferiti a questi, se il loro credito è anteriore all'atto simulato".

Sobre o tema: G. Giampiccolo, "In tema di tutela del creditore chirografario del simulato acquirente", in *Studi in Onore di Francesco Santoro-Passarelli*, Nápoles, Jovene, pp. 607-631.

35. F. Santoro-Passarelli, *Dottrine Generali del Diritto Civile*, cit., 9ª ed., p. 156. Conclusão análoga pode ser sustentada quanto aos herdeiros do simulado adquirente.

36. F. Santoro-Passarelli, *Dottrine Generali del Diritto Civile*, cit., 9ª ed., p. 156.

37. L. A. Carvalho Fernandes, *Estudos sobre a Simulação*, cit., pp. 119-120.

38. Por exemplo: L. A. Carvalho Fernandes, *Estudos sobre a Simulação*, cit., pp. 130 e ss.; M. A. Domingues de Andrade, *Teoria Geral da Relação Jurídica*, vol.

A SIMULAÇÃO NO DIREITO CIVIL

São examinadas diversas situações em que, concomitantemente, um terceiro pretende obter a declaração de nulidade enquanto a outro importa a preservação da eficácia atribuída à relação jurídica aparente. Dentre os possíveis conflitos vislumbrados pela doutrina, vale citar os seguintes:

(i) Credores dos simuladores – o credor do alienante simulado tem interesse na declaração de nulidade do negócio simulado, ao passo que o credor do adquirente simulado prefere a preservação da sua eficácia (isto é, a do "negócio aparente").

(ii) Herdeiros dos simuladores – de um lado, o herdeiro do alienante simulado busca a desconstituição da ilusão negocial porque dela teria decorrido diminuição da herança; de outro lado, o herdeiro do adquirente simulado pretende aproveitar-se da eficácia aparente, porquanto dela resulta aumento da herança.

(iii) Subadquirentes dos simuladores – o subadquirente do alienante simulado pleiteia a declaração de nulidade do negócio simulado, enquanto ao subadquirente do adquirente interessa a subsistência dos efeitos do "negócio aparente". E:

(iv) Credor do alienante simulado e *subadquirente do adquirente simulado* – o primeiro tem interesse na nulidade do negócio simulado, ao passo que o segundo pretende eficácia do "negócio aparente".

Antes de passar ao exame de cada uma dessas situações, deve-se responder a uma fundamental pergunta: há, segundo o Direito Brasileiro, a possibilidade de se atribuir relevância a tais conflitos? A resposta, em nosso sentir, deve ser identificada numa sutil mas precisa indicação do legislador.

O § 2º do art. 167 do CC deve ser lido com atenção. Este dispositivo não confere ampla proteção aos direitos de terceiros de boa-fé; protege tão somente os direitos de terceiros de boa-fé "em face dos contraentes do negócio jurídico simulado". O que isto significa? Simplesmente isto: o legislador brasileiro resolveu os potenciais conflitos entre terceiros de boa-fé da maneira mais simples possível, qual seja: excluindo toda a relevância da conflituosidade. Eliminou o mal pela raiz: sempre que um terceiro tiver interesse na nulidade e outro na eficácia do negócio simulado, prevalece a primeira pretensão.[39] A nulidade sobrepõe-se à

II, Coimbra, Livraria Almedina, 2003 (reimpr.), pp. 208 e ss. No Brasil, já sob a vigência do Código Civil de 2002: H. C. Badine Júnior, *Efeitos do Negócio Jurídico Nulo*, São Paulo, Saraiva, 2010, pp. 51-55.

39. Conclusão semelhante é defendida em Portugal por A. B. Menezes Cordeiro, *Da Simulação no Direito Civil*, Coimbra, Livraria Almedina, 2014, pp. 107-108.

OS DIREITOS DE TERCEIROS DE BOA-FÉ 297

eficácia, *exceto* se a divergência surgir entre um terceiro de boa-fé e os simuladores.[40] Isto, pois a regra do § 2º do art. 167 somente justifica a eficácia do "negócio aparente" no confronto entre terceiros e simuladores ("em face dos contraentes do negócio jurídico simulado"), não entre um terceiro e outro.

A esta conclusão já chegava Hörster, com base no n. 1 do art. 291º do CC português.[41] Diz o autor que, diante de dois males – a preservação do negócio simulado, de um lado, com a consequente proteção de terceiros que tivessem confiado na estabilidade aparente, e a declaração de nulidade do negócio simulado, de outro lado, com a resultante desproteção dos terceiros –, a lei teria adotado uma solução de compromisso em favor da proteção dos terceiros de boa-fé, restrita, contudo, *às estreitas relações entre estes e o simulador*.[42] Mais explicitamente, corroborando este ponto de vista, Mota Pinto afirma:

> Apesar das justificadas dúvidas que a questão suscita, tendemos a considerar que a proteção conferida pelo art. 243º se restringe às situações em que a nulidade da simulação é invocada pelos simuladores ou por quem ocupe a sua posição (os herdeiros, desde logo, salvo quando intervenham como terceiros). Além da letra da lei, parece que só se justificará esta proteção especial quando a nulidade for invocada por quem intencionalmente criou a situação que agora pretende destruir: os simuladores, precisamente. Neste caso, perante uma atitude tão reprovável dos simuladores (e na mesma linha, aliás, das restrições de que eles já sofrem quanto aos meios de prova a utilizar), a proteção dos terceiros é altamente facilitada. Já, nos outros casos, porém, quando a nulidade for invocada por terceiros, parece

40. No caso dos credores, relembre-se, ademais, o que se destacou no tópico anterior acerca da inexistência de um direito à preservação da aparência para fins de manutenção do patrimônio do simulador devedor.

41. CC português:
"Art. 291º. *(Inoponibilidade da nulidade e da anulação)*
"1. A declaração de nulidade ou a anulação do negócio jurídico que respeite a bens imóveis, ou a bens móveis sujeitos a registo, não prejudica os direitos adquiridos sobre os mesmos bens, a título oneroso, por terceiro de boa-fé, se o registo da aquisição for anterior ao registo da acção de nulidade ou anulação ou ao registo do acordo entre as partes acerca da invalidade do negócio.
"2. Os direitos de terceiro não são, todavia, reconhecidos, se a acção for proposta e registada dentro dos 3 (três) anos posteriores à conclusão do negócio.
"3. É considerado de boa-fé o terceiro adquirente que no momento da aquisição desconhecia, sem culpa, o vício do negócio nulo ou anulável."

42. H. E. Hörster, *A Parte Geral do Código Civil Português – Teoria Geral do Direito Civil*, Coimbra, Livraria Almedina, 1992, p. 538.

298 A SIMULAÇÃO NO DIREITO CIVIL

que a proteção do terceiro adquirente somente deverá colher nos termos gerais do art. 291º.[43]

No Direito Brasileiro não vigora regra semelhante à do art. 291º do CC português, o qual disciplina a excepcional inoponibilidade da nulidade. Também não há entre nós dispositivo que regule, em geral, a solução de conflitos de interesses, como o faz o art. 335º do CC português.[44] Nem por isto, todavia, se há de precipitar a dizer que, especificamente no caso de conflitos de terceiros de boa-fé enganados pela simulação, há uma lacuna normativa. Muito pelo contrário.

Nos termos do § 2º do art. 167 do CC brasileiro, o direito de terceiro de boa-fé é preservado em face dos simuladores, ou seja, quando estes buscam fazer valer a nulidade em prejuízo de posições jurídicas ocupadas por aqueles. Se, diversamente, surge um choque entre direitos de terceiros de boa-fé, sendo tais direitos, de um lado, o de obter a desconstituição do negócio simulado e, de outro, o de se amparar na eficácia da relação jurídica aparente, a solução somente pode ser, nos termos dispostos na lei, a que dá prevalência à nulidade.

Em vista das considerações precedentes, não se deve pensar que o terceiro de boa-fé que tem seu direito preterido fica totalmente desamparado. Sem dúvidas, este pode pleitear a condenação dos simuladores ao pagamento de indenização, com vistas a recompor os danos que venha a sofrer em razão da declaração de nulidade do negócio simulado. Esta solução mostra-se plenamente compatível com o direito positivo, uma vez que a reparação das perdas e danos não deixa de ser um direito do terceiro de boa-fé "em face dos contraentes do negócio jurídico simulado" (art. 167, § 2º). Há, *in casu*, responsabilidade civil extracontratual, à qual devem sujeitar-se ambos os simuladores.

---

43. C. A. da Mota Pinto, *Teoria Geral do Direito Civil*, cit., 4ª ed., p. 481.
44. CC português:
"Art. 335º. *(Colisão de direitos)*
"1. Havendo colisão de direitos iguais ou da mesma espécie, devem os titulares ceder na medida do necessário para que todos produzam igualmente o seu efeito, sem maior detrimento para qualquer das partes.
"2. Se os direitos forem desiguais ou de espécie diferente, prevalece o que deva considerar-se superior."

14
A PROVA DA SIMULAÇÃO

14.1 Os meios de prova. 14.2 O ônus da prova. 14.3 O que se deve provar? – O "thema probandi".

No presente capítulo, apresentaremos breves notas sobre a prova da simulação. Verificaremos, em primeiro lugar, que a simulação pode ser provada por *todos os meios legítimos*, não havendo, neste particular, qualquer restrição *(tópico 14.1)*. Na sequência, examinaremos o interessante problema do *ônus da prova*, atribuindo especial relevo ao mecanismo da *distribuição dinâmica do ônus da prova (tópico 14.2)*. Por fim, abordaremos a matéria do *thema probandi*, mais precisamente, do objeto a que deve dirigir-se a prova da simulação *(tópico 14.3)*.

14.1 Os meios de prova

Muito já se discutiu sobre quais meios de prova seriam admitidos para a demonstração da simulação. No presente momento, todavia, parece não persistirem as dúvidas: *a simulação pode ser provada por quaisquer meios de prova*. Com efeito, não existem justificativas para excluir a disciplina da simulação do campo de incidência do art. 369 do Código de Processo Civil, que assim dispõe:

> As partes têm o direito de empregar todos os meios legais, bem como os moralmente legítimos, ainda que não especificados neste Código, para provar a verdade dos fatos em que se funda o pedido ou a defesa e influir eficazmente na convicção do juiz.

A título meramente ilustrativo, poder-se-ia estabelecer a seguinte relação dos principais meios de prova da simulação: (i) documentos; (*ii*) confissão; (*iii*) testemunhas; (*iv*) perícia; (*v*) indícios; e (*vi*) presunções.

Costuma-se afirmar que a prova da simulação se dá, ordinariamente, através de indícios e presunções. Tal entendimento, todavia, deve ser acolhido com temperamento.

300 A SIMULAÇÃO NO DIREITO CIVIL

É bem verdade que a prova da simulação tende ser de árdua produção, pois, afinal de contas, os simuladores põem em prática um projeto voltado à manutenção, sob absoluto sigilo, de parcela do seu comportamento negocial, que, a todo custo, não querem ver revelado. Também não parece ser adequado negar que, acaso se exigisse comprovação direta da simulação, na maioria dos casos ela permaneceria incólume e isenta de sanção, pois não se tornaria alvo da cognição judicial. De modo que, dadas as peculiaridades da ilusão negocial, seria impossível negar que a comprovação da simulação, por natureza, requer o emprego de indícios e presunções.

Nada obstante, segundo nos parece, não se pode admitir que a simulação seja demonstrável por meio do uso genérico e irrestrito de provas indiretas, senão sob pena de perpetuarem-se a incerteza e a imprecisão que insistentemente têm envolvido as manifestações concretas do instituto. É que, se assim fosse, a atividade probatória converter-se-ia em puro exercício retórico, voltado à persuasão do juiz, não exatamente à elucidação da verdade sobre os fatos; o estudo sobre a heurística da simulação, por conseguinte, correria o risco de ser absorvido por especulações sobre a psicologia judiciária, as quais, não negamos, possuem valor teórico e prático inegável, mas não se encaixam nos limites de um estudo, como o nosso, que tem a pretensão de ser dogmático.

Cumpre, pois, identificar em quais contextos, e sob quais condições, indícios e presunções podem ser considerados suficientes para a formação da convicção acerca da caracterização da simulação no caso concreto.

No que tange à prova documental, merece destaque a figura da *contradeclaração*, à qual muita atenção já dedicou a doutrina. A propósito da contradeclaração, vale colacionar, para após criticar, o ensinamento de Ferrara:[1]

> É, portanto, a contradeclaração um acto pelo qual as partes reconhecem por escrito e com fins probatórios, a simulação total ou parcial ou a ocultação dum contrato.
>
> São, pois, dois elementos que compõem a contradeclaração: um, interno ou substancial, o reconhecimento, e outro, externo ou formal, a escritura privada em que consta a declaração. Desta dualidade de elementos se deriva uma dupla ordem de corolários.

---

1. F. Ferrara, *Della Simulazione dei Negozi Giuridici* (1922), trad. port. de A. Bossa, *A Simulação dos Negócios Jurídicos*, São Paulo, Saraiva, 1939, p. 415.

A PROVA DA SIMULAÇÃO 301

Uma vez que a contradeclaração assume, por excelência, a forma de documento, ela deve ser feita por escrito, e assinada pelas partes.[2] Vale notar, contudo, que não é precisa a afirmação de Ferrara de que o conteúdo substancial da contradeclaração limita-se ao reconhecimento da simulação. Deveras, é inegável que, por debaixo da ilusão negocial, há um ajuste constitutivo, que versa sobre o próprio programa simulatório, bem como, quando seja o caso, sobre o negócio dissimulado. Negar à contradeclaração o caráter de documento dispositivo equivaleria, neste contexto, a relegar a constitutividade do negócio simulado e do negócio dissimulado a outra forma negocial, sobretudo a declaração oral e o comportamento concludente.

Sendo, todavia, certo que a parcela oculta do comportamento das partes veicula um teor dispositivo – o qual deve revestir-se de alguma forma, pois, do contrário, não surgiria o acordo simulatório nem o negócio dissimulado –, não vemos qualquer fator que obste ao reconhecimento de que a contradeclaração possa figurar como documentos de caráter dispositivo (= constitutivo de relações jurídicas).

Outro meio de prova que merece apontamentos é o testemunho. O art. 446, I, do CPC de 2015, estabelece que é lícito provar por testemunhas, "nos contratos simulados, a divergência entre a vontade real e a vontade declarada". Tal dispositivo repete a fórmula do CPC de 1973, a qual suscitou intenso debate sobre uma possível interferência entre o direito processual e a delimitação, eminentemente material, do conceito de simulação. Defendeu-se, neste particular, que ao se referir à divergência entre a vontade real e a vontade declarada, a norma processual teria chancelado as teses voluntaristas (de que tratamos no *tópico 2.1*).[3] Esta alegação, contudo, mostra-se frágil; aliás, ainda durante a vigência do CPC de 1973, foi cabalmente refutada por Custódio da Piedade Ubaldino Miranda:

> Embora se empreguem nesse texto legal as palavras clássicas com que a doutrina tradicional conceitua a simulação, não se pode ver em um dispositivo isolado da lei adjetiva, concernente à prova testemunhal, fundamento bastante para a construção de um conceito do fenômeno simulatório.[4]

2. Idem, ibidem, pp. 416-417.
3. Cf. H. T. Tôrres, "Simulação de Atos e Negócios Jurídicos – Pacto Simulatório e Causa do Negócio Jurídico", in Antônio Junqueira de Azevedo, Heleno Taveira Tôrres e Paolo Carbone (Coords.), *Princípios do Novo Código Civil Brasileiro e Outros Temas – Homenagem a Tullio Ascarelli*, 2ª ed., São Paulo, Quartier Latin, 2010, pp. 320-321.
4. Custódio da Piedade Ubaldino Miranda, *A Simulação no Direito Civil Brasileiro*, São Paulo, Saraiva, 1980, p. 39.

302 A SIMULAÇÃO NO DIREITO CIVIL

O autor sustenta que o referido dispositivo da lei processual teria um escopo bastante limitado, a saber, o de validar uma corrente jurisprudencial que vinha admitindo a alegação e a prova da simulação por iniciativa da parte economicamente mais fraca nos negócios simulados que dissimulavam a violação à lei da usura.[5] Desse modo, o art. 404, I, do CPC de 1973, prestar-se-ia a evidenciar a inadequação da aplicação irrestrita do art. 104 do Código Civil de 1916, o qual vedava a alegação da simulação pelos contraentes do negócio simulado.[6]

É, porém, lamentável que o CPC de 2015 tenha repetido a infeliz redação do art. 404, I, do CPC de 1973. Provavelmente, por desinformação, a questão não mereceu atenção do legislador. De todo modo, não há motivos para atribuir, ao art. 446, I, do CPC de 2015, alcance maior que aquele que a doutrina conferiu ao dispositivo equivalente da codificação processual revogada.

14.2 O ônus da prova

Em tema de simulação, o entendimento majoritário sempre foi o de que o ônus da prova incumbe a quem a alega. Nesse sentido, são paradigmáticas as palavras de Ferrara:[7]

> Incumbe, naturalmente, o ônus da prova da simulação a quem alega, e quer dela derivar consequências a seu favor, e, portanto, ao contratante que impugna o contrato contra o outro ou aos terceiros que dirigem a sua impugnação contra os contratantes. A posição não muda, quer a simulação seja oposta por meio de ação ou exceção, porque quem excepciona deve provar por sua vez o fundamento da sua pretensão em contrário. (...).

Esta linha de pensamento vai ao encontro da teoria clássica da distribuição estática do ônus da prova, a qual presta continência ao *critério do interesse*. À luz deste, incumbe ao autor a prova dos fatos constitutivos do seu direito,

> (...) porque esses fatos são sua causa de pedir, e sem que hajam acontecido e o juiz o reconheça seu direito será dado por inexistente e a sentença rejeitará sua pretensão.[8]

5. Idem, ibidem.

6. Custódio da Piedade Ubaldino Miranda, *A Simulação no Direito Civil Brasileiro*, cit., p. 40.

7. F. Ferrara, *A Simulação dos Negócios Jurídicos*, cit., p. 406.

8. Cândido Rangel Dinamarco e Bruno Vasconcelos Carrilho Lopes, *Teoria Geral do Novo Processo Civil*, São Paulo, Malheiros Editores, 2016, p. 183.

A PROVA DA SIMULAÇÃO

O autor, portanto, tem interesse na evidenciação dos fatos que amparam o seu direito, pois desta depende o atendimento do seu pedido. Analogamente, tem o réu interesse na demonstração dos fatos que impedem o surgimento do direito do autor, pois disto depende o acolhimento do seu pedido – de improcedência do pedido do autor. O interesse é o motor da vida de relação, e, por essa razão, constitui o principal guia da distribuição do ônus da prova, como se pode extrair do art. 373, I e II, do CPC de 2015.[9]

Seria, em tal contexto, natural aderirmos à corrente majoritária, e proclamarmos, mais uma vez, que, tratando-se de simulação, o ônus da prova incumbe a quem alega. Tal posicionamento, aliás, soaria bastante conveniente para aqueles que se deparam com a acusação do manejo do mecanismo simulatório com vistas a perpetrar ilicitudes ou impor prejuízos a terceiros. Pois, deveras, a dificuldade que o terceiro prejudicado enfrenta para provar a simulação é sempre uma trincheira a proteger os simuladores. Nada obstante, diante da entrada em vigor do Código de Processo Civil de 2015, não nos parece possível admitir, sem reservas, que o ônus da prova incumbe, sempre, unicamente a quem alega.

Devem assumir protagonismo, nesta discussão, os §§ 1º e 2º do art. 373 do CPC de 2015, que acolhem a *teoria da distribuição dinâmica do ônus da prova*, nos seguintes termos:

Art. 373. O ônus da prova incumbe: (…)

§ 1º. Nos casos previstos em lei ou diante de peculiaridades da causa relacionadas à impossibilidade ou à excessiva dificuldade de cumprir o encargo nos termos do *caput* ou à maior facilidade de obtenção da prova do fato contrário, poderá o juiz atribuir o ônus da prova de modo diverso, desde que o faça por decisão fundamentada, caso em que deverá dar à parte a oportunidade de se desincumbir do ônus que lhe foi atribuído.

§ 2º. A decisão prevista no § 1º deste artigo não pode gerar situação em que a desincumbência do encargo pela parte seja impossível ou excessivamente difícil.

Como se vê, os dispositivos colacionados atribuem ao juiz o poder de distribuir o ônus da prova de maneira distinta do que se daria segundo a teoria clássica, desde que o justifique a lei ou as peculiaridades da causa. Para melhor compreendermos os pressupostos desta distribuição

9. "Art. 373. O ônus da prova incumbe: I – ao autor, quanto ao fato constitutivo de seu direito; II – ao réu, quanto à existência de fato impeditivo, modificativo ou extintivo do direito do autor. (…)."

304 A SIMULAÇÃO NO DIREITO CIVIL

flexível (também dita *flutuante*) do ônus da prova, bem como a maneira como ela pode aplicar-se aos casos de simulação, vale a pena levar em conta, em perspectiva mais ampla, as transformações pelas quais passou o *modelo* do direito processual brasileiro.

Tem-se reconhecido que a opção do legislador de 2015 foi a de estabelecer um marco *constitucional* do processo. Esta intenção, aliás, encontra-se explicitada no artigo 1º do novo Código de Processo Civil.[10] Dentre os preceitos constitucionais que passam a irradiar mais intenso brilho no âmbito do ordenamento processual civil encontram-se os princípios do *acesso à justiça* (inafastabilidade da tutela jurisdicional; art. 5º, XXXV, da CF) e da *isonomia* (art. 5º, I, da CF), os quais exercem papel decisivo na justificação da diretriz relativa ao ônus dinâmico da prova, constante do já referido art. 373 do CPC.

Numa análise mais refinada, é possível perceber que o acesso à justiça não se esgota na possibilidade de comparecer em juízo e obter a decisão judicial. Com efeito, o acesso *pleno* à justiça pressupõe, por ideal, que a tutela jurisdicional seja *adequada*, isto é, o mais materialmente justa possível. Isto significa que não mais satisfaz a necessidade social, nem atende aos valores que permeiam a ordem jurídica, a busca *quantitativa* pelo acesso à justiça; é claro que tal perseguição continua necessária, mas ela se mostrou, com o passar do tempo, insuficiente, pois pouco adiantaria, para a efetiva apaziguação dos conflitos intersubjetivos que naturalmente surgem na ambiência social, que a muitos se assegurasse um julgamento ruim. A tutela jurisdicional que o novo Código de Processo Civil visa a prestigiar, e tecnicamente viabilizar, portanto, é aquela que se mostra acessível por todos, e, ao mesmo tempo, detém a potencialidade de resolver com *qualidade* os conflitos de interesses. A adequação, por conseguinte, refere-se à qualidade do *deliverable* que se pode esperar do Poder Judiciário.

O que se percebeu, com razão, é que a tutela jurisdicional não se mostra adequada quando a elucidação da verdade por detrás da relação controvertida não vem à tona em virtude de a prova não poder ser produzida pela parte, por apresentar condições materiais de desincumbir-se do ônus da prova. Desse modo, a orientação perfilhada pelo Código de Processo Civil de 2015, dá conta de que há uma relação entre a prova e a adequação da jurisdição, pois uma decisão fundada em ausência de

---

10. "Art. 1º. O processo civil será ordenado, disciplinado e interpretado conforme os valores e as normas fundamentais estabelecidos na Constituição da República Federativa do Brasil, observando-se as disposições deste Código."

A PROVA DA SIMULAÇÃO 305

provas é sempre menos sólida que outra lastreada em evidências sobre e verdade que as partes pretendem ver reconhecida. A *certeza do direito*, um pouco negligenciada no contexto do combate ao formalismo observado no apogeu do positivismo jurídico, volta a ocupar papel de destaque na agenda da legislação; uma decisão amparada por provas é mais certa, logo mais segura, ou então, melhor, que uma decisão fundada na dúvida.

A distribuição do ônus da prova reveste-se, neste cenário, de peculiar relevância. Deveras, trata-se de um expediente técnico que pode impactar drasticamente, senão inviabilizar, a produção da prova, se o respectivo ônus mostrar-se insuportável pela parte em decorrência de suas condições pessoais ou das características da relação controvertida. A consideração do princípio do acesso à justiça, como vetor axiológico que penetra a membrana do direito processual, permite deslocar a disciplina do ônus da prova do quadrante do interesse para o da adequação da prestação jurisdicional. Continua valendo a regra de que, em princípio, a prova deve ser apresentada por quem formula a alegação; contudo, deve- -se levar em consideração que, se as vicissitudes da relação controvertida tornarem muito dificultosa a produção desta prova pela outra parte, e se, por outro lado, a mesma prova puder ser produzida de maneira menos árdua pela parte oponente, é sobre esta que deve recair o ônus probatório. Prestigia-se, deste modo, a adequação da prestação jurisdicional, em detrimento do interesse individual.

De mais a mais, a própria noção de interesse encontra-se, no quadro delineado pelo Código de Processo Civil de 2015, tingido por novas cores. É que, como preceitua o art. 6º do CPC de 2015, o processo civil deve ser encarado como uma empreitada *cooperativa*, pela qual as partes e o juiz devem contribuir para a obtenção, em tempo razoável, de uma decisão *justa* e *efetiva*.[11] A cooperação é mais um atributo que o processo civil passa a ostentar expressamente, trazendo a lume o ideal de concretização qualitativa do princípio do acesso à justiça. Num processo cooperativo, sobressai o ônus da prova, não apenas como condição de procedência do pedido, do autor ou do réu – aspecto derivado do critério do interesse –, mas como objeto do dever de colaboração (*Mitwirkungsplicht*) que o litigante assume em prol da melhor solução do litígio. Figurando, portanto, o ônus da prova, como condição da adequada prestação jurisdicional, perde caráter absoluto a sua distribuição estática; se

---

11. "Art. 6º. Todos os sujeitos do processo devem cooperar entre si para que se obtenha, em tempo razoável, decisão de mérito justa e efetiva."

306 A SIMULAÇÃO NO DIREITO CIVIL

o beneficiário da prova é o processo, em sua feição cooperativa – não a parte –, então nada impede (pelo contrário, parece recomendável) que o respectivo ônus seja assumido por quem possa suportá-lo de maneira mais consistente; quanto mais hábil a assumir o ônus da prova estiver a parte, qualquer que seja ela, maiores as chances de obtenção de uma decisão justa e efetiva.

Esta ordem de razões conflui com a aplicação, no processo, do princípio da isonomia. Numa abordagem mais superficial, poder-se-ia considerar satisfatório que às partes se aplicasse regras congruentes e equilibradas. Tal providência, contudo, poderia assegurar apenas formalmente a isonomia no processo. Porquanto, a bem se ver, a imposição de ônus processuais desproporcionais às partes, ainda que em atenção à literalidade das normas de regência, estabelece tratamentos díspares entre elas. De modo que, se o autor, para evidenciar os fatos que amparam a sua pretensão, enfrenta muito maiores dificuldades que as que o réu enfrentaria para aduzir os fatos impeditivos do direito do autor, não parece adequado considerar que ambos intervenham no processo em igualdade material de condições.

A consideração do princípio da isonomia induz o intérprete, neste particular, a analisar o processo, mais que segundo um paradigma abstrato, com atenção à sua singularidade concreta. A satisfação do ideal da isonomia exige que as partes possam manifestar as suas posições jurídico-processuais com potencialidades equivalentes; o exame desta equivalência não pode prescindir da apreciação dos obstáculos ou atalhos que as circunstâncias do caso oferecem a uma ou a outra. Pois, do contrário, correr-se-ia o risco de admitir a sucumbência de um direito legítimo em virtude do formato do processo, o que de longe parece admissível. O processo presta-se a ofertar às partes a melhor solução possível, e esta somente pode ser alcançada se ambas tiverem a mesma oportunidade, aferida em vista das peculiaridades da causa em jogo, de fazer emergir a verdade que pretendem ver reconhecida pelo juiz.

*Esta ordem de considerações leva-nos a sustentar que, em matéria de simulação, não pode ter aplicação irrestrita a distribuição estática do ônus da prova. Sobretudo sob a vigência do Código de Processo Civil de 2015, deve-se aplicar, quando as circunstâncias do caso demandarem, a **distribuição dinâmica do ônus da prova.***

Deveras, a prova da simulação impõe, ao autor, um pesado fardo, nomeadamente a elucidação das circunstâncias ocultas do comportamento negocial das partes, as quais, se levadas em consideração, justificariam a interpretação ou qualificação do negócio jurídico em bases distintas

A PROVA DA SIMULAÇÃO 307

daquelas suscitadas pela apreciação da simples aparência. Muitas vezes, tais circunstâncias consistem numa omissão, como o não pagamento do preço na compra e venda formalizada por escrito; em tais hipóteses, é muito mais viável ao réu comprovar a efetividade da ação alegadamente inexistente, que ao autor produzir a evidência de uma negatividade.

O cabimento da distribuição dinâmica do ônus da prova no terreno da simulação, cumpre registrar, foi já sugerido pela doutrina especializada. Muñoz Sabaté, a propósito do tema, salienta que o dever de colaboração assumido pelas partes em litígio justifica a consideração de que a distribuição do ônus da prova depende menos do polo que a parte ocupa na relação processual, que de sua proximidade com a prova, razão pela qual cada litigante encontra-se obrigado a contribuir em proporção com as suas possibilidades probatórias. No caso da simulação, em especial, é inegável que o demandado encontra-se em uma posição mais propícia para ofertar dados acerca da veracidade do negócio jurídico que se pretende denunciar como simulado.[12]

Muñoz Sabaté, no entanto, não chega a admitir, em vista do direito positivo colombiano, que uma "inversão radical" do ônus da prova seria possível, pois tal expediente careceria de previsão legal. De todo modo, ele conclui que a negativa do demandado em conferir concretude à sua resistência, ou então, a estratégia de defesa consistente na mera negação das afirmações do autor, impulsiona a formação da convicção do juiz no sentido da ocorrência da simulação, a partir de um mecanismo presuntivo fundado nas máximas da experiência. Em suas palavras:

> (...) si el desconocimiento final del hecho se debe a la falta de actividad probatoria del presunto simulador, tal conducta, en tanto que se repute consciente, podrá valer como indicio que lleve precisamente a inferir la existencia de ese hecho desconocido, que en nuestro caso será la simulación. Y dado, por otra parte, que generalmente los simuladores oponen a la afirmación contraria, una negativa genérica, cuando no un tono contestatorio muy débil, operando además pasiva y oclusivamente en la fase probatoria, de ahí se desprende que los llamados por nosotros indicios endoprocesales adquieran una importancia considerable en el reglamento del *onus probando*.[13]

Os *indícios endoprocessuais* a que se refere Muñoz Sabaté são aqueles que se manifestam no decorrer do processo judicial, em virtu-

---

12. L. Muñoz Sabaté, *La Prueba de la Simulación – Semiótica de los Negocios Jurídicos Simulados* (1991), Bogotá, Temis, 1972, p. 176.
13. L. Muñoz Sabaté, *La Prueba de la Simulación*, cit., p. 179.

308 A SIMULAÇÃO NO DIREITO CIVIL

de da programação, das partes, de que a simulação se prolongue até o término do julgamento. A simulação, salienta o autor, é pensada desde a origem para que permaneça eficaz até o processo judicial, pois este será o momento crucial do sucesso da ilusão negocial. Dentre os terceiros que os simuladores pretendem enganar, talvez o principal seja o juiz. Daí a constatação de que os indícios da simulação depreendem-se do comportamento das partes durante toda a vigência do programa simulatório, o que inclui a fase em que, eventualmente, este se encontre *sub judice*.[14] Dentre os principais indícios endoprocessuais da simulação, encontram--se a *conduta omissiva* e a *conduta oclusiva*.[15] A primeira consiste na negativa genérica da simulação, robustecida, no mais das vezes, pela alegação de que o ônus da prova incumbe a quem alega. A segunda refere-se à sistemática oposição de obstáculos à produção da prova, como o que sucede com o simulador que se nega, reiteradamente, a apresentar documentos que poderiam elucidar a efetividade da operação controvertida (por exemplo, extratos bancários, folhas de pagamento, recibos etc.).[16]

Não discordamos de Muñoz Sabaté a respeito do valor heurístico que os indícios endoprocessuas da simulação podem apresentar. Contudo, haja vista o atual estado do nosso direito, parece-nos que a ocorrência da simulação, em hipóteses como as acima aludidas, pode decorrer da não desincumbência do ônus da prova atribuído ao réu, por efeito da distribuição dinâmica. Por outras palavras, quando, em razão das características do caso, justificar-se a distribuição dinâmica do ônus da prova, e se atribuir ao réu o encargo de provar a efetividade do fato de que depende a confirmação da validade do negócio jurídico, se este não se desincumbir do ônus respectivo, poderá o juiz reputar procedente a alegação do autor, desde que fundada em uma narrativa consistente e plausível, e, sobretudo, se amparada pelo menos por um princípio de prova.

---

14. L. Muñoz Sabaté, *La Prueba de la Simulación*, cit., pp. 404-405.

15. Outros indícios endoprocessuais, dentre os aludidos pelo autor, que merecem destaque, são os seguintes: (*i*) *normalidade*: a inverossimilhança das justificativas apresentadas pelo réu para justificar as suas condutas; (*ii*) *conjuntura*: o surgimento da alegação de simulação, no âmbito do processo, em franca contradição com o comportamento anterior de quem a maneja; (*iii*) *conduta hesitante*: a falta de vigor na formulação do pedido do réu, caracterizada pela apresentação de pedidos alternativos, sucessivos ou subsidiários; e (*iv*) *conduta fingida*: a insistente formulação de proposições mentirosas, contrárias às demais evidências do processo, ou em conflito com declarações prestadas pelos cúmplices da simulação (*e.g.* interposto, o outro simulador) (cf. L. Muñoz Sabaté, *La Prueba de la Simulación*, cit., pp. 404-420).

16. L. Muñoz Sabaté, *La Prueba de la Simulación*, cit., pp. 411-417.

A PROVA DA SIMULAÇÃO

O juiz deve atribuir o ônus da prova ao réu, pretenso simulador, sempre que o autor apresentar uma narrativa plausível sobre a simulação, embasada numa conduta negativa da contraparte, e, principalmente, quando for capaz de produzir ao menos um princípio de prova que evidencie a probabilidade de ter sido simulado o negócio jurídico. Sob tais condições, caberá ao réu comprovar que a conduta supostamente não realizada efetivamente o fora, ou, então, refutar, a partir de evidências, a inferência da simulação baseada no princípio de prova, inclusive, se for o caso, expondo fatos que justifiquem a inadequação do diagnóstico positivo da simulação. Tudo isto em atenção ao preceito segundo o qual o ônus da prova deve caber à parte que estiver em melhores condições de dele se desincumbir.

Assim, se, por exemplo, o autor alega que o réu não comprou um bem, mas o recebeu em doação, porque, a despeito do que se passou por escrito, ele não efetuou o respectivo pagamento, deve incumbir ao réu comprovar que, ao contrário do alegado, o pagamento foi feito. Outrossim, se se alega que um empréstimo de dinheiro na realidade acobertava uma liberalidade, porque o devedor jamais o pagou, nem sofreu qualquer medida de cobrança por parte do credor (fato evidenciado pela certidão de distribuição de ações cíveis envolvendo o devedor), deverá o credor comprovar que, por hipótese, deixou de empreender a cobrança porque sofrera uma ameaça de retaliação por parte do devedor, caso assim procedesse – o que justificaria a inércia do credor, e excluiria a hipótese da premeditada inexecução do "negócio aparente".

A distribuição dinâmica do ônus da prova, sublinhe-se por oportuno, aplica-se igualmente no que tange à demonstração do negócio dissimulado, e não pode ser adotada quando possa, potencialmente, impor à parte um encargo de impossível ou difícil superação (art. 373, § 2º, do CPC de 2015). Considere-se, a propósito, que se discuta em juízo a aquisição, mediante interposta pessoa, de um bem imóvel. Neste caso, o ônus da prova haveria de ser distribuído entre um dos réus, qual seja, o sujeito interposto, e o autor da demanda, conforme se tratasse, respectivamente, da prova da simulação ou da dissimulação. Com efeito, sob a perspectiva material, o interposto possui muito melhores condições de demonstrar a substantividade da aquisição (hábil a excluir a simulação) que o autor de evidenciar a não substantividade desta. Dessa feita, aduzindo o autor uma consistente narrativa no sentido de que teria havido compra e venda por interposta pessoa, e, mais importantemente, se ele conseguir carrear aos autos ao menos indícios de que a posição de proprietário do bem é exercida por outrem, caberá ao réu refutar, com base em elementos

310 A SIMULAÇÃO NO DIREITO CIVIL

idôneos, a presunção que passa a militar em favor da tese da simulação, o que requererá a comprovação acerca do efetivo exercício, por ele, das posições jurídicas típicas do proprietário, ou, então, da existência de um fato superveniente, como uma locação, a justificar que o bem tenha permanecido a serviço dos interesses de terceiro. Agora, o mesmo critério que torna aceitável esta distribuição do ônus da prova – a proximidade com a prova – não autoriza a atribuição, ao suposto interponente, do ônus, excessivamente gravoso, de provar que não atuara como titular do bem; incumbirá, diversamente, ao autor, produzir a prova de que, por exemplo, o suposto interponente visitava a propriedade com frequência ou nele guardava seus pertences pessoais (caso se trate de bem imóvel), ou, então, utilizava o bem para o exercício rotineiro de atividades (caso se trate de bem móvel).

Na esteira destas considerações, o que postulamos é o seguinte: quando estiver em jogo a prova da simulação, deve o juízo atribuir preponderância ao *fato positivo*, que evidenciará a ocorrência ou não ocorrência do fenômeno. Se este fato positivo estiver mais próximo do autor (por exemplo, a circunstância de que atuou como empregado, não como mero prestador de serviços), a ele incumbirá o ônus da prova; se, diferentemente, ele encontra-se mais ao alcance do réu (por exemplo, a circunstância de que atuou como titular de um bem ou direito), sobre ele recairá o encargo probatório. Com isto, conclui-se que, embora não fique excluída a distribuição estática do ônus da prova, no terreno da simulação, não existe empecilho à distribuição dinâmica do ônus da prova; pelo contrário, mostra-se recomendável.

14.3 O que se deve provar? O "thema probandi"

Provavelmente a principal questão que se enfrenta em tema de prova da simulação relaciona-se à identificação do *thema probandi*, ou, então daquilo que deve ser provado a fim de que se torne adequado o diagnóstico positivo da simulação.

O primeiro aspecto a ser destacado, neste mister, é o de que a prova em questão refere-se aos suportes fáticos (aos pressupostos materiais) que podem revestir-se da qualificação jurídica de simulação. Pois, a rigor, o que se prova não é a própria simulação, mas o conjunto de atos, fatos, condutas, comportamentos, ações e omissões, que podem ensejar, no caso concreto, constatação da ilusão negocial.

Daí ser importante distinguir, de um lado, a evidenciação dos fatos controvertidos, os quais, numa primeira abordagem, são acontecimentos

A PROVA DA SIMULAÇÃO 311

de índole eminentemente empírica – *questão de fato* –, e, de outro, a recondução daqueles ao modelo normativo da simulação – *questão de direito*.

A questão de fato relaciona-se, num primeiro momento, com a "determinação do âmbito de relevância jurídica a reconhecer à situação histórico-concreta problemática", e, num segundo momento, com a *"comprovação* dos elementos específicos dessa relevância e dos seus efeitos". O primeiro momento resulta no pressuposto objetivo da realização do direito, isto é, na "situação histórica em que o problema jurídico concreto se situa, o âmbito e o conteúdo da relevância jurídica dessa problemática". O segundo momento relaciona-se ao problema da prova, ou seja, à probabilidade-frequência objetiva da qual deriva a dedução de uma verdade prática, que não coincide com a verdade teorético-científica.[17]

A questão de direito, por seu turno, desdobra-se em *abstrata* e *concreta*. A primeira tem por escopo a determinação do critério jurídico que deve orientar a solução do problema; a segunda é o próprio juízo concreto que se impõe como decisão desse problema. Por outras palavras, a questão de direito abstrata diz respeito à identificação da norma que se deve aplicar ao caso, enquanto a questão de direito concreta representa a solução jurídica encontrada em sua manifestação acabada, quer seja decorrente de uma mediação entre a questão de fato e a questão de direito abstrata (realização do direto por mediação da norma), quer seja decorrente de uma ação integrativa conduzida pelo decididor, diante da impossibilidade de identificar-se uma norma diretamente aplicável ao problema jurídico (realização do direito por autônoma constituição normativa).[18]

A discussão sobre se ocorreu certo *set* de fatos (F_1, F_2, F_3 ...) – questão de fato – prescinde, em princípio, do manejo do instrumental normativo; gira em torno de uma investigação empírica, por vezes probabilística ou estatística, que não se confunde com a questão sobre a qual capítulo da regulação os eventos pesquisados devem subsumir-se. Diversamente, a indagação sobre o enquadramento do *set* de fatos (F_1, F_2, F_3 ...) comprovado no conceito de simulação e as consequências daí derivadas – questão de direito –, embora não prescinda da consideração da conjuntura fática em que se encontra imerso o conflito de interesses, tem como ponto focal a construção da norma que deve reger o caso.

17. A. Castanheira Neves, *Metodologia Jurídica: Problemas Fundamentais*, Coimbra, Coimbra, 1993, p. 163.
18. A. Castanheira Neves, *Metodologia Jurídica: Problemas Fundamentais*, cit., pp. 165 ss.

312 A SIMULAÇÃO NO DIREITO CIVIL

Por conseguinte, a expressão "prova da simulação" deve ser entendida com cautela. Não se prova, exatamente, a simulação (entendida como recondução dos fatos ao modelo regulativo correlato), mas os materiais empíricos que se habilitam a receber a qualificação de *simulação*. Pois bem. Quais são estes fatos? O que é relevante, do ponto de vista empírico, para a viabilização de um juízo sobre a caracterização da simulação? Não existe resposta única nem fixa, mas algumas diretrizes, a nosso ver, podem ser esboçadas.

O primeiro elemento que se mostra relevante na investigação dos antecedentes fáticos da simulação é a *causa simulandi* em sentido amplo, assim entendido o interesse que as partes nutrem quanto à adoção do expediente simulatório. Trata-se da circunstância, objetivamente aferível, de que a simulação pode beneficiar os contraentes, livrando-os de uma obrigação, permitindo-lhes escapar de uma proibição, ou imunizando-os quanto a uma punição.

Um exemplo, dos mais característicos na casuística da simulação, é o interesse de economizar impostos. A simulação pode ser (e muitíssimas vezes é) empregada com vistas à obtenção de vantagens fiscais indevidas; a simples constatação de que, em um caso concreto, a simulação mostra-se meio hábil a permitir aos particulares não se sujeitarem à imposição tributária permite aferir a presença do interesse, a implicar potencialmente a materialização da *causa simulandi* em sentido amplo, e, consequentemente, a abrir espaço a ulteriores investigações sobre o arcabouço fático subjacente à simulação. *A contrario sensu*, a ausência de tal interesse, a implicar a não caracterização da *causa simulandi* em sentido amplo, sugere, numa primeira abordagem, a menor probabilidade da configuração *in concreto* da simulação.

De todo modo, advirta-se, a pesquisa em torno da *causa simulandi* em sentido amplo não exaure a instrução probatória da simulação, pois permite, no mais das vezes, a formulação de um juízo de plausibilidade e probabilidade.

Ao lado da *causa simulandi* em sentido amplo, outras circunstâncias colaterais, que abrem terreno para a evidenciação da simulação, podem vir a ser provados no curso do processo. Dentre eles, vale mencionar:[19]

(i) não necessidade: o simulador não tinha interesse algum no "negócio aparente" quando o realizou (note-se a diferença entre este elemento e

19. Cf., para uma análise semelhante, L. Muñoz Sabaté, *La Prueba de la Simulación*, cit., pp. 221-404.

A PROVA DA SIMULAÇÃO

a *causa simulandi* em sentido amplo: aqui se trata do interesse no "negócio aparente", lá, no interesse na própria simulação);

(ii) anormalidade: o "negócio aparente" não segue os padrões que, segundo informam as máximas da experiência, seriam normais para a sua categoria;

(iii) condições econômicas das partes: o simulador não apresenta condições econômicas compatíveis com o vulto das obrigações e encargos assumidos em razão do "negócio aparente";

(iv) condições técnico-profissionais das partes: o simulador não possui o domínio de técnicas ou de conhecimentos profissionais normalmente apresentados por quem celebra o "negócio aparente";

(v) afeição: os simuladores encontram-se ligados por vínculos familiares ou de amizade;

(vi) antecedentes judiciais: os simuladores valem-se reiteradamente da simulação, ou, em termos mais amplos, envolvem-se com frequência em ilicitudes ou ilegalidades;

(vii) caráter: o caráter moralmente reprovável do simulador, manifestado pelo envolvimento pretérito em atos ilícitos ou proibidos;

(viii) tempo da relação jurídica: o estabelecimento de prazos anormais, excessivamente longos ou excessivamente curtos, para a vigência da relação jurídica, ou para o cumprimento de obrigações;

(ix) paradeiro do dinheiro ou do bem: o simulador não é capaz de evidenciar o recebimento de dinheiro ou de um bem, nem o seu posterior paradeiro;

(x) falsidade: a falsidade de documento particular, utilizada como meio para perpetração da ilusão negocial.

O juiz, ao valorar a prova da simulação

Aplicará as regras de experiência comum subministradas pela observação do que ordinariamente acontece e, ainda, as regras de experiência técnica, ressalvado, quanto a estas, o exame pericial.[20]

Em face deste mandamento, a consideração das circunstâncias colaterais acima listados pode desempenhar papel substancial na formação da convicção acerca da presença da simulação na relação controvertida. Nada obstante, não parece adequado nem prudente fundar um juízo de tamanha relevância, exclusivamente, sobre elementos que, quando muito, incrementam a plausibilidade e a probabilidade da caracterização da simulação. Uma tutela jurisdicional ótima, em atenção ao princípio do

---

20. Art. 375 do CPC de 2015.

314 A SIMULAÇÃO NO DIREITO CIVIL

acesso à justiça, deve permitir a melhor fundamentação possível quanto ao diagnóstico da simulação, razão pela qual deve-se perseguir no processo, como meta programática, a evidenciação do *núcleo duro* da simulação, composto, basicamente, de dois elementos: o *acordo simulatório* e a *ilusão negocial*.

O acordo simulatório, já salientamos, não é um elemento autônomo do negócio simulado, embora corresponda ao momento de determinação volitiva, bilateral ou plurilateral, no qual as partes vinculam-se a pôr em prática o concerto simulatório (*tópico 6.1*). Desse modo, deve ficar patente, no curso da instrução probatória, que havia, entre os simuladores, uma unidade de desígnios, capaz de justificar a percepção de que a simulação figurava, entre eles, como uma empreitada comum a ser cumprida.

Não é fácil, reconheça-se, a prova direta do acordo simulatório. No mais das vezes, porém, pode ocorrer mostrar-se viável a prova de que ao menos uma das partes não tinha plena consciência de que a contraparte pretendia simular, e, por conseguinte, não aderira a este desiderato. Tal prova, por sua vez, também não é fácil de ser produzida, pois não deixa de ser uma prova negativa. Contudo, nas hipóteses em que, no lugar de simulação, houve reserva mental, ainda que conhecida, se a parte não aderente dispuser de elementos que evidenciem a seriedade de sua declaração, pode-se admitir a exclusão da hipótese da simulação. Tal solução, no entanto, será contingente, quase excepcional, pois, se evidenciados os pressupostos da ilusão negocial, e, ausente uma demonstração contundente acerca da não adesão da parte a um programa simulatório, não terá o juiz fundamentos para reputar inexistente o negócio simulado. Nesta seara, ademais, a distribuição dinâmica do ônus da prova não parece socorrer o pretenso simulador que nega ter participado do acordo simulatório, pois a prova desta, por natureza, ultima-se absorvida pela prova da ilusão negocial (pois, deveras, parte-se do pressuposto de que as partes têm consciência de seus próprios atos, sendo um desvio de normalidade a hipótese contrária); assim, se quem tem o ônus da prova evidencia a ilusão negocial, restará ao pretenso simulador mostrar que, eventualmente, não tomara parte do esquema.

A prova da ilusão negocial, pelo que sugere o percurso trilhado até aqui, é o momento decisivo da heurística da simulação. Ela pressupõe a demonstração dos fatos, atos, omissões, comportamentos etc. que não são imediatamente cognoscíveis pelos terceiros, mas que, se fossem levados em conta, os conduziria a interpretar e qualificar o negócio jurídico de maneira diversa da que o fazem com base na aparência enganadora.

A PROVA DA SIMULAÇÃO 315

A prova da ilusão negocial funda-se, geralmente, na evidenciação de uma contradeclaração ou de comportamento concludente. Tal prova deve ter por objeto os elementos do suporte fático correspondente ao comportamento negocial total dos simuladores. Tais elementos mostram, em conjunto, que o sentido da declaração formalizada pelas partes, ou o tipo de eleição indicado pelos simuladores, é diferente do que aparece. Eles indicam, especialmente na hipótese de simulação objetiva, em linhas gerais:

(i) a inexecução das prestações ostensivamente assumidas pelas partes;

(ii) a inércia das partes, em vista da inexecução das prestações por elas ostensivamente assumidas;

(iii) o não exercício, pelas partes, de direitos que lhes são ostensivamente conferidos;

(iv) o cumprimento de prestações diferentes daquelas ostensivamente assumidas pelas partes; e

(v) a realização, pelas partes, de atos que contradizem ou desfazem aqueles ostensivamente praticados, e que neutralizam um ou mais efeitos associados ao "negócio aparente" (comportamento contraditório).

Tratando-se de simulação subjetiva, a prova da ilusão negocial deve recair sobre a esfera de direitos e deveres das partes, bem como sobre o exercício das posições jurídicas que, em tese, deveriam decorrer do "negócio aparente". São aspectos relevantes, neste particular:

(i) o exercício da posse do bem;

(ii) a fruição do bem ou direito;

(iii) a assunção dos custos relacionados à aquisição do bem ou direito;

(iv) a assunção dos riscos relacionados ao bem ou direito;

(v) o comportamento como "dono" do bem ou direito; e

(vi) a influência e o comando sobre a sorte do bem ou direito (exercício do poder de fato).

No caso de simulação de data, a prova deve dirigir-se ao fato histórico da conclusão do negócio jurídico, o que se pode dar mediante perícia, por exemplo, ou, ainda, por testemunhas, e por documentos que atestem que a celebração do instrumento ocorrera em data diversa da nele estampada.

Evidentemente, os aspectos probatórios acima relacionados não são exaustivos. É inevitável que, estando em jogo a simulação, cada caso

316 A SIMULAÇÃO NO DIREITO CIVIL

concreto deva ser analisado individualmente. De todo modo, a prova a ser produzida deve ser capaz de pôr em relevo o descompasso entre a compreensão que a comunidade pode formar com base naquilo que se mostra em primeiro plano (o documento escrito, ou, na ausência deste, o comportamento concludente ostensivo) e aquela a que poderia chegar se o comportamento negocial total das partes fosse posta em primeiro plano.

REFERÊNCIAS BIBLIOGRÁFICAS

ABEILLE, Jean. *De la Simulation dans le Droit des Sociétés*. Paris, LGDJ, 1938.

ALBALADEJO GARCÍA, Manuel. *La Simulación*. Madri, Edisofer, 2005.

ALMEIDA, Carlos Ferreira de. *Texto e Enunciado na Teoria do Negócio Jurídico*. Coimbra, Livraria Almedina, 1992.

ALVES, Jones Figueirêdo, e DELGADO, Mário Luiz (coords.). *Questões Controvertidas – Parte Geral do Código Civil*. São Paulo, Método, Série Grandes Temas de Direito Privado – vol. 6, 2007.

AMARAL, Francisco. *Direito Civil – Introdução*. 7ª ed. Rio de Janeiro, Renovar, 2008.

ANDRADE FILHO, Edmar Oliveira. *Desconsideração da Personalidade Jurídica no Novo Código Civil*. São Paulo, MP, 2005.

ANDRADE JÚNIOR, Luiz Carlos de, e MADEIRA, Eduardo Santos Arruda. "Caso Klabin: o 'casa e separa' revisto à luz da 'técnica da simulação'". *Revista Direito Tributário Atual* 28/43-71. 2012.

ANDRIOLI, Virgilio. "Profili processuali della nuova disciplina della simulazione". In: *Studi in Onore di Enrico Redenti*. vol. II. Milão, Giuffrè, 1951.

ANELLI, Franco. "Simulazione e interposizione". In: COSTANZA, Maria (cur.). *Vincenzo Roppo – Trattato del Contrato*. vol. III ("Effetti"). Milão, Giuffrè, 2006 (pp. 560-773).

ANGELICI, C. *La Società Nulla*. Milão, Giuffrè, 1975.

ARRUDA ALVIM NETTO, José Manoel de. "A função social dos contratos no novo Código Civil". *RT* 815/11 e ss. São Paulo, Ed. RT, 2003.

ASCARELLI, Tullio. *Corso di Diritto Commerciale*. Capítulo VII (1962). Trad. port. de E. V. Azevedo e Novaes França, "A atividade do empresário". *RDM* 132/203-215. São Paulo, Malheiros Editores, 2003.

_____. *Problemas das Sociedades Anônimas e Direito Comparado* (1945). Campinas, Bookseller, 2001.

_____. *Studi in Tema di Società*. Milão, Giuffrè, 1952.

_____. "Sulla simulazione in materia di società e sulla simulazione di modificazione statutaria (trasformazione di società)". In: ASCARELLI, Tullio. *Studi in Tema di Società*. Milão, Giuffrè, 1952 (pp. 215-221).

_____. *Teoria Geral dos Títulos de Crédito*. 2ª ed. São Paulo, Saraiva, 1969.

318 A SIMULAÇÃO NO DIREITO CIVIL

AURICCHIO, Alberto. *La Simulazione nel Negozio Giuridico – Premesse Generali.* Nápoles, Jovene, 1957.

AZEVEDO E NOVAES FRANÇA, Erasmo Valladão. *Invalidade das Deliberações de Assembleia das S/A.* São Paulo, Malheiros Editores, 1999.

BADINE JÚNIOR, Hamid Charaf. *Efeitos do Negócio Jurídico Nulo.* São Paulo, Saraiva, 2010.

BAPTISTA MACHADO, João. *Introdução ao Direito e ao Discurso Legitimador.* Coimbra, Livraria Almedina, 1983.

BARROS MONTEIRO, Washington de. *Curso de Direito Civil.* 44ª ed., atualizada por A. C. B. M. França Pinto, vol. 1 ("Parte Geral"). São Paulo, Saraiva, 2012.

BARROS MONTEIRO FILHO, Raphael, *et al. Comentários ao Novo Código Civil.* vol. I ("Das Pessoas – Arts. 1º a 78"). Rio de Janeiro, Forense, 2010.

BAUDRILLARD, Jean. *Simulacres et Simulation* (1981). Trad. port. de M. J. Costa Pereira, *Simulacros e Simulação.* Lisboa, Relógio d'Água, 1991.

BELEZA DOS SANTOS, José. *A Simulação em Direito Civil* (1955). 2ª ed. São Paulo, Lejus, 1999.

BELVEDERE, Andrea. *Il Problema delle Definizione nel Codice Civile.* Milão, Giuffrè, 1977.

BERNARDES DE MELLO, Marcos. *Teoria do Fato Jurídico – Plano da Validade.* 12ª ed. São Paulo, Saraiva, 2012.

BESSONE, Mario (dir.). *Trattato di Diritto Privato.* t. V ("Il Contratto in Generale"). Turim, Giappichelli, 2002.

BETTI, Emilio, *Interpretazione della Legge e degli Atti Giuridici (Teoria Generale e Dogmatica).* 2ª ed. Milão, Giuffrè, 1971.

_____. *Teoria Generale del Negozio Giuridico* (3ª ed. 1960). Nápoles, Edizioni Scientifiche Italiane, 2002.

BEVILÁQUA, Clóvis. *Código Civil dos Estados Unidos do Brasil.* vol. 1. Rio de Janeiro, Francisco Alves, 1916.

_____. *Direito das Obrigações.* 5ª ed. (1940). Rio de Janeiro, ed. Rio, 1977.

_____. *Teoria Geral do Direito Civil* (1928). 2ª ed. Campinas, Servanda, 2007.

BIANCA, Cesare Massimo. *Diritto Civile.* (2ª ed. 2000). vol. III ("Il Contratto"). Milão, Giuffrè, 2007.

BIANCHI, Giorgio. *La Simulazione.* Pádua, CEDAM, 2003.

BIANQUI, Pedro Henrique Torres. *Desconsideração da Personalidade Jurídica no Processo Civil.* São Paulo, Saraiva, 2011.

BIERWAGEN, Mônica Yoshizato. *Princípios e Regras de Interpretação dos Contratos no Novo Código Civil.* 3ª ed. São Paulo, Saraiva, 2007.

REFERÊNCIAS BIBLIOGRÁFICAS

BOBBIO, Norberto. *Il Positivismo Giuridico – Lezioni di Filosofia del Diritto* (1996). Trad. port. de M. Pugliesi, E. Bini e C. Rodrigues, *O Positivismo Jurídico – Lições de Filosofia do Direito*. São Paulo, Ícone, 2006.

_____. *Teoria della Norma Giuridica* (1993). Trad. port. de F. Pavan Baptista e A. Bueno Sudatti, *Teoria da Norma Jurídica*. 2ª ed. São Paulo, Edipro, 2003.

BODIN DE MORAES, Maria Celina. "A causa dos contratos". *Revista Trimestral de Direito Civil* 21/95-119. Rio de Janeiro, 2005.

BONNET, David. *Cause et Condition dans les Actes Juridiques*. Paris, LGDJ, 2005.

BOULOS, Daniel M. *Abuso do Direito no Novo Código Civil*. São Paulo, Método, 2006.

BRANCO, Gerson Luiz Carlos. *Função Social dos Contratos – Interpretação à Luz do Código Civil*. São Paulo, Saraiva, 2009.

BRANCO, Gerson Luiz Carlos, e MARTINS-COSTA, Judith. *Diretrizes Teóricas do Novo Código Civil Brasileiro*. São Paulo, Saraiva, 2002.

BRIGHT, Susan. "Avoiding tenancy legislation: sham and contracting out revisited". *The Cambridge Law Journal* 61/146-168. Cambridge, 2002.

BUENO DE GODOY, Claudio Luiz. *Função Social do Contrato*. 4ª ed. São Paulo, Saraiva, 2012.

BULHÕES CARVALHO, Francisco Pereira de. *Falhas do Anteprojeto de Código Civil*. 2ª ed. Rio de Janeiro, 1974.

_____. *Sistema de Nulidades dos Atos Jurídicos*. 2ª ed. Rio de Janeiro, Forense, 1981.

BUTERA, Antonio. *Della Simulazione nei Negozi Giuridici e degli Atti "in Fraudem Legis"*. Turim, UTET, 1936.

CAENEGEM, R. C. van. *Introduction Historique au Droit Privé* (1988). Trad. port. de Carlos Eduardo Lima Machado, *Uma Introdução Histórica ao Direito Privado*. 2ª ed. São Paulo, Martins Fontes, 1999.

CAGNETTA, Luigi. "Simulazione" (verbete). In: *Digesto Italiano*. vol. 21. Turim, UTET, 1902 (pp. 411-449).

CAHALI, Yussef Said. *Prescrição e Decadência*. 2ª ed. São Paulo, Ed. RT, 2012.

CÁMARA, Héctor. *Simulación en los Actos Jurídicos*. Buenos Aires, Depalma, 1944.

CARBONE, Paolo, JUNQUEIRA DE AZEVEDO, Antônio, e TÔRRES, Heleno Taveira (coords.). *Princípios do Novo Código Civil Brasileiro e Outros Temas – Homenagem a Tullio Ascarelli*. 2ª ed. São Paulo, Quartier Latin, 2010.

320 A SIMULAÇÃO NO DIREITO CIVIL

CARCABA FERNÁNDEZ, María. *La Simulación en los Negocios Jurídicos*. Barcelona, Bosch, 1986.

CARIOTA FERRARA, Luigi, *I Negozi Fiduciari – Trasferimento, Cessione e Girata a Scopo di Mandato e di Garanzia. Processo Fiduciario* (1933). Pádua, CEDAM, 1978.

_____. *Il Negozio Giuridico nel Diritto Privato Italiano*. Nápoles, Morano, 1949.

CARNELUTTI, Francesco. *Sistema del Diritto Processuale Civile*. vol. II. Pádua, CEDAM, 1938.

_____. *Teoria del Falso*. Pádua, CEDAM, 1935.

_____. *Teoria Generale del Diritto* (1951). Trad. port. de A. C. Ferreira, *Teoria Geral do Direito*. São Paulo, LEJUS, 1999.

CARRESI, Franco. "Apparenza e realtà del contratto". *Rivista Trimestrale di Diritto e Procedura Civile* 1963. Milão (pp. 479-500).

_____. *Il Contratto*. t. 1. Milão, Giuffrè, 1987.

CARVALHO FERNANDES, Luís A. *Estudos sobre a Simulação*. Lisboa, Quid Juris, 2004.

CARVALHOSA, Modesto. *Comentários à Lei de Sociedades Anônimas*. 4ª ed., vol. 2. São Paulo, Saraiva, 2008.

CASELLA, Mario. "Simulazione (diritto privato)" (verbete). In: *Enciclopedia del Diritto*. vol. XLII. Milão, Giuffrè, 1990 (pp. 593-615).

CASTANHEIRA NEVES, António. *Metodologia Jurídica: Problemas Fundamentais*. Coimbra, Coimbra Editora, 1993.

CERONI, Cristina. *Autonomia Privata e Simulazione*. Pádua, CEDAM, 1990.

CHAVES, Antônio. *Tratado de Direito Civil*. 3ª ed., vol. I ("Parte Geral"), t. II. São Paulo, Ed. RT, 1982.

CIAN, Giorgio. *Forma Solenne ed Interpretazione del Negozio*. Pádua, CEDAM, 1969.

CIFUENTES, Santos. *Negocio Jurídico*. 2ª ed. Buenos Aires, Astrea, 2004.

CIOFFI, Carmine B. N. *Classe, Concetto e Tipo nel Percorso per l'Individuazione del Diritto Applicabile ai Contratti Atipici*. Turim, Giappichelli, 2005.

CIPRIANI, Nicola. *La Simulazione di Effetti Giuridici. Appunti sulla Fattispecie*. 2012. Disponível em *http://www.giurisprudenza.unisannio.it*.

CODERCH, Pablo Salvador, e SÁNCHEZ, Jesús María Silva. *Simulación e Deberes de Veracidad – Derecho Civil e Derecho Penal: Dos Estudios de Dogmática Jurídica*. Madri, Civitas, 1999.

Código Civil Brasileiro – Trabalhos Relativos à sua Elaboração. Rio de Janeiro, Imprensa Nacional, 1918.

COLMET-DAAGE, Felix. *Des Contre-Lettres*. Paris, M. Giard & E. Brière, 1913.

REFERÊNCIAS BIBLIOGRÁFICAS

COMPARATO, Fábio Konder, e SALOMÃO FILHO, Calixto. *O Poder de Controle na Sociedade Anônima*. 4ª ed. Rio de Janeiro, Forense, 2005.

CONAGLEN, Matthew. "Sham trusts". *The Cambridge Law Journal* 67/176-207. Cambridge, 2008.

CONTE, Giuseppe. *La Simulazione del Matrimonio nella Teoria del Negozio Giuridico*. Pádua, CEDAM, 1999.

CORRÊA DE OLIVEIRA, José Lamartine. *A Dupla Crise da Pessoa Jurídica*. São Paulo, Saraiva, 1979.

CORTÉS, Hernan. *La Simulación como Vicio Jurídico*. Buenos Aires, Araujo, 1939.

COSTANZA, Maria (cur.). *Vincenzo Roppo – Trattato del Contrato*. vol. III ("Effetti"). Milão, Giuffrè, 2006.

COUTO SILVA, Alexandre. "Desconsideração da personalidade jurídica". *RT* 780/47 e ss. São Paulo, Ed. RT, 2000.

COVIELLO, Nicola. *Manuale di Diritto Civile Italiano – Parte Generale*. 3ª ed. Milão, Società Editrice Libraria, 1924.

CRICENTI, Giuseppe. *Frode alla Legge*. 2ª ed. Milão, Giuffrè, 2008.

DAGOT, Michel. *La Simulation en Droit Privé*. Paris, LGDJ, 1965.

DANIS-FATÔME, Anne. *Apparence et Contrat*. Paris, LGDJ, 2004.

DANTAS, San Tiago. *Programa de Direito Civil – Aulas Proferidas na Faculdade Nacional de Direito*. Rio de Janeiro, ed. Rio, 1979.

DANZ, Erich. *Die Auslegung der Rechtsgeschäfte: Zugleich ein Beitrag zur Rechts- und Tatfrage* (1897). Trad. esp. de W. Roces, *La Interpretación de los Negocios Jurídicos – Estudio sobre la Cuestión de Derecho e la Cuestión de Hecho*. Madri, Victoriano Suarez, 1926.

DE FERRA, Giampaolo. *I Contratti Simulati del Fallito*. Milão, Giuffrè, 1957.

DE NOVA, Giorgio, e SACCO, Rodolfo. *Il Contratto*. 3ª ed., t. 1. Turim, UTET, 2004.

DEBOISSY, Florence. *La Simulation en Droit Fiscal*. Paris, LGDJ, 1997.

DEL BONO, Fabrizio. *Dichiarazione Riproduttiva – Contributo alla Dottrina del Documento Contrattuale*. Milão, Giuffrè, 1948.

DEL NERO, João Alberto Schützer. *Conversão Substancial do Negócio Jurídico*. Rio de Janeiro, Renovar, 2001.

DELGADO, Mário Luiz. *Codificação, Descodificação, Recodificação do Direito Civil Brasileiro*. São Paulo, Saraiva, 2011.

DELGADO, Mário Luiz, e ALVES, Jones Figueirêdo (coords.). *Questões Controvertidas – Parte Geral do Código Civil*. São Paulo, Método (Série Grandes Temas de Direito Privado – vol. 6), 2007.

DI MARZIO, Fabrizio. "Interposizione reale di persona, simulazione, frode alla legge nei contratti". *Giustizia Civile* LI/422-456. Milão, outubro/2001.

322 A SIMULAÇÃO NO DIREITO CIVIL

_____. *La Nullità del Contratto*. Pádua, CEDAM, 1999.

DIENER, Maria Cristina. *Il Contratto in Generale – Manuale e Applicazioni Pratiche dalle Lezioni di Guido Capozzi*. Milão, Giuffrè, 2002.

DINAMARCO, Candido Rangel. *Instituições de Direito Processual Civil*. 6ª ed., vol. II. São Paulo, Malheiros Editores, 2009.

DINAMARCO, Candido Rangel, e LOPES, Bruno Vasconcelos Carrilho. *Teoria Geral do Novo Processo Civil*. São Paulo, Malheiros Editores, 2016.

DISTASO, Nicola. *La Simulazione dei Negozi Giuridici*. Turim, UTET, 1960.

DOMINGUES DE ANDRADE, M. A. *Teoria Geral da Relação Jurídica*. vol. II. Coimbra, Livraria Almedina, 2003 (reimpr.).

DUBOIS-DE LUZY, Agnès. *Interposition de Personne*. Paris, LGDJ, 2010.

DUMONT-KISLIAKOFF, Nadia. *La Simulation en Droit Romain*. Paris, Cujas, 1970.

DURAND, F. *L'Apparence en Droit Fiscal*. Paris, LGDJ, 2009.

ENGISCH, Karl. *Einführung in das Juristische Denke* (1983). Trad. port. de J. Baptista Machado, *Introdução ao Pensamento Jurídico*. 10ª ed. Lisboa, Fundação Calouste Gulbenkian, 2008.

ENNECCERUS, Luwig, e NIPPERDEY, Hans Carl. *Allgemeiner Teil des Bürgerlichen Rechts*. Trad. esp. de Blas Péres González e José Alguer, *Derecho Civil (Parte General)*. vol. II, Primeira Parte. Barcelona, 1981.

ESPÍNOLA, Eduardo. *Manual do Código Civil Brasileiro*. vol. III ("Parte Geral – Dos Factos Jurídicos", Parte 1). Rio de Janeiro, Jacintho Ribeiro dos Santos Editor, 1923.

FALZEA, Angelo. *"Apparenza"*. In: *Enciclopedia del Diritto*. vol. II. Milão, Giuffrè, 1958 (pp. 682-701).

_____. "L'atto negoziale nel sistema dei comportamenti giuridici". *Rivista di Diritto Civile* 1996 (1ª Parte). Pádua (pp. 1-55).

FEDELE, Alfredo. *La Invalidità del Negozio Giuridico di Diritto Privato*. Turim, Giappichelli, 1983.

FERRARA, Francesco. *Della Simulazione dei Negozi Giuridici* (1922). Trad. port. de A. Bossa, *A Simulação dos Negócios Jurídicos*. São Paulo, Saraiva, 1939.

FERRAZ JÚNIOR, Tércio Sampaio. *Introdução ao Estudo do Direito: Técnica, Decisão, Dominação*. 4ª ed. São Paulo, Atlas, 2003.

_____. "Simulação e negócio jurídico indireto: no direito tributário e à luz do novo Código Civil". *Revista Fórum de Direito Tributário* 48/9-26. 2010.

FERREIRA, Durval. *Negócio Jurídico Condicional*. Coimbra, Livraria Almedina, 1998.

FERRER CORREIA, António Arruda. *Sociedades Fictícias e Unipessoais*. Coimbra, Atlántida, 1948.

REFERÊNCIAS BIBLIOGRÁFICAS   323

FERRI, Giovanni B. *Causa e Tipo nella Teoria del Negozio Giuridico*. Milão, Giuffrè, 1966.

_____. *Il Negozio Giuridico*. 2ª ed. Pádua, CEDAM, 2004.

FICHTNER PEREIRA, Regis. *A Fraude à Lei*. Rio de Janeiro, Renovar, 1994.

FLAVIAN, C. L. *Des Contre-Lettres*. Paris, Sirey, 1929.

FLUME, Werner. *Allgemeiner Teil des Bürgerlichen Rechts,* vol. 2: *Das Rechts-geschäft.* 4ª ed. Enzyklopädie der Rechts-und Staatswissenschaft (1992). Trad. esp. de J. M. M. González e E. G. Calle, *El Negocio Jurídico*. Madri, Fundación Cultural del Notariado, 1998.

FREUD, Sigmund. *Die Zukunft einer Illusion* (1927). Trad. port. de J. Salomão (dir.), "O futuro de uma ilusão". In: *Edição Standard Brasileira das Obras Psicológicas Completas de Sigmund Freud*. vol. XXI. São Paulo, Imago, 2006 (pp. 15-63).

FURGIUELE, Giovanni. *Della Simulazione di Effetti Negoziali*. Pádua, CE-DAM, 1992.

FURTADO, Jorge Henrique da Cruz Pinto. *Deliberações de Sociedades Comerciais*. Coimbra, Livraria Almedina, 2005.

GABRIELLI, Enrico. "Il contratto e le sue classificazioni". In: GABRIELLI, Enrico, e RESCIGNO, Pietro (curs.). *Trattato dei Contratti*. 2ª ed., t. I ("I Contratti in Generale"). Turim, UTET, 2008.

GADAMER, Hans-Georg. *Wahrheit und Methode* (1960). Trad. port. de F. P. Meurer, *Verdade e Método*. 12ª ed., vol. 1. Petrópolis, Vozes, 2012.

_____. *Wahrheit und Methode* (1986/1993). Trad. port. de E. P. Giachini, *Verdade e Método*. 6ª ed., vol. 2. Petrópolis, Vozes, 2011.

GAGLIANO, Pablo Stolze, e PAMPLONA FILHO, Rodolfo. *Novo Curso de Direito Civil*. 13ª ed., vol. 1 ("Parte Geral"); 14ª ed., vol. 1 ("Parte Geral"). São Paulo, Saraiva, 2012.

GAINO, Itamar. *A Simulação dos Negócios Jurídicos*. 2ª ed. São Paulo, Saraiva, 2012.

GALGANO, Francesco. "Della simulazione". In: VV.AA. *Commentario del Codice Civile Scialoja-Branca – A Cura di Francesco Galgano*. Libro Quarto ("Delle Obbligazioni – Art. 1.421"). Bolonha/Roma, Zanichelli/Del Foro Italiano, 1998.

_____. *Il Negozio Giuridico*. 2ª ed. Milão, Giuffrè, 2002.

GARCEZ, Martinho. *Nulidades dos Actos Jurídicos*. 2ª ed., vol. 1. Rio de Janeiro, Jacintho Ribeiro dos Santos Editor, 1910.

GARCÍA MÁYNEZ, Eduardo. *Introducción a la Lógica Jurídica*. Ciudad de México, Fondo de Cultura Económica, 1951.

GENTILI, Aurelio. *Il Contratto Simulato – Teorie della Simulazione e Analisi del Linguaggio*. Milão, Giuffrè, 1982.

324   A SIMULAÇÃO NO DIREITO CIVIL

_____. "Simulazione". In: BESSONE, Mario (dir.). *Trattato di Diritto Privato*. t. V ("Il Contratto in Generale"). Turim, Giappichelli, 2002 (pp. 469-697).

_____. "Simulazione dei negozi giuridici". In: *Digesto delle Discipline Privatistiche – Sezione Civile*. vol. XVIII. Turim, UTET, 1998 (pp. 511-524).

GERI, Lina Bigliazzi. "Appunti in tema di simulazione del testamento". *Rivista Trimestrale di Diritto e Procedura Civile* 1962. Milão (pp. 1.274-1.290).

GHESTIN, Jacques. *Causa de l'Engagement et Validité du Contrat*. Paris, LGDJ, 2006.

GIAMPICCOLO, Giorgio. "In tema di tutela del creditore chirografario del simulato acquirente". In: *Studi in Onore di Francesco Santoro-Passarelli*. Nápoles, Jovene (pp. 607-631).

_____. *La Dichiarazione Recettizia* (1959). Nápoles, Edizioni Scientifiche Italiane, 2011.

GIORGIANNI, Michele. *Il Negozio di Accertamento*. Milão, Giuffrè, 1939.

GOMES, Orlando. *Introdução ao Direito Civil*. 6ª ed. Rio de Janeiro, Forense, 1979.

GOODMAN, Nelson. *Languages of Art*. 2ª ed. Indianapolis, Hackett, 1976.

GONÇALVES, Carlos Roberto. *Direito Civil Brasileiro*. 10ª ed., vol. 1 ("Parte Geral"). São Paulo, 2012.

GORLA, Gino. *Il Contratto*. vol. I ("Lineamenti Generali"). Milão, Giuffrè, 1954.

GRAU, Eros Roberto. *Ensaio e Discurso sobre a Interpretação/Aplicação do Direito*. 5ª ed. São Paulo, Malheiros Editores, 2009.

GRECO, Paolo. "Le società di 'comodo' e il negozio indiretto". *Rivista del Diritto Commerciale e del Diritto Generale delle Obbligazioni* XXX/757-808 (1ª Parte). Milão, 1932.

HASSEMER, Winfried, e KAUFMANN, Arthur (orgs.). *Einführung in Rechtsphilosophie und Rechtstheorie der Gegenwart* (1994). Trad. port. de M. Keel e M. S. Oliveira, *Introdução à Filosofia do Direito e à Teoria do Direito Contemporâneas*. Lisboa, Fundação Calouste Gulbenkian, 2002.

HEGEL, Georg Wilhelm Friedrich. *Wissenschaft der Logik* (1816). Trad. port. de M. A. Werle, *Ciência da Lógica (Excertos)*. São Paulo, Barcarolla, 2011.

HÖRSTER, Heinrich Ewald. *A Parte Geral do Código Civil Português – Teoria Geral do Direito Civil*. Coimbra, Livraria Almedina, 1992.

HUME, David. *A Treatise of Human Nature* (1739). Trad. port. de D. Danowiski, *Tratado da Natureza Humana – Uma tentativa de Introduzir o Método Experimental de Raciocínio nos Assuntos Morais*. 2ª ed. São Paulo, UNESP, 2009.

IRTI, Natalino. *Letture Bettiane sul Negozio Giuridico*. Milão, Giuffrè, 1991.

REFERÊNCIAS BIBLIOGRÁFICAS 325

JOSSERAND, Louis. *De l'Esprit des Droits et leur Relativité – Théorie Dite de l'Abus des Droits* (1939). 2ª ed., Paris, Dalloz, 2006.

JUNQUEIRA DE AZEVEDO, Antônio. *Negócio Jurídico – Existência, Validade e Eficácia.* 4ª ed. São Paulo, Saraiva, 2010.

_____. *Negócio Jurídico e Declaração Negocial (Noções Gerais e Formação da Declaração Negocial).* Tese (Titularidade). São Paulo, Faculdade de Direito da USP, 1986.

JUNQUEIRA DE AZEVEDO, Antônio, CARBONE, Paolo, e TÔRRES, Heleno Taveira (coords.). *Princípios do Novo Código Civil Brasileiro e Outros Temas – Homenagem a Tullio Ascarelli.* 2ª ed. São Paulo, Quartier Latin, 2010.

KALINOWSKI, Georges. *La Logique des Normes* (1972). Trad. esp. de J. R. Capella, *Lógica del Discurso Normativo.* Madri, Tecnos, 1975.

KALLIMOPOULOS, Von Georgios D. *Die Simulation im bürgerlichen Recht – Eine rechtsdogmatische Untersuchung.* Munique, Versicherungswirtschaft Verlag, 1966.

KANT, Imannuel. *Grundlegung zur Metaphysik der Sitten.* Trad. port. de G. A. Almeida, *Fundamentação Metafísica dos Costumes.* São Paulo, Discurso/ Barcarolla, 2009.

_____. *Kritik der reinen Vernunft* (2ª ed., 1787). Trad. port. de V. Rohden e U. B. Moosburger, *Crítica da Razão Pura.* São Paulo, Nova Cultural, 1999.

_____. *Logik – Ein Handbuch zu Vorlesungen.* Trad. port. de F. Castilho, *Manual dos Cursos de Lógica Geral.* 2ª ed. Campinas, UNICAMP, 2002.

_____. *Versuch den Begriff der negativen Größen in die Weltweisheit eizuführen* (1763). Trad. port. de Jair Barboza, "Ensaio para introduzir a noção de grandezas negativas em Filosofia". In: *Ensaios Pré-Críticos.* São Paulo, UNESP, 2005.

KAUFMANN, Arthur, e HASSEMER, Winfried (orgs.). *Einführung in Rechtsphilosophie und Rechtstheorie der Gegenwart* (1994). Trad. port. de M. Keel e M. S. Oliveira, *Introdução à Filosofia do Direito e à Teoria do Direito Contemporâneas.* Lisboa, Fundação Calouste Gulbenkian, 2002.

KELSEN, Hans. *Allgemeine Theorie der Normen* (1979). Trad. port. de J. F. Duarte, *Teoria Geral das Normas.* Porto Alegre, Sérgio Antônio Fabris Editor, 1986.

_____. *Reine Rechtslehrer* (1960). Trad. port. de João Baptista Machado, *Teoria Pura do Direito.* 6ª ed., São Paulo, Martins Fontes, 1998.

KOURY, Suzy Elizabeth Cavalcante. *A Desconsideração da Personalidade Jurídica ("Disregard Doctrine") e os Grupos de Empresas.* Rio de Janeiro, Forense, 1993.

326 A SIMULAÇÃO NO DIREITO CIVIL

LA PORTA, Ubaldo. *Il Problema della Causa del Contratto – I. La Causa ed il Trasferimento dei Diritti*. Turim, Giappichelli, 2000.

LARENZ, Karl. *Allgemeiner Teil des deutschen Bürgerlichen Rechts* (1975). Trad. esp. de M. Izquierdo e Macías-Picavea, *Derecho Civil – Parte General*. Madri, EDERSA, 1978.

_____. *Methodenlehre der Rechtswissenschaft* (1991). Trad. port. de José Lamego, *Metodologia da Ciência do Direito*. 5ª ed. Lisboa, Fundação Calouste Gulbenkian, 2009.

LEHMAN, Heinrich. *Allgemeiner Teil des Bürgerlichen Gesetzbuches* (1922). Trad. esp. de J. M. Navas, *Parte General*. vol. 1. Madri, Editorial Revista de Derecho Privado, 1956.

LIPARI, Nicolò. *Il Negozio Fiduciario*. Milão, Giuffrè, 1971.

LISBOA, Roberto Senise. *Manual de Direito Civil*. 6ª ed., vol. 1 ("Teoria Geral do Direito Civil"). São Paulo, Saraiva, 2010.

LUMINOSO, Angelo. *Il Mutuo Dissenso*. Milão, Giuffrè, 1980.

MADEIRA, Eduardo Santos Arruda, e ANDRADE JÚNIOR, Luiz Carlos de. "Caso Klabin: o 'casa e separa' revisto à luz da 'técnica da simulação'". *Revista Direito Tributário Atual* 28/43-71. 2012.

MAIA JÚNIOR, Mairan Gonçalves. *A Representação no Negócio Jurídico*. 2ª ed. São Paulo, Ed. RT, 2004.

MAJELLO, Ugo. "Il contratto simulato: aspetti funzionali e strutturali". *Rivista di Diritto Civile* 5/641-656. Pádua, setembro-outubro/1995.

MANCUSO, F. *La Teorica della Simulazione nell'Esperienza dei Glossatori*. Bolonha, Monduzzi, 2004.

MARANI, Francesco. *La Simulazione negli Atti Unilaterali*. Pádua, CEDAM, 1971.

MARCHI, Eduardo C. Silveira. *Guia de Metodologia Jurídica*. 2ª ed. São Paulo, Saraiva, 2009.

MARINO, Francisco Paulo De Crescenzo. *Contratos Coligados no Direito Brasileiro*. São Paulo, Saraiva, 2009.

_____. *Interpretação e Integração do Negócio Jurídico*. São Paulo, Saraiva, 2011.

MARTINS, Fran. *Títulos de Crédito*. 15ª ed. Rio de Janeiro, Forense, 2010.

MARTINS-COSTA, Judith. *A Boa-Fé no Direito Privado – Sistema e Tópica no Processo Obrigacional*. São Paulo, Ed. RT, 1999.

_____. "Reflexões sobre o Princípio da função social do contrato". *Revista Direito GV* 1/41-66, n. 1. São Paulo, maio/2005.

MARTINS-COSTA, Judith, e BRANCO, Gerson Luiz Carlos. *Diretrizes Teóricas do Novo Código Civil Brasileiro*. São Paulo, Saraiva, 2002.

REFERÊNCIAS BIBLIOGRÁFICAS

MATTIETTO, Leonardo. "Invalidade dos atos e negócios jurídicos". In: TE-PEDINO, Gustavo (coord.). *A Parte Geral do Código Civil – Estudos e Perspectivas do Direito Civil Constitucional*. Rio de Janeiro, Renovar, 2007 (pp. 325-360).

_____. "Negócio jurídico simulado (notas ao art. 167 do Código Civil)". In: DELGADO, Mário Luiz, e ALVES, Jones Figueirêdo (coords.). *Questões Controvertidas – Parte Geral do Código Civil*. São Paulo, Método (Série Grandes Temas de Direito Privado – vol. 6), 2007 (pp. 466-480).

MAZZARESE, Tecla. *Logica Deontica e Linguaggio Giuridico*. Pádua, CE-DAM, 1989.

MENEZES CORDEIRO, António Barreto. *Da Boa-Fé no Direito Civil*. Coimbra, Livraria Almedina, 2007.

_____. *Da Simulação no Direito Civil*. Coimbra, Livraria Almedina, 2014.

_____. *Tratado de Direito Civil*. vol. V. Coimbra, Livraria Almedina, 2011.

_____. *Tratado de Direito Civil Português*. 3ª ed., vol. I ("Parte Geral"), t. I. Coimbra, Livraria Almedina, 2011.

MENGONI, Luigi. *L'Acquisto "a Non Domino"*. Milão, Vita e Pensiero, 1949.

MESSINA, Giuseppe. "La simulazione assoluta". In: *Scritti Giuridici (1907-1908)*. vol. V. Milão, Giuffrè, 1948.

MESSINEO, Francesco. *Il Contratto in Genere*. t. 2º. Milão, Giuffrè, 1972.

MIRABELLI, Giuseppe. *Dei Contratti in Generale*. 2ª ed. Turim, UTET, 1967.

_____. *L'Atto Non Negoziale nel Diritto Privato Italiano*. Nápoles, Jovene, 1955.

MIRANDA, Custódio da Piedade Ubaldino. *A Simulação no Direito Civil Brasileiro*. São Paulo, Saraiva, 1980.

_____. *Comentários ao Código Civil*. vol. 5 ("Dos Contratos em Geral – Arts. 421 a 480"). São Paulo, Saraiva, 2013.

_____. *Interpretação e Integração dos Negócios Jurídicos*. São Paulo, Ed. RT, Revista dos Tribunais, 1989.

_____. *Teoria Geral do Negócio Jurídico*. 2ª ed. São Paulo, Atlas, 2009.

MONTECCHIARI, Tiziana. *La Simulazione del Contratto*. Milão, Giuffrè, 1999.

MOREIRA ALVES, José Carlos. *A Parte Geral do Projeto de Código Civil (Subsídios Históricos para o Novo Código Civil Brasileiro)*. 2ª ed. São Paulo, Saraiva, 2003.

MORELLO, Umberto. *Frode alla Legge*. Milão, Giuffrè, 1969.

MOSCHELLA, Raffaele. *Contributo alla Teoria dell'Apparenza Giuridica*. Milão, Giuffrè, 1973.

MOSSET ITURRASPE, Jorge. *Contratos Simulados y Fraudulentos*. ts. I ("Contratos Simulados") e II. Santa Fé, Rubinzal-Culzoni, 2008.

328 A SIMULAÇÃO NO DIREITO CIVIL

MOTA PINTO, Carlos Alberto da. *Teoria Geral do Direito Civil*. 4ª ed., atualizada por A. Pinto Monteiro e P. Mota Pinto. Coimbra, 2005.

MOTA PINTO, Paulo Cardoso Correia da. *Declaração Tácita e Comportamento Concludente no Negócio Jurídico*. Coimbra, Livraria Almedina, 1995.

MUÑOZ SABATÉ, Luis. *La Prueba de la Simulación – Semiótica de los Negocios Jurídicos Simulados* (1991). Bogotá, Temis, 1972.

NANNI, Giovanni Ettore. *Enriquecimento sem Causa*. 3ª ed. São Paulo, Saraiva, 2012.

NARDI, Sandro. *Frode alla Legge e Collegamento Negoziale*. Milão, Giuffrè, 2006.

NERY JÚNIOR, Nelson. *Vícios do Ato Jurídico e Reserva Mental*. São Paulo, Saraiva, 1983.

NIPPERDEY, Hans Carl, e ENNECCERUS, Luwig. *Allgemeiner Teil des Bürgerlichen Rechts*. Trad. esp. de Blas Péres González e José Alguer, *Derecho Civil (Parte General)*. vol. II (Primeira Parte). Barcelona, 1981.

NOBRE JÚNIOR, Edilson. "Simulação e sua arguição pelos simuladores". *Revista da Escola de Magistratura Federal da 5ª Região* 18/11-26. Recife, 2008.

NUTI, Giuseppe Attilio. *La Simulazione del Contratto nel Sistema del Diritto Civile*. Milão, Giuffrè, 1986.

OLIVEIRA ASCENÇÃO, José de. *Direito Civil – Teoria Geral*. 2ª ed., vol. 3 ("Relações e Situações Jurídicas"). São Paulo, Saraiva, 2010.

ONORATO, Michele. *L'Accordo d'Interpretazione*. Milão, Giuffrè, 2009.

PAGANI DE SOUZA, A. *Desconsideração da Personalidade Jurídica – Aspectos Processuais*. 2ª ed. São Paulo, Saraiva, 2011.

PAIS DE VASCONCELOS, Pedro. *Contratos Atípicos*. Coimbra, Livraria Almedina, 1995.

_____. *Teoria Geral do Direito Civil*. 6ª ed. Coimbra, Livraria Almedina, 2010.

PAMPLONA FILHO, Rodolfo, e GAGLIANO, Pablo Stolze. *Novo Curso de Direito Civil*. 14ª ed., vol. 1 ("Parte Geral"). São Paulo, Saraiva, 2012.

PARENTE, Ferdinando. "Il ruolo della simulazione nel sistema delle patologie matrimoniali". In: *Rassegna di Diritto Civile* 4/1.093-1.122. Nápoles, dezembro/2006.

PECCENINI, Flavio. "Della nullità del contratto". In: VV.AA. *Commentario del Codice Civile Scialoja-Branca – A Cura di Francesco Galgano*. Libro Quarto ("Delle Obbligazioni – Art. 1.421"). Bolonha/Roma, Zanichelli/Del Foro Italiano, 1998.

REFERÊNCIAS BIBLIOGRÁFICAS 329

PELLICANÒ, Aldo. *Il Problema della Simulazione nei Contratti*. Pádua, CEDAM, 1988.

PESTALOZZA, F. *La Simulazione nei Negozi Giuridici*. Milão, Società Editrice Libraria, 1919.

PIMONT, S. *L'Économie du Contrat*. Aix-en-Provence, PUAM, 2004.

PINTO DUARTE, Rui. *Tipicidade e Atipicidade dos Contratos*. Coimbra, Livraria Almedina, 2000.

PLASMAN, L. C. *Des Contre-Lettres*. Paris, Librairie de la Cour de Cassation, 1822.

PLATÃO. *O Sofista*. Trad. port. de J. D. Rodrigues. UFB, 1980 (disponível em *http://www.ebooksbrasil.org/eLibris/sofista.html*).

PONTES DE MIRANDA, Francisco Cavalcanti. *Tratado de Direito Privado*. t. 3, atualizado por M. Bernardes de Melo e Marcos Ehrhardt Jr. São Paulo, Ed. RT, 2012; t. 4, atualizado por M. Bernardes de Melo e Marcos Ehrhardt Júnior. São Paulo, Ed. RT, 2012; t. 49, atualizado por A. A. Gonçalves Neto. São Paulo, Ed. RT, 2012; t. 50, atualizado por A. A. Gonçalves Neto. São Paulo, Ed. RT, 2012.

PUGLIATTI, Salvatore. "La simulazione dei negozi giuridici unilaterali". In: *Diritto Civile – Metodo – Teoria – Pratica*. Milão, Giuffrè, 1951 (pp. 539-585).

PUGLIESE, Giovanni. *La Simulazione nei Negozi Giuridici – Studio di Diritto Romano*. Pádua, CEDAM, 1938.

PUGLIESE, Giuseppe. *La Prescrizione nel Diritto Civile*. 4ª ed. Turim, UTET, 1924 ("Parte Seconda – La Prescrizione Estintiva").

RADBRUCH, G. *Rechtsphilosophie* (8ª ed. 1993). Trad. port. de M. Holzhausen, *Filosofia do Direito*. 2ª ed. São Paulo, Martins Fontes, 2010.

RAMALHETE, Clóvis. "Sistema de legalidade na 'desconsideração da personalidade jurídica'". *RT* 586/9 e ss. São Paulo, Ed. RT, 1984.

RÁO, Vicente. *Ato Jurídico*. 4ª ed. São Paulo, Ed. RT, 1997.

RATTIN, Livio. *Sugli Effetti dei Negozi Nulli*. Bolonha, Pàtron, 1983.

REALE, Miguel. *Direito Natural/Direito Positivo*. São Paulo, 1984.

_____. *Filosofia do Direito*. São Paulo, Saraiva, 2002.

_____. *História do Novo Código Civil*. São Paulo, Ed. RT, 2005.

_____. *Nova Fase do Direito Moderno*. 2ª ed. São Paulo, Saraiva, 1998.

_____. *O Direito como Experiência (Introdução à Epistemologia Jurídica)*. São Paulo, Saraiva, 1968.

_____. *Verdade e Conjectura*. São Paulo, Nova Fronteira, 1983.

REQUIÃO, Rubens. "Abuso de direito e fraude através da personalidade jurídica". *RT* 416/12 e ss. São Paulo, Ed. RT, 1969.

330   A SIMULAÇÃO NO DIREITO CIVIL

RIZZARDO, Arnaldo. *Direito de Família*. 2ª ed. Rio de Janeiro, Forense, 2004.

RODRIGUES, Sílvio. *Curso de Direito Civil*. 32ª ed., vol. 1 ("Parte Geral"). São Paulo, Saraiva, 2002.

ROMANO, Salvatore. "Contributo esegetico allo studio della simulazione (l'art. 1.414 c.c.)". *Rivista Trimestrale di Diritto e Procedura Civile* 1954. Milão (pp. 15-61).

_____. *Ordinamento Sistematico del Diritto Privato*. 3ª ed., vol. II ("L'Azione – Il Potere"). Nápoles, Morano, s/d.

ROPPO, Enzo. *Il Contratto*. Trad. port. de A. Coimbra e M. Gomes, *O Contrato*. Coimbra, Livraria Almedina, 2009.

ROSA JÚNIOR, Luiz Emygdio Franco da. *Títulos de Crédito*. 5ª ed. Rio de Janeiro, Renovar, 2007.

ROSS, Alf. *Directives and Norms*. Trad. esp. de J. S.-P. Hierro, *Lógica de las Normas*. Madri, Tecnos, 1971.

_____. *On Law and Justice* (1958). Trad. port. de E. Bini, *Direito e Justiça*. São Paulo, Edipro, 2003.

_____. *Tû-Tû* (1957). Trad. port. de E. Bini, *Tû-Tû*. São Paulo, Quartier Latin, 2004.

ROUBIER, Paul, *Droits Subjectifs et Situations Juridiques* (1963). Paris, Dalloz, 2005.

RUBINO, Domenico. *Il Negozio Giuridico Indiretto* (1937). Trad. esp. de L. Rodriguez-Arias, *El Negocio Jurídico Indirecto*. Madri, Editorial Revista de Derecho Privado, 1953.

SACCO, Rodolfo. "Simulazione" (verbete). In: *Enciclopedia Giuridica*. vol. XXXIII. Roma, Istituto della Enciclopedia Italiana, 1992 (pp. 1-11).

SACCO, Rodolfo, e DE NOVA, Giorgio. *Il Contratto*. 3ª ed., t. 1. Turim, UTET, 2004.

SALOMÃO FILHO, Calixto. *A Sociedade Unipessoal*. São Paulo, Malheiros Editores, 1995.

_____. "Função social – Primeiras anotações". *RT* 823/67 e ss. São Paulo, Ed. RT, 2004.

_____. *O Novo Direito Societário*. 4ª ed., 2ª tir. São Paulo, Malheiros Editores, 2015.

SALOMÃO FILHO, Calixto, e COMPARATO, Fábio Konder. *O Poder de Controle na Sociedade Anônima*. 4ª ed. Rio de Janeiro, Forense, 2005.

SÁNCHEZ, Jesús María Silva, e CODERCH, Pablo Salvador. *Simulación e Deberes de Veracidad – Derecho Civil e Derecho Penal: Dos Estudios de Dogmática Jurídica*. Madri, Civitas, 1999.

SANTA MARIA, Luigi. "Società e simulazione, società e comunione di godimento". *Rivista Trimestrale di Diritto e Procedura Civile* 1/205-245. Milão, março/1995.

REFERÊNCIAS BIBLIOGRÁFICAS   331

SANTORO-PASSARELLI, Francesco. *Dottrine Generali del Diritto Civile* (1966). 9ª ed. Nápoles, Jovene, 1983.

_____. "L'autonomia privata nel diritto di famiglia". In: SANTORO-PASSARELLI, Francesco. *Saggi di Diritto Civile*. Nápoles, Jovene, 1961 (pp. 381-388).

_____. *Saggi di Diritto Civile*. Nápoles, Jovene, 1961.

SAVIGNY, Friedrich Carl von. *System des heutigen römischen Rechts* (1840 a 1849). Trat. It. de V. Scialoja, *Sistema del Diritto Romano Atuale*. vol. 3. Turim, UTET, 1900.

SCHAPP, Jan. *Einführung in das Bürgerliche Recht* (2003). Trad. port. de M. G. L. Rurack e K.-P. Rurack, *Introdução ao Direito Civil*. Porto Alegre, Sérgio Antônio Fabris Editor, 2006.

SCHERMI, Aldo. "Simulazione e gruppi di società". *Giustizia Civile* XLVII/335-350. Milão, junho/1997.

SCHREIBER, Rupert. *Logik des Rechts* (1962). Trad. esp. de E. Valdés, *Lógica del Derecho*. Ciudad de México, Fontamara, 1991.

SCOGNAMIGLIO, Renato. *Contributo alla Teoria del Negozio Giuridico* (2ª ed. 1969). Nápoles, Jovene, 2008.

SCOZZAFAVA, Oberdan Tommaso. "Il matrimonio simulato nell'ordinamento civile". *Rivista di Diritto Civile* 5/625-668. Pádua, setembro-outubro/1990.

SEGRÈ, Gino. "In materia di simulazione nei negozi giuridici" (1924). In: *Scritti Giuridici*. vol. I. Arezzo, Cortona, 1930 (pp. 422-434).

SERICK, Rolf. *Rechtsform und Realität juristischer Personen – Eins rechtsvergleichender Beitrag zur Frage des Durchgriffs auf die Personen oder Gegenstände hinter der juristischen Person* (1955). Trad. it. de M. Vitale, *Forma e Realtà della Persona Giuridica*. Milão, Giuffrè, 1966.

SERPA LOPES, Miguel Maria de. *Curso de Direito Civil*. 8ª ed., vol. I ("Introdução, Parte Geral e Teoria dos Negócios Jurídicos"). Rio de Janeiro, Freitas Bastos, s/d.

SILVA PEREIRA, Caio Mário da. *Instituições de Direito Civil*. 25ª ed., atualizada por M. C. Bodin Moraes, vol. 1 ("Introdução ao Direito Civil e Teoria Geral de Direito Civil"). Rio de Janeiro, Forense, 2012.

SIMPSON, Edwin, e STEWART, Miranda. *Sham Transactions*. Oxford, Oxford University Press, 2013.

SOARES, Teresa Luso. *A Conversão do Negócio Jurídico*. Coimbra, Livraria Almedina, 1986.

STAFFORD, R. B. *A Legal-Comparative Study of the Interpretation and Application of the Doctrines of the Sham and the Alter-Ego in the Context of South African Trust Law: the Dangers of Translocating Company Law Principles into Trust Law*. Tese (*Masters of Law*), Rhodes University, 2010.

STEWART, Miranda, e SIMPSON, Edwin. *Sham Transactions*. Oxford, Oxford University Press, 2013.

332 A SIMULAÇÃO NO DIREITO CIVIL

STOLFI, Giuseppe. *Teoria del Negozio Giuridico* (1947). Trad. esp. de Jaime Santos Briz, *Teoría del Negocio Jurídico*. Madri, Editorial Revista de Derecho Privado, 1959.

SZTAJN, Rachel. "Sobre a desconsideração da personalidade jurídica". *RT* 762/81 e ss. São Paulo, Ed. RT, 1999.

TEPEDINO, Gustavo (coord.). *A Parte Geral do Código Civil – Estudos e Perspectivas do Direito Civil Constitucional*. Rio de Janeiro, Renovar, 2007.

TERRÉ, François. *L'Influence de la Volonté Individuelle sur les Qualifications* (1957). Paris, LGDJ, 2014.

THEODORO JÚNIOR, Humberto. *Comentários ao Novo Código Civil*. 4ª ed., vol. III, t. I (arts. 138-184). Rio de Janeiro, Forense, 2008.

_____. *O Contrato e sua Função Social*. 3ª ed. Rio de Janeiro, Forense, 2008.

TÔRRES, Heleno Taveira. "Simulação de atos e negócios jurídicos – Pacto simulatório e causa do negócio jurídico". In: CARBONE, Paolo, JUNQUEIRA DE AZEVEDO, Antônio, e TÔRRES, Heleno Taveira (coords.). *Princípios do Novo Código Civil Brasileiro e Outros Temas – Homenagem a Tullio Ascarelli*. 2ª ed. São Paulo, Quartier Latin, 2010 (pp. 283-354).

TÔRRES, Heleno Taveira, CARBONE, Paolo, e JUNQUEIRA DE AZEVEDO, Antônio (coords.). *Princípios do Novo Código Civil Brasileiro e Outros Temas – Homenagem a Tullio Ascarelli*. 2ª ed. São Paulo, Quartier Latin, 2010

TRABUCCHI, Alberto. *Istituzioni di Diritto Civile*. 8ª ed. Pádua, CEDAM, 1954.

VALENTE, Arnaldo. *Nuovi Profili della Simulazione e della Fiducia – Contributo ad un Superamento della Crisi della Simulazione*. Milão, Giuffrè, 1961.

VELOSO, Zeno. *Invalidade do Negócio Jurídico – Nulidade e Anulabilidade*. 2ª ed. Belo Horizonte, Del Rey, 2005.

VENOSA, Sílvio de Salvo. *Direito Civil*. 12ª ed., vol. I ("Parte Geral"). São Paulo, Atlas, 2012.

VILLAÇA AZEVEDO, Álvaro. *Teoria Geral do Direito Civil – Parte Geral*. São Paulo, Atlas, 2012.

VON TUHR, Andreas. *Der allgemeine Teil des deutschen bürgerlichen Rechts*. Trad. esp. de T. Ravà, *Derecho Civil – Teoría General del Derecho Civil Alemán* (1910-1918). vol. II ("Los Hechos Jurídicos"). Madri, Marcial Pons, 2005.

VV.AA. *Commentario del Codice Civile Scialoja-Branca – A Cura di Francesco Galgano*. Libro Quarto ("Delle Obbligazioni – Art. 1.421"). Bolonha/Roma, Zanichelli/Del Foro Italiano, 1998.

REFERÊNCIAS BIBLIOGRÁFICAS

WIEACKER, Franz. *Privatrechtsgeschichte der Neuzeit Unter Besonderer Berücksichtigung der Deutschen Entwicklung* (1967). Trad. port. de A. Botelho Hespanha, *História do Direito Privado Moderno*. 4ª ed. Lisboa, Fundação Calouste Gulbenkian, 2010.

ZANNONI, E. A. *Ineficacia y Nulidad de los Actos Jurídicos*. Buenos Aires, Astrea, 1986.

* * *

10800

00601

GRÁFICA PAYM
Tel. [11] 4392-3344
paym@graficapaym.com.br